U0134242

KUWEI
酷威文化

图书 影视

维也纳，传统与现代的碰撞：斯蒂芬大教堂的影子映在霍莱因－哈斯大楼正面的玻璃幕墙上，后者于 1990 年完工

维也纳

WIEN
2000
Jahre Geschichte

两千年

[奥地利] 埃德加·海德尔 —— 著　　　匡桐 —— 译
Edgard Haider

四川文艺出版社

维也纳两千年：

一部举世无双的现实篇章

继亨利·维尔纳（Henry Werner）的《柏林一千年》（*Berlin.1000 Jahre Geschichte*）出版之后，眼前这本关于维也纳的同类作品也接踵而至。本书回顾了德语世界第二大城市的两千年历史。当 1237 年柏林首次出现在文献之中时，巴本贝格家族（Babenberger）在维也纳维持了 270 年的统治即将走向灭亡。与柏林一样，维也纳也含有斯拉夫文明的基因，除此之外，她还像伦敦、巴黎和布达佩斯那样有过一段罗马史前史，可以追溯到更远古的文多波纳城（Vindobona）。文多波纳业已消失，但从长远的历史演变来看，维也纳这座未来大都会的根基乃兴起于文多波纳遗址之上的后世城池，而不是曾经举足轻重、如今只留废墟的省府城市卡农顿（Carnuntum）。维也纳地处阿尔卑斯山脚下，紧挨着多瑙河航运路线，既是战略要冲，又是经济重镇，如此重要的位置促使巴本贝格家族和哈布斯堡家族（Habsburger）定都于此。维也纳既为君侯所居之城，其兴衰离不开王朝风云变幻的政治命运；又受制于统治者或短或长的统治时限，要知道这些君主都在不同程度上对维也纳偏爱有加；此外家族父系的绝嗣也影响了城市的变迁。几个世纪以来，维也纳数次面临决定整个欧洲命运的巨大挑战，土耳其人两次倾全国之力兵临城下，两次都折戟沉沙；拿破仑那能征惯战、欲壑难填的身影两次透过城墙为维也纳人所瞩目，只是最终也铩羽而归。维也纳会议成了赶走拿破仑的辉煌标志，也为欧洲势力均衡的新秩序奠定了基础。到了 19 世纪，维也纳扮演的角色先是从神圣罗马帝国的京城变为奥地利帝国的都城，随后又摇身一变，成为二元君主国奥匈帝国的第一首都。而最显著的变化发生在 20 世纪。第一次世界大战末，哈布斯堡帝国覆灭，本来"一战"肇启维也纳，随着帝国的灭亡，维也纳也由一座大都会沦为一个弱小共和国的超量级首都，没有哪个欧洲国家的首都承受过如此剧变。但这还没完，希特勒的纳粹德国吞并奥地利之后，维也纳被贬为一个帝国大区（Reichsgau）[1]。1918 年"一战"结束时维也纳虽地瘠民贫，但还没有被摧毁，而在"二战"期间却未能幸免于难，她遭受了盟军冰雹般的炸弹轰击和苏联红军的武力占领，千疮百孔，满目疮痍。直到苏、美、英、法四个同盟国在维也纳分而治之十年之后，奥地利共和国才得以独立，维也纳成为首都，至此重获新生。历史走到 80 年代末 90 年代初，苏东剧变，维也纳随之迎来了决定性的变化，她作为东西对抗的"前哨"重新回归欧洲中心。

那些避开克恩滕大街（Kärntnerstraße）、壕沟大道（Graben）和科尔市场（Kohlmarkt）等热闹旅游景点的游人，才能一窥维也纳的真实面貌。他会见识到清幽的小巷子、小巧而不失生趣的广场，以及石板路面上雕刻着木剑的帕夫拉奇宫殿走廊（Pawlatschenhöfe）；他能够在僻静的教堂里感受到维也纳哥特（Gotik）建筑的精气神。追觅老维也纳的往日旧迹，他一定会看清原来维也纳是一座巴洛克风格（Barock）的城市，除了美泉宫（Schönbrunn）和美景宫（Belvedere）以外，宫廷建筑、市民居所、教堂、礼拜堂鳞次栉比，星罗棋布，从市区一直绵延到城郊。徜徉在默尔克旧堡（Mölkerbastei），今天的人们依然能够感受到城墙塌陷之前旧日的维也纳风情。环绕着维也纳旧城中心的是一条项链一样的环形大道，也就是凯旋大道（Via triumphalis），这份耀眼的荣光当归

1　大区（Gau）是纳粹德国统治时期德国的行政区域单位。1920 年大区成为纳粹党的地方行政单位，至 1938 年大区已成为德国实质的行政单位。在纳粹德国开始对外侵略之后，新纳入德国的德语地区被划分为帝国大区。——本书注释，除特别说明，均为译注

功于富有的资产阶级，而非皇室和古老贵族。那时维也纳已由一个定居点升级为帝国的百万人口大都会，古老的定居点有迹可寻，庞大的帝国则于百年前灰飞烟灭。以仿花卉装饰和柔美的飘逸形态著称的青春艺术风格（Jugendstil）[1] 代表着"这座童话之城的最后荣光"；之后富有传奇色彩的"红色维也纳"横空出世，并以其市政住宅（Kommunalbauten）轰动全世界。纳粹时期的 6 座高射炮塔保留完好，已成为第二次世界大战强加给维也纳的恐怖纪念，铭刻这座城市的记忆深处。所以，除了罗马时代和中世纪早期，其他每个时代也都能在维也纳的城市地图中找到属于自己的显著标志；它们串联起来构成一条红色的线，上面挂满了石质的建筑成果，维也纳的兴衰变迁史从中得以追本溯源。

谈论维也纳的魔力及其典型特征的书、报刊以及诗歌真可谓汗牛充栋，它们要么不吝溢美之词，要么满纸辛辣讥讽。"维也纳，只有你维也纳，总是我魂牵梦萦之城""维也纳还是维也纳，是所有威胁中最可怕的"：这些言辞同时出自卡尔·克劳斯（Karl Kraus）之口。弗里德里希·托贝格（Friedrich Torberg）写道，在维也纳，也只有在维也纳，才会不断上演着传奇，并戏梦成真，奔向现实，这是她的独特特质。歌剧、古堡、利比扎纳马、童声合唱团、戴默尔甜点、萨赫酒店、维也纳咖啡屋、葡萄酒场、施拉梅林音乐等等，尽属其中。然而传奇亦潜藏着囿于陈词滥调的危险，继而沦为廉价的山寨货。时髦是什么？陈腐又是什么？很多维也纳专家怀疑两者能否区分得清。时髦是陈腐的一种样式？抑或陈腐是时髦的另一副面孔？这个问题的答案任君自己寻找。时间在流逝，社会风气和审美口味也在变化，一些过时之物逐渐褪色并终将消亡。维也纳的轻歌剧，据弗里德里希·托贝格所言，是维也纳的明日黄花中最受宠爱的孩子，如今却被音乐剧取代。"可爱的维也纳女孩"

1　19 世纪末至 20 世纪初流行于德国和其他国家的艺术风格，得名于《圣春》杂志。在奥地利，艺术家们将这种风格称为"分离派"，见后文《弗朗茨·约瑟夫时代》一章。

也仅仅出现在阿图尔·施尼茨勒（Arthur Schnitzler）的戏剧舞台上和 20 世纪 30 年代到 50 年代的电影之中。自妇女解放运动兴起后，像"查佩尔"（Tschapperl）这种受男性保护、小鸟依人的形象便被一扫而空。还有咖啡馆，中央咖啡馆或者哈维卡咖啡馆（Hawelk），宛似神话中来，在过去是艺术家碰头的场所，现在重新焕发出生机。它们现已成为旅游打卡胜地，被登记在各种介绍维也纳的文化导游册上，以供蜂拥而来的游客们观瞻、凭吊。维也纳人对待死亡有特殊的处理方式，他们钟爱"优美的尸体"和奢靡的葬礼，此风由来已久；追慕奢华的经济黄金时期（Gründerzeit）曾修建大墓园，从中央公墓便可窥见一斑。

　　诚如迪特马尔·格里泽（Dietmar Grieser）所说，数个世纪以来，维也纳一直是"天才的天选之乡"。若要罗列出所有天才人物的名字，必会填满整张纸。这些人全都耽溺于这座城市的魅力，人们说他们拥有了同一个女人，一个他们钟爱并迷恋的女人；"她散发着无名的魔力，可以使人们剥露出他们的本真模样"，这便是维利·洛伦茨（Willy Lorenz）的结论。她激发这些天才，使他们在文化和科学上取得了卓越成就，而缺少了他们，人类文明会黯然失色很多。1900 年，处在世纪之交的维也纳是新文化思潮的中心。奥托·弗里德兰德（Otto Friedländer）是这样描绘当时的情景的："在这里，有两三千人高谈阔论，思索着那些足以撼动未来世界的思想，而维也纳对此浑然不知。"其中便有西格蒙德·弗洛伊德的精神分析，彼时维也纳的文化环境为它的生根发芽提供了土壤。西奥多·赫茨尔（Theodor Herzl）从维也纳的反犹主义中酝酿出自己的思想结论，他在这里完善了犹太复国主义的理念，最终指引以色列国家的诞生。而小说家贝尔塔·冯·苏特纳（Bertha von Suttner）穷尽毕生的精力为和平理念奔走呼号，直至咽下最后一口气，此时离"一战"爆发仅剩一个月；虽然她以小说《放下武器！》赢得了全世界的共鸣，然而到头来不过是一场空。仍是在维也纳，青年阿道夫·希特勒将这座城市描绘为"种族混杂的巴比伦"（Rassen-Babylon），在维也纳的生活经历塑造了他那充满仇恨和偏见的奇特世界观，后来给数以百万计的人民带来了痛苦和死亡，古老的欧洲被拉进炼狱之中。

年代、数据和事实是历史研究工作的基本架构，缺了它们便写不出历史著作。而仅仅顾及这三项，亦只会堆积出干巴巴的历史编年。只有当读者在历史中发现人性的时候，历史才会真正变得有趣和感同身受。人们对自己时代的深有感触的东西，人类的快乐、痛苦以及伟大的成就，还有错误、卑鄙等等这一切都会赢得读者的共鸣。基于这种认识，眼前这本书全方位地讲述了维也纳的历史，或许还可抛砖引玉，为从不同方面做更深入细致的研究贡献出他山之石。总而言之，诚如西格弗里德·威尔（Siegfried Weyr）所言，维也纳是"一部举世无双的现实诗篇，是无情的命运的象征，既可怕又原始"。

VOTA MEA REDDAM IN CONSPECTV TIMENTIVM DEVM.PSXXI

目录

文多波纳

（公元前 15 年—公元 400 年）

011

中世纪早期

（公元 400 年—976 年）

025

巴本贝格家族和
波希米亚空位时代

（公元 976 年—1278 年）

035

哈布斯堡家族
统治早期

（公元 1278 年—1493 年）

053

文艺复兴时期的
维也纳

（公元 1490 年—1590 年）

071

宗教改革和
反宗教改革

（公元 1520 年—1590 年）

085

三十年战争

（公元 1618 年—1648 年）

095

巴洛克时代

（公元 1648 年—1740 年）

107

玛丽亚·特蕾西娅
和约瑟夫二世

（公元 1740 年—1790 年）

127

对法战争时期
（公元 1790 年 — 1815 年）

149

毕德麦耶尔风格下的
维也纳
（公元 1815 年 — 1848 年）

167

弗朗茨·约瑟夫时代
（公元 1848 年 — 1916 年）

195

"一战"时期的
维也纳
（公元 1914 年 — 1918 年）

247

"红色维也纳"和
等级制国家
（公元 1919 年 — 1938 年）

257

第三帝国时期的
维也纳
（公元 1938 年 — 1945 年）

281

盟军占领时期的
维也纳
（公元 1945 年 — 1955 年）

303

重获自由的维也纳
（公元 1956 年 — 1990 年）

317

1990 年后的维也纳

339

大事年表 —— 353　　参考文献 —— 374

带有杯脚的罗马高脚杯，
公元 1 世纪末—2 世纪
中叶，出土于前邮政总
局发掘现场

文多波纳

（公元前 15 年—公元 400 年）

文多波纳是维也纳的发源地。多瑙河南岸上方的高原地理位置优越，拱卫着罗马帝国的北方边境，是建立坚固营地的绝佳所在。人们住在营地、营地近郊以及平民城镇中，过着平常的日子。罗马人将他们的高等文明带到了多瑙河流域，其中包括温泉浴、引水排水渠道和地板采暖。罗马帝国的起起伏伏在这片多事之地尤为敏感；马科曼尼人（Markomannen）和夸登人（Quaden）的入侵，虽然被马克·奥勒留（Marc Aurel）皇帝击退，却预示了即将来临的毁灭。维持了一段时间的稳定之后，罗马帝国终于无力应付民族大迁徙带来的压力，文多波纳也随之荒落了。

帝国的屏障：多瑙河畔的罗马人

"Patria nostra olim provincia romana erat——我们的故乡从前是罗马的一个省。"这句话是 20 世纪 60 年代奥地利中学拉丁语教材里的开篇第一言。这就是说奥地利具有罗马血统，同样的，维也纳在两千年前曾是罗马的军事营地，当时名叫文多波纳，其历史可以追溯到奥古斯都皇帝时期。经过漫长的内战之后，罗马的第一任皇帝恢复了国内的和平，为了确保帝国外部的安宁，皇帝诉诸军事手段。奥古斯都的继子和继任者提比略（Tiberius），继位之后几乎以兵不血刃的方式占领了凯尔特人的王国诺里库姆（Noricum）。然而罗马人在面对定居于多瑙河北岸的马科曼尼人时却止步不前，始终未能将其征服。帝国的扩张已达极限。

公元9年,罗马人在条顿堡森林(Teutoburger Wald)[1]遭到了灾难性的惨败,自此以后,帝国便以维持现有领土之完整为首要任务。于是莱茵河和多瑙河变成帝国的天然屏障,位于莱茵河东岸和多瑙河北岸的是一片难以穿行的森林,向这里进军是得不偿失的。签订友好条约之后,马科曼尼人和夸登人成了罗马的附庸,他们有义务向帝国提供军事援助,至此北方边境的危险暂时消弭了。

罗马人在阿尔卑斯山脉东侧的征服行动以和平的方式进行着,他们没有骚扰当地的凯尔特村民。只有凯尔特人建在利奥波德山(Leopoldsberg)和比桑山(Bisamberg)等的高海拔定居点遭到清除。这些被称作 Oppida(小镇)的地方是他们的避难所,对罗马人来说却意味着安全隐患。罗马人应该是从利奥波德山上的要塞夺用了"文多波纳"这个名字,其意为"白色的大地"或"白色的农场",文多波纳最终成了一个罗马军事营地的名称。公元 1 世纪的时候文多波纳并不怎么为人所知。比较重要的是维也纳以东 40 千米处的卡农顿。卡农顿位于今天佩特罗内尔(Petronell)和德国阿尔滕堡(Altenburg)之间的地区,琥珀之路(Bernsteinstraße)[2]途经此处,贸易往来和信息交流在这里畅通无阻。公元 50 年左右,卡农顿被扩建为军团营地,到了图拉真(Trajan)皇帝统治时期,成为上潘诺尼亚行省(Pannonia superior)的首府。同一时间在文多波纳驻扎着两支罗马骑兵部队,索尔皮希亚中队(Ala Sulpicia)和不列颠中队(Ala Britannica)。1559 年兴建马厩堡(Stallburg)

---

1 条顿堡森林之战是公元 9 年发生在罗马人和日耳曼人之间的一场战争,罗马帝国日耳曼尼亚行省总督瓦卢斯的罗马军队在条顿堡森林遭到阿米尼乌斯率领的日耳曼军队的伏击,瓦卢斯自刎而死,罗马军队几乎全军覆没。此役是罗马帝国遭受的最惨烈的失败,之后罗马帝国逐渐停止了扩张的脚步。

2 琥珀之路是古代一条运输琥珀的贸易道路,起自欧洲北部波罗的海沿岸,运往欧洲南部意大利、希腊以及埃及等地。琥珀之路曾发生多次变化,但基本都沿着河流运输。琥珀之路打开了欧洲的南北贸易交通,其重要性不亚于丝绸之路之于中国。

时，挖掘出了三块不列颠中队的墓碑，从而证实了该骑兵队的存在。从铭文中可以得知，这是一支大约由一千名骑兵组成的强大部队，他们驻扎在土墙环绕着的营地里，位置很有可能是在今天的苏格兰修道院附近。军团在多瑙河南岸建立了很多防御工事，其中包括一连串的瞭望塔、军团士兵驻扎的石质营地、辅助部队居住的土浇营地，各个据点之间通过一条大道相连，借此军队各单位可以实现快速的调动。罗马人是卓越的道路建筑师和土地丈量员，他们能够因地制宜，让道路很好地适应自然条件。通常被称作古罗马边墙大道（Limesstraße）的城墙便是很好的证明，这条边墙横穿今天的维也纳市区，走向为德布林格大街（Döblinger Hauptstraße）—瓦林格街（Währingerstraße）—绅士胡同（Herrengasse）—米歇尔广场（Michaelerplatz）—奥古斯丁街（Augustinerstraße）—技师街（Technikerstraße）—雷恩小路（Rennweg）—锡默灵大街（Simmeringer Hauptstraße）。

守卫多瑙河：文多波纳军事营地

图拉真皇帝在位期间（公元98年—117年），罗马发动了征讨达契亚（Daker）的战争；战争促使罗马在文多波纳修建了一座四周有城墙环卫的军事营地，地点位于今天的霍荷市场（Hohen Markt）周围。坚硬厚实的方形磐石最大一块可达3米厚、6米高，它们垒砌起来圈住了一片大约有22公顷的巨大场地。营地三面傍水，依地势而建，其中：北段始于最南头的多瑙河支流，依盐沙石地而走；西段紧靠着深沟险壑，始于奥塔克灵溪（Ottakringerbach）；东段则始于莫林河（Möringbach），顺着今天红塔街（Rotenturmstraße）的走向。在营地的南面，尚须在城墙外围挖一段人工壕沟以提供保护，其位置在纳格勒胡同（Naglergasse）下方的哈霍夫（Haarhof），今天人们仍可从哈霍夫倾斜的墙面辨认出它的轮廓。有3个军团参与了要塞的修建作业，最后一个是第十忠诚盖米纳军团（Gemina Pia Fidelis[1]）。直到民族大迁徙之前，第十军团似乎一直驻扎在文多波纳作为内务军团。

文多波纳城自北向南复原图

要塞的 4 个城门靠着双向的甬道彼此沟通，每个城门由两个箭塔翼护左右。塔高 30 米，塔与塔之间由走道相连，其上立着雉堞，另有立柱隔断，且中楣雕有装饰，能给来犯者以强烈震撼。4 个城门各有自己的名称：位于高桥（Hohe Brücke）一带的是左门（Porta principalis sinistra）；位于埃特小巷子（Ertlgasse）和克雷默小巷子（Kramergasse）十字路口的是右门（Porta principalis dextra）；位于壕沟大道和纳格勒胡同、锦帕拱廊（Tuchlauben）三者交会处的是后门（Porta decumana）；位于多瑙河支流河岸的是前门（Porta praetortia），如今河畔圣母教堂就矗立在这儿。城门和要塞的堡垒之间由主干大道相连，其中主道（Via principalis）是古罗马边墙大道的内城部分，还有后道（Via decumana）和前道（Via praetoria）；环道（Via sagularis）则沿着城镇防御工事的

1　Pia Fidelis 是"忠诚"的意思，这一称呼往往作为荣誉称号被赐予那些在兵变和叛乱中仍然对皇帝保持忠诚的军团。

围墙铺展开来。[1] 矗立在营地中心的是使臣官邸和营地指挥所，位置差不多在今天的三叶草胡同（Kleeblattgasse）、约旦胡同（Jordangasse）和犹太广场（Judenplatz）一带。

古罗马营地城郊的遗址，位于米歇尔广场，发掘于 1989 年至 1991 年之间

营地的大道大约有 9 米宽，上覆巨大的石板，并配有排水沟；拱廊可抵挡雨水和酷热的侵袭。酒馆、兵器作坊和库房紧紧挨着，依次排开。要塞城墙前部设有一段安全区域；离着南部城墙有一段距离，在一座平缓的小山丘上铺有一条高架道路（Strata alta，也即今天的绅士街）。在营地之前，也就是今天的斯蒂芬广场（Stephansplatz）、米歇尔广场和弗赖永广场（Freyung）一带，是营地近郊定居点（canabae legionis）。

1 　罗马的营地呈长方形，其中指挥所位于中央，拉丁语叫 Principia。指挥所前后两门便是前门和后门，一般处于城墙中央，相应的连接指挥所和前后门的大道便叫作前道和后道。指挥所左右两侧的门是左门和右门（principalis sinistra、principalis dextra 的意思是指挥所左边和指挥所右边）。连接左右两门的道路一般相通，且经过指挥所，因而便叫作 Via principalis（主道，via 有经过的意思）。环道则环城墙而走。

这儿密布着客栈、饭馆、货摊和手工店铺，人群熙熙攘攘，热闹非凡。士兵们的军饷按时发放，他们左手接货、右手付钱，对商贩来说是可以保证利润的顾客。营地郊区也不缺妇女的身影，她们会选择军团里的一名士兵当作生活伴侣。公元2世纪末以前，通婚禁令一直禁止他们结婚；成家意愿不明显的士兵往往会钻进妓院里逍遥快活。

营地的高品质生活：文多波纳的罗马文化

从前文多波纳的生活情境，现在全被隐藏在大约 3.5 米的地下。其后一代又一代的建筑便在维也纳最古老核心定居点的断井残垣之上拔地而起。人们将文多波纳纳入视野是近代一大功绩，文多波纳的渠道修建作业一再被提及，借此亘古久远的世界才得以重见天日。

古罗马地板采暖系统

1948 年在霍荷市场的挖掘现场，发现了两座古罗马军官的住宅，住宅下方配有地板采暖系统，由此表明罗马人在维也纳地区的起居文化是如此之高。这种供暖设施在拉丁语中叫作 Hypocaustum，它所凭据的知识是热空气上升原理。人们将房间的石板地面铺设在数根大约一米高的砖头柱子上面，同时沿着墙壁铺上矩形的空心砖，一直垒到房顶的底端，经过加热之后的空气流入柱子之间的空隙，并继续进入空心砖，根据空气对流原理，使热气不断循环，从而保证了室内温度维持在一个舒适宜人的度数。为了避免烟雾飘进室内，地板用砂浆密封，墙壁也抹上灰泥。加热的炉子，即 Praefurnium，一般置于隔壁房间，或者设在每座房屋的院子里。随着罗马帝国的灭亡，有关地板采暖的知识也就消失了。古罗马地暖系统遗迹陈列于维也纳第一区内城霍荷市场的古罗马博物馆，它给每位参观者留下了深刻的印象。

　　每一块黏土碎片，每一片砖瓦，甚至厕所的残留物，在考古学家眼中都尤为珍贵，它们透露出当时人们日常生活的信息。有句谚语说得好："Saxa loquntur——石头会说话"，意思很明显，考古通常是历史研究的唯一资料来源。在 2019 年铺设远程制冷网络时，工人们在博格纳胡同（Bognergasse）和塞茨胡同（Seitzergasse）附近，也就是靠近当时后门的地方，无意中碰到了文多波纳城的废墟。军队营帐和罗马军官官署的外墙就是在这儿出土的，当然出土更多的是内墙以及地板。虽然挖掘工作仅仅出土了文多波纳遗迹的 2%，但通过与其他军团营地的通行规格进行比对，便可重新复原出缺失的部分。据此我们得知，文多波纳建有大约 60 个纵向排列的兵营，每个兵营被分割为 10 到 15 个配有前厅

和主室的居住单元，可容纳 80 到 100 名士兵。每 8 名士兵的可支配空间约占 40 到 50 平方米，可用于睡觉、烹饪和就餐，另外较大的居住区域则留给了百夫长，他的营房位于每个兵营的顶端。军团士兵的兵器是在兵器作坊（fabricae）里锻造的，也是在这里维修的。更加详细的设施出现在宫廷广场一带，2007 年人们在一次挖掘作业中发现了金属加工场和涂装作坊的残留。罗马人精通战争器械的设计和操作，士兵把铁制或青铜制的箭矢放进带有复杂弹簧扭力装置的弩炮中，随后便可发射；弩炮于百米之外的精度仍然很高，而箭矢则可以破甲。

罗马人在文多波纳掌握着高质量的基建设施，很多直到 20 世纪才重新回归人们的生活，如地板采暖、沐浴设施、带有冲水系统的厕所以及为保障军团士兵健康的军医院等。至于取水设施，文多波纳的城墙上有汲水源头，位置在今天的利辛区（Liesing）；水流通过一条长约 17 千米的高架水渠引入营地之内。这些水管在今天仍有超过几千米长的遗迹可供观瞻。

文多波纳营地内最奢华的建筑当属使臣官邸，它是出身罗马贵族的军团指挥官的居所，整座建筑有 3800 平方米之大，地上铺着马赛克地板，墙壁上镶嵌着壁画，堪比一座罗马别墅。除了私人居室之外，这里还设有文书室和工作人员宿舍，也包括提供给男仆和女奴居住的房间。指挥所和行政官署修建得同样华丽。若干建筑组合成群，合抱着一个宽广的内院，四周有柱廊环绕。内部则是巴西利卡（Basilica），即议会大厅，旗帜圣物、部队徽章和军团鹰旗全都保存于此。

居民自治：平民城镇生活情景

罗马人沿着边墙大道，在凯尔特人定居点的废墟之上修建了一座平民城镇，位置相当于今天第 3 区的雷恩小路附近。城镇占地约 52 公顷，囊括的区域直抵第 3 区的厄德贝格（Erdberg），生活在这儿的居民多达一万人。这座城镇呈现带状结构，房屋依傍着边墙大道聚集，院落则躲在房屋的后面，并延伸得很远。此地手工作坊、制陶工场、商号店铺、面包房、客栈等应有尽有，当然也不缺喷泉和茅厕。不同于军营和军营近郊，平民城镇里的居民实行自治，事务决定权掌握在由100名成员组成的城镇议会手中，而他们则是从市民中选举产生的。要想跻身议员行列，你需要足够富有。因而人们可以期待着议会成员们为基础建设和文娱活动自掏腰包。议会领头的是两员法官（Duumviri），他们义务出任这一声誉显赫的职位可长达一年。议会所在地是城镇的商业和宗教中心公共集会广场，其准确位置目前还不能确定，但极有可能处在某个带有半圆形后殿的法院的位置。罗马城市生活的所有组成元素全都出现在这座城镇里，例如带冷热水池的温泉浴场、蒸汽浴、游泳室、健身房、休闲室还有运动露台等。1900年左右，温泉的遗迹被发现于上策勒胡同（Oberzellergasse）。另外城里还有一座椭圆形的竞技场，角斗士决斗、狩猎和喜剧表演在这里轮番上演。修建房屋自然离不开砖瓦的批量生产。维也纳第17区黑尔纳尔斯(Hernals)的考古现场发现了一座砖厂的遗址，其中砖窑和干燥室俱全，整个砖厂占地约3公顷。城里的死者被安葬在远离居住区的地方，在通往城外的道路两旁，一座墓冢紧挨着另一座，富人的墓碑上有浮雕。

除了营地和平民城镇之外，文多波纳覆盖的其他地区也非常广：沿多瑙河一带一直拓展到施韦夏特（Schwechat），靠近维也纳森林的区域延伸到诺里库姆行省和潘诺尼亚行省的分界线格拉芬施泰因（Greifenstein），往南则直抵巴登（Baden）[1]，此地的硫黄矿泉水源被罗马人探明，并因其泉水而得名。富裕的罗马人在这片外围区域都拥有自己的别墅，其中位于第10区法沃里坦（Favoriten）乌特拉（Unterlaa）的那座别墅，是奥地利境内已知的规模最大的一座。在帝国全盛时期，

1　此巴登并非德国西南部巴登－符腾堡州中的巴登，而是指下奥地利州的巴登市，该城坐落在维也纳森林之中，距离维也纳不到30千米，其官方名称是"维也纳巴登"。

这片肥沃富饶的土地很适宜人类居住，葡萄园绿树成荫，屋舍俨然，耕地、草地沃野千里，森林郁郁葱葱，溪水和河流穿行其中，纵横交错。

北方的威胁：马科曼尼人和夸登人

对帕提亚人（Parther）的战争迫使罗马人于 2 世纪中叶向东方集结大规模的军队。马科曼尼人见缝插针，想要趁势摆脱罗马人的统治，于是突然袭击了罗马边境的防御工事，摧毁了文多波纳和卡农顿，并一直推进到意大利北部的阿奎莱亚（Aquilea）和维罗纳（Verona）。夸登人、萨尔马提亚人（Sarmaten）中的雅济吉斯部落（Jazygen）以及其他部族纷纷加入他们的行列。马克·奥勒留皇帝见状决定御驾亲征，身先士卒指挥罗马大军奔赴多瑙河战场。公元 172 年，双方在维也纳以东的马奇菲尔德（Marchfeld）兵戎相接，这是奥地利历史上的首次大决战。经此一役，罗马人战胜了夸登人。战斗打响前，酷热的天气把罗马军团士兵折磨得焦渴难忍；突然一场暴雨自天而降，甘霖拯救了罗马军团。这场及时雨也因此被载入青史，被誉为"雨中奇迹"。最终马克·奥勒留得到儿子也就是皇位继承人康茂德（Commodus）的增援，经过数次战役之后解除了北部边疆危机。马克·奥勒留被誉为"龙椅上的哲学家"，[1]戎马倥偬之际，他挤出时间在卡农顿和文多波纳战场上写下了自己的哲学沉思。公元 180 年 3 月 17 日，马克·奥勒留驾崩，享年 60 岁。人们推测他可能是死于罗马士兵从东方带来的一种传染病，此病被称作"安东尼瘟疫"，有可能是天花流行病，大量的士兵和平民因感染此病而死亡。

要说除了马克·奥勒留之外，维也纳人能记住的另外一位罗马皇帝，当属普罗布斯（Probus，公元 276 年—282 年在位）。这位皇帝将和平

---

1 马克·奥勒留的传世作品是《沉思录》，其思想属于晚期希腊哲学中的斯多葛学派。

时期的建设任务委托给士兵，要求他们排干沼泽地，开垦荒地，栽种葡萄。除了在西班牙、法兰西、莱茵河畔和摩泽尔（Mosel）河畔，葡萄栽种也在文多波纳周围地区迎来了一次复兴，那些品质优良的葡萄藤得到嫁接。普罗布斯被认为是维也纳葡萄酒的祖师爷，这是不正确的。维也纳地区的葡萄培育早在凯尔特时期便开始了，不过后来被人们忽视了。就算普罗布斯的为政举措能够帮助军队自给自足、丰衣足食，士兵们还是认为自己被贬为像农民一样的民兵。满腹牢骚演变为一场哗变，普罗布斯惨死在自己麾下士兵的手中。

新瓶和旧酒：变化中的宗教信仰

祭祀诸神是罗马人日常生活的一部分，神庙或者私人宅第中特有的神坛承担着祭祀的任务。各种各样的神明最重要的作用是帮助人们对抗大自然的力量。1899 年在多瑙河运河进入维也纳的旧河口地区，发现了一座公元 268 年的阿考努斯祭坛（Acaunus-Altar），从而证实了罗马人的祭祀活动。这座祭坛不仅供奉朱庇特，也供奉其他的神明、女神和宁芙（Nymphe）[1]，以求诸神保佑文多波纳免遭洪水的侵害。不过诸神却无动于衷，任由洪水泛滥，山体滑坡曾导致营地大部分塌陷。

驻防文多波纳的士兵带来了自己家乡的神明信仰，其中包括起源于波斯的密特拉神崇拜（Mithras-Kult）[2]。密特拉神是一位能卜成败、断胜算的神，在士兵中具有特别强的吸引力。

1　宁芙是古希腊神话中次一级的女神，多是少女形象，类似于仙女或精灵，如主管艺术的九位缪斯女神之一便是宁芙。

2　密特拉神是一个古老的雅利安人神祇，密特拉为"契约"的意思，因而密特拉神可能最初是契约之神。后来密特拉神流传到罗马文化之中，慢慢形成了密特拉教。

基督信仰也散播到这块边境地区。基督的信条是"爱你的敌人"，士兵们却以杀敌为业，存在价值因此受到质疑，确切来说，士兵手中安身立命的剑被抽走了。此外，基督徒拒绝尊皇帝为神，然兹事体大，这是极具冲击性的政治问题。基督徒戴上了背叛帝国的帽子，因此被归为国家的敌人并受到迫害。不过很多军团士兵已接受了这一新的信仰，在那场与夸登人的战斗中，他们见识到了"雨中奇迹"，深信这是通过基督得到拯救的标志。维也纳地区最早的基督教痕迹出现在公元 4 世纪初叶，如今已在第 10 区乌特拉的约翰尼斯教堂地下发现了。

陷入帝国危机的旋涡：文多波纳走向败落

时至公元 4 世纪，多瑙河边境线上的局势越来越不稳定。皇帝瓦伦提尼安一世（Valentinian I）于公元 370 年左右，试图通过大规模加固防御工事来解决危机、维护自己的统治。然而时不我待，罗马帝国并没有足够的时间。守卫边境的官兵人数越来越少，军饷经常拖欠。随着时间的推移，罗马军团士兵慢慢蜕化成武装农民，他们不得不自己养活自己，丧失了驰马试剑的能耐。营地近郊和平民城镇被遗弃了，居民们逃到营地的城墙后面避难。人们在这儿随意搭建起临时住所，先前成网格状有规律排列的兵营被取而代之。庞大建筑里面的房间也被分割，以便腾挪出更多的居住空间。

公元 4 世纪与 5 世纪之交，游牧民族匈人（Hunnen）的铁骑席卷东欧，从而引发了民族大迁徙。多个民族被赶往西方。从公元 380 年开始，哥特人（Goten）和阿兰人（Alanen）以罗马同盟者的身份接管了潘诺尼亚行省的防御任务，同时萨尔马提亚人烧毁卡农顿之后，罗马的多瑙河船队移师文多波纳。公元 395 年，马科曼尼人攻占了边界防御工事，一把火烧掉了文多波纳。考古学家挖掘出文多波纳的灰烬堆积层和兵营的房顶，除此之外并没有发现任何比之更晚的建筑物残骸，由此证实了文多波纳惨遭毁灭的结局。最后罗马人别无选择，只得把文多波纳及其周边地区留给马科曼尼人，被迫准许他们在此定居。边墙大道变成了一堆没用的石头。《罗马百官志》（*Notitia Dignitatum*）[1]记载一位护民官在谈及马科曼尼人时提到了文多波纳，这便是文多波纳最后一次出现在文献之中，随后就在历史的长河和后人的记忆中消失不见了，随之一同消失的还有古罗马发达的文明。

[1] 《罗马百官志》是一整个把罗马官职的官职表，分为东罗马和西罗马两部分。

1962 年拆除星巷（Sterngasse）
5 号的一幢建筑时，
挖掘出一块军营浴场的巨大方石，
陈列于西奥多·赫茨尔坡道

圣鲁珀特教堂（St. Ruprecht）是公认的维也纳最古老的教堂，图为一张根据鲁道夫·普鲁斯（Rudolf Preuss）画作制成的明信片，时间约为 1900 年

中世纪早期

（公元 400 年—976 年）

　　罗马的军事营地文多波纳衰败之后，"黑暗时代"来临了。那是一个漫长的文盲时代，几乎没有任何流传后世的一纸半字。历史学家长期以来一直怀疑，经过罗马帝国灭亡和民族大迁徙之后，那座荒芜的营地是否也迎来了末日，焦土万里绝人烟，只是时过境迁之后才重新成为定居点。在这段日子里，古罗马城墙依旧屹立不倒；它的背后，可能存在着持续不断地、零零散散地朝多瑙河移居的情况。这儿变成了原始城镇缓慢兴起的中心地带。定居点不断变换着名称，见证着公元 7 世纪的权力更迭。最终只有巴伐利亚人的殖民，基督教的传播，以及查理曼大帝（Karl dem Großen）和奥托大帝（Otto dem Großen）的充沛武德，才对这座城市未来的发展产生了决定性的影响。

乱哄哄你方唱罢我登场：后罗马时代

　　大火和劫掠严重毁坏了昔日的罗马营地，5 世纪人们的生活又退回到蒙昧混沌的状态。营地城墙大部分还没有坍塌，幸存的人们摸进城墙之内，拼凑起临时的棚厦当作栖身之地。城墙尚可以阻挡流窜漫浸的部族。公元 5 世纪冒出了不少这样的民族：先是汪达尔人（Vandale），随后西哥特人在首领亚拉里克（Alarich）的带领下蚁聚而来，并于公元410 年洗劫罗马城，敲响了江河日下的罗马帝国的丧钟；20 年后轮到匈人的铁蹄肆意蹂躏欧亚大陆，其后却又被东哥特人所取代。然而东哥特人无意久居维也纳盆地，于公元 471 年重返诺里库姆和意大利。于是这片权力真空地区为斯基伦人（Skiren）、赫卢利人（Heruler）、苏维汇人（Sueben）所攫取。此外罗吉人（Rugier）也控制了从维也纳到恩斯（Enns）之间的土地。斯基伦人奥多亚克（Odoaker），本来身居罗马皇帝禁卫军之职，后被日耳曼追随者拥戴为国王。他于公元476年废黜了罗马帝国末代皇帝罗慕路斯·奥古斯图路斯（Romulus Augustulus），就这样，自公元395年帝国分裂之后形成的西罗马帝国寿终正寝了。

奥多亚克是罗马化的蛮族，他拥有罗马名字"帕特利修·罗慕路斯"（Patricius Romanus），这对维也纳来说意义非凡；因为他于公元448年下令将文多波纳的罗马化平民迁回意大利——而这也是文多波纳在历史舞台上现身的最后一幕。

在依令而行的回迁队伍中，有一个人的骸骨被人们随身携带着，这个人是被称为"诺里库姆的使徒"的圣塞维里努斯（Heilige Severin），他在世时曾于罗马帝国的末日大乱局中为人们祈福。圣塞维里努斯可能出身于一个罗马贵族家庭，他于公元450年或者公元460年以后以隐士的身份活动于多瑙河畔克雷姆斯（Krems）附近的毛特恩地区[1]，他在那儿修建了一座修道院，并组织了什一税（首次出现的教会赋税）的缴纳。维也纳的德布林格有一片区域，名叫海利肯施塔特（Heiligenstadt，意为"圣城"），其名称便源出圣塞维里努斯。据说圣塞维里努斯曾充当外邦人的使徒在这里传福音。皈依者因此将传教的地方称为圣地（Sanctus locus）。还有维也纳的西尔维茵镇（Sievering）也与圣塞维里努斯有关联。这些尚无证据可证实，但可以确定的是，圣塞维里努斯也曾积极地投身政治活动，只是没有得到正式的任命。除了灵魂救赎之外，他还从事着一项非常重要的事业，就是向受到民族大迁徙严重危害的人民提供救济。他与多瑙河对岸的罗吉人进行交涉，收获颇丰，为百姓争取到了粮食和衣物。

1　Mautern，即法维安尼斯（Favianis）。

到了公元5世纪6世纪之交，文多波纳营地落入了苏维汇人的手中。伦巴第人（Langobarde）又在公元526年征服了苏维汇人，但他们也没有在多瑙河流域居留，而是于公元568年跟着他们的国王阿尔博因（Alboin）往意大利开拔。

数百年的统治：阿瓦尔人和斯拉夫人

继伦巴第人之后，阿瓦尔人（Awaren）夺占了维也纳盆地。阿瓦尔人是一支活跃于亚洲内陆的游牧民族。他们马技娴熟精湛，长矛锐不可当，与其他民族相比略胜一筹。阿瓦尔人住在环形的帐篷里，四周由栅栏护住，在大王查阖（Chagan）的率领下四处劫掠，处处散布着恐惧。阿瓦尔人民殷国富，他们留在维也纳的遗迹让世人见识到了那令人惊叹的豪富。锡默灵地区出土了大约700座阿瓦尔人的墓穴，里面埋着装饰精美的珍贵刀剑，以及用贵重金属制成的带钩，这些全是墓主人的陪葬品。

当阿瓦尔人树立起他们的统治地位时，斯拉夫人已经定居于维也纳周遭。后者被迫向前者进贡，虽然他们始终都不情不愿。斯拉夫人忍受着阿瓦尔人施加的羞辱，相关的细节都生动记录在了一本叫作《弗里德加编年史》（Fredegar-Chronik）的书中。法兰克人萨莫（Samo）是一位做远途贸易的商人，此君权力意识强烈，渴慕建功立业，后以英雄的姿态解放了斯拉夫人。他挑起反抗阿瓦尔人压迫的起义，并为起义的成功贡献出决定性的力量。之后众人推举萨莫为国王，并建立起一个独立的斯拉夫王国，其国土囊括了从图林根（Thüringen）经波希米亚（Böhmen）、维也纳，直抵克恩滕和东蒂罗尔（Osttirol）的广大地区。公元626年，阿瓦尔人围攻君士坦丁堡，却因内部矛盾遭到惨败，斯拉夫人遇到了一个建国的有利时机。萨莫建立的这个国家以摩拉维亚（Mähren）为中心，存在了30年的时间。萨莫死后，国家便分崩离析，阿瓦尔人重新占据上风。斯拉夫人只好远离此地，迁徙到了阿尔卑斯山区。当地人称他们为卡兰坦人（Karantanen），他们乐意承认巴伐利亚公国为其宗主国。不过，为了抵御阿瓦尔人，卡兰坦人有义务出兵参战。这种长时间的封建附庸关系令卡兰坦人厌恶不已，于是他们熬到772年，掀起了一场反抗塔西洛三世公爵（Tassilo III）的战争，最终却竹篮打水一场空。从此以后，巴伐利亚人持续不断地渗透进多瑙河流域，势力越来越大，巴伐利亚的拓殖运动最后扩展到维也纳森林的主山脊地区。

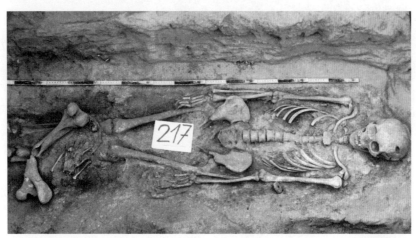

1977 年在锡默灵区的乔科尔胡同（Csokorgasse）发掘出阿尔瓦人的墓场
上图：217 号墓穴，埋葬着一名妇女，她的左上臂有纺锤，脚下有动物骨头和陶罐
下图：一座男性坟墓里的青铜腰带配件和末端

法兰克人政权的巩固：加洛林王朝马克

在维也纳的发展史上，法兰克国王查理曼大帝有着举足轻重的意义。从公元771年开始，这位专制君主率先征服了伦巴第王国，公元788年，又将巴伐利亚公国及其东部殖民地纳入法兰克的统治之下。作为这片领地的新主人，查理曼通过解决阿瓦尔人，一劳永逸地消灭了昔日巴伐

利亚殖民者所面临的危险。查理曼发动三次进军，最终攻陷了阿瓦尔人位于卡姆普河（Kamp）和维也纳盆地的环形壁垒。查理曼的胜利导致了阿瓦尔汗国的解体，现在法兰克帝国将自己的边境推进到拉布河（Raab）沿岸。为了保障新征服领地的长治久安，"马克"边区制度应运而生。加洛林王朝的马克传承于前罗马行省潘诺尼亚，并将其一分为三。后来边区重新规划，多瑙河马克就此诞生，当时它被称作

《弗里德加编年史》中的一页。
这是唯一一份流传下来的证实萨莫王国存在的文献

Marchia orientalis，即东部边区的意思，这也导致奥地利在 20 世纪被冠以一个历史性错误的名字：东马克（Ostmark）。崭新的局面让巴伐利亚的定居政策得以恢复，如果农民接受地主的管辖，那么他们就可以获得住宅用地和耕地。住在当地的斯拉夫人很大程度上都被和平同化了。

跟随殖民者一起踏上这块土地的还有传教士。在教会方面，多瑙河马克归天主教帕绍教区（Bistum Passau）管辖，从此结束了维也纳周边地区"异教徒"的历史。今天那些带有后缀"-ing"的地名或行政区域名便是当年巴伐利亚殖民占领的现存标志，维也纳一共有 7 个这样的行政区：Simmering（锡默灵区）、Meidling（迈德灵区）、Hietzing（席津区）、

Penzing（彭青区）、Ottakring（奥塔克灵区）、Döbling（德布林格区）和 Liesing（利辛区）。后缀"-ing"源自古高地德语[1]，表示个人从属关系，即表示个人与自己所属的地主或殖民者头目的关系。

鲁道夫·韦尔为圣彼得教堂雕刻的大理石浮雕，内容为查理曼大帝修建教堂的传说

1　古高地德语是现今德语的原型，盛行于约公元6世纪至11世纪。德语发展史一般分为日耳曼语、古高地德语、中高地德语、早期近代德语、近代高地德语以及现代德语6个阶段。

罗马城墙内的新生活：居住区域之中心

　　有关维也纳在中世纪早期的历史发展情况缺乏书面材料的记载，因而相关研究只能建立在对稀有的蛛丝马迹的猜测之上。但有一点可以确定，就是在罗马营地旧址的东北角形成了一片教区，其中包括圣鲁珀特教堂（St. Ruprecht），这是维也纳城内最古老的教堂；还有基恩市场以及充当防御工事的贝格霍夫（Berghof）。圣鲁珀特教堂周遭处在多瑙河南岸的高地上，当时有船只停泊于此，负责将食盐和木材运送上岸。所以维也纳也是一个贸易中心，即使并不怎么起眼。贝格霍夫是一座防御性的堡垒，被公认为维也纳城内最古老的一座世俗建筑。这块领地并入查理曼大帝的帝国后，法兰克的封疆大吏可能曾住在贝格霍夫城堡里督办政务。

　　圣彼得教堂的建造也可以追溯到加洛林王朝的马克时代。相传是查理曼大帝在公元792年兴建了它。雕塑家鲁道夫·韦尔（Rudolf Weyr）于1906年雕刻在巴洛克式教堂外立面上的大型浮雕再现了教堂初建时的场景，艺术家以生花妙笔将传奇固化在石头上。然而，并没有证据可以证明查理曼大帝曾在维也纳地区逗留过。圣彼得教堂极有可能是由巴本贝格家族之前的某位维也纳封建领主修建的。圣彼得教堂的庇护可能与萨尔茨堡（Salzburg）存在联系，要知道萨尔茨堡自公元739年以来一直是教区。传统的观点很顽固，认为早在公元4世纪下半叶，就有一座晚期罗马的大厅教堂矗立在圣彼得教堂所在的地面上，因此圣彼得教堂可被看作是维也纳城内年龄最老的教堂。然而这一说法得不到任何证据的支持。

　　奥塔克灵河和多瑙河交汇的河口附近建有一个卸货点，专门接受盐驳船和木料船送来的货物，这个地方曾横亘着罗马边墙的地基，现在则卧着一座名为"我们亲爱的川湄女郎"（Unsere liebe Frau an der G'stetten）的教堂小村庄。村庄固若金汤，后来获名玛利亚坡道（Maria Stiegen），今天则被称为河岸玛利亚（Maria am Gestade）。这座教堂是维也纳的第一座圣母教堂。相传，修士阿尔弗里德（Alfried）于公元880年受命兴建此教堂。

恐怖时代：匈牙利人的入侵

公元 9 世纪与 10 世纪之交，来自亚洲大草原的马背民族马扎尔人（Magyaren）翻越喀尔巴阡山脉（Karpaten），闯入蒂萨河（Theiß）和多瑙河之间的平原地带。生活在这片平原上的斯拉夫人，在萨莫国王死后并没有建立起属于自己的国家，因此马扎尔人一路上纵横驰骋，所向无敌。从有关匈牙利入侵浪潮的记载中，我们找到了维也纳最初的身影。《萨尔茨堡编年史》（*Salzburger Annalen*）里面 881 年的条目下有这样一句话："primum bellum cum Ungaris ad Uueniam。"意思是"与匈牙利人首次战于维也纳"。目前尚不清楚，Uueniam 指的是居住地带还是同名河流，即后来的维也纳河。匈牙利人的入侵导致此地生灵涂炭，我们不难想象当时的恐怖情景。但没有人有能力阻止匈牙利骑手的践踏。我们在《萨尔茨堡编年史》中发现了一处有趣的地方，即先前的文多波纳（Vindobona）被冠以"乌埃尼亚"（Uuenia）的称呼。最新的学术研究成果表明，文多波纳毁坏之后，此地的方言发生了辅音音变的现象，Vindobona 的发音演变为 Vindovona、Vindovina，以及 Vindomina；加之斯拉夫人的影响，又演变为 Veidinia、Videnica、Vidunji、Viden，等等；而根据古高地德语的发音，Uuenia 又变成了 Venia、Wenia，或者 Wennia；到了中古高地德语时代，进而发展成 Wienne，最终尘埃落定，成为今天的 Wien。

查理曼大帝死后，帝国一分为三[1]，其中东部为东法兰克王国。马扎尔人的入侵暴露出东法兰克王国的外强中干。只有最强大的部落公国

1　查理曼大帝曾立遗嘱将帝国分封给自己的三个儿子，其中两个儿子先于查理曼去世，因而遗嘱作废，活着的儿子路易登上皇位。路易死后，843 年他的三个儿子洛泰尔、秃头查理、日耳曼人路易经过内战，订立《凡尔登条约》，将帝国一分为三。其中洛泰尔获得帝国中部地区，称中法兰克王国，查理获得西部地区，称西法兰克王国，路易获得莱茵河以东地区，称东法兰克王国。3 个王国分别奠定了日后意大利、法兰西和德意志的基础。

首领才能抵挡住入侵者。公元
推选为东法兰克国王，即海
以"捕鸟者"（Vogler）[1]的
一世取得了对马扎尔人战争
奥托一世于公元936年登
查理曼大帝的帝国雄风。
奥格斯堡（Augsburg）以
爆发了一场大战，奥托一
军，胜利者无不率土同庆。
小可，至此，肆行劫掠
退回到莱塔河（Leitha）
地，在这里建立了一
之交皈依基督教。奥托
帝位，并被尊为奥托大
进一步强化皇权，深刻
历史，当年的加洛林马
托马克，并被分封给巴

919年，萨克森公爵海因里希被
因里希一世（Heinrich I），他
绰号为后世所熟知。海因里希
的首次大捷。其后他的儿子
上王位，新国王立誓要重现
公元955年8月10日，在
南的莱希费尔德（Lechfeld）
世把马扎尔人打得溃不成
这场大捷的历史意义非同
的时代终结了，匈牙利人
对岸，定居于潘诺尼亚低
个国家，并于第二个千年
成功复兴了罗马帝国的
帝，得以名垂青史。奥托
影响了奥地利和维也纳的
克从此改换门庭，成了奥
伐利亚作为采邑。

这把所谓的圣矛，
保存在霍夫堡宫的皇
家宝库里，
据说曾在莱希费尔德
战役中使用过

1 相传，当海因里
希登上王位的消息
传来时，他正在捕
鸟，因而获得了"捕
鸟者"的绰号。

哈布斯堡王朝长达 640 年的统治始于 1278 年
夏天鲁道夫一世在马奇菲尔德对波希米亚国
王奥托卡二世的胜利

巴本贝格家族和
波希米亚空位时代

（公元 976 年—1278 年）

从公元 976 年开始，巴本贝格家族长达 270 年的统治拉开了帷幕。他们一步步往东迁移自己的治所，从梅尔克（Melk）到图恩（Tulln），又到克洛斯特新堡（Klosterneuburg）。直到巴本贝格家族掌权 180 年后，在"向造物主发誓的"海因里希二世（Heinrich II Jasomirgott）的统治之下，维也纳才成为奥地利的都城，而奥地利也被提升为公国。贸易和商业的蓬勃发展，使得巴本贝格家族的宫廷变为奢华的缪斯女神宫廷。城市面积显著增大，一座新的城墙拔地而起。1246 年，巴本贝格家族的灭亡造成了奥地利的权力真空，奥地利进入空位期（Interregnum），而此时的神圣罗马帝国也处在大空位时期，其邦国波希米亚王国国王奥托卡（Ottokar）趁机迫使奥地利臣服于自己的权力之下。维也纳虽然失去了都城地位，却也从奥托卡的善政之中获得了不少好处。哈布斯堡的鲁道夫（Rudolf von Habsburg）黄袍加身，被推举为罗马人的国王，这对他和维也纳来说都意味着命运的转折。

胜败寻常事：千年之交的维也纳

路易特波德家族（Luitpoldinger）源出古老的巴伐利亚公爵家族，家族中的路易特波德（利奥波德）是帝国皇帝奥托二世的忠实追随者，因在巴伐利亚暴动期间忠于皇帝，获得多瑙河马克封地。受封文书上标明的日期是公元 976 年 7 月 21 日。后来到了公元 996 年 11 月 1 日，边区被命名为马克伯爵领地（Markgrafschaft）。有这么一句话出现在奥托三世颁给弗莱辛教会（Freising）的赠与文书中："… regione vulgari vocabulo ostarrîchi"——"……这个地方，在民间传说中被称为 Ostarrîchi（意为东方领地）。"人们认为这份文献的原件便是奥地利诞生的证明。从 15 世纪开始，相关文献便将路易特波德家族记载为巴本贝格家族，开先河者便是"圣徒"利奥波德公爵的儿子奥托·冯·弗莱辛主教，而利奥波德的血统则可以追溯到阿达尔贝特·冯·班贝格（Adalbert von Bamberg）。随着岁月的流逝，家族的姓氏慢慢演变，并最终固定于"巴本贝格"。

匈牙利人不再骑马劫掠，而是转向农耕定居，并皈依基督教，然而这并没有令他们安分守己，他们试图扩大自己的领土范围。在世纪之交，维也纳盆地战事频仍，局势变幻莫测。公元 984 年，马克伯爵"至尊者"利奥波德一世（Leopold I. der Erlauchte）击败了一支匈牙利军队，从而将马克的东部边界线拓展至维也纳森林东侧。不幸的是，公元 1030 年皇帝康拉德二世（Konrad II）率领的军队在战斗中遭到沉重打击，被围困于维也纳。《下拉尔泰希编年史》（Niederaltaicher Annalen）将当时的战事发生地记录为维尼（Vienni）。匈牙利人攻占了维也纳，但没能站稳脚跟。后来"圣徒"利奥波德三世公爵成功将其领土疆域延伸至维也纳森林山脊背面的盆地。公爵在利奥波德山上 [当时名为卡伦山（Kalenberg）] 下令建了一座行宫，是俯瞰维也纳盆地的绝佳地点。据撰写于雷根斯堡（Regensburg）的《帝王列传》（Kaiserchronik）记载，公元 1042 年，皇帝海因里希三世为促使进军匈牙利的军事决议顺利通过，插手在维也纳召开宫廷会议。进军的成果是有目共睹的，公元 1044 年匈牙利归顺海因里希三世，成为帝国的藩属。

稳定的政治局面促进了维也纳的发展。整个马克边区的人烟日益稠密，同样，维也纳的居民也在不断增多。另外，在罗马边墙以内，今天锦帕拱廊、库夫巷（Kühfußgasse）和牛奶巷（Milchgasse）交错的区域，逐渐形成了一个贸易市场聚集点。这儿或许出现了维也纳的第一座法院（在奥地利，法院又称 Schranne）或者维也纳的第一座市政厅。城门之前的城郊地带对通往西方、东方和南方的远程贸易一直非常重要，因而城郊也被围墙围起来以受到保护，比方说锦帕拱廊尽头的派勒门（Peilertor）、利希滕小径（Lichtensteg）附近的匈牙利门，这两座城门前均有一段这样的长墙。城郊出现了一个所谓的鱼眼状草地。如果你能想象一下面包师大街（Bäckerstraße）和桑尼费斯巷（Sonnenfelsgasse）之间有一片住宅区，那么你便能猜到那片草地的形状。随着城郊贸易点的兴建，原先城墙前的牧牛场消失了，而如今碧草地胡同（Grünangergasse）这个名字依然能令人们回想起此地很久以前的农牧情景。这座发展中的城市广阔的周边区域，也被开辟为定居区，其中很多是有记载可查的。

公元 1000 年左右的维也纳是一个由围墙拱卫的贸易中心，拥有自己的行政、司法部门等基本机构。"国内和平"法令（Burgfrieden）是城市居民和城郊居民和平共处的法理根据。如今，那个时代的维也纳已消失得无影无踪，我们并不知道当时所有这一切是怎样的情景，能够言之凿凿的只有一件事：那个时候的维也纳并不是一座美好的城市。

政治妥协的结果：维也纳成为都城

公元 12 世纪，施陶芬家族（Staufer）和韦尔夫家族（Welfen）为争夺神圣罗马帝国的皇位大打出手，双方互有胜负，各自取得的战果不尽相同。根据"帝国禁令"（*Reichsacht*）[1]，韦尔夫家族失去了萨克森公国和巴伐利亚公国。巴伐利亚被分封给奥地利马克伯爵"向造物主发誓的"海因里希二世。公元 1152 年，施陶芬家族的弗里德里希登上德意

1　"帝国禁令"指的是剥夺受惩罚人的法律地位，使之不受法律保护，且失去所有权利和财产；任何人可以随意伤害他而不受法律的追究。

志王位[1]，此人便是后来的帝国皇帝"红胡子"弗里德里希一世（Friedrich I. Barbarossa）。身为至高无上的封建主，弗里德里希想利用政治妥协的手段来重新恢复帝国的和平。这个政治愿景要实现，只有一条路可走，就是令海因里希拱手让出巴伐利亚。

海因里希最终同意了，因为他获得了慷慨大方的补偿。公元1156年弗里德里希一世颁布《小特权》（Privilegium minus，又名《小自由宪章》）[2]，规定奥地利从马克伯爵领地升级为一个拥有特权的公国。

早在1145年，还是马克伯爵的海因里希就将他的治所从雷根堡转移到了维也纳，并在当时城区的西侧高地上建了一座行宫，大概位置是在今天的安霍夫教堂（Kirche am Hof）一带。可惜我们并不知道行宫的外观是什么样子的，没有任何石块、地图、图片和文字描述保存下来。倒是公爵府邸周围小巷子的名称透露出这儿曾经经营过哪些行业。显

1　在神圣罗马帝国之内，被选举出来的统治者是德意志国王，若要获得皇帝的头衔，必须得到教皇的加冕。

2　之所以称为《小特权》，是区别于哈布斯堡家族捏造的《大特权》，见《早期哈布斯堡家族》一章。

从利奥波德山俯瞰维也纳努斯贝格地区（Nussberg）的葡萄园

然法尔贝胡同（Färbergasse）和莱德勒霍夫（Ledererhof）分别是做布料染色和皮革制作的，而博格纳巷（Bognergasse）则是制作军用弓箭的，纳格勒胡同（Naglergasse）是打造钉子的师傅们居住的地方，朝向瓦尔纳大街（Wallnerstraße）倾斜的哈霍夫（Haarhof）[1]则是加工亚麻的地方。一座吊桥横跨奥塔克林溪，一直通向城墙对面的施泰因费尔德（Steinfeld）。在这儿，僧侣们建造了一座带有中殿的罗马式三跨立柱教堂。这帮僧侣是爱尔兰－苏格兰裔，受到海因里希公爵的征召从雷根堡圣雅各布修道院千里迢迢来到维也纳。

到"向造物主发誓的"海因里希二世统治时，苏格兰教堂开始修建

1　以上几个街道名，其中 Färber 是染色的意思，Lederer 是皮革匠的意思，Bogner 是弓匠的意思，Nagler 是钉子匠的意思，Haar 则是头发的意思。

"此乃造物主所愿"：途经维也纳的十字军

公元1189年5月，"红胡子"弗里德里希高呼着"此乃造物主所愿"的口号来到维也纳。欧洲的十字军发动了第三次东征，兵锋直指圣地耶路撒冷城。同1096年和1147年的两次东征一样，维也纳仍充当给十字军提供补给的重要中转站。这次十字军面对的敌人是埃及和叙利亚的统治者苏丹萨拉丁（Saladin）[1]，正是他在1187年消灭了基督教化的耶路撒冷王国。维也纳箪食壶浆以迎圣军，保证他们得到修整。然而城内居民却濒临扰民、强暴、盗窃、酗酒等罪行引发的动乱边缘。大约500名作奸犯科者被赶出十字军。随后十字军士兵继续前进，海因里希二世（1177年去世）的儿子利奥波德五世公爵在1190年8月提枪上马，紧随其后。

第三次东征给十字军蒙上了不幸的阴影。"红胡子"弗里德里希一世出师未捷身先死，于意外事件中溺亡。东征圣战主要围绕着阿卡城（Akkon）攻防战展开，英格兰和法兰西的十字军参加了这场战斗。雄心勃勃的英格兰国王狮心王理查（Richard Löwenherz）为自己赢得了胜利的荣耀，他还将利奥波德五世公爵的旗帜从城墙的城垛上扯下来扔到墙根——这对巴本贝格家族来说是一种杀人诛心的耻辱。最终十字军没能收复耶路撒冷，只好踏上了返回故乡的归程。公元1191年底利奥波德安然无恙地返回维也纳。还不到一年，狮心王理查便落入了他的手掌之中。这位英格兰雄主在回国途中遭遇一场海难，不得已弃船上岸。他伪装成朝圣者，想要悄悄穿过奥地利，然而却在厄德伯格郊外被人认了出来并遭到逮捕。理查被投进杜恩施泰因城堡（Dürnstein），羁押两个月之后，便被移交给皇帝海因里希六世。理查可是价值连城的俘虏。为

1　萨拉丁（1137年—1193年），埃及阿尤布王朝的开创者，杰出的军事家、政治家，收复耶路撒冷城，因杰出的军事才能和高尚的品质，受到基督教世界和穆斯林世界的尊敬。

了赎回国王，英格兰必须支付高达 22 000 千克的白银作为赎金。利奥波德收到了其中的一半，赎金直到 1193 年底才押解到维也纳。

城市扩张和城市法：维也纳的繁荣

英格兰赎金的一部分拿来修建新的城墙。新城墙围起来约是旧罗马营地 5 倍大的面积，这一规模一直维持到 19 世纪。新的城区在以前是一片空地。罗马营地南边城墙前方的沟渠被夷为平地，改造成一个狭窄的长方形街道广场。广场南部的街道像一根根肋条骨一般，从科尔市场一直覆盖到明镜巷（Spiegelgasse）；广场东北部是鱼市；东南部以西是克恩滕大街；西南则是方济各会（Minoriten）。巨大的方形场所如霍荷市场、诺伊尔市场横插其间。修道院靠近新城墙墙根，其中西边的属于方济各会，东边的则属于多明尼哥会（Dominikaner）。医院骑士团（Orden der Johanniter）住在圣约翰巷，德意志骑士团（deutsche Ritterorden）住

大约在 1222 年，
条顿骑士团居住在今天的"条顿骑士府邸"

在经过斯蒂芬大教堂的辛格大街（Singerstraße）。斯蒂芬大教堂是一座罗马式的教堂，于公元 1147 年完工，现在它所处的位置已不能说是罗马旧城墙的前沿地带，而是新城区的中心，它径直挺立在重要的南北商贸交通轴线上，这条轴线由克恩滕大街和后来的红塔街组成。

公元 1221 年，"光荣者"利奥波德六世（Leopold VI. der Glorreiche）为维也纳订立了一部城市法。这部最古老的城市法律规定了市民从君主那儿所获得的权利的范围。56 条法规整顿了经济贸易、私人领域、财产继承，以及和平秩序等多个方面。公爵任命的城市法官在维也纳拥有最高的司法权。市议会则是最高的行政部门，由 24 名受人尊敬的市民组成，其中城市法官位居市议会主席之位。另有一个"名流"委员会被委以重任，主要负责重要的日常行政事务、财政和司法任务。这个委员会由 100 名委员构成，如果一个人出身贵族，或者是商人、拥有房产的手工业者以及在其他方面备受尊敬的维也纳市民，那么他可以终身担任委员。若进行合法的贸易则需要 23 名委员的见证，其中的 12 名委员由市法官提名为法庭裁判的陪审员。维也纳于公元 1194 年成立了自己的铸币厂，差不多与狮心王理查的赎金抵达维也纳的时间同步。银条需要加工成硬币。公爵便令银行家施洛姆（Schlom）出任铸币厂厂长。他是第一个在维也纳历史上留下姓名的犹太人。从此，维也纳芬尼币（Pfennig）开始崛起。很快维也纳芬尼币便取代了巴本贝格家族领地内的其他所有硬币，例如克雷姆斯芬尼（Kremser Pfennig）。复杂而又精巧的系统靠着权威和管理运转自如，确保了硬币的铸造、贵金属的采购和货币的兑换准确无误地进行。负责整个流程的是 48 名家底雄厚的市民组成的团体，团体实行家族式管理，归铸币厂厂长领导。铸币厂的律师则出自公爵绝对信任的心腹，他负责监督铸币的整套流程。硬币是在霍荷市场上所谓的轧管厂铸造完成的。

由于境内关税的刺激，维也纳开始繁荣昌盛起来，成为商业中心和经济中心。关税收入的大头出在商业和运输设施的使用酬金上。公爵的主要收入来源则来自多瑙河的河流税，而到了维也纳市区范围之内还要征收运输生活物资的过路费。维也纳能达到一座商业城市的鼎盛阶段，实则归功于物资囤积权（Stapelrecht，物资囤积权是中世纪时城镇或集镇要求路过的商人在当地指定区域卸货、囤积并在一定时间内销售的权利。商人可以通过支付费用来免除囤积带来的义务。除此之外，一些城市要求转运权。有了这两项权利，商品的物价升高，并促进了囤积所在地经济的发展。有记录可查的最早物资囤积权出现于 1247 年明登城，到 19 世纪物资囤积权被废止）。有了这项权利，外国商人有义务向维也纳市民出售他们想从巴伐利亚出口到匈牙利的货物。城市法保障了物资囤积权，前后持续了好几个世纪。科隆的商人们在维也纳设立了自己的包含办事处的经销点，至今人们仍能从"科隆人院宅"（Köllnerhofgasse）这个胡同名字中想象出当日的情景。同样的，雷根斯堡的商人们于卢戈克（Lugeck）的"雷根斯堡院宅"也留下了自己的痕迹。

骑士恋歌的盛行："维也纳的迷人宫廷"

在"光荣者"利奥波德六世公爵的统治之下，巴本贝格家族的都城维也纳度过了它光辉灿烂的岁月。公元 1200 年圣灵降临节这天，年轻的公爵获得了晋升骑士的资格，为此公爵召开了一个欢乐的圆舞会。这还真是个花里胡哨的仪式呢，就连骑士的侍童也能晋身为骑士。从现在开始，利奥波德便拥有了自己的徽章和箴言。公爵在 1203 年圣诞节又举办了一场更为奢华的婚礼。他和拜占庭公主特奥多拉（Theodora）喜结伉俪。婚礼当日维也纳人山

乌尔里希·冯·利希滕施泰因打扮成"女神维纳斯"，出自《马内塞古抄本》（Codex Manesse），约 1310 年—1340 年

人海，到处都挤满了皇亲国戚和尊贵的宾客，他们的随从则被安排在城外逍遥快活。欢乐的海洋淹没维也纳达 17 天之久。这场豪门盛宴的见证者之中，有一人用文字将此情此景化为涓涓诗行。此人的身份尚未可知，只知道他还是德语文学中最重要的史诗《尼伯龙根之歌》（*Nibelungenliede*）的作者。史诗包含 2397 段四行诗节，掺杂了大量的神话传说和历史事实。

另一位伟大的宫廷骑士诗歌作者的名字却为我们所熟知——莱玛·冯·哈根瑙（Reinmar von Hagenau），也就是老莱玛。他沉湎于高雅骑士恋歌的夸张理想之中，颂扬贵族圈子里的"巾帼英雄"。瓦尔特·冯·德尔·福格威德（Walther von der Vogelweide）曾在维也纳宫廷向莱玛学习"歌唱和言谈"，而他也是那场令人难忘的婚礼的众多宾客之一。乌尔里希·冯·利希滕施泰因（Ulrich von Liechtenstein）被视为宫廷抒情诗人里的"五彩雀"，在他的那本带有自传性质的诗体小说《为妇女服务》（*Frauendienst*）中，他是一个"堂吉诃德"式的人物。乌尔里希从威尼斯启程、经由维也纳抵达波希米亚的旅程非常壮观。他伪装成维纳斯，在众多随行人员的簇拥中骑着高头大马，以其出众的魅力夺人眼球。后来这盛行于贵族之间的宫廷抒情诗逐渐下传到市民阶级中，并被改造成工匠诗歌（Meistergesang），作为一种诗歌传统一直延续到 17 世纪。先是宫廷的阳春白雪被讽刺，然后愚笨的下里巴人也遭到嘲弄。内德哈特·冯·罗伊恩塔尔（Neidhart von Reuenthal）以富有但未受过教育的农民为嘲笑的目标，粗犷而又滑稽，尤其受到年轻人的青睐。

斯蒂芬大教堂西立面

斯蒂芬大教堂，维也纳城内的主要教堂，是一座哥特式建筑的杰作。大教堂西立面最古老的部分可以追溯到罗马式建筑的艺术时代，该类艺术风格对巴本贝格时代的建筑产生了深刻影响。尽管斯蒂芬大教堂在 1258 年和 1276 年的两次大火中遭到严重焚毁，但仍有足够的石墙令大教堂快速修复。当哥特式风格影响到建筑艺术时，大教堂的建筑大师保留了罗马风格遗产并与哥特式元素融合在一起。多亏了这种幸运的做法，才使得今天人们仍然可以从西立面看到巨大的大门，以及"狮鹫""参孙和狮子""彼得""石匠"等罗马式雕塑。大门上方左侧的人物表现的是"拔刺的人"，可能是对法官的描述。砖砌的罗马式轮窗于 1945 年之后的修复工作中被发现。

好勇斗狠的下场：巴本贝格家族的结局

荣耀引来好战，"爱争吵的"弗里德里希二世公爵（Friedrich II. der Streitbare）继位。于是一夜之间，公国内外的和平全都化为乌有。还不到 20 岁的弗里德里希渴望像父亲那样追求伟大，他的蠢蠢欲动引起了邻国的恐慌。结果公爵与巴伐利亚、波希米亚和匈牙利等多方势力产生军事冲突。公爵在公国内部横征暴敛，独断专行，大失民心。此外他还是臭名昭著的登徒子，即使是庄重可敬的已婚妇女也逃不出他恬不知耻的咸猪手。市民们受够了，于是跑到皇帝弗里德里希二世那里诉苦申冤。这是维也纳市民第一次自发组织的政治行动。皇帝认为市民的申诉合情合理、有理有据，于是君临维也纳。维也纳的臣民在1237年1月热情恭迎皇帝弗里德里希二世的巡幸。而弗里德里希公爵则躲在维也纳城外等待着事态的进一步发展。其间皇帝已下榻于安霍夫官邸。将近4个月的时间里，维也纳变成了帝国的焦点。这座城市沐浴在侯王将相的荣光之中，因为一大群帝国诸侯紧随着皇帝身后膝行而至。盛大的宴会和激烈的竞技赛在公爵城堡前面的广场上按日程安排依次举行——显然这些都带有高度的政治意义。公元1237年2月，诸侯们选举8岁的皇子康拉德四世为罗马人的国王。皇帝莅临这次庄严肃穆的仪式，对维也纳来说，这是唯一一次在自己土地上举行的帝国选举。

4月份，皇帝离开了维也纳。伦巴第地区（Lombardei）图谋脱离皇权的管制，揭竿而起；皇帝没有好的对策，只好前去镇压。他将一支驻防军留在维也纳，并任命了一名总督。1221年颁布的城市法增补了关于皇权的内容，从而使皇帝在维也纳的权力得到了法理上的保证，维也纳因此成为帝国直辖城市。弗里德里希公爵受到皇帝的禁令制裁；他跑到巴伐利亚与奥托公爵订立盟约，得到后者的支援后，就率领着充足的兵力围攻对自己不忠的都城。弗里德里希公爵围而不攻，以饥饿战术围困维也纳。他成功了，维也纳于1239年圣诞节这天向他大开城门。这位公爵摒弃前嫌，没有审判背叛自己的人，反而以德报怨，与人民达成谅解。公爵招募12名年轻人到他的宫廷里效力。与此同时，皇帝弗里德里希二世也看清楚了，他需要公爵这样的盟友，于是便撤销对公爵的禁令，并且同意恢复维也纳作为公国都城的身份。

在东面，维也纳受到了蒙古入侵的威胁。莫斯科（Moskau）和基辅（Kiew），卢布林（Lublin）和克拉科夫（Krakau），均已被蒙古人付之一炬。万般危急之下，弗里德里希公爵与波希米亚和匈牙利国王订立攻防同盟。匈牙利国王贝拉四世（Béla IV）被蒙古人击败之后，逃亡到维也纳寻求军事援助。此时蒙古骑兵已经兵临维也纳新城和克洛斯特新堡。然而在1241年，蒙古的最高可汗窝阔台合罕（Ögedei）突然暴毙，蒙古军队撤军。此时，波希米亚和匈牙利认为时机已到，便准备将战功卓绝的弗里德里希公爵赶走，于是战端又启。公爵在维也纳新城附近的莱塔河战役中先后击败波希米亚人和匈牙利人，孰料悲剧从天而降，因坐骑受到致命伤害，弗里德里希从马背上掼了下来，接着便被围追过来的匈牙利士兵杀害了。这天是 1246 年 6 月 15 日，公爵 35 岁生日。弗里德里希公爵曾离过两次婚，但是没有一个孩子，随着他的死亡，巴本贝格家族的父系绝嗣了。

波希米亚国王的势力范围：奥托卡统治下的维也纳

面对这种局势，皇帝弗里德里希二世旋即派遣一名总督前往维也纳，重新将这座城市攫入自己的手中。然而皇帝于 1250 年死后，施陶芬家族也迎来了末日。神圣罗马帝国和奥地利公国同时陷入空位时期。维也纳的贵族和市议会表示欢迎波希米亚王国的奥托卡（Ottokar）前来秉钧持轴。奥托卡来自普舍美斯家族（Přemysliden），此时的他仍是世子，父王瓦茨拉夫（Wenzel）还在位。1251 年底，奥托卡带着一大帮扈从人员抵达维也纳，他赠送贵重的礼品给能够只手遮天的贵族，分发金钱给可以一呼百应的市民，以此收买人心。奥托卡达到了自己的目的，他成为奥地利公爵，之后又成为施蒂利亚公爵，最后他把权力的手掌伸向了克恩滕和克雷恩。他信心满满地认为自己用不着德意志国王的正式分封。公元 1253 年，奥托卡登上波希米亚的王位。此君横枪跃马征战疆场，无不显露出强烈的征服欲望。他似乎是危机时期能够以强有力的手段驾驭奥地利命运的合适君主。为了巩固自己的统治，奥托卡娶了比他大 25 岁的 "爱争吵的" 弗里德里希的妹妹玛格丽特（Margarethe）。他以最严厉的方式镇压了当地贵族此起彼伏的反抗暴动。很多城市和集镇支持这位波希米亚国王，因为他曾毫不吝啬地资助过他们，同样他也曾资助过教会修建修道院。然而维也纳不再是都城，奥托卡光艳照人的宫廷在布拉格。虽然经济上的繁荣弥补了这一损失，但奥地利的都城无论如何都不能被忽视。以布拉格为榜样，维也纳应该在发生危险时受到更好的保护。城墙西侧的威德默门（Widmertor）附近营建了一座城堡，一座由4座塔楼防御的四棱堡垒。这便是如今霍夫堡宫年岁最长的部分——瑞士人庭院（Schweizerhof）。

奥托卡统治时期，维也纳曾数次被熊熊烈火所吞噬。最早的一场火灾发生在1258年8月，大火烧毁了许多木质房屋、几座修道院，以及斯蒂芬大教堂和教堂的钟。礼拜仪式在未来5年内不得不转移到苏格兰教堂举行。1262年4月的火灾更严重，这一次市区1/10的建筑未能幸免，方济各教堂和河畔圣母教堂以及所有的礼拜堂都被大火烧毁。1276

瑞士人庭院，
霍夫堡宫最古老的部分

年春天，维也纳接连遭到 3 场熊熊烈火的蹂躏。对此奥托卡采取了一些应对措施，包括减免人民 5 年的赋税和通行费用，举办一场长达 4 周的年集，以及赠予维也纳人一片森林，准许他们前来采伐木材，因为重建城市首先需要的便是木头。手工业帮会必须放宽准入限制，以便促进贸易的进行。所有这些恩惠令奥托卡深深地受到了维也纳人的爱戴。

公元 1273 年 10 月 1 日，德意志的诸侯们选举鲁道夫·冯·哈布斯

鲁道夫分封给奥托卡摩拉维亚和波希米亚，相应的，奥托卡不得不放弃奥地利。根据赫尔曼·普吕德曼（Hermann Plüddemann）画作绘制的木版刻画，1855 年

堡伯爵为德意志国王。奥托卡本想为自己谋取这一帝国的最高爵位，然而在其他诸侯的眼里，奥托卡太强大了。而那位来自阿尔高（Aargau）[1]的伯爵看上去似乎对他们的特殊利益威胁不大。为了以防万一，奥托卡把维也纳和其他城市的重要家族成员扣为人质。鲁道夫要求奥托卡交出在没有得到皇帝分封的情况下所占有的全部帝国领地。奥托卡拒不从命，他搬出继承法，并通过婚姻以使自己的领土占有合法化。有鉴于此，鲁道夫对奥托卡实行剥夺法律保护令，并于 1276 年的秋天率领 20 000 人的帝国军队朝维也纳进军。维也纳被围困数周，周边的葡萄酒园和果园也被毁坏。守军的指挥官是帕尔特拉姆·德姆·弗莱霍夫（Paltram vor dem Freithof），此人是奥托卡在维也纳的最强有力的党羽。直来直去的

1　这里的阿尔高伯爵指的便是哈布斯堡的鲁道夫，阿尔高是哈布斯堡家族的龙兴之地，并在此建立一座城堡鹰堡，又称哈布斯堡。

维也纳人民饱受饥饿的折磨，无奈之下只得促逼守军把城市交给德意志国王。奥托卡让步了，他在克洛斯特新堡附近的森林里接受了严肃的、正式的分封仪式，他的故土波希米亚和摩拉维亚（Mähren）成为他的合法采邑，而除此之外其他的征服领地奥托卡不得不放弃。1276年11月底，鲁道夫进入维也纳，并将其官邸安置在一座修建了一半的城堡里。

至此哈布斯堡家族尚未取得完全的胜利。奥托卡在维也纳仍有追随者。 1278年春天，这些人公开反对鲁道夫。国王宣布他们是罪犯，没收了他们的财产。为了保住自己的王位，鲁道夫向帝国诸侯们寻求勤王之师。军队集结于维也纳城下，其中包括14 000名匈牙利士兵。最后的决战发生在1278年8月26日，双方交战于迪恩克鲁特（Dürnkrut）和耶登施派根（Jedenspeigen）附近的马奇菲尔德。奥托卡在战斗中丧生。鲁道夫的军队一直追击敌人到波希米亚。12月，胜利者凯旋，进入维也纳城时受到了维也纳人民的盛大欢迎。那些在火灾中哑掉的钟，此刻铮铮作响，迎接王者的归来。大弥撒在大部分已得以修复的斯蒂芬大教堂里举行，以感谢造物主对胜利的恩典。从此维也纳迎来了一个新的时代：哈布斯堡时代，它的统治长达640年。

"窗口凝望者"：斯蒂芬大教堂讲坛上的建筑大师安东·皮尔格拉姆（约1460年—1515年）的肖像

哈布斯堡家族
统治早期

（公元 1278 年—1493 年）

  哈布斯堡家族掌管维也纳之后，又花了几十年的时间才使其统治地位得到当地人的承认。维也纳首次出现了市长一职，但由于此城归帝国直辖，市长只不过是个摆设。维也纳变成了一座君主之城。"创业者"鲁道夫（Rudolf der Stifter，即鲁道夫四世）扩建了斯蒂芬大教堂，建立了维也纳大学，为后人留下一份遗产，直到今天这座城市仍从中获益。当时正是哥特艺术风行的时代，受这种风格影响的建筑、雕塑和绘画艺术欣欣向荣。然而那也是个灾祸横行的年代，粮食歉收，蝗虫蔽日，洪水泛滥，欧洲大地上鼠疫肆虐。对犹太人的迫害、哈布斯堡王室的权力纷争及其引发的战乱损害了维也纳城市的正常生活。维也纳甚至一度为匈牙利国王占据达 5 年之久，不过最后，哈布斯堡家族还是将之夺回。

艰难的开端：哈布斯堡家族权力的巩固

  击败对手之后，国王鲁道夫一世给自己掌控的家业画上一个标志性的句号。奥托卡那具支离破碎的尸体被扔进手推车里运往维也纳，经过防腐处理后，放置在方济各教堂的会议大堂中，展出了 30 个星期。后来波希米亚人把他们死去的国王带回老家，而仍旧忠于奥托卡的贵族则被处死。

鲁道夫携同家人住进了奥托卡修建的城堡，却感受不到一丝安全。即使现在维也纳已成了"奥地利富饶的首府"，鲁道夫仍能觉察到这座城市到处都在排斥他。他和他的骑士们被当作是傲慢无礼的外国人，是"穷光蛋"，是操着外地口音的"施瓦本人"。鲁道夫强迫世袭公民中的重要代表在效忠文书上签名，同时严令他们同奥托卡最有强有力的支持者帕尔特拉姆·德姆·弗莱霍夫断绝联系，并禁止收留其家人。1282年，维也纳城市的最高职权落在市长身上。康拉德·波尔（Konrad Poll）是第一个担任这个职位的人。波尔的家族是移民而来的巨贾富商，他们在此地获得了大量的地产并荣升至世袭公民之列。波尔家族在财力和影响力方面绝不逊于海蒙家族（Haimonen）、格里芬家族（Greiffen）、蒂尔纳家族（Tiernas）、埃斯拉恩家族（Eslarns）等等之中的任何一个。世袭家族很乐意将维也纳的职务全部揣进自己的兜里。但是他们需要与商人们协商，这些商人要么与威尼斯人做远途贸易，要么凭着制造奢侈品而致富。而这第二类人群亦希望通过联姻跻身贵族之家。继波尔之后自1305年开始担任维也纳市长的海因里希·克兰内斯特（Heinrich Chrannest）便是其中一例。

　　三年之后鲁道夫离开维也纳。他的儿子们也感受到了来自维也纳市民的敌意。1282年，阿尔布雷希特一世（Albrecht I）同他的弟弟鲁道夫二世被授予奥地利、施蒂利亚、克雷恩和温得辛恩马克（Windische Mark）等封地，不久之后阿尔布雷希特一世开始独自执政。他向贵族们挑衅，颁布了《战败者权益》（*Niederlagsprivileg*），从而引发了一次暴动。这项法令有利于德意志南部商人进行远途贸易，却也因此将维也纳的商人和手工业者置于鱼游沸鼎的不利局面。在动员了几乎所有的力量后，阿尔布雷希特才重新恢复对维也纳的控制。1288年维也纳市民不得不向这位公爵宣誓效忠。最终阿尔布雷希特一世颁布了一项新的城市法，也就是首次以德语面世的《阿尔伯特法令》（*Albertinum*）。就这样，维也纳丧失了帝国直辖市的身份，降格为一座王侯城市。如果市议会的任何决议违背了君主的利益，其手下的市检察官可以当即宣布该决议无效。

1333 年之后，维也纳把奥托·海莫的房子改建为晚期巴洛克风格的市政厅

阿尔布雷希特后来为侄子约翰·冯·沙本（Johann von Schaben，绰号"弑亲者"）所杀，公元 1308 年来自卢森堡的海因里希七世成为德意志国王。他将奥地利和施蒂利亚分别分封给阿尔布雷希特的儿子"美男子"弗里德里希一世和利奥波德一世。两人的当务之急是追捕杀害自己父亲的凶手，因而没有移驾维也纳；乡绅贵族们认为这是摆脱哈布斯堡家族统治的有利时机，于是有一些维也纳贵族斩木揭竿，不过到 1309 年便功败垂成。反叛者的头目被处死，财产被没收，其中包括坐落于威普灵格大街（Wipplingerstraße）奥托·海莫（Otto Haymo）的房子。弗里德里希公爵将这座房子交给维也纳；后来房子被改建，到 1883 年之前一直用作市政厅。弗里德里希还授权维也纳构建"法律文书"，奠定了这座城市司法审判的基础。弗里德里希一世本来很有希望在海因里希七世驾崩后登上德意志的王位，但是后来陷入王位争夺战，他在米尔多夫战役（Mühldorf）中败于巴伐利亚的路德维希（Ludwig dem Bayern）之手，并遭到监禁。多年牢狱生活后，弗里德里希于 1327 年返回维也纳，从此渐渐退出政治生涯。他留下的

遗产包括霍夫堡宫（Hofburg）旁边的奥古斯丁修道院以及维也纳以西的默尔巴赫卡尔特修道院（Kartause Mauerbach）。默尔巴赫卡尔特修道院于1782年弃用，如今成了联邦纪念办事处开展历史手工艺技术学习的培训中心。

自然灾害和瘟疫：
维也纳陷入世界末日的恐慌之中

公元1330年阿尔布雷希特二世公爵上台执政，他是一位谨小慎微、爱好和平的君主，成功化解过多次矛盾和冲突，因此得到了"智者"（der Weise）的雅号。阿尔布雷希特二世执政时期恰逢灾祸连天：蝗虫蔽日，洪水泛滥，地震频发。随后到了1349年，在整个欧洲范围内任意收割生命的黑死病也席卷维也纳。据估计，几天之内，维也纳城区可能就有20 000居民丧生，而在郊区则有480人到720人死去，甚至在极端情况下可能高达960人。这是当时的编年史给出的数据，可能并不准确。今天人们普遍认为，维也纳约有1/3的人口死于黑死病，其中大多数是穷苦百姓，富人则逃离了城市。

阿尔布雷希特二世公爵也携带着他的家人和朝臣们出逃，去维也纳西部的普尔克尔斯多夫（Purkersdorf）寻找避难所。这是一个明智的行为，因为他们全都幸免于难。维也纳的墓地已盛不下数量庞大的尸体，人们只好把尸体丢在城市前方的瘟疫坑里。放眼领地之内，但见房屋荒废，田地荒芜，"白骨露于野，千里无鸡鸣"，定居点的生活水平严重退化。城市里也是"生民百遗一"的惨景。人少就导致各个职位的酬金增加，须有这样的激励手段，才能使城市的日常生活回归到正常轨道上去。正如某部编年史所说的，仆人的身价也水涨船高，几乎难以雇佣到他们。黑死病消失几个月以后，在1350年春天维也纳发生了一场大火，城区的大部分建筑都化为灰烬。这场大火具有消毒、净化的作用——起码当时是这样的。

"与穷人分享我们甜蜜的爱"：
"创业者"鲁道夫四世治下的维也纳

1349 年的秋天，黑死病消退之后，阿尔布雷希特二世将所有领地上的贵族老爷们邀请到维也纳来。他们有的来自奥地利、施蒂利亚，有的来自克恩滕、克雷恩、温得辛恩马克，还有的是从阿尔萨斯（Elsass）和费雷特（Pfirt）赶来的——此地源于阿尔布雷希特夫人乔安娜（Johanna）的丰厚遗产。公爵向众人表明，他的家族成员毫发未损，顺利躲开了瘟疫的魔爪。他命令贵族代表们向他的接班人、10 岁的长子鲁道夫宣誓效忠。当时的那幅景象给这个小男孩留下了深刻的印象。他深深明白自己家族至高无上的地位，对自己未来担当的君主角色了然于胸，他信心满满。公元 1358 年鲁道夫四世接过了一个政治局势稳定的国家和充足的国库。

年仅 19 岁的公爵一继位便立即着手实现他的宏图远志。之前在 1356 年，他的岳父也就是帝国皇帝卡尔四世颁布《金玺诏书》（*Goldene Bulle*），确认 7 位选帝侯，却没有将奥地利纳入其中，此举挫伤了鲁道夫的信心。鲁道夫特别重视与选帝侯有关的特权，尤其是选帝侯之领地不可分割这一项。对于这样的特权，鲁道夫绝不可能不为奥地利谋取。所以他根据 1156 年颁布的《小特权》，编造了一组家族证明文书，其目的旨在以"奥地利自由诏书"的形式突出奥地利的特殊地位。这组文件以"大特权"的名义载入史册。然而任职于布拉格王室文书局的古典学专家弗朗西斯科·彼特拉克（Francesco Petrarca）[1] 却指出这份文件不过是粗制滥造的赝品。鲁道夫四世只想成为行宫公爵（Pfalzerzherzog，

1　弗兰西斯科·彼特拉克（1304 年 7 月 20 日—1374 年 7 月 19 日），意大利作家、诗人，文艺复兴之父，与但丁、薄伽丘齐名，著有《歌集》《名人列传》等。

又称 Archidux palatinus）[1]，只想拥有与国王一样的权力象征：锯齿王冠和权杖。卡尔四世没有承认《大特权》，结果导致皇帝和公爵之间爆发严重的危机，最终通过相关的平衡和补偿才得以解决。

雄心勃勃的年轻统治者对维也纳有着宏伟的计划，从他的理解来看，维也纳是"奥地利公国的都城，是王公贵胄顶尖的居所……也是我们热情真挚地与穷人分享甜蜜的爱的地方，我们生是维也纳的人，死是维也纳的鬼"。真是一篇感人肺腑的爱之宣言。他的都城一定不能比布拉格和威尼斯黯淡，一定要比它们更为重要。为此都城需要一座教堂，一座不惮与神圣罗马帝国和法兰西一竞高下的大教堂。为了满足这个要求，鲁道夫四世于 1359 开始扩建斯蒂芬大教堂，为南部尖塔打下地基，同时哥特式的中厅也开始动工。整栋建筑应有两个尖塔，一座行宫礼拜堂或宫廷礼拜堂，圣坛中央下方还要有一座王侯墓地。虽然维也纳没有自己所属的教区，但鲁道夫四世设法使教皇授予斯蒂芬大教堂主教座堂的身份。既然是一座主教座堂，那么里面就不能缺少丰

1 　"行宫伯爵"是鲁道夫四世创立的头衔，有点像莱茵－普法尔茨行宫伯爵。第一个事实上使用奥地利大公头衔的是哈布斯堡的恩斯特。15 世纪以后，哈布斯堡统治者就都被称作大公（Erzherzog）。

鲁道夫四世收集的圣骨构成了斯蒂
芬大教堂宝库的基础

富的圣骨。只要有可能，鲁道夫四世所到之处必少不了搜集这些宗教珍宝，并隆重地把它们带回维也纳。每年万圣节之后的礼拜天，虔诚的民众都有机会一睹它们的真容。

为了支持自己的计划，公爵在 1360 年发起了一项影响深远的财政改革，取消地产和房屋在抵押和产权上不可分割的关联，这对那些将自己的财富建立在此类"永久"收入上的世袭公民来说是沉重的打击。而那些建了新房子的人，可以免税三年。所有的房地产交易必须当着市长和市议会的面进行，为此土地登记册出现了。下一步鲁道夫削弱了神职人员的税收特权，并对教堂和修道院征收赋税。鲁道夫四世彻底废止行帮强人入会的限制，以鼓励人们向城市移居。此外公爵放弃了每年的"废铜烂铁排行榜"，此榜是用来公布那些失效的现行硬币和质量低劣的新铸硬币的。公爵的这个举动有助于恢复市民对货币的信心。当然这一措施必然带来了一定的损失，于是公爵用所谓的消费税来弥补，即对葡萄酒、啤酒以及蜂蜜酒的销售征收 10% 的赋税。客栈老板知道怎样填窟窿，羊毛出在羊身上，他们将酒杯里的酒量减少 10%，从而将税款转嫁到消费者头上。

1365 年 3 月 12 日，公爵签署了维也纳大学的奠基文件。大学将教授教会法、民法、医学以及 7 门独立的文艺科。神学院暂时还没有设立。皇帝卡尔四世担心布拉格大学会被比下去，因此反对鲁道夫的做法。直到 1384 年，"慈母鲁道夫娜"（Alma Mater Rudolphina，即维也纳大学）才开始教授神学。鲁道夫计划修建一片独立的大学区，靠近城堡附近，一直延伸至苏格兰门，然而他在 1365 年 7 月突然薨逝，计划便被搁浅了。

哈布斯堡家族两次兄弟阋墙：悲催的维也纳市长

维也纳马上陷入动乱时期。鲁道夫的兄弟阿尔布雷希特（三世）和利奥波德（三世）继承了他的遗产，两人于 1379 年商议瓜分公国，分而治之，以此另立门户，建立家族的阿尔布雷希特分支和利奥波德分支。

维也纳归阿尔布雷希特三世所有，从此这座城市陷入危机的旋涡当中，在政治和经济上酿成了严重的恶果。如果公爵继承人还是个孩子，那么斗争就围绕着摄政权展开。1404 年，年仅 7 岁的阿尔布雷希特五世在父亲阿尔布雷希

洛布科维茨广场 3 号房子前的一块牌匾，记录着康拉德·沃拉夫、汉斯·罗克 和康拉德·兰珀斯托夫被处决一事

特四世英年早逝之后，继承爵位，争夺摄政权的斗争便围着他开始了。阿尔布雷希特的监护权最初落在威廉公爵（Wilhelm）和利奥波德四世的身上。威廉公爵声称自己作为整个家族的最长者享有优先权。在其死后，1406 年利奥波德四世的弟弟弗里德里希四世和"铁石心肠"的恩斯特（Ernst der Eiserne）[1] 都先后声称自己拥有抚养那个孩子的权利。利奥波德和恩斯特之间的争斗对维也纳影响很大，双方厉兵秣马，准备诉诸武力。恩斯特驻军克洛斯特新堡，利奥波德驻军科尔新堡（Korneuburg），战事一触即发。而维也纳城内也起了变化，分化为两派：市议会、贵族、神职人员和学生站在恩斯特这边，手工业者和贫穷的市民则加入利奥波德的阵营。手工业者酝酿了一次暴动，市长康拉德·沃拉夫（Konrad Vorlauf）处死了 5 名聚众闹事的领导者。不过处决是轻率的，因为两位不共戴天的公爵竟握手言和了，还肩并肩一起步入维也纳城。接下来偏偏利奥波德的影响力又逐渐增强。工匠们眼里冒着复仇的烈火，他们向利奥波德施加压力，要求把执行死刑的主要负责人送上法庭。沃拉夫、

1　这里的威廉公爵、利奥波德四世、恩斯特、弗里德里希四世都是利奥波德分支的成员，且都是利奥波德三世的儿子。

市议员汉斯·罗克（Hans Rockh）以及康拉德·兰珀斯托夫（Konrad Ramperstorffer）被判处死刑，并于 1408 年 7 月 11 日在猪肉市场[1]掉了脑袋。利奥波德公爵没有从手工业者中选择市长，而是任命世袭公民汉斯·费尔德斯伯格（Hans Feldsberger）担任这一最高职位。

世袭公民至高无上的特权已不复存在，在市长保罗·霍尔茨考夫利斯特（Paul Holzkauflist）的牵头下，一项新的城市法于 1396 年生效。如此一来，城市贵族们失去了经济特权，也失去了政治特权。根据所谓的议会选举权利，内部议会由 18 名成员组成，这些人来自世袭公民、商人和手工业者，三类人人数相当。到了 1411 年，阿尔布雷希特五世已经 14 岁，他宣称自己年龄足够大，同时批准新的城市法，并公布了一项通行的复仇禁令。仍是在这一年，鲁道夫·安格菲尔德（Rudolf Angerfelder）第二次走马上任维也纳市长，他是最后一位担任这一职务的世袭公民。

阿尔布雷希特五世的政治生涯对中欧未来的命运走向产生了决定性的影响。此君附凤攀龙，迎娶皇帝西吉斯蒙德（Sigismund）的女儿伊丽莎白·冯·卢森堡（Elisabeth von Luxemburg）公主。当卢森堡家族

1　即后来的洛布科维茨广场（Lobkowitzplatz）。

覆灭之后，阿尔布雷希特便打开了通往波希米亚和匈牙利王座的大门，并且在 1438 年成为德意志的国王，称阿尔布雷希特二世，就此哈布斯堡家族再次摘取帝国的皇冠。可要命的是，阿尔布雷希特二世还没有亲眼看到自己儿子拉迪斯劳斯（Ladislaus）出生便驾崩了。这个婴儿因此得了个"遗腹子"（Postumus）的绰号。甫一出生，围绕着他的监护权的激烈冲突爆发了。哈布斯堡家族施蒂利亚分支[1]的弗里德里希五世夺得监护权。阿尔布雷希特二世驾崩后，弗里德里希成为德意志国王[2]。经过长期的争斗之后，他释放了拉迪斯劳斯。1452 年 9 月，12 岁的拉迪斯劳斯隆重入主维也纳。但是他活到 17 岁的时候便早逝了，哈布斯堡家族的阿尔布雷希特分支绝嗣。

　　或许这时候是一笑泯恩仇的理想时机。但是，弗里德里希加冕为帝国皇帝，称弗里德里希三世，接着便与自己的兄弟阿尔布雷希特六世爆发了新的阋墙之争。占据远奥地利地区的阿尔布雷希特对弗里德里希占据下奥地利和维也纳提出异议。他并不惧怕动用武力。维也纳人又面临抉择，该支持两位大人物中的哪一位呢？市长克里斯坦·普伦纳（Kristan Prenner）站在皇帝这边，他带领一群忠于皇帝的市民和雇佣兵同阿尔布雷希特的军队交战，于施笃本城门（Stubentor）前的石桥上击退来犯之敌。弗里德里希三世嘉奖普伦纳的英勇行为，特意于 1461 年为维也纳颁布了一项特权，允许维也纳在自己的徽章中使用帝国的双头鹰。皇帝想留住这样一个忠心耿耿的人当市长，就一意孤行地延长了普伦纳的任职期限，从而违反了城市法。于是，这座城市的气氛发生了变化，人们开始倒向阿尔布雷希特的

1　1406 年，利奥波德系再度分裂：利奥波德三世第三子恩斯特（施蒂里亚系）分得内奥地利，利奥波德三世第四子腓特烈四世（蒂罗尔系）分得上、外奥地利。

2　阿尔布雷希特二世死于 1439 年，第二年弗里德里希被选为德意志国王，此时奥地利大公是刚出生不久的拉迪斯劳斯。后来弗里德里希为了获得奥地利的爵位，将拉迪斯劳斯软禁起来。1444 年匈牙利推选拉迪斯劳斯为国王，请求弗里德里希释放他，但直到 1452 年弗里德里希才同意。同年弗里德里希加冕为神圣罗马帝国皇帝，称弗里德里希三世。

阵营。他的支持者将整个市议会的议员囚禁于市政厅内，并推选牛贩子沃夫冈·霍尔泽（Wolfgang Holzer）为市长。皇帝仓促赶往维也纳，欲以己之意重新恢复维也纳的秩序。霍尔泽不是孬种，率部包围了弗里德里希及其家人居住的城堡，切断外界供给长达两个月。后来波希米亚国王乔治·波杰布拉德（Georg Podiebrad）发兵干预，城堡才得以解围，被围困者的噩梦才算终结。受到惊吓的皇帝退到维也纳新城，他对维也纳实施了帝国禁令，哪管它会引发什么实际后果。阿尔布雷希特以胜利者的姿态受到维也纳的欢迎，只是他并没有称霍尔泽的心意，他与弗里德里希取得联系，并秘密为皇帝的雇佣兵打开城门。市民不赞成霍尔泽的行为。于是他遭到逮捕，并被四马分尸。这恐怖的景象发生在 1463 年 4 月 15 日的霍荷市场，一同被处决的还有 5 名同犯，他们算是幸运的，被斩首于霍尔泽之前。而那位在政变中一样被免职的普伦纳市长也遭到逮捕和严刑拷打，他缴纳了一笔高昂的赎金，才得以释放，并被驱逐出维也纳。1463 年结束前，阿尔布雷希特六世薨殁，维也纳向皇帝投降了。

北方的危局：胡斯战争

1415 年，天主教会在康斯坦茨召开宗教大会，会议终结了自 1378 年以来一直持续的天主教会分裂（亦称西方大分裂）[1]。同时捷克改革家扬·胡斯（Johannes Hus）的教义也拿到会上讨论。面对着欧洲基督教的最高机构，胡斯重申了对教会进行彻底改革的要求，同时要求回归早期的基督教价值观。在教会领袖的眼中，胡斯的想法全是"异端邪说"，必须将其处

1　1378 年教皇格列高里十一世去世，随之教会在世俗权力的支持下选出两个教皇。两个教皇各自强调自己的正统性，互相对峙，并爆发战争，后来甚至出现三位教皇并立的局面。直至康斯坦茨会议（1414 年—1418 年）选出教皇马丁五世为止，才结束了天主教会分裂的局面。

死以绝后患。事实上，尽管德意志国王西吉斯蒙德曾向胡斯做出人身安全的承诺，但他还是被抬上火刑架活活烧死。胡斯在波希米亚的追随者号称"胡斯派（Hussiten）"，他们发誓要报仇雪恨。胡斯派提出的政治目的符合捷克民族的要求，具有反德意志和社会改革的性质。当西吉斯蒙德在1419年继任波希米亚王位时，胡斯派终于忍无可忍，战争自此爆发，史称"胡斯战争"。战争的矛头还指向西吉斯蒙德的女婿奥地利公爵阿尔布雷希特五世，马克伯爵领地摩拉维亚就属于他的采邑。阿尔布雷希特身为"最为基督化的公爵"（Christianissimus dux），责无旁贷响应教皇马丁五世"十字军东征"的号召，主导对胡斯派的战争。胡斯派一方的军事统帅是扬·杰式卡（Jan Žižka），正是他采用了一种崭新的"移动堡垒"（战车堡垒）战术。胡斯派自称是"造物主的战士"，士气高昂。不过温和的"饼酒同领派"（Utraquisten）和激进的塔波尔派（Taboriten）彼此对立，造成内部不和，削弱了胡斯派的作战能力。1424年，胡斯军队侵入维也纳以北，周边地区遭到破坏。维也纳城墙得到加固，多瑙河大桥增强守卫，在北方多瑙河支流韦德地区（Werd）耸立着一座防御工事，是以塔波尔派的要塞为模板修建的。事实上胡斯军队并非战无不胜，今天的塔波尔大街（Taborstraße）和阿姆塔波尔（Am Tabor）便是对当时的记忆。

屠杀犹太人的先例：维也纳大屠杀

在胡斯军队的威胁之下，维也纳人怀疑犹太人同情叛军。就算在这之前，生活在维也纳的犹太人过得也不容易。自12世纪末以来，位于现在赛滕施特滕大街（Seitenstettengasse）的周围地区就有一个犹太人定居点被记录在册。威德默门附近建立起霍夫堡以后，今天的犹太广场附近成了犹太人生活的中心。这个犹太小城是一个自给自足的封闭世界，各类设施一应俱全，内有犹太教堂、学校、医院、洗礼池和肉店等。犹太人经营的借贷对贵族和葡萄园主来说是不可或缺的。犹太社区蓬勃发展，欣欣向荣，影响力远播海内外，此外犹太人还在城市的文化事业和精神生活中发挥着

犹太广场 2 号房子的浮雕，其内容为耶稣在约旦河上受洗，1497 年安置，作为对维也纳犹太人被谋杀的嘲弄般的记载

重要作用。然而，犹太人的商业头脑招人嫉妒，而高额的贷款利率则会让人产生怨言，乃至仇恨。犹太人成了替罪羊，农作物歉收、洪水、冰雹、地震，尤其是反复出现的瘟疫全都算到他们头上。犹太人的命运取决于每一位公爵的态度，因为他们是他的"家丁"，在一定程度上属于他的私有财产。编年史里到处都是对犹太人不幸的记载：敲诈赎金、勒索保护费、犹太区火灾、趁火打劫还有横征暴敛。

公元 1420 至 1421 年间，维也纳的犹太人迎来了最为悲惨的事情，阿尔布雷希特五世下令逮捕奥地利的所有犹太人，并没收他们的财产。穷人和无用的人被遗弃在多瑙河上的无桨木筏上。富人则被严刑逼供，交代他们财富的藏身之处，被迫放弃他们的信仰。一些犹太人宁愿死于拉比 [1] 之手，也不愿

<hr />

1 Rabbi，是犹太人中的一个特别阶层，是老师也是智者的象征，系统学习过《塔木德》等犹太教经典，一般担任犹太人社团或犹太教教会精神领袖，或在犹太经学院中传授犹太教教义者。

忍受这种耻辱。这些暴行实际上都是在犹太教堂（Synagoge）里实施的。1421 年 3 月 12 日，幸存的犹太人被拉到养鹅场[1]焚烧。阿尔布雷希特公爵把没收的犹太区房屋赠送给对自己忠诚的市民，其中一位便是市长汉斯·穆斯特勒（Hans Musterer）。犹太教堂被拆除了，石头用来建造大学。

马蒂亚斯·科维努斯的胜利：
维也纳成了匈牙利的国都

匈牙利国王马蒂亚斯·科维努斯（Matthias Corvinus）逐渐成为皇帝弗里德里希三世的强大对手。从 1472 年起，马蒂亚斯便指挥他那恐怖的"玄甲军"（Schwarze Armee）数次入侵奥地利，兵锋直指维也纳。这座城市一直岿然不动，但到了 1483 年，匈牙利军队把维也纳围了个水泄不通。维也纳人要出城收获葡萄，条件是上缴贡品给匈牙利。这种窘境触动了维也纳经济繁荣的神经。眼见着皇帝的增援指望不上了，商人们不惜一切代价也要实现和平，哪怕维也纳落到匈牙利手中。批发商尼克拉斯·特施勒（Niklas Teschler）是亲匈牙利党派的领袖，市长劳伦兹·海登（Laurenz Haiden）也加入到亲匈牙利的人群之中。皇帝一直缺乏粮饷，没办法支付雇佣军费用，但他任命律师汉斯·凯勒博士（Dr. Hans Keller）为钦差大臣，全权代表自己前往维也纳，准备将所有的叛国行为扼杀在萌芽之中。凯勒揭发城市的财政主管托马斯·滕克（Thomas Tenk）私吞公款。滕克为此丢了脑袋。市长海登显然也参与其中，于是被忠于皇帝的斯蒂芬·恩（Stephan Een）顶替。海登死罪可免，活罪难饶，他被关在官署里受尽折磨。与此同时，匈牙利人的围困令维也纳的局势岌岌可危。亲匈牙利党派敦促凯勒投降，但遭到他的严词拒绝。接下来市民和大学生率先发难，未经同意便擅自与匈牙利国王缔结了停战协议。

1　Gänseweide，即今天的魏斯格贝尔地区（Weißgerberlände）。

公元1485年6月1日，马蒂亚斯·科维努斯怀着"极大的荣耀和喜悦"踏进维也纳城。这是一次壮观且傲慢的行军，助阵的还有首次在维也纳亮相的骆驼。可是对于饥肠辘辘的维也纳人来说，他们眼睛紧紧盯着的是那32辆载满食物的货车和1000头牛。

匈牙利国王对忠于皇帝的人表现得宽宏大量，恩准他们离开维也纳。市长恩勉勉强强地向新主人宣誓效忠。作为回报，马蒂亚斯承诺维也纳可以继续保留所有权力，然而这位国王直到3年后才兑现诺言。此时的维也纳混乱不堪，物价飞涨，金库空虚，战争税高昂，产品生产惨不忍睹，商业贸易萎靡不振，此外农作物颗粒无收，每年光顾维也纳一次的火灾也如期而至。1487年，很多匈牙利朝臣在瘟疫中丧生。国王的身体也每况愈下，痛风严重折磨着他，外出时他不得不坐着轿子。1490年4月6日马蒂亚斯·科维努斯驾崩于维也纳城堡，身后无嗣，也没有留下遗嘱。皇帝弗里德里希三世的长子马克西米连（Maximilian），派遣使者前往维也纳，将这座城市重新置于哈布斯堡家族的统治之下。维也纳的市民们早已准备好向他和他的父亲宣誓效忠。1490年8月，马克西米连亲率4000名骑兵以解放者的姿态抵达维也纳。

"至高之处荣耀归于造物主"：哥特风格的维也纳

早期哈布斯堡王朝所处的时代是哥特艺术盛行的时代。这种诞生于西欧的新艺术风潮是划时代的，取代了罗马式的艺术风格。哥特风格影响了建筑、雕塑、绘画等多个艺术领域。维也纳斯蒂芬大教堂的修建现场对建筑工和石匠的培训发挥了重要作用。回顾中世纪的维也纳，我们不禁惊叹于宗教建筑的数量之多，它们要么是同时动工修建的，要么是后来改建的。最先开始修建的是斯蒂芬大教堂的阿尔贝蒂圣坛（albertinischer Chor）；圣坛由维也纳市民委托修建，落成于1340年。接着修建或改建的有霍夫堡宫的礼拜堂、奥古斯丁宫廷教堂、河畔圣母教堂、条顿骑士教堂、马耳他教堂（Malteserkirche）、卡梅利特教堂

（Karmeliterkirche）、米歇尔教堂、方济各教堂、苏格兰教堂、多明尼哥教堂以及安娜教堂（Annakirche）等等。

河畔圣母教堂

河畔圣母教堂是继斯蒂芬大教堂之后最重要的哥特式教堂建筑。这座教堂最初是在多瑙河河岸陡坡上建造的，罗马式风格，1276年城市大火后采用哥特式风格重新修建。教堂引人注目的是中殿和圣坛之间的轴线裂痕，这是由古代基墙的形状决定的。教堂的塔楼特别吸引人，建在七边形的地基上，7层楼末端有一个优美的镂空石圆顶，被视为玛利亚王冠清晰可见的具象表现。

所有参与宗教建筑修建作业的建筑大师和雕塑巨匠都受到一个思想的指引：至高之处荣耀归于造物主！工作之时他们明白，自己永远都不会看到手上作品完工的那一天，因为建筑规划的规模需要耗费几代人的时间。来自数个国家的著名工匠被征召到维也纳，在当时被称作"公爵作坊"的教堂施工现场起早贪黑，兢兢业业。很多已在维也纳其他教堂雕饰中展露才华的雕刻家来这里一展拳脚，同样参与进来的还有曾在纽伦堡（Nürnberg）和施瓦本格明德（Schwäbisch Gmünd）同帕勒家族（Parler）一同工作的石匠们。其他的艺术家也纷至沓来，如有来自法兰西的，有来自英格兰的。为了避免出现贪慕虚荣的表现，他们全都匿名工作。斯蒂芬大教堂南部尖塔于1433年竣工，教堂建筑大师汉斯·冯·普拉查蒂茨（Hans von Prachatitz）实现了工作生涯上的巅峰之作。这座尖塔高约137米，被人们亲切地称为

"小斯蒂夫"（Steffel），已成为维也纳的标志；人们从周围高度不同的各种位置都可以清晰地辨认出这一城市的核心。汉斯·普克斯鲍姆（Hans Puchsbaum）设计了中殿和北塔（鹰塔）的拱顶。1450 年，始终未能完工的第二座尖塔的地基被修筑起来。威廉·罗林格（Wilhelm Rollinger）设计的哥特式圣坛席位于 1945 年在大火中被焚毁，后又进行了大规模的修复。安东·皮尔格拉姆（Anton Pilgram）在讲道坛楼梯下面安置自己的自画像：一个男人凝视着窗外。文艺复兴时期自信的人们也在斯蒂芬大教堂身上宣示自己的存在。哥特式的画家却一直不显山不露水。故而知识界借助名号来对应，如苏格兰修道院大师或者阿尔布雷希特祭坛的大师等称号。

　　哥特式的世俗建筑在维也纳只遗留下废墟。它们散落在圣十字币宫（Heiligenkreuzerhof）地区及其邻近的舍恩拉特恩胡同（Schönlaterngasse）、兰德豪斯（Landhaus）和布鲁特胡同（Blutgasse）附近的旗手宫（Fähnrichhof）地区。希腊胡同（Griechengasse）有一栋住宅塔楼特别有意思。这栋住宅塔楼乃是用石块砌墙，入口处有起保护作用的建筑物，塔楼呈多层，上有雉堞、射孔，起防御作用，维也纳的此类建筑曾经是骑士阶层世袭公民的身份象征。要是不能住在里面，那么可以在底层增建额外的房间。1979 年在锦帕拱廊 19 号的一栋房子里发现了壁画，它们是 1400 年左右布商米歇尔·门舍因（Michel Menstein）为装饰他的舞厅而委托他人绘制的。壁画描绘的场景，是对已经在内德哈特·冯·罗伊恩塔尔笔下得以漫画化的、粗野无文的暴发户农民的讽刺。通常在奥地利的其他任何地方都不存在像这样展现中世纪晚期市民阶层高雅文化的实例。

锦帕拱廊 19 号的一栋房子里发现了内德哈特壁画，代表了维也纳独一无二的艺术作品

费迪南一世通过霍夫堡宫中最古老的瑞士人庭院，给人留
下深刻印象，费迪南以此让自己不朽于万世

文艺复兴时期的
维也纳

（公元 1490 年—1590 年）

公元 16 世纪，因新大陆的发现和新的科学认识论的兴起，一种崭新地看待世界和看待人性的观念应运而生。文艺复兴艺术取代哥特艺术的过程在维也纳进展得很缓慢。奥斯曼帝国在中欧开疆扩土，如日中天，眼看着哈布斯堡家族的势力扩张到波希米亚和匈牙利，奥斯曼帝国盯上了维也纳这块大蛋糕。1529 年土耳其人围攻维也纳。这座城市面临着巨大的考验，然而她却凭着自己的最后一口气力挽狂澜。修筑新的城市防御工事需要最大程度地征集所有资源。这座城市最后一次反对君主绝对权力的努力随着鲜血的流逝而成空。不过维也纳作为都城，在费迪南一世和马克西米连二世的统治下成为集权管理的重中之重，直到鲁道夫二世将布拉格作为自己的都城时，维也纳才暂时落后。

经济萎靡，文化昌盛：
皇帝马克西米连一世时期的维也纳

1493 年，皇帝弗里德里希三世在林茨（Linz）驾崩。维也纳人期待他的儿子马克西米连一世对他们的果断投诚赐予恩惠，但这是痴心妄想。马克西米连既对增强城市的自治权没有兴趣，也没有同维也纳维系感情的纽带。这座贫瘠的城市无法为皇帝的龙图霸业提供任何金钱资助。相反奥格斯堡的雅各布·富格（Jakob Fugger）的银行却为皇帝陛下提供了巨额资金。市长莱昂哈德·普德曼斯多夫（Leonhard Pudmannsdorfer）坚持要求囤积权，皇帝也于1512年正式批准。不过早期资本主义的力量日趋上风。1515年马克西米连颁布了一项全面开放贸易的新贸易规定，这意味着像囤积权之类的旧特权不再适用。这座城市本质上只剩下零售的小额贸易。随着新大陆（后来被命名为美洲）的发现，主要的贸易路线转移到欧洲大西洋沿岸的城市，如里斯本（Lissabon）和安特卫普（Antwerpen）。就连其他帝国直属的城市，如纽伦堡、奥格斯堡、雷根斯堡和乌尔姆（Ulm）等在政治和经济上的重要性也超过了维也纳。马克西米连很少巡幸维也纳，这位皇帝更喜欢茵斯布鲁克（Innsbruck）。即使维也纳失去了宫廷所在地的优越地位，马克西米连也为这座城市的文化繁荣做出了些许贡献，1498年皇帝下令成立皇家合唱团，为维也纳留下了一个永恒的文化机构。乐团中有的人是"教堂男童"，他们的薪水来自皇帝的私人腰包。宫廷合唱团的领导工作委托给了乔治·斯拉特科尼亚（Georg Slatkonia），此人后来成为维也纳主教。他扩充了乐团，将普通的教众招入乐团，并允许他们演奏世俗音乐。正是通过他，一大批作曲家来到维也纳，例如保罗·霍夫海默尔（Paul Hofhaimer）、海因里希·艾萨克（Heinrich Isaac）、路德维希·森弗（Ludwig Senfl）等。闻名于世的维也纳童声合唱团后来也是从"教堂男童"中脱颖而出的。

马克西米连的时代也见证了书籍印刷的普及，印刷术连同黑火药的发明一道成为公元15世纪革命性的技术创新。1492年，来自莱茵地区的汉斯·温特伯格（Hans Winterburger）在维也纳的克胡格大街（Krugerstraße）开设了一家印刷厂，以印刷宗教作品为主，同时包含丰富的木刻版画。

另外学者康拉德·策尔蒂斯（Conrad Celtis）和约翰内斯·库斯皮尼安（Johannes Cuspinian）能来到维也纳，也要归功于马克西米连的邀请。策尔蒂斯在维也纳创立了"多瑙河协会"（Donaugesellschaft），在他的倡议下，维也纳大学成立了一个诗人和数学家学院，塞涅卡（Seneca）、泰伦提乌斯（Terenz）及普劳图斯（Plautus）[塞涅卡（约公元1年—65

年），古罗马斯多葛派哲学家、剧作家、政治家等，著有《道德书简》《阿伽门农》《提埃斯忒斯》等作品；泰伦提乌斯（公元前190年—前160年），古罗马喜剧作家，著有《福尔弥昂》《两兄弟》等作品；普劳图斯（约公元前254年—前184年），古罗马喜剧作家，著有《俘虏》《孪生兄弟》《撒谎者》等作品］的喜剧和悲剧在此用拉丁语上演。通过策尔蒂斯的努力，历史学成为一门学科。库斯皮尼安多才多艺，是一名罕见的多面手：他既是宫廷御医，又是外交官，还是圣斯蒂芬教会学校的校长，后来又出任大学校长、市检察官等职位。他还著有一部名为 *Austria* 的奥地利历史书以及其他历史著作。哈布斯堡家族的权力扩张离不开其娴熟巧妙的通婚政策。靠着这种手段，他们继承了很多过早灭亡的王朝的权力，先后获得了蒂罗尔（Tirol）、戈里齐亚（Görz）、勃艮第（Burgund）等地，最后西班牙也被收入囊中。在中欧东部，雅盖隆家族（Jagellonen）占据着波兰、波希米亚和匈牙利的王位。马克西米连皇帝和国王弗拉迪斯拉夫二世（Wladislaw II）于1515年在维也纳的宫廷集会上签署了一个彼此继承的协议，并通过他们继承人的双重婚姻来加以保障：弗拉迪斯拉夫12岁的儿子匈牙利的拉约什与10岁的奥地利的玛丽亚结婚，同时马克西米连出面代表他的孙子卡尔和费迪南，承诺他们两人中的一个未来会迎娶现年12岁的匈牙利的安娜为妻。1515年7月22日，一场盛况空前的双重婚礼在斯蒂芬大教堂举办，它将奠定多瑙河王朝的统治基础。

1515年在斯蒂芬大教堂举办的双重婚礼。
学校壁画，维也纳，1959年。

反君主专制的失败：等级制的巅峰

1517 年马克西米连为维也纳出台了一项新的城市法，规定今后市长和市议员的选举要得到君主的批准，而君主的总督则可以将他发现的不忠人员从市政府部门开除。就这样君主专制建立起来了，反对者将其称为"权力委员会"。1519 年 1 月，马克西米连皇帝驾崩，他的 19 岁皇孙卡尔承继大统。他继承了西班牙的王位，又在神圣罗马帝国成功当选为国王，随后更是加冕为皇帝。对反对派来说，权力交替时期是颠覆"权力委员会"的最佳时机。马丁·泽本贝格博士（Dr. Martin Siebenbürger）组织了一次抗议。此人是律师、城市法官，还多次出任大学的院系领导，属于维也纳政治界和知识界的精英。他得到了各个阶层的支持，但他们也担忧自己的特权。市长沃夫冈·基希霍夫（Wolfgang Kirchhofer）踌躇不定，终被反对派带走。泽本贝格身先士卒，率领请愿团奔赴巴塞罗那（Barcelona）[1]的宫廷，向卡尔五世阐释维也纳全城的要求和当前的状况。这位年轻的统治者远离维也纳，对当地的情况缺乏详细的了解。最后，在 1520 年，卡尔下令重新选举市长和市议会，泽本贝格及其追随者获得最终的胜利。反复思量之后，皇帝最后批准选举结果。正如人们所认为的那样，这是一次全面胜利。然后过了不久，皇帝任命他的弟弟费迪南出任哈布斯堡家族在中欧领地的总督以及握有实权的大公。这位 18 岁的年轻人，在西班牙严格遵守天主教信条，相信绝对的王权是天之所赐、理所当然。在他眼里，维也纳的反对派代表是应该被绳之以法的叛乱分子。于是在 1522 年夏天的维也纳新城，一场刑罚开始上演。泽本贝格和其他一同被告的人被判处死刑并斩首。君主专制以这场"维也纳新城流血审判"赢得了胜利。新的城市法出台于 1526 年，维也纳失去了特权和习惯法。"名流"委员会和家族团体委

1　1516 年卡尔继承西班牙的大片领土，请愿团前去西班牙申诉的时候，卡尔五世正在巴塞罗那接受加泰罗尼亚地区的效忠。

员会被解散。市民阶层完全被剥夺了权力。市长沦为纯粹的面子人物，君主可以用他的否决权阻止他当选，而这将一直持续到君主政体结束的那一天。

维也纳最骇人的警报声：第一次土耳其围城

公元 1526 年，匈牙利国王拉约什二世在莫哈奇战役（Schlacht von Mohács）[1] 中败给土耳其人。拉约什战死，这位年仅 20 岁的君主没有留下任何继承人，如此便意味着在 11 年前通过谈判达成的继承协议生效，哈布斯堡家族将从中获利。现在费迪南顺理成章登上波希米亚和匈牙利的王位。而对奥斯曼帝国的苏丹苏莱曼（Süleyman）来说，他难以接受中欧赫然出现一个庞大的哈布斯堡王朝。费迪南派遣外交使团前往君士坦丁堡（Konstantinopel）斡旋。结果毫无建树，谈判失败，战争难以避免。苏莱曼率领大约 15 万人的强大军队御驾亲征，一路攻城拔寨，首先征服贝尔格莱德（Belgrad），然后攻占布达要塞（Buda）。他的下一个目标直指维也纳。对胜利充满信心的苏莱曼写信给费迪南，以"我们所能想象的最悲惨的死亡"来威胁他。苏莱曼说："你将会看到，我们将全力围攻并占领整个德意志，很快整个国家将变成我们的帝国。"费迪南驻于林茨，静候着战争的结果。

维也纳面临着挑战，她要证明自己有能力做"基督世界的堡垒"。重任压在了戍卫总指挥尼克拉斯·萨尔姆伯爵（Niklas Salm）和市长沃夫冈·特鲁（Wolfgang Treu）的肩上。战事前景黯淡，城墙的状况也堪忧。17 000 人已做好与维也纳共存亡的准备，其中大部分守军是雇佣兵，市民自卫军有 5000 人，还有 100 门大炮架了起来。守军烧毁了郊区一处

1　这里指的是第一次莫哈奇战役，匈牙利军队败于奥斯曼苏丹苏莱曼一世率领的奥斯曼军队，匈牙利被奥斯曼帝国和哈布斯堡王朝分割。

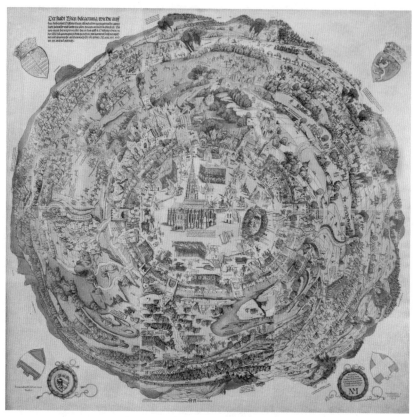

土耳其人在苏丹苏莱曼的率领下围攻维也纳。阿尔伯特·卡梅西纳（Albert Camesina）根据尼古拉斯·梅尔德曼（Nikolaus Meldemann）的着色木版画作的彩色石版画，1851 年

叫作卢肯（Lucken）的地方，约 800 座建筑被毁掉，这样敌人便直接暴露在守军炮火之下。1529 年 9 月 21 日至 26 日之间，维也纳被团团围住。在此之前不久，一支神圣罗马帝国的军队设法潜入城内。土耳其人摆出新月形的帐篷连营，其正面从努斯多夫（Nußdorf）一直绵延到锡默灵。他们把多瑙河上的桥梁破坏掉，断绝了维也纳与周边地区的联系。现在，围绕着这座城市开始了长达 3 周的极具戏剧性的争夺战。奥斯曼帝国的坑道兵挖掘出一条地下隧道，将炸药输送过去以便炸毁带裂缝的城墙。守军则采用反地道战术，勇敢反击，试图摧毁土耳其人堆积的壕沟，使他们的大炮无法发挥作用。土耳其人的主要进攻目标是位于今天托德斯科宫（Palais Todesco）遗址上的克恩滕塔。8 门蛇炮和轻型野战炮齐发，

炮弹倾泻在塔身，给克恩滕塔制造了严重的损坏，但是塔并没有倒塌。西班牙火绳枪兵也参与了维也纳的防守，他们弹无虚发，胜利的军功章上少不了他们的名字。10月14日这天，土耳其人发动全面进攻，但在守军顽强的抵抗下撤退了。萨尔姆伯爵在争夺克恩滕塔的战斗中受到重伤，没过几个月便去世了。恶劣的秋季天气来临时，苏丹担心军队的补给问题，此外士兵之间开始流行一种名为"英国汗热病"（Englischer Schweiß）的传染病。也许现在攻占维也纳不是真主的意愿？一番思量后苏莱曼下令撤退。维也纳得救了，整个基督世界松了一口气。

现在所有人都明白，修建新的防御工事对维也纳来说势在必行。由于意大利人是公认的修建堡垒的专家，因此费迪南一世招募了很多意大利人，如雅各布·德·斯帕西奥（Jacopo de Spacio）、彼得罗·费拉博斯科（Pietro Ferrabosco）、多梅尼科·德尔·阿里奥（Domenico dell'Allio）等人。也有很多德意志人应召前来，如本尼迪克特·科尔布尔（Benedikt Kölbl）、博尼法兹·沃尔穆特（Bonifaz Wohlmut）、约翰·切尔特（Johann Tscherte），后者是著名版画家阿尔布雷希特·丢勒（Albrecht Dürer）的朋友，还有奥古斯丁·希尔施富格尔（Augustin Hirschvogel）等人。希尔施富格尔出生于纽伦堡，是一位制图师和几何学家。1547年，他根据对维也纳的首次测量绘制出这座城市的地图。赫尔梅斯·沙洛泽（Hermes Schallautzer）来自一个颇有影响力的维也纳家庭，在其工作生涯中还担任过城市法官和维也纳市长等职务，现在则由他来负责这个世纪工程的管理工作。

经过数十年的修建之后，维也纳的新防御工事呈现在人们的眼前。旧城墙周身贴上了带状护甲，组成了楔形堡垒，堡垒之间通过一道叫作幕墙的城墙彼此连接。位于幕墙前端的是只有它一半高的前堡，一座尖锐的三角堡。环绕着堡垒周围开挖了一道护城壕沟，上面架设吊桥，直通城门。护城壕沟前面的区域必须保持空旷开阔。这片空地被当作堡垒的前沿地带，呈扇形往前逐渐增加宽度，一直达到600步（450米）的宽距。防御工事的修建始于1533年，到1566年结束。新的防御工事如同多角的星星一样，环绕着维也纳城市。新堡垒要接受战火考验——这种考验迟早会到来的！

硕果累累：维也纳成为费迪南一世的都城

公元 1533 年，登上德意志王位已有两年的费迪南一世将其行宫从布拉格迁移到维也纳。上一年他已经搬入到城堡之中，并受到市长沃夫冈·特鲁和城市士绅名流的隆重接驾。中世纪城堡被重新翻修过，起居室和接待室被重新装修，费迪南的 15 个孩子也拥有了自己的楼宇。这栋住宅甚至还配备独立的供水系统。费迪南统治之下，仅有两座新建成的和改建过的建筑遗留下来，其中一座是马厩堡，配套的拱廊庭院令其成为这个时代最美的建筑遗产。今天的西班牙骑术学校就安置在这里，城堡内院高耸着一座雄伟的大门，直通瑞士人庭院。宫廷的日常运作需要一大批臣仆，如果他们中有的人生病了或者变得年老体弱，会得到妥善安置。马丁医院（Martinspital）曾是宫里的疗养院，但是在土耳其人围城期间塌陷了。有鉴于此，1537 年在舍夫勒巷（Schaufflergasse）修建了一座皇家御医院。

费迪南从西班牙带来了一项运动：蹴球，深受贵族们的欢迎。蹴球赛（gioco della palla）是欧洲王室热衷的网球的早期形式。费迪南还在维也纳建造了一间球室，是私人娱乐场的模范。后来等到球赛不再时兴，比赛的馆厅便挪作他用。这座以球室广场（Ballhausplatz）[1]命名的大楼于 1903 年拆除。

紧挨着城堡，沿着绅士街一带兴建了一片上流社会的居住区。利希滕施泰因、奥埃尔斯佩格（Auersperg）、特劳恩（Traun）、珀尔海姆（Polheim）、普海姆·库夫施泰因（Puchheim Kufstein）、齐岑多夫（Zinzendorf）等贵族之家均在这儿安置他们的别墅。大公国的各

---

1 球室广场曾是奥匈帝国设在维也纳的外交部所在地。

马厩堡

　　马厩堡被认为是维也纳文艺复兴时期最重要的建筑。它有3层拱廊，带给人深刻印象。拱廊环绕成一个方形的庭院，斜屋顶带有高耸的烟囱，大门是文艺复兴时期的样式。马厩堡最初打算作为皇帝费迪南一世的儿子马克西米连的住所，但当他的父亲于1564年驾崩后，这个目的便作罢。该建筑的底层现在用作"西班牙马厩"。马厩堡是世界上最古老的骑术学校，马匹只用西班牙血统的。1580年在今天的斯洛文尼亚皮察（Lipica）建立的种马场具有重要意义，白马开始名扬天下。骑术学校一开始就设在这里，楼上的房间是马厩负责人的办公室以及皇室贵族子弟的宿舍。马厩堡在第二次世界大战中遭到炸弹破坏，上层拱廊被围了起来，后经过重建重新开放，沿骑术学校胡同的拱廊通道为行人提供了便利。从1955年开始，利比扎纳马再次被安置在马厩堡。

个社会阶层在恩斯（下奥地利地区）建造了富丽堂皇的乡间别墅。其中既有作为统治阶层的伯爵和男爵，及下层贵族骑士，又有主教、修道院长、高级教士等组成的一个教士阶层，同样还有城市的使节和集镇代表。这里的乡间别墅最初流行晚期哥特式风格，后来文艺复兴风格掺杂其间。

费迪南一世开始着手构筑中央政府，一个强大的官僚机构诞生了，各部官员在其内部各就其位。市民阶层的房屋所有者有义务向内廷人员和政府官员免费留赠房屋，宫廷住宅办事处会标注哪些房间位列其中。而贵族、神职人员、大学和其他公共机构的房屋例外，他们享有"房屋免征"的特权。正是有宫廷住宅办事处的破天荒的征用，以及他们对房屋描述的记录，我们才得以搞清楚维也纳的屋舍情况。1566年维也纳城墙之内总共有 1065 栋房屋建筑。由于对住房市场的强制管理，抑制了新建房屋的需求。在 17 世纪，维也纳的哥特式风格仍旧延续着，1609 年雅各布·霍夫纳格尔（Jakob Hoefnagels）绘制的鸟瞰图对此显示得很清楚，而那种带有典型的拱门庭院的文艺复兴式房屋仍然是例外。

1564 年费迪南晏驾之后，遗产分割生效。费迪南的长子马克西米连二世成为德意志人的罗马皇帝、波希米亚国王、匈牙利国王以及奥地利大公，维也纳自然归在他的统治领域之内。

博学者的天堂：皇帝马克西米连二世时期的维也纳

马克西米连二世出生在霍夫堡宫，他对维也纳抱有一颗赤诚之心。虽然马克西米连的统治只有短短 12 年，但却对后世产生了长远的影响。皇帝委托出生于尼德兰的雨果·布洛蒂乌斯（Hugo Blotius）修建了一座宫廷图书馆，并为其中的藏书编目。未来图书馆应该向公众开放，皇帝写道："因为这样一个藏书丰富的图书馆如果不能向公众开放，那么它就同一支燃烧着的蜡烛被置于倒扣的木桶下面没什么两样，没有人能目睹它的光芒。"对自然科学持有高度兴趣的学者被马克西米连纳入自己的核心圈子，其中居于领导地位的是植物学家、医生卡罗卢斯·克卢修斯（Carolus Clusius）。此人原籍法国，曾用名查尔斯·德·埃克卢斯（Charles de l'Écluse）。1573 年，克卢修斯被任命为皇家植物学家，他来到维也纳后与约翰·艾希霍尔茨（Johann Aichholz）一道工作，兴建了一座植物园和第一座阿尔卑斯公园。克卢修斯在前往奥切尔（Ötscher）和施内贝格（Schneeberg）的旅途中收集了很多阿尔卑斯高山植物。也正是在克卢修斯的倡议下，七叶树、丁香花、郁金香、风信子和其他鳞茎植物得以借助君士坦丁堡使者之手传播到维也纳。

马克西米连得到了维也纳西部的卡特堡（Katterburg），并将这座士绅庄园改造为附带着花园和池塘的狩猎行宫——这便是美泉宫的前身。然而马克西米连倾注感情最多的当属坐落于今天第 11 区锡默灵的新格鲍德宫（Schloss Neugebäude），这是一座意大利文艺复兴宫廷风格的花园宫殿，靠近狩猎行宫埃伯尔斯多夫（Ebersdorf）附近。今天人们已很难想象它曾经是一座文艺复兴式的花园宫殿。昔日花园的辉煌已难再现，花坛、喷泉和动物园的往日模样也难觅一丝气息。这个马克西米连二世最钟爱的建筑项目一直没有完工，因为后来他的儿子鲁道夫二世和恩斯特对此没有一点兴趣，随之空留废池乔木，最后只落得个火药库的用途。

豢养在兽笼里和动物围栏里的野生动物，在文艺复兴时期也享有很高的地位。站在城堡上人们可以欣赏到老虎、狮子、狼和熊。1552 年，当时还是王储的马克西米连进入维也纳的入城仪式曾引起轰动。他的队伍五光十色，其中穿插着不少穿着异国服装的深色皮肤的人，摩肩接踵、翘首观看的人群对此十分惊奇。不过接下来才是最令人大开眼界的高潮场景：只见一头大象在摩尔人（通常指北非柏柏尔人——阿拉伯人和黑人混合的后裔）的带领下庄重而缓慢地迈步前行。维也纳人从未见过如此庞大的猛兽。这头大象后被安置到埃伯斯多夫行宫新建成的动物园内，不幸的是大象在 1553 年底死去。大象的右前脚骨被时任维也纳市长的塞巴斯蒂安·赫斯托克（Sebastian Hutstocker）制成了一只凳子。有一栋为大象而建的房子在 1866 年拆除之前，一直用来纪念 1552 年那次令人难忘的事件。

维也纳失势，布拉格得宠：皇帝鲁道夫二世时期

马克西米连于公元 1576 年驾崩，之后他的儿子、皇帝鲁道夫二世移驾布拉格。政府的最高权力机构随之搬迁，最后科学家和艺术家也跟了过去。维也纳皇宫供货商的订单现在空空如也，奢华的宫廷宴会一去不复返。商品产量下降的影响远比不上贸易入侵严重。外国商人几乎排挤掉所有的本地商人。维也纳是食盐贸易的转运点，现在就连这一方面也失去了主导地位，衰退到与多瑙河上的其他城市齐平的地步。自巴伐利亚设立葡萄酒税之后，葡萄酒的出口也不景气。维也纳的年底集市，一向都是经济繁荣的风向标，如今赶集的人却寥寥无几。维也纳人手上所仅有的，只剩下零售了。这种危机在政治上的反映十分明显，数任市长中没有一位出自商人阶层。

尽管经济困难重重，维也纳仍在这段危机时期建起霍夫堡宫的翼楼，该翼楼现在被称为阿玛利堡（Amalienburg）。恩斯特大公把它当作自己的金銮宝殿。

1590 年维也纳遭遇了一场惨烈的地震袭击。地震发生在 9 月 15 日将近午夜时分，人们一脸错愕地从睡梦中惊醒。当时漆黑一片，伸手不见五指，只有一片可怕的混乱。城门像往常一样紧闭，逃生者无法逃到防御工事前方的空地上。黎明时分维也纳城

市呈现出一幅末日景象。米歇尔教堂和苏格兰教堂的尖塔倒塌掉一部分，碎片击穿了邻近教堂的屋顶。斯蒂芬大教堂的损坏也很明显。在为数不多的文字报道中有一份这样说："金色的太阳照耀下的客栈里，女店主和她的姐妹还有 7 名高地商人把他们找到的死人掩埋了。"没有人记录下受害者的名字，那时候人们把这样的不幸视为造物主的惩罚。是谁诱惑了他们？人们众说纷纭。他们是仍然忠于教皇天主教会的信徒，还是已经背弃了它？天主教教徒和新教教徒——16 世纪烙上了西方基督教分裂的烙印。这就像一场强烈的大地震。

维也纳鸟瞰图，雅各布·霍夫纳格尔（Jacob Hoefnagel），1609 年

耶稣会神父佩特鲁斯·卡尼修斯，宫廷牧师和神学院院长，他是在维也纳反对路德宗的重要人物。无名氏作，约 1620 年 -1630 年

宗教改革和反宗教改革

（公元 1520 年—1590 年）

除了奥斯曼帝国侵染中欧以外，宗教分裂成为 16 世纪维也纳面临的第二大挑战。由马丁路德发起的宗教改革也在这儿找到了肥沃的土壤，并生根发芽，造成社会的分裂。以前被认为无可辩驳的价值观正在被颠覆，修道院和维也纳大学变得冷冷清清。在宗教改革白热化阶段，维也纳大约有 3/4 的人口拥护新教教义。宗教分裂具有明显的政治特色。哈布斯堡家族是最保守的天主教支持者，他们视绝大多数信仰新教的阶层为自己的对手；新教徒的税收准入权成为他们反抗君主专制的权利要求的最有效手段。直到聘请耶稣会教士（Jesuitenorden）来维也纳，形势才发生逆转，耶稣会凭借着狂热的传教热情、颇具吸引力的教育体系和耶稣会戏剧，让越来越多的维也纳人重新皈依古老的信仰。新教徒退于守势，最终天主教在维也纳大获全胜。

一把双刃剑：路德的教义分裂了维也纳

大约在 1517 到 1518 年之交，马丁·路德这个名字在维也纳变得妇孺皆知。马丁·路德来自萨克森，是一位神学博士和奥古斯丁修会修士，他教授的是一些人们闻所未闻的理论。他宣称，圣经作为造物主的话是真理的唯一来源，教会传统和哲学思想已如蔓草一样窒息了真理；朝圣、斋戒、布施、修道、独身、秘密忏悔、圣人崇拜、遗物崇拜、捐赠弥撒等等，这些全都违背了圣经的教义，因为只有凭借信心，而不是靠着虔诚的善行，才能在造物主面前称义 [即 "因信称义"，语出圣经《罗马书》，马丁·路德据此认为信徒凭借信仰就可以与造物主直接交通，无须经过教皇和教会。广义的"因信称义"为基督教各派所信奉；狭义的"因信称义"则为新教大多数宗派所重视]。路德毫不留情地痛斥教会的弊病，并揭露兜售赎罪券不过是教皇的金钱生意。开除教籍和帝国逮捕令都没能伤到路德半根毫毛，他将圣经翻译成德文，还撰写了很多论述当前社会问题的小册子。

路德的思想在维也纳迅速传播开来，像死水一样的修道院生活被搅动、被冲击。无论是在教区、在大学的演讲厅，还是在学生的宿舍里，无论是在贵族宫廷里还是在市民的家中，到处都在热闹地讨论。路德的思想宛如一把双刃剑，分裂了整个社会。如果他所宣扬的是真的，那么僧侣或修女在修道院里的生活就不能像以前那样继续下去了。维也纳大学的神学教授必须扪心自问，到目前为止自己都教了什么，学生们也要反思自己学到了什么。长久以来渴求充足信心的人们被深深地触动了。然而，开始崭新的生活并不是那么容易。那些不愿承认自己可能误入歧途的人现在激烈地反抗着。他们最操心的事，是阻止那些犹豫不决、首鼠两端的人与他们之前的生活决裂。不过新教义的吸引力如此之大，以至于在维也纳越来越多的僧侣宿舍没了人烟。荒僻的修道院里拥进了很多无家可归的人、叫花子、鬼鬼祟祟的流氓无赖。他们抢走所有没有钉牢的东西。而学生宿舍也变得越来越冷清。信仰的分裂，瘟疫的流行，再加上土耳其人的觊觎，导致维也纳大学在 1530 年仅收到 30 名学生前来注册。

禁令和搜查：对路德宗的防御

教皇的忠实信徒的处境似乎越来越艰难。费迪南国王打小就是天主教徒，一直严格恪守天主教教义，他试图利用禁令、制裁和刑罚恐吓等手段来控制路德宗的"异端邪说"。如果书商和印刷人员胆敢出版或传播"异端"书籍，他就拿出溺刑来威胁他们的性命。为了革除以正当方式提出的天主教会的弊病，国王下令对全国的修道院做一次兜底翻查。许多可怕的真相得到曝光：神职人员人数不足，捐赠的物品要么被毁坏要么被兜售，教会财产不是被抵押就是被变卖。有些修道院藏污纳垢，道德败坏，僧侣们夜晚偷偷溜出苦修之地，到温柔乡里寻花问柳、饮酒作乐。女修道院的不少修女则人尽可夫，珠胎暗结。即便如此，修道院也没有关门了事，因为它们是"天主教传统中不可估测的力量"。费迪南四处寻找信仰坚定、能言善辩的盟友。约翰内斯·法布里（Johannes Fabri）和弗里德里希·瑙瑟（Friedrich Nausea）是不二人选，应皇帝之召两人来到维也纳，并相继升任城市的大主教。借召开特伦托会议（Trient）[特伦托会议是指罗马教廷在 1545 至 1563 年期间在北意大利召开的大公会议，被认为是罗马教廷的内部觉醒运动之一，也是天主教反新教运的重要手段]，天主教会试图推行全面的改革，以期重新夺回在欧洲基督教世界的领导地位。一开始改革并未取得成效，路德的支持者倒越来越胆大妄为，他们的牧师如同人们给他们起的名号"说教者"一样名副其实，攀爬到教堂的讲坛上喋喋不休地散播新教义，而这些教堂数个世纪以来始终承认教皇才是基督在世上的代言人，并以他的名义运作着。圣人的雕像被搬走，有的甚至被砸碎，而圣人的画像则被扯成碎条。一场声势浩大的，从教堂中清理"偶像"的大清洗运动正如火如荼地进行着。反映中世纪之虔敬主题的不可多得的艺术品因此蒙受劫难。神父依古老的习俗来讲本是造物主的仆人，现在则被污蔑为"恶魔的爪牙"。新教贵族们毫不忌惮骑马大闹教堂，捣毁"偶像崇拜"。一年一度的基督圣体圣血节游行（Fronleichnamsprozession）成为攻讦天主教圣物的理想时机。1900 年左右在斯陶克伊森广场（Stock-im-Eisen-Platz）修建的一座名为"黄金觥"（Zum goldenen Becher）的建筑，是为了记录一次发生在 1549 年 1 月的恶劣事件。当时一名狂热的烘焙师学徒一面咒骂着"恶魔的爪牙"，一面将圣体光（Monstranz）[圣体光是天主教等教派在宗教仪式上面使用的祭具，呈圆形，中间有空，用以嵌入圣体，四周是放射状的线条，表现圣体发光的意象]从教士手中夺过来扔掉。这位 14 岁的年轻人为其暴行付出了上火刑架的代价。

天主教徒和路德教徒只在一点上意见统一，那就是两者都拒不承认一个自称再洗礼派的教派。这个教派认为婴儿的受洗与圣经背道而驰，只有怀有信心的成年人才能受洗。再洗礼派主张社会革命，拒绝任何形式的世俗权威，因此被定性为危害国家的团体。此教派亦有殉道者，如维也纳的布商卡斯帕·陶伯尔（Caspar Tauber）和巴尔萨泽·哈布迈（Balthasar Hubmaier）。

各个阶级的成员知道如何有效地使用他们的权力来对付费迪南一世，因为国王离不开他们手中对赋税批准、估算和征收的权力。许多贵族和骑士成员都皈依了路德的教义，不少城市也如此，首先便是维也纳。他们组成了社会阶层的第四端。新教贵族要求自由信奉他们的宗教，只有这样他们才愿意上缴国王要求用来防御土耳其人的税款，费迪南不得不无言地做出让步。

西班牙人依纳爵·冯·罗耀拉（Ignatius von Loyola）新成立了一个"耶稣连队"（即耶稣会），组织参与反对路德宗的斗争。费迪南征召耶稣会的代表团前来维也纳助战。1551 年 5 月末，有 13 位神父抵达维也纳，一年以后，佩特鲁斯·卡尼修斯（Petrus Canisius）紧跟着赶来。此人身为宫廷牧师兼大学神学院院长，撰写出一本接地气的教理问答手册——是为斗争的首次大捷。1554 年修道院成员解散之后，耶稣会成员被分配到皇宫的卡梅利特修道院。他们在这里建立了一所公立学校。神父们相信未来的胜利属于那些培养年轻后生的人，受这一理念的指导，他们着手开展工作。没用多久就见效了，有 400 名学生分到 6 个班级里上课。消息不胫而走，维也纳处处传扬新来的团队成员是出色的教育家。不同社会阶层的男孩子都在这里得到了很好的教育，因为这儿不仅有贵族学校，还有免费的学校。负担不起儿子入学费用的父母极其高兴。有了这种"曲线救家"的方式，耶稣会士保证孩子们为父母的家族光宗耀祖。时光流逝，男孩子成长为年轻的、好斗的青年，他们内心充盈着对天主教信仰的忠诚和忏悔的勇气。完成学业之后，这帮年轻人投身于"唯一能拯救世界的教会"的宗教事业，或者从事世俗工作，出任皇家机构的官员。皇帝自然需要这些专业人士，因为他自己就是教会的最高辩护人。皇帝从 1555 年签订的《奥格斯堡宗教和约》（*Augsburger Religionsfrieden*）中获得了一项重要的法律手段，即 "cuius regio, eius religio"（教随君定）原则。每一位君主的宗教信仰是权威；他的臣民必须以君主之信仰来决定自己的信仰，不必要拥有凭着内心行事的自由权利。

耶稣会教士可是心理学大师，他们发现维也纳人偏爱热热闹闹的场面。于是耶稣会的学院便推出戏剧表演并以此声名远播。每当遇到喧闹的节日或者结业典礼时，学生们便把自己排练的戏剧搬上舞台，而他们的亲戚朋友也应邀前来观赏。戏剧优先选择的题材，要么来自圣经之中，要么是圣人或殉道者的生平事迹。耶稣会的戏剧表演造成了不小的影响，赢得许多人回归天主教信仰。

1554 年费迪南一世将教堂和安霍夫的卡梅利特修道院移交给耶稣会士，耶稣会士在此设立了学校

风平浪静的间隙：马克西米连二世的"保证"

费迪南的长子马克西米连对路德宗教义中的部分观点抱有好感，他是从他的老师塞巴斯蒂安·普福泽（Sebastian Pfauser）那里学来的。马克西米连的父亲最害怕的事情无过于儿子可能会脱离天主教信仰——不过马克西米连并没有这样做，甚至在父亲于 1564 年驾鹤西游之后也没有付诸实践。他只是默认各阶层人民应得的东西，即保证人们能自由信奉路德宗，这是马克西米连二世在 1568 年《宗教特许令》（Religionskonzession）中授予，并于 1571 年的《宗教保证令》（Religionsassekuration）中加以认定的。条件是停止对天主教进行任何攻击。皇帝的妥协引来欧洲天主教阵营的严厉批评，马克西米连意识到事情已经达到不允许他越雷池一步的极限。以上的权利并不适用于君主的城镇和集镇，尤其不适用于维也纳。由于宗教混乱导致严重的经济危机，市政当局已不能再为国家税收做出任何值得注意的贡献。无法缴纳赋税的人自然享受不到任何利益，这是不言而明的道理。马克西米连二世禁止维也纳市长汉斯·乌伯曼（Hans Übermann）插手同其他阶层之间的宗教事务谈判。贵族们对此愤愤不平，因为之前那种领主、骑士和市民统一行动的时代自此结束了。一些城市因权力因素被剔除。维也纳的新教教徒能取得的最后战果是，他们的同道兄弟克里斯托夫·胡斯托克（Christoph Hutstocker）出任维也纳市长达两年之久。这是维也纳历任市长中唯一一位新教教徒。

成功地逆转：维也纳重归天主教怀抱

1576 年马克西米连二世的驾崩对路德宗来说不啻一个沉重的打击。继任者鲁道夫二世禁止新教徒做公开的礼拜仪式和教学，禁止流通新教书籍和著作。

新教的乡间教堂被封锁，教徒们丧失了最后的阵地。通过书籍搜查，

"异端"作品被集中起来销毁。形势又回到了过去，只要书商和印刷者胆敢出版新教的书籍，便面临着生命危险。牧师们遭到驱逐。向黑尔纳尔斯和因策斯多夫(Inzersdorf)贵族府邸传播新教礼拜仪式的所谓"流毒"也被禁止了，就连市民在家里做私下的灵魂救助也要受到惩罚。之前皇帝迫不得已宽容的新教教徒占市民的大多数，现在已锐减为遭迫害的少数派。任何想成为维也纳市民的人都必须进行天主教的市民宣誓，参加天主教礼拜仪式、忏悔和圣餐仪式是强制性的。1579 年，信仰坚定的维也纳新教教徒于危难之际决定在霍夫堡宫门前举行集会。他们向总督恩斯特大公发起"风暴请愿"，要求宗教信仰自由。人群中响起"我们祈求福音，祈求福音！"的呼声。大约 5000 名男女老少参加了这次给

在鲁道夫二世统治下，禁止向黑尔纳尔斯城堡传播新教礼拜仪式的"流毒"

观者留下深刻印象的游行活动，市长汉斯·冯·托（Hanns von Thau）便是见证人。恩斯特大公对如此多的"不服从者"感到愤怒。他惩罚了集会的组织者，令他们远离维也纳，同时增强了维也纳的守备力量。

"牛在棋盘上玩耍"

位于面包师大街 12 号名为"牛在棋盘上玩耍"的房子，其墙壁上绘有保留至今的唯一反映维也纳分裂的壁画。之前曾由市长康拉德·沃拉夫拥有，壁画已存在了几个世纪。1987 年，同名的壁画在外立面的灰泥下被发现并得以修复。壁画中有一头戴着眼镜的牛和一只狼玩双陆跳棋。人们认为这是对路德宗的讽刺。

那些准备全身心奉献给天主教的学生们，此刻看到一项伟大的事业在向他们招手。梅尔希奥·赫勒斯尔（Melchior Khlesl）是他们之中最突出的例子。他出身于一个信奉新教的面包师家庭，后为耶稣会神父乔治·舍雷尔（Georg Scherer）滔滔不绝的布道所迷住。对路德宗和土耳

其人的战争召唤着年轻人。舍雷尔了解赫勒斯尔异于常人的才能，后者在天主教会之内的事业正扶摇直上。1579年赫勒斯尔成了一名神职人员，不久之后，升任为斯蒂芬大教堂的教长，并借此出任维也纳大学的校长。他促使通过了一项皇家法令，那就是天主教的信条和知识可以纳入大学的博士学习之中。新教教徒在大学里不再有任何未来。到目前为止，他们在大学里仍占多数。现在就连功绩彪炳的卡罗卢斯·克卢修斯也不能待在维也纳了，他远走莱顿（Leiden）。此外，维也纳大学越来越感受到来自耶稣会学院的竞争：1594年耶稣会学院有800名学生，而维也纳大学有80名学生。赫勒斯尔位居维也纳的主教，成为反宗教改革运动的杰出人物。

耶稣会教堂建于 1623 年至 1631 年之间，是新建成的大学区的中心。彩色铜版画，1825 年左右

三十年战争

（公元 1618 年—1648 年）

  16 世纪和 17 世纪之交，宗教分裂的恶果变得比以往任何时候都要苦涩。几十年以来，一边是天主教传教士，另一边是新教传教士，两帮人站在讲坛上口吐莲花，妖魔化对方的信仰。这种语言上相互仇恨的种子慢慢生根发芽，只需一个引燃战争的诱因，星星之火便可成可怕的燎原之势。战争开始于 1618 年，持续了 30 年之久。维也纳是整个德意志范围内无情推行重新天主教化的权力中心和决策中心。得益于华伦斯坦元帅的军事成功，这个目标差一点就实现了。维也纳因地理位置的原因离战场很远，只是在战争的最后阶段，当瑞典人出现在维也纳近郊时，才感受到危险的逼近。然而，这座城市未受劫掠的摧残。1648 年，《威斯特伐利亚和约》结束了这场为统一信仰而进行的自我毁灭式的斗争。

初期危机：哈布斯堡家族内斗又起

  1600 年夏天，皇帝鲁道夫二世罹患精神病的迹象已很明显，妄想使他越来越没有行动能力。他退到台后，躲进藏满艺术品和奇珍异宝的阁楼里消遣度日，把他无上光荣的朝廷委托给一顶家族皇冠。今天在维也纳皇家宝藏库里，这顶皇冠躺在帝国皇冠旁边，很是吸引人。1606 年，大公们在维也纳秘密讨论当皇帝无法担任哈布斯堡王朝的领导人之后，他们中的哪一位应该接任。这次密会由赫勒斯尔主教倡议，此时的他已经成为事实上的首相。最终众人选择了鲁道夫的弟弟马蒂亚斯（Matthias）

以斯塔赫姆贝格伯爵保罗·雅各布（Paul Jakob Graf Starhemberg）为首的奥地利新教阶层代表团想要迫使皇帝在他们的请求书上签字。木刻版画，约翰·雅各布·基尔霍夫（Johann Jakob Kirchhoff，1796年—1848年）作

大公。此人一步步成功控制奥地利、匈牙利和摩拉维亚，并成功获得波希米亚王位的候补继承人资格。马蒂亚斯于1608年7月14日移居维也纳，并举办了一场这座城市几十年来从未有过的庆祝活动。新的主人受到高规格的欢迎，仪仗队分立两列，凯旋门为君洞开。市长卢卡斯·劳塞尔（Lukas Lausser）率德高望重的元老恭迎圣驾。人们拥向喷散着白葡萄酒和红葡萄酒的喷泉。

维也纳再次成为皇宫所在地，从那时起一直到1918年君主政体垮台再没有变过。

然而，维也纳的盛大欢迎仪式并不能遮掩宗教争端仍未得到解决的事实。马蒂亚斯治下的三个国家里的新教教徒仍然对他持怀疑态度，预防起见，他们成立了一个秘密组织。不久下奥地利和上奥地利的新教阶层在所谓的《霍纳同盟文书》（Horner Bündnisbrief）中宣布与马蒂亚斯脱离关系。只有当他批准他们的特权之后，他们才愿意向他宣誓效忠。马蒂亚斯别无选择，只得在1609年签署《宗教妥协书》（Religionskapitulation），向各领主和骑士们保证他们可以继续维持其宗教信仰的"传统习惯"。同时在1609年，鲁道夫二世对波希米亚的所有臣民颁布《陛下诏书》（Majestätsbrief），准许他们信仰自由，新教教徒可以修建教堂和学校。这次胜利也让维也纳的新教教徒希望每个人都能自由地实践他们的信仰，而不仅仅是贵族。新教教堂向维也纳周边贵族府邸的"流毒"又变得可能了。赫尔姆哈德·约尔格（Helmhard Jörger）利用这种新的自由，于1609年在自己家族属地黑尔纳尔斯（1587年—1620年）的圣巴塞洛缪教区（St.Bartholomäus）建立了一个路德宗堂区（Pfarre）[1]。

　　1612年鲁道夫二世驾崩之后，马蒂亚斯被推选为罗马皇帝，此君虽权力意识膨胀，却缺乏政治才能。同时马蒂亚斯没有孩子，王位继承问题颇为棘手。他的兄弟们也放弃了继承王位的资格。因此统治内奥地利、并于格拉茨（Graz）实施统治的费迪南二世遂成为人们关注的焦点。西班牙国王费利佩三世（Philipps III）放弃对帝国皇位的继承权，这样一来费迪南通往罗马皇帝的道路畅通无阻了。费迪南作为波希米亚和匈牙利王位继承人也是板上钉钉的事。费迪南二世是主张对抗新教教徒的煽动者之一，他之前在内奥地利的为政举措对此显露无遗。波希米亚的新教阶层不想事情发展得难以收拾，于是决定用武力除掉国王在布拉格的代理官员，而这将成为背叛天主教君主难以刹车的开场。1618年5月23日，一群激进的反对者闯入布拉格的王室城堡（Hradschin），将两位帝国大臣和书记官从窗户扔到了护城河中。

灾难当头：战争爆发了

　　这便是"掷出窗外事件"，由此拉开了三十年战争的序幕。波希米亚的人民初战告捷，他们组建了临时政府，并拉起一支由马蒂亚斯·图恩伯爵（Matthias Thurn）指挥的军队。内奥地利的费迪南二世大公已将

1　堂区也叫作牧区，是教会管辖地区的划分方式，也是教会的最基本单位，堂区以一座教堂为中心。数个堂区可组成一个教区。

官邸从格拉茨移至维也纳；他没采纳梅尔希奥·赫勒斯尔妥协的政见，而是决定付诸战争。赫勒斯尔为此遭到逮捕，并被流放到蒂罗尔，后来得到允许远走意大利。与此同时，波希米亚的社会各阶层正吸纳援助他们起事的各方力量，其中也包括安德烈亚斯·冯·托拉德尔（Andreas von Thonrädl）领导的下奥地利各阶级。局势不断升级，在这个节骨眼上，皇帝马蒂亚斯于1619年3月在维也纳驾崩，身后无嗣，费迪南二世继位。新教徒现在愈加希望起义能够大获全胜。形势对他们有利，因为图恩伯爵已率领军队占领了摩拉维亚，并与匈牙利的起义军会师，开始朝着下奥地利挺进，直逼维也纳。1619年6月5日，忽有一队人马突破重重障碍，成功杀入皇帝寝宫。托拉德尔就在队伍之中。这些人最后强迫皇帝在"风暴请愿书"上签字，对宗教信仰问题做出让步，但遭到了费迪南的断然拒绝。

现在，到了维也纳市长丹尼尔·莫泽（Daniel Moser）的高光时刻。由于图恩的奇袭，维也纳全城陷入狂热之中。莫泽动员1500名忠于皇帝的天主教市民和600名学生，发放兵器给他们。莫泽想瓮中捉鳖，但在关闭城门之前，他设法让海因里希·杜瓦尔·丹皮埃尔将军（Heinrich Duval Dampierre）率领的胸甲骑兵静悄悄地进入城内。他们打散围困城堡的军队，冲进去把忧郁的皇帝从困境中解救出来。据说，费迪南身陷危机之时，紧紧握着房间里的十字架耶稣圣像祈祷。玛丽亚·特蕾西娅（Maria Theresa）将这个被认为是奇迹的十字架圣像放在城堡礼拜堂主祭坛的神龛里，直到今天它还躺在那里。因为这次拯救行动，皇帝将终生感激莫泽市长。

1620年11月8日，大决战在布拉格附近的白山（Weißer Berg）爆发。经此一役，费迪南二世获得胜利，而波希米亚以及奥地利的新教教徒遭到毁灭性的失败，他们的权利被永久地破坏了。由于维也纳只允许天主教徒拥有房屋和地产，因此那些仍然信奉新教的人被迫离开家乡，当然为此他们要缴纳自己所有财产的10%作为"离境费"。对遭此祸害的人来说，算是一场人性的悲剧。但是，他们宁愿接受不确定的未来，也不愿背弃自己的信仰。

天主教权力扩张的顶峰：《偿还赦令》

天主教徒在波希米亚－普法尔茨战争中取得胜利之后，又在 1625 年到 1629 年的丹麦－下萨克森战争中获胜。费迪南二世将战争的胜利归功于阿尔布雷希特·冯·华伦斯坦元帅（Albrecht von Wallenstein）。华伦斯坦凭着联姻包揽了巨额财富，华丽转身成为大地主。拥有财产之后他就自费组建起一支雇佣军。华伦斯坦这位帝国军队的大统帅，靠着不计后果的掠夺和搜刮军税，赢得了一个又一个的胜利，并在对丹麦的战争中穿过荷尔斯泰因（Holstei）地区踏入日德兰半岛（Jütland）。之后交战双方于 1629 年签订《吕贝克和约》（Frieden von Lübeck），丹麦国王克里斯蒂安四世（Christian IV）被迫停止插手所有德意志事务。皇帝将征服的梅克伦堡公国（Mecklenburg）分封给华伦斯坦，并任命他为波罗的海的将军。

接连的胜利让费迪南二世忘乎所以，于是他在 1629 年 3 月 6 日这天颁布了《偿还赦令》（Restitutionsedikt）。就这样，自 1555 年签订《奥格斯堡和约》以来，新教教徒所推行的全部世俗化（Säkularisierung）努力都被宣布为无效，被他们所没收的财产又归还给天主教会。此举如此过分，以致帝国的诸侯们害怕皇帝拥有至高无上的权力，害怕出现像法国或英国那样的君主专制集权。于是到了 1630 年，瑞典国王古斯塔夫二世·阿道夫（Gustav II. Adolf）[1]支持新教教徒，一脚掺和到战争中来，从此开始了三十年战争的第三阶段。由于瑞典军队直扑帝国南方，帝国的广阔区域都被古斯塔夫扫荡蹂躏。庙堂之上，华伦斯坦的政敌逐渐强大起来，最终他们赢得了胜利。1634 年 2 月，华伦斯坦在艾格城堡（Eger）惨遭杀害。

1　古斯塔夫二世·阿道夫是瑞典国王（1611 年至 1632 年在位），瓦萨家族的第七位君主。古斯塔夫二世是一位伟大的军事改革家，他改革古斯塔夫方阵，建立常备军。这些改革在三十年战争中得以奏效，帮助古斯塔夫在布赖滕费尔德战役取得辉煌的胜利，古斯塔夫被誉为"北方雄狮"。1632 年吕岑战役中，瑞典军队虽然获胜，古斯塔夫却命殒沙场。

宗教策略："修道院攻势"和新的大学

随着重新天主教化的推行，维也纳出现了一波修会团体征召浪潮，同时修道院和教堂的兴建也席卷全城，历史上称之为"修道院攻势"。嘉布遣会（Kapuziner）、方济各会、慈善兄弟会（Barmherzige Brüder）、宝莱纳会（Paulaner）、巴拿巴会（Barnabiten）、加尔默罗赤足修女会（Unbeschuhte Karmeliterinnen）、奥古斯丁赤足修会（Unbeschuhte Augustiner）、西班牙黑人"我们敬爱的蒙特塞拉特女士（Unserer lieben Frau von Montserrat）"、被称为西班牙人白人的三位一体派（Trinitarier）

和卡马尔多利隐士会（Einsiedlerorden der Kamaldulenser）纷纷参与其中。城市地图上显示得很明显，"永恒的罗马"是一切建筑的典范，当然包括现在流行的占主导地位的巴洛克建筑风格。著名的意大利建筑师被邀请到维也纳来，应邀者不乏来自柯莫湖（Comer See）地区的卡隆家族（Carlone）、卡内瓦尔家族（Canevale）和德·阿里奥家族（d'Allio），这些世家名流的家族成员从事着建筑大师、雕塑名家和泥水师傅的工作。多亏卡洛·安东尼奥·卡隆（Carlo Antonio Carlone），维也纳安霍夫教堂[又名"九天使合唱教堂（Zu den neun Chören der Engel）"]的外墙才得以完全实现罗马巴洛克式的豪华设计。这个设计是（费迪南三世）

第9区圣母忠仆会教堂
椭圆形拱顶的巴洛克式设计

皇帝的遗孀埃莉奥诺尔（Eleonore）委托的，其巴洛克风格的改建工作于 1662 年完成。

多明尼哥教堂的重新设计开始于 1631 年，安东尼奥·卡内尔瓦（Antonio Canevale）是施工主管人。而卡洛·马蒂诺·卡内瓦尔（Carlo Martino Canevale）则是圣母忠仆会教堂（Servitenkirche）的施工主管人，该教堂于 1670 年落成，是维也纳城内第一个拥有椭圆形拱顶的教堂。西尔维斯特罗·卡内瓦尔（Silvestro Canevale）以及安德里亚·德·阿里奥（Andrea d'Allio）父子参与了苏格兰教堂的重建，他们的后代在 18 世纪仍以建筑大师的身份活跃在维也纳的舞台上。所有这些建筑活动离不开数量庞大的建筑相关行业，从 1621 年的从业人员数量记录来看，当时维也纳有 1319 家行会企业。

在黑尔纳尔斯一带，维也纳人拥有自己的朝圣之地，就是当年新教教徒实施"流毒"的主要目标地点：约格尔城堡（Schloss der Jörger）。在此地被征收之后，斯蒂芬大教堂的教士咨议会成了黑尔纳尔斯地区掌权者。在一处叫作"冲冠之地"的地方，有一座圣墓被竖立起来，仿照的是耶路撒冷的圣墓原型。它是朝圣路线的终点站，路线与到耶路撒冷的维亚多勒罗沙（Via Dolorosa）[1] 一样漫长。7 座苦难站点（Leidensstation）安置在从苏格兰门到黑尔纳尔斯教堂的路线上。自 1639 年起，每年棕榈主日（Palmsonntag）[2] 之前的星期五，都会有一支忏悔队伍沿着这条路线游行。圣墓和 1683 年之后在其位置立起的骷髅地（Kalvarienberg）[3] 早已不复存在了。除了朝圣教堂（Wallfahrtskirche）之外，所仅存的传

1　"维亚多勒罗沙"是耶路撒冷旧城的一条街道，意为"受难之路"。耶稣曾经背负着十字架经由此路一步步艰难地前往受难的刑场。

2　棕榈主日又叫作棕枝主日，圣枝主日，是复活前的星期日，标志着接下来圣周的开始。圣经记载耶稣于此日进入耶路撒冷城，民众手持棕榈树枝热烈欢迎。

3　骷髅地是耶稣受难之地，又叫加略山、各各他。

安霍夫圣母柱

　　1645 年瑞典人威胁维也纳期间，费迪南三世发誓如果这座城市幸免于难，那么他将建立一座大理石石柱来赞美纯洁无瑕的圣母玛利亚（未受玷污而怀孕）。约翰·雅各布·波克（Johann Jacob Pock）呈上仿照慕尼黑圣母柱的设计草案。大理石柱于 1646 年立起，1664 年由皇家灰泥匠巴尔塔萨·赫罗德（Balthasar Herold）浇筑青铜而作复制品。科林斯柱上，无瑕的圣母玛利亚头顶星星花环，立在一条升腾而起的龙上。4 个全副铠甲的小天使手持盾牌和宝剑，制服了长蛇、巨龙、蜥蜴和狮子，这些都是瘟疫、战争、饥饿和异教的象征。它们装饰了由卡洛·卡内瓦尔（Carlo Canevale）设计的基座的角落突出部分。在第二次世界大战期间，出于安全考虑，圣母柱被转移至一个仓库中。1946 年，圣母柱建成 300 周年纪念之时，它的周围仍是一片炸弹爆炸留下的废墟。在安霍夫广场中心的旧址，圣母柱被重新竖立起来，并由维也纳大主教西奥多因尼策尔（Theodor Innitzer）重新主持落成典礼。

统习俗就只有复活节前骷髅地的四旬节集市（Fastenmarkt）了。

1623 年的时候，费迪南二世将维也纳大学的神学院和哲学院移交给耶稣会的教团。为此耶稣会承担了修建一座教堂、一所大学和一所神学院的责任。他们选择的地点是大学区。此地自中世纪以来，先后有公爵学院（Collegium Ducale）、祭祀寄宿舍（Lammburse）、布鲁克寄宿舍（Bruckburse）、图书馆（Liberey）以及修建于 15 世纪的学术厅堂新结构"新样"等建筑坐落于此，这些建筑物大多数已成为耶稣会的财产。此时，一个以耶稣会教堂为中心的新城市区正在建设中，教堂外墙带有两座尖塔，为使其呈现出一种肃穆压制的视觉体验，外墙的前面正修建一座新广场，因此很多房屋不得不拆迁。先前独立自主的大学已演变为反宗教改革的机构，过去它的礼拜堂用作神殿学院（Templum academium），现在已经转变为缅怀圣母玛利亚和圣徒依纳爵·冯·罗耀拉、方济·沙勿略（Franz Xaver）的纪念堂。

化险为夷：兵临维也纳的瑞典人

与此同时，以各自"真正"的信仰为名的折磨、杀戮和摧残仍在继续着，并从一个国家蔓延到另一个国家。1610 年后出生的人甚至不知道和平为何物。通常人们命中注定难以长寿，大多数人并不是死于战争，而是死于战争带来的饥饿和瘟疫。和平条约的谈判虽已经在进行中，对维也纳来说军事局势却正日益危险。瑞典大将伦纳特·托尔斯滕森（Lennart Torstensson）在摩拉维亚击败帝国军队之后，联合他的盟友进攻下奥地利。克雷姆斯、图恩、科尔新堡和斯塔默多夫（Stammersdorf，今天维也纳第 21 区的一部分）相继沦陷，下一个就轮到维也纳的防御工事了。然而这时托斯滕森和他的继任者卡尔·古斯塔夫·弗兰格尔（Carl Gustaf Wrangel）武运不佳，他们与乔治·拉科齐亲王（Georg Rákóczis）的会师失败，一起向维也纳进军的目标也没有实现。自 1637 年始，费迪南三世加冕称帝，开始谋求与拉科齐和谈，之后形势便逆转了。1646 年 9 月，帝国军队将整个下奥地利地区从瑞典人的手中解救出来，维也纳松了一口气。人们将这座城市的完好无损归功于圣母的庇护。为了纪念纯洁无瑕的圣母玛利亚，皇帝下令在安霍夫广场竖起了一根圣母柱。

1648 年 10 月，《明斯特和约》（ *Friedensvertrag von Münster* ）和《奥斯纳布吕克和约》（ *Friedensvertrag von Osnabrück* ）相继签署。从此以后，神圣罗马帝国的皇帝头衔就只剩荣誉上的高人一等，帝国的帝位仍归哈布斯堡家族所把持，但继位者的选举只留个空壳。尽管维也纳仍然是神圣罗马帝国最高一级的行政部门所在地，但是她的定位已经变成哈布斯堡家族迈向超级霸权的核心。

原宫廷图书馆、现国家图书馆的
巴洛克式绚丽大厅，这是世界上
最美丽的历史图书馆之一

巴洛克时代

（公元 1648 年—1740 年）

　　三十年战争之后，欧洲的命运又押在了维也纳的身上。土耳其人第二次征服这座城市的企图泡汤了。维也纳既是都城，也是皇宫所在地，她从一座困境重重的边缘城市跃迁为中欧冉冉升起的强国的核心，与之相伴随的是前所未有的文化繁荣。维也纳掀起一波名副其实的建设热潮，巴洛克风格的城市和花园宫殿、教堂和修道院、政府办公大楼和纪念碑纷纷拔地而起。菲舍尔·冯·埃拉赫（Fischer von Erlach）父子和约翰·卢卡斯·冯·希尔德布兰特（Johann Lucas von Hildebrandt）是建筑界的明星。三位皇帝为这个时代留下了烙印，他们是利奥波德一世和他的两个儿子约瑟夫一世（Joseph I）、卡尔六世。萨伏伊的欧根亲王（Prinz Eugen von Savoyen）是一位伟大的人物，他在欧洲战场上运筹帷幄，决胜千里，塑造了一个奥地利的英雄时代。1679 年和 1713 年的瘟疫大流行为这份光荣投下了阴影。随着哈布斯堡家族男丁的绝嗣，奥地利滑向了前途未卜的深渊。

"音乐响彻四方"：维也纳歌剧的第一个全盛时期

　　皇帝利奥波德一世于 1658 年登基时，维也纳成为一座音乐之都。歌剧表演成了宫廷典礼上的固定节目。利奥波德与西班牙公主玛格丽塔·特蕾西娅（Infanta Margarita Teresa）于 1666 年举行大婚之时，安东尼奥·博尔塔利（Antonio Bertali）和亨利希·施梅策（Henrich Schmelzer）奉上的骑士芭蕾舞音乐（Rossballett）成为持续将近一年的婚礼的高潮。今天国家图书馆的位置曾有一座 3 层的木质歌剧院，可容纳 3000 名观众。舞台的结构营造出惊艳的效果。安东尼奥·切斯蒂（Antonio Cesti）的庆典歌剧《金苹果》（*Il pomo d'oro*）在这里首次演出，得到欧洲所有宫廷的喝彩。1678 年皇太子约瑟夫诞生，安东尼奥·德拉吉（Antonio Draghi）献上歌剧《光荣的罗马君主》（*La monarchia latina trionfante*）以示庆贺。音乐家们成群结队地投向维也纳的怀抱。皇帝自己也会作曲，为了讨得圣上的欢心，教士们竞相比拼，看看到维也纳哪座教堂做礼拜才能听到最美的音乐。皇家牧师亚伯拉罕·圣·克拉拉 [Abraham a Sancta Clara，俗家名字叫乌尔里希·梅格尔（Ulrich Megerle）] 在他的《默尔克的维也纳》（*Merck's Wien*）中写道："……从宫殿里传出的清脆号声和响彻四方的乐声总是如此沁人心脾，以至于人们保有这样的幻想：天堂一定凿了一个洞，那赏心乐事淅淅沥沥地从中洒向维也纳城。"

勋章的背面：土耳其危机与驱逐犹太人

相反，当把目光投向政治时局时，人们该清醒清醒了。1663 年，奥斯曼帝国对神圣罗马帝国皇帝利奥波德一世宣战。大维齐尔[1]艾哈迈德·库普鲁鲁（Ahmed Köprülü）统率 10 万大军进攻匈牙利和摩拉维亚。陆军元帅雷蒙德·蒙特库科利伯爵（Raimund Montecuccoli）在今天布尔根兰（Burgenland）的莫格尔斯多夫（Mogersdorf）大败敌军，为皇帝赢得喘息之机。伯爵的胜利与向苏丹进献的 10 万塔勒（Taler）[2]贡品并没有关系。

---

1 大维齐尔（Großwesir），奥斯曼帝国的宰相，权力仅次于苏丹。

2 德国旧银币名，流通时间约从 16 世纪初持续到 19 世纪后半叶。

这次土耳其危机再次让犹太人背起了黑锅。虽然犹太人向宫廷财务府缴纳了献金，但是控诉犹太人的人物却说，这些钱是靠着"基督徒的辛酸汗水"赚来的。1669年，一个调查委员会聚在一起，商定一致反对犹太人。市长丹尼尔·拉撒路·斯普林格（Daniel Lazarus Springer）和市议会准备宣布，犹太人缴纳的用作保证金的10 000古尔登金币（Gulden）[1]，已从私人财产上缴宫廷财务府。基督徒手中的钱总比"谋杀造物主的刽子手"的钱要好！有了这笔钱，"接下来皇帝陛下才可以龙颜大悦，用愉悦的眼神看着郊区新城利奥波德城的兴起"。在1669年6月19日，基督圣体节的前一天，皇帝身边最紧密的人聚在一起；这些人都知道皇后玛格丽塔·特蕾西娅是一个狂热的犹太人仇恨者，考虑到热闹的节日即将来临，皇帝最终下旨"把恩斯的犹太人社区从奥地利赶走"。到1670年7月26日为止，所有犹太人必须离开1624年在下韦德地区（Unter Werd）建立的社区。弗兰克尔（Fränkel）兄弟是维也纳犹太人中最富有的人，他们向市政府缴纳了6000古尔登金币，以保住犹太人的祖坟；后来他们搬到纽伦堡附近的菲尔特（Fürth）。其他犹太人，有的选择勃兰登堡（Brandenburg）作为他们新的家乡，还有一群人则绕道摩拉维亚，到匈牙利西部的埃斯特哈齐庄园（Esterházy）建立了所谓的"特兰西瓦尼亚"，地点位于今天的布尔根兰，这个地方直到1938年一直都是犹太教正统派的中心。从1670年8月开始，维也纳不再有犹太人的身影。当月，利奥波德皇帝为利奥波德教堂奠基，这座教堂是在已拆除的新犹太教堂的地址上建立起来的；基督徒还占据了犹太人的仍未倒塌的空房子。然而，很快人们就痛苦地觉察到，驱逐犹太人之后，上层所承诺的"伟大的幸福"一直没有实现。维也纳城在税收、贡品、通行费和保护费等方面损失了数千古尔登。从面包烘焙到蜡烛制作，众多商业领域门可罗雀，之前由犹太商人经营的旧物贸易陷入停顿。宫廷财务府出过一份鉴定报告，称别的人代替不了犹太人，因为"基督徒，

1　欧洲古货币名。

尤其是维也纳人懒得出奇，他们没有能力承担这样的事情"。这座城市举步维艰，正在为承诺在先的 10 000 古尔登金币承受着自作自受的代价。

黑死病：1679 年的瘟疫

公元 1679 年春天，利奥波德城出现了几起腺鼠疫感染病例。一年前瘟疫给匈牙利造成大量伤亡，医生保罗·德·索拜博士（Dr. Paul de Sorbait）急忙呼吁采取预防性的卫生措施。然而徒劳无功。皇宫的日程表上排满了宴会，隆重的入城仪式亦迫在眉睫，这种盛事不能对公众隐瞒。1679 年夏天，瘟疫迅速蔓延开来。有能力的人都想着远走高飞。亚伯拉罕·圣·克拉拉在《默尔克的维也纳》中描绘了一幕不平常的人间惨剧，折射出瘟疫给人们带来的苦难："有人发现了一个小孩子，她正悬挂在死去的母亲的胸前。这个可怜无辜的小天使不知道，她喝了那

瓦林格街上的瘟疫医院。铜版画，洛多维科·奥塔维奥·伯纳西尼（Lodovico Ottavio Burnacini，1636 年—1707 年）作于 1679 年

些东西无异于宣告自己的死亡。人们把母亲的尸体放在推车上，小女孩执意要陪伴着她，不停地喊着'妈咪，妈咪！'她说话尚不利索。目睹此情此景，即使是铁石心肠的人也会为之动容。""总之，没有一条胡同，没有一条街道能够逃出死神摧枯拉朽般地浸漫。"在维也纳及其周边地区，整整一个月（7月），人们满眼望去只有死亡：死者的搬抬，死者的超度，死者的拖曳，死者的掩埋。尸体被放在车上运送到城墙前的瘟疫坑里。体弱多病的雇工和掘墓人几乎难以跟上尸体运来的速度，许多尸体躺在街上达数天之久。最后人们甚至把重刑犯释放出来，以解决人力资源短缺的问题。

市法官约翰·安德烈亚斯·冯·利本贝格（Johann Andreas von Liebenberg）投身到消灭瘟疫的战斗之中。瘟疫爆发时，他顶替了市长约翰·克里斯托夫·霍尔兹纳（Johann Christoph Holzner）的职务，并出任医疗救护委员会成员，监督和掌控防疫措施。此外费迪南·尤西比乌斯·施瓦岑贝格亲王（Ferdinand Eusebius Schwarzenberg）是少数几个没有离开这座城市的贵族之一，他证明了自己是一个有实干能力的男子汉。施瓦岑贝格操心公共秩序的安保问题，因为很多犯罪分子会借着混乱的局势浑水摸鱼，实施抢劫。他被维也纳人尊称为"瘟疫之神"，在抗击瘟疫的斗争中牺牲了自己相当多的财产。今天，如果有人询问一个维也纳人关于1679年瘟疫的问题，那么索拜和施瓦岑贝格这两个名字对他来说会是陌生的，但他百分之百会想起"亲爱的奥古斯丁"。据说奥古斯丁是一名风笛手和民谣歌手，有一次他在酒吧里喝得酩酊大醉，在回家的路上晕倒了。有气无力、心不在焉的雇工以为他死了，便把他扔进圣乌尔里希（St. Ulrich）附近的一个瘟疫坑里。这种情景并不是个例，根据一位见证人的报道，"有时候会把一些垂死的人堆在车上，压在死人下面，然后和这些死人一道抛在专门放置尸体的沟里"。显然这意味着必死无疑。风笛手奥古斯丁却命不该绝。当他早上清醒过来的时候，发现自己躺在死人堆里。旁边有人注意到这个男人还活着，便将他从瘟疫坑里捞了出来。奥古斯丁安然无恙地度过了那一夜，之后继续过着平静的生活。极少有人知道这个人其实在历史上确实存在过。死者检验记录里记有他的个人信息：生于 1645 年，卒于 1685 年 3 月 11 日；名字是奥古斯丁，姓氏不详，因此登记为"N"[1]。"亲爱的奥古斯丁"[2]成了维也纳人传奇的象征，维也纳人民不允许任何事情击垮自己，死亡本身也无法动他一根毫毛。

瘟疫可能造成了 30 000 到 35 000 人死亡，1679 年年底瘟疫消失。为了感恩疫情结束，皇帝利奥波德下令兴建一座圣三一柱（Dreifaltigkeitssäule）。从它立起来的那一天开始，就一直是壕沟大道夺人眼球的焦点。柱子的底部可以看到皇帝正跪在垫子上，感谢三位一体的神从极端困境中拯救世人。

维也纳大决战：第二次土耳其围城

1683 年春天，令人震惊的消息传遍维也纳。一支由 30 万人组成的庞大军队从阿德里安堡（Adrianopel）出发，途经被土耳其占领的匈牙利，朝着维也纳盆地汹涌而来。利奥波德皇帝将帝国军队的指挥权交给洛林（Lothringen）公爵卡尔五世，自己携带家眷逃离维也纳。失望透顶的人民挤到皇帝的马车前哀求："哦！陛下，留下来吧！哦！陛下不要抛弃我们！"当侍卫想要驱赶人群的时候，皇帝劝慰道："唉，让这些可怜的人走吧！"效仿皇帝而有能力逃走的维也纳人大约有 3 万人。而住在维也纳周边的人则逃到城墙后面避难。这些人失去了家园，因为情况同 1529 年一样，为了不给敌人留下任何可供掩护的障碍物，守军一把

1　N 指的是拉丁语 nescio，字面意思为"我不知道"，一般用 N.N.（Nomen nescio）表示没有名字或匿名的人。

2　约在 19 世纪初，根据奥古斯丁的事迹改编了一首名为《哦，亲爱的奥古斯丁》（O Du lieber Augustin）的歌曲，此曲在维也纳很流行；当然也有观点认为奥古斯丁本人是歌曲的作者。

火焚毁了城市近郊。

维也纳应对围城的战备不足。城里只有 11 000 名士兵，另有 6000 名缺乏军事训练的市民武装提供援助。守城总指挥官恩斯特·吕迪格·冯·斯塔赫姆贝格（Ernst Rüdiger von Starhemberg）全速修缮了防御工事，并在堡垒上架起火炮。市长安德烈亚斯·冯·利本贝格指挥修筑掩体，并亲自撸起袖子干起来，他还组织起市民武装队，并负责指挥

坐落于猪肉市场的希腊酒馆前的一块牌匾，为纪念"亲爱的奥古斯丁"

粮食储存的工作。1683 年 7 月 13 日，土耳其人的先遣部队出现在维也纳山。3 天之后，对维也纳的包围圈首尾闭合。奥斯曼帝国的士兵待在 25 000 顶营帐里等候总指挥官卡拉·穆斯塔法（Kara Mustafa）的进攻命令。穆斯塔法把他宏伟的军帐驻扎在维也纳近郊圣乌尔里希一带（位于今天第 7 区）。他还带来了女眷。进攻的主要目标是贝格棱堡和狮子棱堡。土耳其的工兵利用爆破顺利摧毁两座棱堡的前堡。到了 8 月中旬，拉弗林棱堡的前端只剩一片瓦砾。情况令人绝望，斯塔赫姆贝格急忙向洛林公爵卡尔求援："……我们正在损失大量的人员和大量军官，死于痢疾的人要比死在敌人火力之下的多。每天可是有 60 人死于此病啊。手榴弹用光了，这是我们到目前为止最好的防御工具。我方火炮有一部分给敌人炸毁了，有一部分发射炮弹还不到 50 发就已炸膛……所以我们望眼欲穿等待着殿下的到来。"斯塔赫姆贝格补充道，"就在这个时刻，工兵向我报告，说他们听到敌人正在贝格棱堡地底下折腾。他们一定通过了地底下的甬道，现在没有多余的时间可浪费了。"9 月 3 日，

这座棱堡落入围攻者的手中，3 天后土耳其工兵成功在狮子棱堡墙体上炸开一道 12 米宽的缺口。敌军尝试着从缺口攻入城内，但守军动员最后的力量，打退了来犯之敌。

3 股后援部队于 9 月 9 日这天占领了维也纳森林的北部边沿。9 月 12 日，从森林高地上下来，穿过葡萄园直抵维也纳城前方洼地的行动开始了。左翼由洛林公爵卡尔领导；边疆伯爵路德维希·冯·巴登（Ludwig von Baden）也在军中，此人日后以"土耳其人路易"著称于世；与此同时军中还有一位名叫欧根·冯·萨伏伊的 19 岁亲王，提及此人便不得不提到当年法国国王路易十四（Ludwig XIV）一脸嫌弃地拒绝他加入法兰西军队服役的往事。中军包括巴伐利亚人、萨克森人以及法兰克和施瓦本地区的帝国军队。右翼则是波兰军队，由国王扬三世·索别斯基（Jan III. Sobieski）统率。卡拉·穆斯塔法没有将他的所有军队掉转方向迎击逐渐逼近的敌军，而是下令再一次轰击维也纳城墙。因此援军成功突破敌人的阵地。此时维也纳的守军如虎添翼，杀出重围与援军会合。对土耳其人来说，这可是兵败如山倒的信号。他们惊慌失措，把一切抛在脑后，哪管什么军粮、精美武器，还是弹药抑或卡拉·穆斯塔法的丝绸大帐。现在胜利者开始毫无顾忌地掠夺。战利品极为丰厚，有 25 000 个营帐，20 000 头水牛，还有公牛、骆驼、骡子，10 000 只羊，大量的谷物、咖啡豆、糖、蜂蜜、大米、油脂等等。皇家军械库的仓库里塞满了战利品武器。土耳其人在溃逃的过程中，处决了数百名俘虏，并绑架数千名男人、女人和儿童作为奴隶。波兰国王认为自己是胜利的王者。他没有等待利奥波德皇帝返城，就一马当先进入已解围的城市，让欢乐的人群亲吻他的手和脚，随后在斯蒂芬大教堂的感恩礼拜仪式上开始演奏《赞美颂》（Te Deum）。此事损害了皇帝的优先权，因此两位君主在施韦夏特的碰面冷漠而短暂。

有一个名叫科尔舍斯基（Kolschitzky）的人利用维也纳人掠夺而来的土耳其咖啡豆开了城内第一家咖啡馆——传奇故事便是这样，它已在几代人的印象中根深蒂固，乃至历史的真相几乎无法与之抗衡。实际上乔治·弗朗茨·科尔舍斯基本是一名为帝国效力的特务，他从来没有做过上述事情；1694 年他于维也纳去世，死时家徒四壁。真相其实是亚美尼亚人约翰内斯·迪奥达托（Johannes Diodato，又姓 Deodat），一名商人、皇家参谋部的间谍，成为获得"20 年内独自兜售东方饮料"特权的第一人。第一家市民阶层的咖啡馆同样是由亚美尼亚人艾萨克·德·卢卡（Isaac de Luca）在 1697 年开张的。今天极少人知道这两人的名字，但科尔舍斯基为维也纳咖啡馆的臆想鼻祖将继续活在人们的记忆中，就连给一条巷子命名也不忘他。迪奥达托和德·卢卡失去了这份荣耀。自 1645 年以来，咖啡就在维也纳广为人知，但 1683 年之后咖啡销售许可短时期内仍很少。坐落于宫殿街（Schlossergassel）的克雷默咖啡屋尤其受到城市知识精英的青睐，油灯映照下，人们可尽兴阅读国外的报章，这儿是维也纳第一家文学乐园。品鉴咖啡和流连咖啡屋还远远没有达到普遍流行的程度。直到 18 世纪中叶，维也纳人才对咖啡产生了真正的热爱，给咖啡加上泡沫牛奶（米朗琪）或者给黑咖啡加入攒奶油（卡布奇诺），人们饮用咖啡经历了从极淡到全黑的精致变化，咖啡馆成为维也纳日常文化中不可或缺的一部分。

弗朗茨·格菲尔斯（Franz Geffels）对维也纳围城战的描绘。其中前部是扬三世·索别斯基的救援部队正与奥斯曼人作战，背景则是被围困的维也纳

新月形的甜点维也纳羊角面包（Kipferl），也被错误地当作是土耳其人的东西，实则"长牛角（Kipfen）"早在中世纪就已存在。土耳其人被打得抱头鼠窜，现在对维也纳已构不成任何危险，因而他们在艺术上的成就开始受到欢迎。维也纳人喜欢听"土耳其回旋曲（alla turca）"，也喜欢欣赏瓷器、烟斗和纸牌上的土耳其图案。

1711 年，维也纳人把缴获的土耳其枪炮铸造成奥地利最大的钟普莫瑞铜钟（Pummerin）。经鲁梅尔主教（Rummel）授礼之后，铜钟在斯蒂芬大教堂南部尖塔升起；当卡尔六世从法兰克福（Frankfurt）加冕归来时，铜钟第一次发出独特的、低沉的响声。自 16 世纪以来，斯蒂芬大教堂塔尖一直饰有八角的太阳、"星星"和新月，现在全部移除了。太阳和月亮代表着精神和世俗的力量。早在 1529 年，维也纳的基督教捍卫者已视新月和太阳为"异教徒的标志"，尽管如此，它们还保留在原处，直到 1683 年之后才发生变化。利奥波德皇帝发誓要用十字架取代"不敬神和不相称的土耳其纹章"，后来又在十字架上增添了双头鹰和利奥波德皇帝名讳的首字母。

进步与后退：1683 年之后的日常生活

经历过 1679 年和 1683 年的恐慌之后，维也纳的日常生活缓慢地回到正常轨道。为了弥补人口损失，政府放宽了获得结婚许可的条件。第一盏街道照明灯出现于 1688 年。随后 1703 年《维也纳纪事》（*Wiennerisch Diarium*）面世，今天仍在出版的欧洲最古老的报纸《维也纳报》（*Wiener Zeitung*）便脱胎于此。1707 年维也纳首次出现当铺，人们有了可以通过抵押获得贷款的地方。这一年还成立了调解办公室，专门用来解答和调解人们之间的纠纷。

土耳其战争遗留下堆积如山的债务。要解决这些财政问题，像塞缪尔·奥本海默（Samuel Oppenheimer）这样的犹太人就成为皇帝不可或缺的提款机。自 1670 年犹太人被驱逐出下韦德地区以来，维也纳城内一直没有犹太人的社区；但富裕的犹太人可以带着家眷和仆人在规定时间内居住在维也纳，当然要与基督徒居民分开，也要满足皇帝"宅心仁厚"的条件。奥本海默或萨姆森·韦特海默（Samson Wertheimer）等犹太人的财富对皇帝发动战争、进行贸易和兴建昂贵的豪华建筑来说是必不可少的。支付的金钱其实算是这些"皇家犹太人"不得不提供的强制公债，只要他们不想丢失在维也纳居住的特权。奥本海默通过高风险的金钱交易变得富甲一方，他有能力用他的私人资产给利奥波德一世提供信贷，当然也可以通过中介和供应商来提供。作为军队物资供应商，奥本海默在土耳其围城之前就已经控制了帝国军队的全部粮食供应。他的这种权利招来了很多嫉妒，故而被指控涉嫌欺诈而遭到逮捕，但在调查完成之前，他就获得自由了。国家欠奥本海默 600 万古尔登的债务，他在金融市场上的信誉至关重要。当奥本海默于 1703 年去世时，他名下的银行被宣布破产，因为皇室认为没有义务偿还债务。于是这一恬不知耻的行为引发了严重的财政危机。吉罗银行（Banco del Giro）是一家"汇票银行"，也是奥地利的第一家银行；人们试图靠着建立它来稳定住局势。银行债务应该暂时让债权人满意。但此举落空了，因为银行的管理权属于宫廷财务府，继而属于那位最大的债务人。1705 年，该银行机构无法偿还债务。紧随其后出现的是维也纳城市银行。这所银行绝不能说没有危机，但是它却可以吸引存款人。

1713 年，维也纳再次爆发瘟疫，到 8 月和 9 月达到高峰，冬季感染的人数才下降，次年 2 月瘟疫消失。官方统计数据首次给出了瘟疫对维也纳和郊区带来的影响，大约有 9500 人感染，其中近 90% 的人死亡。1714 年 3 月，最后的防疫措施被撤除。维也纳肮脏的卫生条件一如既往，没有改变。一直到 1732 年，斯蒂芬大教堂周围的墓地才关闭。

大多数人的日常生活充斥着辛劳、恐惧和贫困。绝大多数人过着"从手到口"的生活，面包是主要的食物，面包的每一次涨价都意味着贫困的加剧。人们因繁重的工作而形容枯槁，过早地死去。医疗条件根本满足不了要求。1721 年，一帮当时还被称为鞋业仆人的鞋匠学徒发动了一次罢工，在这座城市里引起了极大的轰动。每天工作 14 小时、禁止结婚的人间真相还有其他歧视性的规定燃起了伙计们的怒火。当师傅拒绝改善社会条件时，学徒们便拒绝工作。罢工者冲进作坊，抢劫一空，还把师傅虐待一番。警卫介入了，顿时石块横飞，枪声大作，有人应声而倒。最后，鞋业仆人们遭到集体逮捕，两名领头的被判处公开绞刑，逃亡者的名字被刻在了绞刑架上。其他的"恶人"发配匈牙利，到要塞做挖壕沟的苦力。为了避免出现新的骚乱，当局允许做鞋子的仆人们参与"学徒店"的管理，这是一个公共供给财务机构，可以给所有学徒支付工钱。

凤凰涅槃重生：巴洛克城市维也纳

土耳其人的威胁最终得到化解之后，维也纳开始了前所未有的建筑狂潮，宫殿、教堂、修道院、礼拜堂、修道院院落和市民住宅在热火朝天地兴建或改建。巴洛克式的建筑正遍地开花，这种艺术追求华丽和精致的装饰，风格昂扬向上、奢靡妖冶。精致的圆形或椭圆形很受欢迎。教堂和宫殿的房顶都绘有壁画，主题多是展示皇室的荣耀以及颂扬教会圣母和受人欢迎的圣

徒。圣徒和天使隐在洁白的云山雾海之中，朝着端坐空中的圣母飘然而去；圆拱形的穹顶上画着展开双翅飞翔的白鸽，这是圣灵的象征。祭坛、讲坛、神龛、柱头、画框都镶嵌着奢华的镀金层，门面建筑饰以带方形镶板的穹顶，吸引观众抬头注目。在显眼的地方帝国双头鹰随处可见，象征着受造物主庇护的王朝权力，而王朝也是"真正"信仰的保护者。要是给维也纳的巴洛克式教堂、礼拜堂或者受巴洛克风格影响的教堂列出一张清单，那几乎是无穷无尽的；此类建筑今天细心的观众在每个区都会遇到一个或多个。

贵族们在城内购置冬宫，在城郊购置夏宫。利希滕施泰因、施瓦岑贝格、埃斯特哈齐、阿尔坦（Althan）、哈拉赫（Harrach）、金斯基（Kinsky）、洛布科维茨、迪特里希施泰因（Dietrichstein）、特劳森（Trautson）、阿本斯伯格 – 特劳恩（Abensperg-Traun）、科拉尔多（Collalto）、辛森多夫（Sinzendorf）等世家名流把维

第 4 区的卡尔教堂，由市政厅改建而来，位于威普灵格大街，由同卡尔六世同名的卡尔·博罗梅奥（Karl Borromäus）主持落成奉献礼。

也纳变成了一座宫殿之城。有些富有的市民如公证人、法律顾问约翰·马丁·霍克（Johann Martin Hockge）也给自己购置了宫殿。一大批泥瓦工、木工、泥水匠、木旋工等来到维也纳。建筑大师领导着他们，将自己的设计草图付诸现实。巨大的宫门之外，两侧立着男像柱和女像柱，支撑起坚固、精美的阳台；栏杆柱子上的雕塑，既有古代诸神，也有光屁股的小天使，还有插在壁龛里的半身塑像。宫殿的外墙不需要平整，浇筑得如游龙起伏，颇具动感。内部有楼梯间，其代表性的特征不外是在壁龛或楼梯拐弯处多竖立着由砂岩或大理石制成的雕塑。大厅和房间布置豪华，光线透过高高的玻璃格子窗洒满室内。枝形吊灯下缀水晶垂吊物，里面填上数不过来的蜡烛，于是晚上的宴会厅便沉浸于童话般的灯光之中，并借助巨大壁镜的巧妙反射亮堂了许多。

宫殿的花园是园丁的活动领域，把公园修饰为娱乐和观赏场所是他们的工作。园丁们围绕着宫殿四周规划景色、选定小径、种植绿植、铺设花圃，如地毯一般，并以法兰西的方式料理景色，还把林荫小道旁边的树修剪成绿色的墙壁以及形状各异的红豆杉树篱，有圆形的，方形的，还有楔形的。名为保龄球的嵌入式草坪非常时兴。石瓶、神像、斯芬克斯像巧妙地排列在目光轴线上，轮番不停地为观者带来崭新的观赏乐趣。巴洛克时代的人觉得自己俨然是大自然的主人。花园变成了户外的庆典大厅，是华丽的花园派对的舞台；饕餮盛宴进行之时往往伴随着音乐，还有璀璨的烟花表演。巴洛克式花园，少不了以喷泉和人工瀑布呈现出来的水景艺术，流水咕嘟着水泡流入低洼的水池是必备的场景。在橙子园里，柑橘树等敏感的植物能在寒冷的季节里存活下来。

在这个时代，约翰·伯恩哈德·菲舍尔·冯·埃拉赫和他的儿子约瑟夫·埃马努埃尔（Joseph Emanuel）获得了不朽的名声。维也纳政府把波希米亚宫廷首相府邸、舒博恩－巴尼蒂亚和特劳森贵族宫殿的建设归功于老菲舍尔·冯·埃拉赫。他给人印象最为深刻的作品是卡尔教堂及其两根以罗马图拉真柱为模本的、高达47米的柱子。皇家图书馆根据埃拉赫父子设计的草图自1722年开始兴建。今天的国家图书馆是世界上最富有价值的图书馆之一，它带给人印象最深的是丹尼尔·格兰

（Daniel Gran）绘制的穹顶壁画以及皇帝卡尔六世的塑像，这尊雕像矗立于穹顶下方豪华大厅的中心，乃是对皇帝的具象神化。城堡院落按照命令被增添到帝国首相府邸翼楼。冬季骑术学校是为了展示西班牙皇家骑术学校"舞马术"而兴建的一个独特厅堂，这便是建于1580年的皮察宫廷养马场，白马在这里可以尽情展示它们的本领。在日常生活中，对君主来说马的力量是必不可少的。不过马厩堡和老骥厩已有很长时间无法满足皇家宫廷的需求。为了改善这一点，便在霍夫堡宫前面的开阔区域兴建了一座宽敞的宫廷马厩建筑，也是出自菲舍尔·冯·埃拉赫的手笔。卡尔六世最喜欢的建筑项目在维也纳以外。在克洛斯特新堡计划建起一座仿照马德里附近的埃斯科里亚修道院（Escorial）的修道院宫殿。然而皇帝英年早逝，这个项目也就不了了之，已建成的部分高高耸立在朝多瑙河上方突出的岩石上，雄伟而庄严。从1717年开始，皇帝授权约翰·卢卡斯·冯·希尔德布兰特于阿玛利堡的对面，重新建造一座隐秘的皇家首相府邸。提及这位希尔德布兰特，无人不知无人不晓，他是巴洛克时代在维也纳城内仅次于两位菲舍尔·冯·埃拉赫的伟大建筑师。新大楼坐落于球室广场，曾用作君主体制时期国家总理和外交部长的办公大楼，今天则是共和国的联邦总理府。威普灵格大街上矗立着哥特式的市政厅，也被改建为巴洛克式的建筑。同样，各个广场上艺术性很高的喷泉，像霍荷市场上的婚礼喷泉以及诺伊尔市场上的多纳喷泉也属于巴洛克时期的文化遗产。

天上掉馅饼：欧根亲王的艺术资助

萨伏伊的欧根亲王一生征战，森塔（Zenta）、布伦海姆（Höchstädt）、都灵（Turin）、奥德纳尔德（Oudenaarde）、马尔普拉凯（Malplaquet）、彼得罗瓦拉丁（Peterwardein）、贝尔格莱德（Belgrad），这一长串地名代表着他取得的一系列胜利；他在奥土战争中摧毁了奥斯曼帝国的霸权统治，并在西班牙王位继承战争中打垮了法兰西的霸权。因此他为奥地利开启了一个"英雄时代"。他自己也升为政治家，获得了"地下之皇"的美誉。欧根曾经身无分文，灰溜溜地从法国逃走，如今他青云直上，世罕其比的军政生涯给他带来了几乎不可胜计的财富。欧根亲王醉心于审美和求知，没有第二位将领有他这般品味，他收集所有有价值的东西，并成为艺术的赞助人。因而，维也纳巴洛克建筑上最美的艺术作品都获益于他。欧根亲王的冬宫位于西姆福特巷（Himmelpfortgasse），由菲舍尔·冯·埃拉赫开始建造，至约翰·卢卡斯·冯·希尔德布兰特完工。冬宫的阶梯举世无双，它有四个肌肉健壮的男塑像，往上直通富丽堂皇的房间，有蓝色调、红色调、黄色调的沙龙以及金色的小室。从1697年起，欧根亲王陆续收购雷恩小路右侧的葡萄园地基，并开始在那里建造他的

瓦林格边线。约翰·巴蒂斯特·克拉罗特（Johann Baptist Clarot）的彩色石版画，约1840年

夏宫。首先兴建的是主道边沿的下宫，紧接着是高处的上宫，后来这两部分分别被称作上美景宫和下美景宫。这也许是希尔德布兰特最著名的作品。所有的建筑物主人都会刻意营造华美气象，塑造英雄氛围，然而上美景宫却拥有轻盈的优雅。整个宫殿建筑群的魅力在于花园。下美景宫前面有一个意大利式的矮树篱花园，而上美景宫前面是法国式的花圃花园，其中装点着大大小小的阶梯式人工瀑布。1726 年左右，在东部狭窄的一侧安置了一个菜园和一个半圆形的动物园。欧根亲王贵为皇家作战参谋部的主席，他接待东方使团的盛大庆典就安排在上美景宫的大理石大厅里。

欧根亲王还在维也纳城的军事建筑上发挥了重大影响，修筑了防御边墙。1703 年，在西班牙王位继承战争的阴影笼罩之下，维也纳遭到反哈布斯堡王朝的匈牙利贵族起义的威胁。起义由弗朗茨二世·拉科齐（Franz II. Rákóczi）领导，十字军战士（Kuruzzen）侵入下奥地利和施蒂里亚，并蹂躏了大片地区。1704 年，欧根亲王提议在郊区周围修建防御边墙系统。年龄在 18 至 60 岁之间的所有维也纳居民都被强制要求参加修建作业，或者也可以从事其他替代性的工作，如自己缴纳修筑防御工事税。1704 年 6 月，十字军战士被打退了，尚未完工的土墙证明了它的军事价值。

1736 年 4 月 21 日，欧根亲王逝世，享年 72 岁。欧根亲王终生未婚，有"没有维纳斯的马尔斯"[1] 之称。欧根身后无嗣，他的女继承人维多利亚·欧根妮亚（Victoria Eugenia）[2] 已为人妇，是萨克森－希尔德布尔格豪森（Sachsen-Hildburghausen）公主。此女铺张成性，挥霍掉了欧根的遗产，宫殿里原初布置的东西荡然无存。他的两座宫殿和狩猎行宫收归为帝国财产。价值连城的图书馆被卡尔六世收购，并入皇家图书馆。欧根亲王被尊为"高贵的骑士"，其最后的安息之地位于斯蒂芬大教堂的十字架小教堂。

卡尔六世想要拥有一名继承人的愿望很快就实现了。1716 年，他的妻子伊丽莎白·克里斯汀（Elisabeth Christine）——布伦瑞克－沃尔芬比特尔（Braunschweig-Wolfenbüttel）的公主为他生下一个儿子。然而就在同一年这个名叫利奥波德的婴儿夭折了。后来皇帝只生下女儿，其中最大的是玛丽亚·特蕾西娅。卡尔六世绝望了。眼看哈布斯堡家族父系后继无人，1713 年，卡尔六世为防后事，预先颁布《国本诏书》（*Pragmatische Sanktion*）。如果他的长女继位，那么欧洲各国应该尊重这一点，并保证她的世袭领土完整不可分割。除巴伐利亚外，所有的

1　古希腊罗马神话中，马尔斯是战神，而维纳斯是他的情妇。

2　维多利亚·欧根妮亚是欧根亲王的侄女。

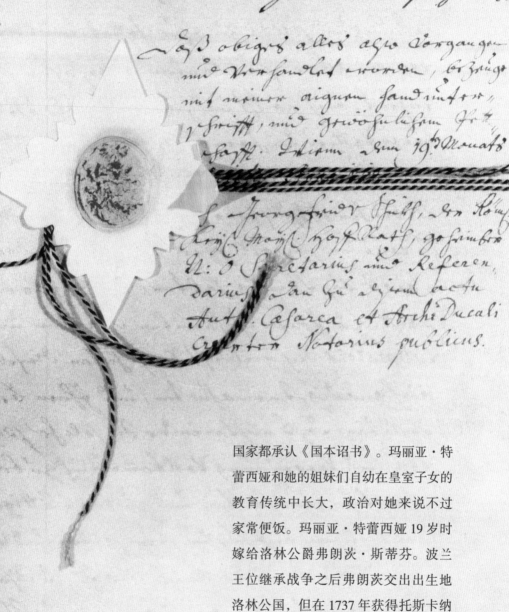

卡尔六世《国本诏书》中的一面和印章，规定女儿也可以继承王位

国家都承认《国本诏书》。玛丽亚·特蕾西娅和她的姐妹们自幼在皇室子女的教育传统中长大，政治对她来说不过家常便饭。玛丽亚·特蕾西娅19岁时嫁给洛林公爵弗朗茨·斯蒂芬。波兰王位继承战争之后弗朗茨交出出生地洛林公国，但在1737年获得托斯卡纳（Toskana）大公国，以延续灭亡的美第奇家族（Medici）的统治遗产。1740年10月，卡尔六世在外出狩猎时意外身亡，继承问题一石激起千层浪。

玛丽亚·特蕾西娅与她的丈夫弗朗茨·斯蒂芬以及皇太子约瑟夫大公。出自一位不知名艺术家的同时代绘画

玛丽亚·特蕾西娅和约瑟夫二世

（公元 1740 年—1790 年）

　　哈布斯堡家族父系绝嗣之后，维也纳不再是神圣罗马帝国的都城。玛丽亚·特蕾西娅必须在奥地利王位继承战争中证明自己，为捍卫自己的世袭领地而战。后来其丈夫弗朗茨·斯蒂芬登造物主国皇位，维也纳恢复了帝国都城的地位。玛丽亚·特蕾西娅和她儿子约瑟夫二世的统治时代凭着深刻的改革在历史上雁过留声。约瑟夫二世放开专利限制，开放普拉特（Prater）和奥加滕（Augarten）公园，建设维也纳总医院，这些举措令维也纳成为启蒙运动的模范城市。尽管推行惠民新政，这位"王位上的革命者"还是因冷酷而直接的超前行为被推到了悬崖边上。

一闪而过的危机：维也纳都城地位不可动摇

　　1740 年 10 月 21 日是奥地利历史上一个重要的转折点。在此之前从未有过女性统治这个国家。而现在玛丽亚·特蕾西娅登上波希米亚和匈牙利的王位，同时担任奥地利的女大公。当然她无法加冕为帝，因为帝国的皇冠只能戴在男人的头上。玛丽亚·特蕾西娅继位之后，第一个壮观的举动便是奥地利大公国所有臣民在恩斯地区宣誓效忠。所有人都想一睹女王的风采。女王坐在一顶玻璃轿子里，在五颜六色的队伍簇拥下，摇摇晃晃地经过护城河。人们摩肩接踵，兴高采烈，纷纷攀爬到屋顶之上翘首瞭望。在庆典活动的周遭，还聚集着一些反对"牝鸡司晨"的保守人士。士兵们以迅雷不及掩耳之势摆平了他们，恢复了平静。帝国的统治朝着女性当权过渡，似乎如愿以偿。但是还没有迈出年关，可怕的消息就传到了维也纳。年轻的普鲁士国王弗里德里希二世[1]不宣而战，出兵占领了奥地利最富有的省份西里西亚（Schlesien）。普鲁士违背了当初对《国本诏书》的承诺。弗里德里希要求玛丽亚·特蕾西娅割让西里西亚，以换取他的结盟支持，对此玛丽亚·特蕾西娅断然拒绝。没过多久，第二个噩耗传来了：巴伐利亚选帝侯卡尔·阿尔伯特与玛丽亚·特蕾西娅的堂姐[2]结婚，于是提出了对蒂罗尔、上奥地利和波希米亚的主权要求。对奥地利来说尤其危险的是，巴伐利亚的背后站着法国。

危机步步紧逼，维也纳忽然迎来了一次庆典。原来玛丽亚·特蕾西娅在 1741 年 3 月 13 日这天顺利产下一子，他就是日后著名的皇帝约瑟夫二世。维也纳一片沸腾，人们纷纷列队游行，做感恩礼拜，城市里钟声大作、礼炮齐鸣，以此来庆祝世子的诞生。数以千计的油灯亮堂堂连成一片，街道和广场沐浴在节日的光辉中。有人作押韵诗来祝贺："闻说皇家生龙种，缝子同庆湛恩重""海蚌抉出真珠明，瓜瓞绵绵再添丁""挽裳出猛将，敌寇自平荡"。但是不久之后，欢乐喜庆的气氛陡然中止。普奥双方首战于莫尔维茨（Mollwitz），普鲁士人即打败奥地利人。大坝溃堤，奥地利王位继承战争爆发。及至 1741 年夏天，巴伐利亚和法国侵入上奥地利。林茨守军不战而降，当地居民向巴伐利亚选帝侯卡尔·阿尔伯特宣誓效忠，承认他是自己的新主人。维也纳仓促加固城墙的防御工事，有 11 000 人准备固守城池。不过很快安全就再度降

1　弗里德里希二世（1712 年 1 月 24 日—1786 年 8 月 17 日），普鲁士国王，政治家，军事家，作曲家和作家，史称弗里德里希大王。弗里德里希二世是军事指挥天才，通过他的统治和战争，普鲁士的领土大大增加，并跻身欧洲强国之列；同时他还是"开明专制"的代表性君主，是启蒙运动的重要人物，在音乐、哲学、教育等文化领域均有建树。

2　即卡尔六世的皇兄约瑟夫一世皇帝的女儿玛丽亚·阿玛莉亚，她于 1722 年与卡尔·阿尔伯特成婚。

临。卡尔·阿尔伯特去了布拉格，在那里登上波希米亚的王位。

困境重重之下，玛丽亚·特蕾西娅想到了匈牙利，自 1741 年 6 月在普雷斯堡（Preßburg）登基以来，她一直是匈牙利的女王，于是女王前去寻求帮助。1741 年 9 月的大会上，玛丽亚·特蕾西娅打起心理战术，以惟妙惟肖的表演赢得了匈牙利人的支持。此时战场上的势态开始发生逆转。林茨被收复，慕尼黑（München）被攻克。卡尔·阿尔伯特有家难回，可怜他已于 1742 年在法兰克福加冕称帝，成为罗马 – 德意志民族的皇帝卡尔七世。1743 年 1 月 2 日，经过长达数月的排练之后，"女士旋转马赛"在冬季骑术学校进行，玛丽亚·特蕾西娅也参与进来过把瘾。真是鸿运当头啊，比赛的前一天，法国人从布拉格撤军的消息传来，因此"旋转马赛"变成了一场庆祝胜利的盛宴。据《维也纳纪事》记载，16 名参赛的上层贵族女士需显露自己在"驭、刺、射、掷、举"等方面的技能。每位获胜者会获得一份珍贵的奖品。1743 年 5 月，玛丽亚·特蕾西娅登基成为波希米亚的女王，这是她辉煌胜利的标志。1748 年《亚琛和约》（Frieden von Aachen）签订，奥地利王位继承战争落幕。这位

1743 年 1 月，在重夺布拉格之后，玛丽亚·特蕾莎出现在女士旋转马赛上

年轻的统治者在与敌对阵营的斗争中幸存下来，现在她的继承权得到了所有人的承认，奥地利仍然是欧洲的列强，只是丢掉了西里西亚。

大规模改革工作：国家和城市的新创举

当战争仍在进行之时，玛丽亚·特蕾西娅已将自己的主要注意力集中在对继承领地的改革上。行政部门囿于陈旧迂腐的框架，效率低下，因此对政府躯体和四肢的手术势在必行。威廉·冯·豪格维茨伯爵（Graf Wilhelm von Haugwitz）是推行帝国内部改革的专家。维也纳成立新的中央机构所在地，即公众官房总务府（Directorium in publicis et cameralibus），后来的波希米亚－奥地利皇家首相府邸便脱胎于此，还有王室、宫廷、国家的府邸以及附属的档案馆和宫廷财务府等等。改革的举措在维也纳人的日常生活中也颇见成效。1750 年一种新的货币输入进来，即含有 14 克银的古尔登，价值半塔勒。此外崭新的玛丽亚·特蕾西娅银币面世，成为 1858 年之前的通行货币。从 1780 年开始，银币刻上了皇后戴着寡妇面纱的头像。这种银币广受欢迎，并广泛散播于非洲和东亚。对于纸币"维也纳市立银行钞票"，所有的维也纳人尚需要花时间去适应。这种事实上的无息国家债券应该可以减少国家的债务。维也纳市长彼得·约瑟夫·科弗勒（Peter Joseph Kofler）在第一个任期内，被赋予了一项重要任务，即确保维也纳市立银行能为进行王位继承战争筹集到必需的资金。1753 年一项新的城市垦殖措施（设立土地登记簿）出台了，人口普查随即展开。根据统计，维也纳有人口 175 000 人，1740 年的时候估计有 130 000 人。人口普查被称为"灵魂的规范"，征兵方面的混乱是促使其开展的原因。紧接着所有的房子被编上了号码。征兵号码受到法律的严格保护，擅改姓氏者将受到严惩。1772 年"小邮局"或者说城市邮局开始运作，如此一来首次实现信件在城市之内投递。那时还没有信箱，要靠邮递员来收发信件。他行走在街上，晃着拨浪鼓，发出啪嗒啪嗒的声音来提醒人们，所以维也纳人称他为"拨浪鼓邮政"。

邮局最初是私营的，后来成为市立邮局，归在帝国－王室[1]最高邮政局下面。玛丽亚·特蕾西娅统治初期，将米歇尔广场上空荡荡的宫廷球室大厅交给了租户克恩腾托尔剧院的约瑟夫·卡尔·塞利尔（Joseph Carl Sellier），因为女王相信，"必须有奇致的景观，否则的话人们在如此大的都城里将难以生活"。这个"紧邻皇家城堡的剧院"演变成帝国－王室霍夫堡剧院。剧院得到了改造、扩建和加层，并铺上了晚期巴洛克风格的外立面，一直到1888年才拆除。

修复后的大米歇尔院落征兵号码

杰拉德·凡·史威坦（Gerard van Swieten）不仅是玛丽亚·特蕾西娅的贴身私人医生，还受她委托对维也纳大学的医学课程进行大刀阔斧的改革。范·史威坦出生于荷兰，他在病床边向学生做实景教学，他还把一些重要的医生如安东·冯·斯托克（Anton von Störck）、安东·德·哈恩（Anton de Haen）和马克西米连·斯托尔（Maximilian Stoll）等带到维也纳。范·史威坦就这样创立了第一个维也纳医学学派，今天维也纳每年仍举行范·史威坦的研究会议。这些雨后春笋般的创新需要一座新的建筑来扩张大学范围。依据洛林人让·尼古拉斯·亚都（Jean Nicolas Jadot）的规划，从1753年开始，短短两年的建设时间里，崭新的医学院和法学院礼堂就拔地而起，取代了大学广场[今天的伊格纳兹·塞佩尔广场（Ignaz-Seipel-Platz）]上的三座房屋建筑。在范·史威坦的建议下，玛丽亚·特蕾西娅在美景宫以东的位置开辟了一个用来栽种药用植物的花园，是植物园的前身。尼古

1　k.k. 是 kaiserlich-königlich 的缩写，直译为"皇帝的－国王的"，主要用来指 1867 年奥匈帝国成立前奥地利的皇室机构和国家机构。

拉斯·冯·雅克恩（Nikolaus von Jacquin）负责照料花园以及植物学家的培训工作。杰拉德·范·史威坦身兼皇家图书馆馆长之职，他开设第一间阅览室，如此一来馆藏的书籍便首次与广大的群众见面，当然主要还是学生使用。

玛丽亚·特蕾西娅开创了对后世影响深远的教育机构，其中包括东方学院和特蕾西娅学院，前者是今天的外交学院，后者是今天的特蕾西娅高级中学。另一方面，女王还成立一个贞操委员会。此举乃千虑一失。委员会本打算取缔所有"公共的不雅事件"，就是那些在公众场合"有伤风化"的男男女女的聚会。这样一来，城市到处都有密探出没，没有人能够逃脱出他们的手掌心，不管他是上层显贵还是下层小民。尴尬的误会已不可避免。宫廷大管家约翰·约瑟夫（Johann Joseph）在日记中向凯文吕勒侯爵（Khevenhüller）吐露："说真的委员们把这件事做得太过分了，他们基于毫无根据的怀疑，只看到表面现象，便给无辜的人包括已婚的人，戴上互相骚扰和卖淫的帽子……甚至外国报纸也在公开嘲笑我们。"官方社会风气监督者的教条主义可能令皇后看起来特别可笑，因此贞操委员会作为一个独立的机构被废除，相关事务被纳入下奥地利的议院。

皮肉生意丝毫没有受到影响。勾栏女继续在壕沟大道晃来晃去，搔首弄姿引诱着嫖客；"怡红院"名动全城。来到斯匹特贝格（Spittelberg），人们放荡不羁，尽情享受，这儿有138间房屋肩并肩脚并脚排列着。音乐家、竖琴演奏家和民谣歌手营造声色之娱，"斯匹特贝格歌曲"以其自由奔放的四行诗风靡一时。妓女在"特殊房间"里提供服务。希罗尼穆斯·吕申考（Hieronymus Löschenkohl）的铜版画生动描绘了勾栏女的形象，以及"斯匹特贝格特殊房间"里颠鸾倒凤的香艳场景。放浪的生活给不少人带来恶果。肉欲像瘟疫一样蔓延开来，"它吞噬了所有阶层，但主要还是盯着大而美的精英社会，致使很多肥缺像受俸神职、勋带修会、骑兵中队等减员严重……夜间时不时会对房间突击检查，身体没病的姑娘行动自由，而染病的姑娘则被投进医院"——约翰·佩兹尔（Johann Pezzl）对此有着深刻洞察。

玛丽亚·特蕾西娅的独特创造：
美泉宫的宫殿和花园

奥地利王位继承战争尚在进行的时候，玛丽亚·特蕾西娅就下令，"修葺直到现在一直未曾使用的美泉宫，还要把它扩建改造为适宜宫廷上下居住的瑶台琼室"。27 岁的尼古拉斯·帕卡西（Nikolaus Pacassi）接受了这个重任。手工艺人们用木质护墙板、镶嵌地板、雕刻装饰品、灰泥还有家具来装潢房间。筑炉工师傅安装了火炉，可以从相连的管道中持续流动热气来供暖，这样奢华精致的房间就不会受到烟尘的污染。荷兰的绣帷，意大利的水晶吊灯、水晶挂镜、彩色硬石作品，法国的钟表，波斯的地毯，印度的小画像，东亚的漆画、瓷器，琳琅满目，应有尽有，玛丽亚·特蕾西娅的夏宫成为 18 世纪欧洲室内装潢最珍贵的艺术精品之一。

每一年，玛丽亚·特蕾西娅都早得不能再早地带着家人和宫廷大臣搬到美泉宫里，也尽可能晚地在秋天返回市内。玛丽亚·特蕾西娅拥有一个心爱的男人、一群茁壮成长的孩子，以及轻松的宫廷礼仪，对她来说，美泉宫无异于人生中最大的幸福。她的孩子们在特别安排的芭蕾舞会、喜剧、音乐会和化装舞会上登台表演。宫廷作曲家和宫廷钢琴大师乔治·克里斯托弗·瓦根赛尔（Georg Christoph Wagenseil）、歌剧作曲家克里斯托弗·维利巴尔德·格鲁克（Christoph Willibald Gluck）和宫廷诗人皮特罗·梅塔斯塔西奥（Pietro Metastasio）受命指导排练。精彩纷呈的演出在荣誉宫廷西北角专门修建的宫廷剧场上演。美泉宫呈现出当时欧洲其他宫廷难以望其项背的全面景色。1765 年弗朗茨·斯蒂芬驾崩后，美泉宫仍然是玛丽亚·特蕾西娅最喜欢的居所，然而这里的一切都充满了关于他的记忆，女王暗自神伤。1778 年，她下令在星期日为每个"穿着体面的人"开放宫廷花园和动物园。"在这个地方，每个人都小心谨慎，其言谈举止恰如其分地属于这些至高无上的娱乐场所和夏宫……每个人都谦逊地注视着所有能看到的动物，不会戳它们，也不会朝它们扔东西。"《维也纳报》如是报道。

作为丈夫的弗朗茨·斯蒂芬同玛丽亚·特蕾西娅共同临朝执政，他

美泉宫宫殿和花园

自 1743 年开始，玛丽亚·特蕾西娅命尼古拉斯·帕卡西改建当初由约翰伯恩哈德菲舍尔冯埃拉赫建造的夏宫作为避暑宫殿。宫殿中心大走廊是举办舞会和招待会的地方，小走廊是举行私密庆祝活动或集体游戏的场所。兆舍、古漆室、瓷器房和微画坊都属于卓尔不群的室内布景艺术珍品。楼底约翰伯格尔（Johann Bergl）的房间里挂满了热带动植物风景画，其艳丽多彩非同一般。宫殿花园的特点是林荫大道贯通延展，呈放射状或对角线通往四方，并在大小广场交叉口彼此连接。林荫大道两旁树墙高达 12 米，通过修剪构成一道隧道状的轴线。美泉宫中央部位是宫殿花园的巨大花坛，而偏侧则依据宫廷建筑师让尼古拉斯贾多坦（Jean Nicolas Jadotan）的设计，皇太子花园东侧的宫殿和王库花园西侧的宫殿首尾相接。悬垂式凉亭由木头搭建而成，内部雕有如梦似幻的画作，令人流连忘返。除了让·尼古拉斯贾多坦之外，让·特雷赫特、约翰·乔治·海茨尔、阿德里  安·范·斯特克霍芬和费迪南德·赫岑多夫·冯·霍恩贝格亦曾在美泉宫担任过园林建筑师。方尖石喷泉，仿罗马人工建筑遗迹而建；大花园花坛末端的尼普顿海神喷泉（Neptunbrunnen）以及凌驾其上的假山，出自费迪南德·赫岑多夫·冯·霍亨伯格之手，更是一处总览这满园春色的观景点。这些园艺建筑无一不夺人眼球。

雕塑家约翰·威廉·拜尔（Johann Wilhelm Beyer）和他的学生在大花园花坛的两侧总共塑造了 42 尊大理石雕塑，全是奥林匹斯山诸神以及古希腊罗马的英雄形象。其他的景点，还有主院西北角的宫殿剧院（建于 1747 年）、拥有 100 多辆宫廷车辆的皇家车营以及带中央凉亭的动物园。这座动物园始建于 1752 年，是世界上最古老的动物园。自 1996 年以来至今，美泉宫作为综合艺术作品一直是联合国教科文组织世界遗产。

从 1745 年开始任罗马皇帝，但极少过问政务。他忠实地扮演着自己的面子角色。出于自己的真正利益，弗朗茨·斯蒂芬修建了一座属于他自己避难所。这座位于瓦尔纳大街的"金銮殿"（原名拉姆贝格宫殿）后来成为帝国私有财产的行政中心，也给斯蒂芬的托斯卡纳大公国带来丰厚收入。弗朗茨·斯蒂芬在此为他那持续增加的房地产资产提供了保障。凭着高超的手段，他知道如何从热那亚、威尼斯和阿姆斯特丹的银行中大量积累财富。弗朗茨·斯蒂芬也是一名十分成功的军队供应商。深居维也纳宫殿，弗朗茨·斯蒂芬沉浸在自己的喜好之中。他是一名狂热的古币和奖章收藏家，如今维也纳艺术历史博物馆硬币陈列室的收藏品就是在他收藏的古币和勋章基础上发展丰富起来的，他开辟的宫廷博物标本室也构成了自然历史博物馆的源头。

黑纱上的权力意识：玛丽亚·特蕾西娅晚年政绩

心爱的男人溘然长逝，令皇后很受打击，但她仍将政府的缰绳牢牢握在手里。"最好的人"离世一年半以后，女王染上了黑痘天花，好在躲过一劫。这是"救赎的奇迹"，在玛丽亚·特蕾西娅看来，这是上天让她继续执政的旨意。在余下的 12 年岁月里，她推动了持续的改革。

维也纳交易所于 1771 年成立，是世界上最早的证券交易所之一，对王朝的贸易和经济政策具有深远的意义。证券市场有利于金融资本的发展，市场规律变得越来越重要，取代了重商主义的经济政策。于是一个资产阶级[1]的社会阶层崛起了，其成功不是来自宫廷授予的特权，而是来自资本。资产阶级生意人以及地位日益重要的公务员组成一个"第二社会阶层"，它的出现逐渐弱化了世袭贵族的影响力。为突出他们的身价，朝廷有时会赠予他们梦寐以求的诏书贵族（Briefadel）的头衔，此乃维也纳资产阶级进阶的手段。

1774 这年，女王迈出了至关重要的一步，她委托约翰·伊格纳兹·冯·费尔宾格（Johann Ignaz von Felbiger）编写了《帝国境内所有王国世袭领地上的德意志国民学校、普通中学和三艺学校的一般教学规定》（*die Allgemeine Schulordnung für die deutschen Normal-, Haupt- und*

---

1 Bürgerlich 或 Bürgertum 在汉语语境中并无一准确的词语与之匹配，一般翻译为资产阶级或市民阶级。两种译法各有侧重，也各有偏颇。宽泛来讲这个词指的是受过教育、有一定资产的城市中产阶级。本书会根据具体语境来灵活翻译。

维也纳证券交易所大楼，于 1771 年在玛丽亚·特蕾西娅统治时期建立，坐落于威普灵格大街和交易所广场的拐角处

Trivialschulen in sämtlichen Kayserlich Königlichen Erblanden）。玛丽亚·特蕾西娅视整个教育系统"自始至终都属于政治问题"，希望将其置于国家的控制之下。自反宗教改革以来，教育几乎全都掌握在教会手中。上课的义务（并非义务教育），要求儿童受教育适龄阶段为，从6岁开始直到"完全有能力学会所有对他的未来和生活方式所必需的东西"之前，"他们可能在12岁之前很难完全维持他们的生活"。有1/4的学习材料被免费捐赠给贫困儿童。印刷教科书是约翰·托马斯·冯·特拉特纳（Johann Thomas von Trattner）的责任，此人深受女王的宠爱，借此垄断了印刷业，他成了一名享有特权的宫廷图书印刷商。特拉特纳白手起家，最终成为人上人，为了显摆他的糟钱儿，他在壕沟大道上修建了一座花花绿绿的巴洛克式建筑，还用自己的名字给它起名为特拉特纳宫。

"人们的定盘星"：
共同理政的约瑟夫二世取悦维也纳人

约瑟夫在父皇驾崩之后登基称帝，时年24岁。玛丽亚·特蕾西娅和这个激情四溢的儿子临朝同治，并将军政要务和朝廷组织工作的权力让渡给他。凭着这些，约瑟夫开始勒紧裤腰带大刀阔斧地改革。

1766年，约瑟夫下令向公众开放普拉特公园。在这之前，这个地方一直是供少数人使用的皇家猎苑，现在皇帝允许"今后每一年、每一天的任何时候，每一个人都可以毫无差别地……来这里散步、骑马、驾车……另外也不该禁止任何人享受自己钟爱的休闲活动，如打气球、打保龄球以及其他未被禁止的消遣运动"。很快，像"茶、咖啡、冷饮"之类的商品也准许上市。一眨眼的工夫，宾馆和咖啡馆遍地开花，1782年全城就已有43家，他们的字号为数代人所熟知：翠鸟、鲸鱼、白牛、大白鹅等等。其中一个叫作小丑咖啡馆，正是这个"小丑"，为普拉特公园里建有餐厅、秋千和射击游艺棚的那部分命名为普拉特游乐园（Wurstelprater）。那些对粗俗的嬉戏提不起兴致的人，可以沿着主道去咖啡馆里坐坐，"第一家""第二家""第三家"，这"第三家"是最高雅的。皇宫仍保留一片自然区域当作猎苑，其名为绿色普拉特。

位于普拉特的雅致的"第三家"咖啡馆。卡尔·哈克（Carl Haack）摄于 1870 年左右

1775 约瑟夫二世还开放了奥加滕公园，崭新的入口处写着："一座由定盘星奉献给所有人的娱乐场所。"

作为总揽所有军政要务的共治君主，约瑟夫二世也负责维也纳的防御工事。他发现"环绕城市的街道和通往郊区的街道路况很糟糕"，所以就在防御工事前沿地带铺设了车道，种植林荫道大树，并挂上路灯。维也纳大规模植树的时代到来了。多数情况下，树木是移植过来的。约瑟夫二世自己也承认："我想要立即看到我所做的每一件事的效果。当我在普拉特和奥加滕搞建设时，为了立竿见影，我没有使用任何树木植被的幼苗，这些幼苗以后也许会使后代获益。不，我毫不犹豫地选择绿叶成荫的大树，在它的阴凉之下，我和我周围的人可以消遣娱乐，享受树荫的好处。"

激进改革者的狂热：专制君主约瑟夫二世

1780 年 11 月 29 日，玛丽亚·特蕾西娅宾天，约瑟夫流下了饱含真情实意的热泪。但回到政治上，母亲的死对他来说是一种解放。从现在开始，他可以为所欲为，做他想做的事，不用顾虑臣下的劝谏。1781 年皇帝允许出版自由，书籍和著作审查制度在很大程度上被废止了。同年秋天，路德宗教徒、加尔文教徒和未被统一的东正教会教徒的宽容特许状也生效了。现在他们可以自由地实践他们的信仰，不过，他们的祈祷室不能搭建钟楼，入口也不能正对着街道。从此，新教教徒有权享有所有的公民权利和工匠大师权[1]，他们可以进入公共行政机关和学术研究机构任职。通过颁布犹太人特许状，约瑟夫二世也改善了那些经常遭受迫害的少数人的处境。1782 年特许状在维也纳和下奥地利公布，人民欣喜若狂地鼓掌欢迎。对此不难理解，因为在 1764 年，玛丽亚·特蕾西娅仍旧强化对犹太人歧视性的规定：一家之中只有户主可以结婚，家里的其他人都必须保持单身，并且要每季度上报家庭成员的婚姻状况；犹太人不准居住在近郊，星期天和节假日 12 点之前不得离开自己的房子；等等诸如此类的限令。严格信奉天主教教义的女王坚信："我敢说对国家而言，没有什么别的灾祸比这个民族带来的更严重的了。由于诈骗、高利贷、金钱卖身契，人们沦为叫花子。犹太人从事着恶迹斑斑的勾当，为其他正直的人所不齿。"而现在，约瑟夫二世的赦免令对犹太人来说简直像神迹一样从天而降。从今往后，犹太人可以自由选择住所，自由雇佣仆人，自由出入自己心仪的酒吧。他们有完全的职业自由和贸易自由，甚至建立手工作坊和工厂也是实实在在可期许的。犹太人还可以自由进入大学和艺术学院深造。歧视性的着装规范也结束了。但是犹太人依然被剥夺了公民权和工匠大师权，还有购置房产的权利。从 1787 年起，犹太人必须采用德意志民族的姓氏。

华而不实的大事件：教皇莅临维也纳

1781 年，默尔巴赫卡尔特修道院发生了一次争执事件，以此为契机，约瑟夫二世开始下令取缔修道院。受到牵连的是"那些对他人毫无价值

1　工匠大师权指的是与工匠大师的地位相关的权利，比如在公共场合练习手艺以及留住熟练的工匠和学徒的权利。

的不敬神的修会"。这促使约瑟夫二世"撤销一些既不开设学校、也不照料病人、在研究上也不突出的修会，如所有卡尔特修会、卡马尔多利修会、隐士会、加尔默罗赤足修会、贫穷修女会（Clarissinnen）、嘉布遣修女会以及其他类似的，这些修道院不教育年轻人，不开设学校，只过着冥想的生活"。1782 年 1 月 12 日法令出台，开始正式取缔这些修道院。教皇庇护六世（Pius VI）闻信之后决定前往维也纳，劝阻约瑟夫中止他的激进做法。

约瑟夫二世通过他的宽容特许状授予新教徒信仰自由。木版画，约 1860 年，由威廉·坎普豪森（Wilhelm Camphausen）绘制

维也纳即将经历一次世纪盛事，因为之前从未有教皇踏上过维也纳的土地。3 月 22 日，皇帝出城迎接，一直走到诺因基兴（Neunkirchen），才遇到那位完全不受欢迎的客人，孰料惊喜不断。坐上皇帝的御用马车，两人一起驶向维也纳城。约瑟夫向他的弟弟托斯卡纳大公利奥波德描绘道："从维也纳新村到城堡，道路两边人潮涌动，如果我告诉你有 10 万人站立着，还是往少了说的。"皇帝和教皇在面对面的私下会谈中激烈交锋。庇护六世一再威胁要离开，约瑟夫二世却懂得如何在不屈服的情况下使对手平静下来。大量的人流涌入维也纳城，旅馆、出租房和食品的价格猛涨。人们熙熙攘攘，挤在霍夫堡宫前面，引起了安全隐患。"由衷而发却又荒谬可笑的热情，首先表现在妇女身上。所有的走廊里、所有的楼梯上都挤满了人。大约有 60 000 个魂灵目睹了教皇在房间阳台上每天做 7 次祈祷。农民们带着女人和孩子从 20 英里外的地方赶来。昨天在我窗户下面，有一个妇女被踩踏致死。"约瑟夫无不悲哀地感叹道，他对这火爆的场面明显感到紧张。复活节到了，教皇的访问也随之达到高潮。在旧的耶稣会教堂的阳台上，庇护六世为罗马城和全世界降福（Urbi et orbi）。

30 000名天主教徒聚集在广场上，跪下身来，接受与之相关的赦罪。皇帝不在场，官方说他眼睛出了问题，疼痛难忍。一个月之后，庇护六世离开维也纳，他算是白跑一趟。约瑟夫松了一口气："最终我让教皇卷铺盖走人，我真的很高兴他离开了……"人潮也退去，维也纳又恢复了日常生活的节奏。

启蒙运动的模范城市：维也纳的"文化革命"

皇帝毫不动摇地继续推行他的改革路线，他下令关闭所有私人小教堂，里面的珍贵遗宝搬出来拍卖，所得款项捐给了新设立的国家宗教基金，以资助那些刚刚完工的世俗堂区和神学院。兄弟会的职责转由中央"慈善捐款暨穷人事务总部"接管。教堂里面，禁止用昂贵的织物覆盖圣徒雕像，禁止把金链子、宝石、珍珠等悬挂在这些雕像上面，同样也禁止陈列祭品以感恩祈祷得到主的倾听。游行和朝圣也受到严格限制，以往每逢节假日前夜，人们喜欢用烟气熏杀房屋和寓所，现在也受到了禁止。

对"无用"修会的取缔改变了维也纳的城市面貌。很多地方都在大兴土木，建筑物被拆除、新建或者重建。前安霍夫耶稣会学院改建为皇家参谋部（日后的战争部）的所在

复活节时，庇护六世在安霍夫教堂的阳台上捐赠祝福。卡尔·舒茨（Carl Schütz）的彩色铜版画，约1798年

地。西姆福特修道院、尼古拉修道院、女王修道院、多罗提尔修道院（Dorotheerkloster）以及位于许尔本的圣雅各布－奥古斯丁女子团体修道院完全消失了。宽敞的修道院建筑是世俗用途的理想选择。希本毕希纳女修道院（Siebenbüchnerinnen-Kloster）变成了警察监狱，而劳伦斯女修道院（Laurenzerinnen-Kloster）先是用作一家油漆厂，后又被国家政府部门征用。总而言之，约瑟夫二世破坏了他那虔诚的前辈在17世纪"修道院攻势"时期所建立的大部分建筑。

维也纳和城郊正在发生改变，以发挥出它们的优势。所有街道、胡同、广场的拐角处都立上标有大写字母名称的标牌。为改善火灾报警系统，每间房都必须安上响钟。约瑟夫·冯·索南费尔斯（Joseph von Sonnenfels）是城市照明系统总监，他引进了一批由官方付费的街道点火装置。一向对维也纳持怀疑态度的柏林人弗里德里希·尼古拉（Friedrich Nicolai）说，同维也纳相比，柏林应该感到脸红。维也纳从未如此干净整洁。自1782年以来，进入6月份以后，每栋房子前面必须洒水打扫，一日两次，这是义务。屠宰师傅和下水加工人员严禁使用不干净的水。监狱里的囚犯，无论男女，必须沿街打扫。做这种强制性的劳动时，他们身着斜纹布制服，剃着光头，脚上拴着长长的锁链。犯了罪的贵族也不能法外开恩。维也纳人对此自然很不习惯。他们对这种"有身份"的人是有同情心的，认为法不加于尊者，皇帝的做法实在太激进了。

皇帝1777年访问巴黎期间参观了主宫医院（Hôtel-Dieu）。维也纳也应该有一处相仿的现代化医疗设施。说干就干，阿尔瑟格伦德（Alsergrund）的大型贫民窟合乎时宜地消失不见了，经建筑大师约瑟夫·格尔（Josef Gerl）的妙手改建为一座综合医院，并于1784年8月开放使用。在皇帝的御医约翰·亚历山大·冯·布兰比拉（Johann Alexander von Brambilla）的建议下，皇帝创立了帝国－王室外科医学军事学院，用来培养军医，后来被称为维也纳约瑟夫学院（Josephinum）。学生学习的辅助工具包括蜡质人体部位模型、描绘身体部位的水彩画以及由玛丽亚·特蕾西娅的最后一任御医兼大学校长斯托克男爵安东制定的手册。这座学院是瓦林格街上的一栋新建筑，由依斯朵瓦·卡内瓦尔

（Isidore Canevale）设计。此外还为维也纳卫成部队建立了卫成医院。整个阿尔瑟郊区便成了维也纳的医疗专区。紧挨着克恩滕门的老市民医院显得多余，便改造成一座大型住宅楼，被称为市民医院－集合住宅（Bürgerspital-Zinshaus）。这是城内第一座大型住宅区，它拥有 10 个大院、16 条街道和 200 多套公寓，到 1873 年拆除之前，它覆盖的面积从洛布科维茨广场一直延伸到克恩滕大街。

　　"死去的人只有一个归途，那就是腐烂分解，所以以后尸体不用着装，应用布包起来，撒上石灰。"皇帝于 1784 年 9 月颁布葬礼法令，却失去了维也纳人的拥戴。人们不禁自问，这个人到底有没有感情啊？！愤怒的风暴席卷了这座城市。仅仅几个月后，约瑟夫便不得不撤销葬礼法令："既然维也纳人表了态，他们死后也能对自己的身体照顾得这么好，而并不认为自己会变成一具臭烘烘的尸体，那我就不在乎他们以后希望以何种方式下葬了。"皇帝以毫不掩饰的恶意揶揄维也纳人显露出来的幼稚。但约瑟夫颁布的墓园条令还是保留了下来：城墙内的所有墓地必须废置，移到郊外重新安置。

　　维也纳的市政当局也换了新颜。从 1783 年开始，京城的官员将出自市民之中，而不再是君主的家臣。市长仍是首席官员，1773 年以来一直由约瑟夫·乔治·霍尔（Josef Georg Hörl）担任。现在市政府划分为 3 个彼此独立的部门，分别主管财政、民政和刑事裁判。市长每

位于瓦林格大街上的约瑟夫学院大楼，是今天维也纳医科大学医学史研究机构办公楼

届任期 4 年，到期后将由相关部门确认可否连任或者重新选举。婚姻许可状出台，婚嫁习俗首次落实到民事契约上。而新的继承法保障了男性后代和女性后代的平等继承权；非婚生子女的社会地位显著提高。约瑟夫二世颁旨规定 9 岁以下的儿童"非必要不能"在工厂工作，这是朝着儿童保护立法迈出的第一步。死刑只能在紧急状态法颁布时才能使用。受中央控制的秘密警察的任务，在于监督已启动的所有改革的实施情况以及调查民众的情绪。因此，对于普通人来说，确实发生了很多革新事件。尽管如此，为什么约瑟夫皇帝得不到他的臣民的拥戴？这个问题成为一本因深入探讨废止审查制度的问题而得以出版的小册子的标题，作者是约瑟夫·里希特（Joseph Richter），此人以《艾珀道尔致他在卡克罕的亲戚的一封谈论维也纳的信》（*Briefe Eines Eipeldauers an Seinen Herrn Vetter in Kakran Uber D'Wienstadt*）而广受欢迎。在那本小册子里作者给出了答案：人们感到自己像是被无情碾过，劳民太严重了；皇帝没有顾及人民的情感和习俗，即便他所做的任何事情都无可置疑地出于好心。

只有皇帝，却没有宫廷——这是约瑟夫二世时代人们的朴实认识。所有的辉煌都熄灭了，所有的领域都苏醒了，为数众多的人感到厌恶。皇帝只在冬天启用霍夫堡宫，宫殿的侧翼全堵上了隔板，这样可以省下不少警卫。每个臣民都有机会当面向他汇报自己关切的事情。皇帝的接见在他的书房里进行，并不隆重，地点就在利奥波德侧楼的监控通道。皇帝每隔一小时就会出来聆听请愿者的申诉，他禁止下跪和吻手礼。而美泉宫只用于接待重要的外国来宾。炎炎夏日，约瑟夫二世更喜欢在奥加滕公园的"约瑟夫的配楼"工作，这是依斯朵瓦·卡内瓦尔专门为皇帝建造的。在两位秘书的辅助下，皇帝以现代经理人式的方式处理国家政务。有时候，这位孜孜不倦、精力充沛的君主会出乎意料地巡幸城市，做微服私访，去了解维也纳人民的日常生活。来到当铺之后，约瑟夫目睹了蛮横无理的基层公职人员是如何对待那些带着典当品前来抵押的穷人，有些还是孩子。当铺窗口前，约瑟夫拿出他的双角帽作为抵押品，却被拒之门外说是质量太低劣。等约瑟夫亮出了自己的真实身份，不啻雷霆之怒，任何一位在场的公职人员都终生难忘。

约瑟夫皇帝的名字将永远与维也纳人享受生活的一个组成部分联系在一起：新酿酒（Heurige，或出售新酿酒的酒馆，2019 年成为联合国教科文组织的非物质文化遗产）。自 1784 年以来，每位葡萄种植者都被允许供应自己酿制的葡萄酒和果汁，并准许提供个人加工的坚果等食品。新酿酒酒馆前都立着一簇松枝，早已成为它的身份标识；松枝上面挂着一块绿色的板牌，上写"Ausg'steckt"的字样，酒馆的正式名为 Buschenschank。要是酿造马提尼酒，11 月 11 日这天是决定命运的日子，在这一天上一年的酒会变"老"，而新鲜压榨的酒正成为"Heurigen"。

忧虑的影响：莫扎特的维也纳岁月

1776 年，约瑟夫二世把城堡剧场划归皇室管理，变为"德意志民族剧院"。曾经在这里工作的演员成为朝廷的官员，并一直保持到君主制结束。"德语的原创剧本"很受欢迎。沃尔夫冈·阿玛多伊斯·莫扎特（Wolfgang Amadeus Mozart）1782 年首演的歌剧《后宫诱逃》（*Die Entführung aus dem Serail*）为此做出了贡献。观众热情高涨，皇帝却兴致寡淡："对我们的耳朵来说太美妙了，还有那强有力的音符，我亲爱的莫扎特！"莫扎特与皇帝相处得不融洽，显然皇室乐队指挥安东尼奥·萨列里（Antonio Salieri）更符合皇帝的脾胃。在皇帝眼中他的《阿苏王》（*Axur*）是最伟大的歌剧。卡尔·迪特斯·冯·迪特斯多夫（Carl Ditters von Dittersdorf）获得了约瑟夫二世颁发的海量奖品和礼物。对此莫扎特只能到梦里过把瘾。他是皇室乐师，尤为倚重皇帝的宠爱。他凭借《费加罗的婚礼》（*Die Hochzeit des Figaro*）获得了公众的一致好评，然而这部歌剧在演出 8 场后被禁演。剧本由法国人皮尔·德·博马舍（Pierre de Beaumarchais）的同名喜剧改编而来。这部歌剧的内容即使对于思想开明的皇帝来说也太具有革命性了。费加罗是第三等级的代表，他普遍质疑贵族的特权。

1781 年，莫扎特与他的雇主大主教萨尔兹堡的科洛雷多（Hieronymus Colloredo von Salzburg）伯爵产生争执，两人分道扬镳，莫扎特怀着极大的希望离去，期待能在维也纳找到与其能力相称的工作。莫扎特忤逆父意，与康斯坦泽·冯·韦伯（Constanze von Weber）结为伉俪。这对夫妇 10 年内在维也纳搬了 13 次家。深不见底的财务危机困扰着莫扎特。莫扎特是一名室内乐演奏家，每年有 800 古尔登的固定收入，远远不足以满足他奢华的生活方式。他和康斯坦泽都不知道如何理财。所以莫扎特不得不一次又一次地借钱，包括向不可靠的放债人借债。对共济会的兄弟们他不必有这种担心，所以莫扎特向富有的米歇尔·普赫伯格（Michael Puchberg）"在相当长的一段时间索要了一笔可观的金钱"，以便"以无忧无虑的思想和自由自在的心情投入到工作之中，从而能赚更多的钱"。"如果你，我最亲爱的兄弟，在我的生活中不帮助我，我将失去我的声誉和信用，而这是我唯一希望得到的东西。"普赫伯格果真寄了钱，虽然没有达到莫扎特想要的数额。另外，公众的口味也是变化无常的。多年来，人们对莫扎特本人音乐会的兴趣已经减弱，莫扎特还能做的就是参加他人的音乐会。于是他靠接受别人委托的作曲过活。他为共济会成员伊尼亚齐奥·阿尔贝蒂尼（Ignaz Alberti）创作了 3 首歌曲，这些歌曲都归在《儿童和儿童朋友的歌曲合集》（*Liedersammlung für Kinder und Kinderfreunde*）之中，包括大众化的《亲爱的五月，来吧，让树木再次抽绿芽》（*Komm, lieber Mai, und mache die Bäume wieder grün*）。随后莫扎特迎来了自己的巨大成功，他在 1791 年 9 月与埃马努埃尔·希卡内德（Emanuel Schikaneder）合作创作了歌剧《魔笛》（*Die Zauberflöte*）。这是一部颂扬共济会理想的作品，深受观众喜爱。然而不幸的是，它的创作者只剩下几个星期的生

维也纳打卡圣地：新酿酒酒馆

命了。莫扎特于 1791 年 12 月 5 日在罗恩斯坦胡同（Rauhensteingasse）的公寓中去世，年仅 35 岁。直到生命的最后，他还在为《安魂曲》（Requiem）作曲，最终仍未完成作品。莫扎特的坟墓安置在圣马克思墓园里，如今已无法确定具体位置。

埃马努埃尔·希卡内德在莫扎特《魔笛》首演中饰演帕帕基诺（Papageno）[1]，他还为此写了脚本。伊格纳兹·阿尔贝蒂（Ignaz Alberti）的蚀刻画，1791 年

不幸的结局：约瑟夫之死

1787 年，约瑟夫二世因与沙皇俄国结盟，不得不参与对奥斯曼帝国的战争。约瑟夫亲自担任最高统帅，孰料军事行动倒霉透顶。1788 年 12 月，皇帝病危，只好返回维也纳。他将军队指挥权移交给吉迪恩·劳东伯爵（Gideon Graf Laudon）。伯爵不负众望，于 1789 年 10 月征服贝尔格莱德，成功挽救了军队的荣誉。然而在奥属尼德兰[2]和匈牙利，约瑟夫的改革引起了轩然大波。1790 年 2 月 20 日，皇帝驾崩，弥留之际他给自己盖棺论定："经历过这么多的人生苦难，我只收获了微不足道的快乐和不计其数的忘恩负义。"这种观点过于悲观。即使在今天，人们仍然可以从猪肉市场的一座市民住宅上读到这样一句话："这所房子是倏忽即逝的，但约瑟夫死后的名声却永远不会沉寂，他赠给我们宽容，宽容带来不朽的名誉。"

1　帕帕基诺是《魔笛》中的一个人物，即捕鸟人。

2　西班牙王位继承战争结束后，根据《乌得勒支条约》，将原本属于西班牙的尼德兰南部划给奥地利，奥地利在这儿的统治一直持续到 1795 年。

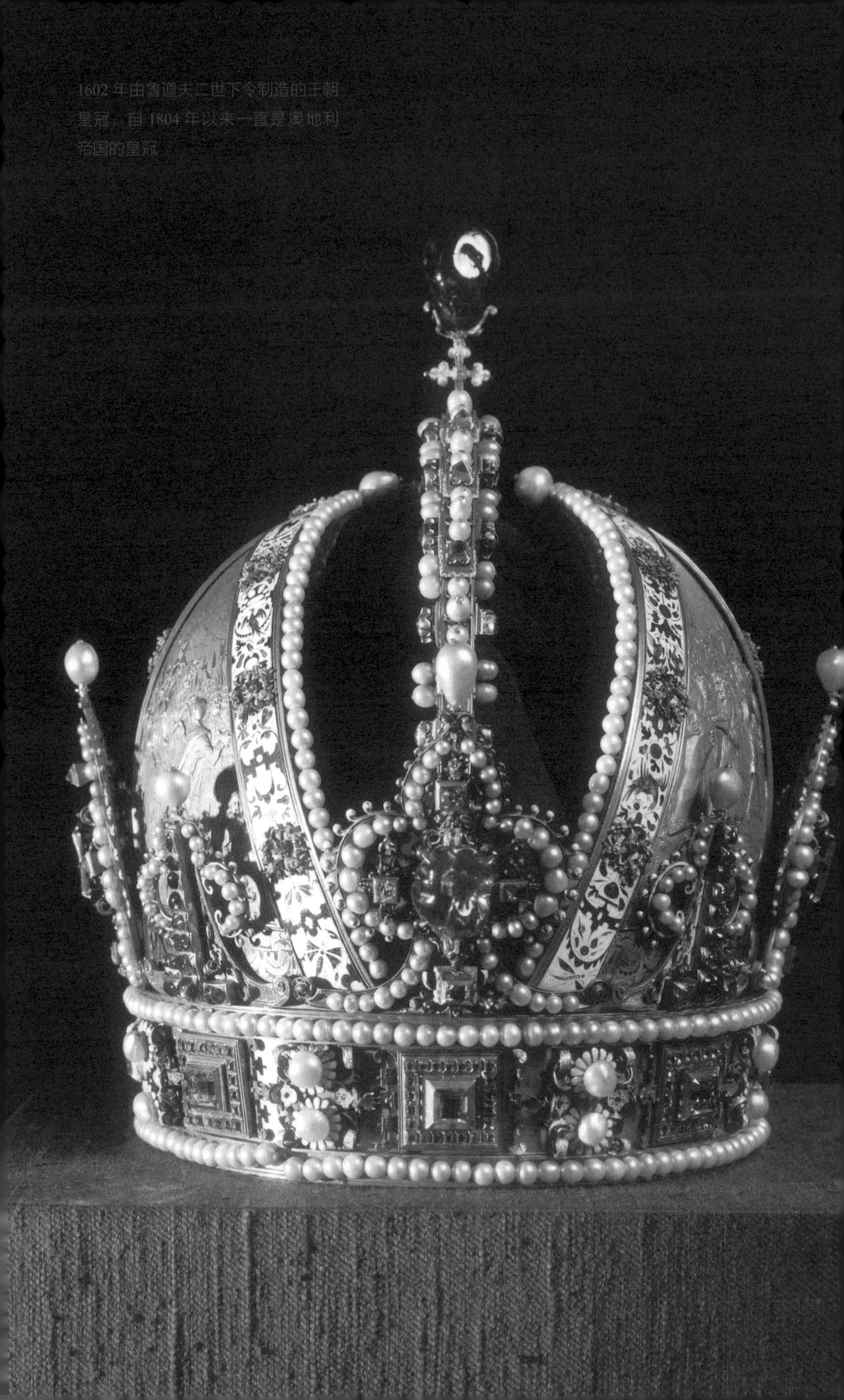

1602 年由鲁道夫二世下令制造的王朝皇冠，自 1804 年以来一直是奥地利帝国的皇冠

对法战争时期

（公元 1790 年—1815 年）

约瑟夫晏驾后的 25 年之内，法国大革命和随之而来的拿破仑战争成为时代主旋律。约瑟夫的继任者利奥波德二世以高超的政治手段平息了因仓促改革而引发的骚乱。到了弗朗茨皇帝统治时期，维也纳受到雅各宾党人审判（Jakobinerprozessen）的波及，社会紧张局势日益加剧。拿破仑·波拿巴横空出世，迫使所有力量凝聚在一起。在 3 场反法同盟战争中，奥地利一次又一次地受辱。拿破仑从将军加冕为皇帝后，先后两次占领维也纳，并逼迫神圣罗马帝国解体。于是维也纳成为新诞生的奥地利帝国的首都。拿破仑侵俄战争的惨败是决定性的转捩点。奥地利同俄罗斯和普鲁士结盟，最终恢复了自己的霸权。维也纳会议本着恢复古老王朝常胜不败的精神，重组欧洲的秩序。

"雅各宾派"和"工厂暴徒"：对革命的恐惧

利奥波德二世的统治时间只持续了短短的两年，以至于没有在历史上留下任何值得一提的痕迹。编年史仅仅记载了审查制度的收紧以及犹太人办公室的建立，其目的在于防止犹太人如过街老鼠般移居维也纳。1792 年，利奥波德的长子弗朗茨继承大统，于同年 7 月在法兰克福加冕为神圣罗马帝国皇帝弗朗茨二世。此时，奥地利及其盟友普鲁士已经与革命的法国开战，是为所谓的第一次反法同盟战争。所以弗朗茨禁止在维也纳按照传统惯例为加冕归来的君主举办任何庆祝活动。大量金钱已为庆典预备好，便拿来美化维也纳。巴莱赫豪斯（Barleiherhaus）、梅斯纳豪斯（Mesnerhaus）和坎托豪斯（Cantorhaus）这三座位于斯蒂芬大教堂前的丑陋建筑被拆除，从大教堂前的视野中消失，取而代之的是斯蒂芬广场。

1792 年 9 月，年轻的统治者弗朗茨被迫面对一场由丝绸衣料和薄布制造工人组织的罢工。工人们抗议越来越多的工人被更为低廉的学徒和"妇女"顶替，从而导致自己失去饭碗。他们已经向皇帝呈上请愿书，可是一直没有得到答复。为了重申自己的请求，大约有 400 名工人蚁聚至霍夫堡宫门前，乞求能得到皇帝的召见。巡街的骑兵驱散了他们。有一名妇女怀中揽着孩子，声泪俱下地发泄出心中的愤懑："师傅们通过假模假样的贿赂，获得收留男学徒和女学徒的许可，这样他们就能把大部分东西揣进自己的口袋里。而工人们却不得不忍受不幸、饥饿，沦为乞丐甚至成为流氓。不！造物主如此真切地在天堂存在！不能再这样下去了，必须要有所改变，否则一切都会走向失控！"这种威胁性的"走向失控"是政府最忌惮的。"自由、平等、博爱"——这句法国革命者的口号具有激动人心的效果。关于人民、国家和社会的新思想通过启蒙运动的理念传播开来。出于对革命的恐惧，奥地利重新建立起审查制度，并恢复死刑。警察在调查任何有阴谋嫌疑的活动。尤其是许多资产阶级和公职人员，他们对中止约瑟夫二世的改革政策感到不满，不想坐视奥地利反动派攫取胜利果实而不管。安德烈亚斯·冯·里德尔（Andreas von Riedel）是利奥波德二世的智囊团成员，他挺身而出，走在批评的最前列。他以法国为榜样，心里酝酿着一部由"人民议会"（Volksrat）起草的宪法。他暗中组织了一个反贵族的平权协会，与志同道合者保持着紧密联系。其中一位是军队高级中尉弗朗茨·赫本斯特雷特（Franz Hebenstreit），在支持改革的人群之中，他是一名哲学家，也是一名革命的宣传家。在他的著作《艾珀道尔之歌》（Eipeldauerlied）中，赫本斯特雷特为被剥削阶级的抗议发声，呼吁推翻诸侯和贵族的统治。市政府官员、共济会成员马丁·普兰斯泰特（Martin Prandstetter）与里德尔和赫本斯特雷特结为盟友。在匈牙利也可以找到由伊格纳兹·约瑟夫·马丁诺维奇（Ignaz Joseph Martinovics）领导的"民主派"的追随者，他们自称是新社会秩序的拥护者。马丁诺维奇是激进的自由与平等协会的创立者，并与巴黎的雅各宾派有联系。在这个正义的时代，梦想家们从没想过自己会因粗心大意而被出卖。但事实却是，1794年7月这天有36人被捕。是书籍印刷商和出版商约瑟夫·文森茨·德根（Joseph Vinzenz Degen）向警方揭发了有关秘密活动的关键信息。

接着"雅各宾党人审判"做出严厉判决。身为现役军人的赫本斯特雷特在苏格兰门前被绞死，匈牙利的密谋者在布达被砍头。其他人被判处多年重刑。所有犯人在霍荷市场的木枷上接受惩罚，而在三天前全部被拉出来游街示众，遭到围观者长达一小时的嘲讽。还有一些罪犯死在布尔诺（Brünn）的斯皮尔伯格（Spielberg）和匈牙利蒙卡奇（Munkácz）潮湿的地牢中。其他的人多年之后被皇帝"非常温和地"赦免了，他们已是残破不全的人，无法再对自己的人生持有幸福的念想。皇帝准备开始处理维也纳郊区的"工厂暴徒"；由于很多人从农村搬迁过来，这种"工厂暴徒"的数量显著增加。朝廷颁布诏谕，工厂只准建在防御边墙之外。此举将使维也纳的经济发展遭受严重挫折。

市民征兵和皇帝赞歌：维也纳的爱国主义

1794年罗伯斯庇尔（Robespierre）在法国的恐怖统治终结，较为温和的督政府（Regime des Directoire）上台，战争仍在继续。督政府时期，拿破仑·波拿巴青云直上，驰骋北意大利战场，与奥地利一决雌雄，取得了一个又一个的胜利。1797年4月，当法国人侵入施蒂利亚之时，维也纳警钟訇然作响，当局慌里慌张地为可能发生的围城战做起准备。朝廷憎恨人民武装，但此时组建他们已迫不得已。有8500人响应加入志愿征兵的号召。所幸维也纳躲过一劫，因为在拿破仑的建议之下双方签订了《莱奥本临时和约》（Vorfriede von Leoben）。就这样原先对维也纳市民的征兵公告作废。1797年10月，《坎波福米奥和约》（Frieden von Campo Formido）签署，战争结束了。

1798 年，让·巴蒂斯特·贝尔纳多特（Jean Baptiste Bernadotte）以法国特使的身份来到维也纳。他在瓦尔纳大街的卡普拉拉宫殿（Palais Caprara）租了一层作为代表办事处。1798 年 4 月 13 日，贝尔纳多特招待了一次晚宴，并当众悬挂三色旗，忠于皇帝的维也纳人将其视为一种挑衅。

愤怒的人们越来越激动，要求降下三色旗。国民军和卫戍部队介入其中，最终三色旗被扯下来，并在群众的欢呼声中带到安霍夫焚烧。贝尔纳多特随之离开维也纳。

"三色旗事件"在维也纳一直未被遗忘，今天有一条胡同名为旗巷（Fahnengasse），提醒人们勿忘前事。后来，贝尔纳多特成为当今瑞典王室的开国之父。

愤怒的市民要求降下卡普拉拉宫殿的三色旗。尼古拉斯 - 杜桑·查莱特（Nicolas-Toussaint Charlet，1792 年—1845 年）作品

在欧洲战场上，奥地利的士兵多次听到法国敌人士气高昂地唱一首曲子：《马赛曲》（die Marseillaise）。这是一首充满激情的歌曲，鼓励着士兵们为革命的理想献出一切。奥地利也需要在音乐上能代表身份认同的创作。诗人洛伦茨·利奥波德·哈施卡（Lorenz Leopold Haschka）受命作词，约瑟夫·海顿（Joseph Haydn）谱曲。几个月之后他完成了这首曲子，后来作为国歌永垂青史。1797 年 2 月 12 日皇帝大寿这天，这首歌在海顿的指挥下于霍夫堡剧院首次演奏。海顿以他的旋律将奥地利的气质用声音传达出来，哈施卡写的《天佑吾皇弗朗茨》（Gott erhalte Franz, den Kaiser）是与之匹配的完美文本。当时，65 岁的海顿已是举世闻名的人物。他曾创作过大量的交响曲、弦乐四重奏、钢琴奏鸣曲、嬉游曲、宴会音乐、小夜曲和歌剧等。他在巴黎和伦敦获得了真正的成功，牛津大学授予他博士学位。海顿名利双收，他为艾斯台尔哈奇亲王（Fürst Esterhazy）服务后，他获得了位于玛丽亚希尔夫

（Mariahilf）的上韦德慕勒（Obere Windmühle）的郊区别墅。《天佑吾皇弗朗茨》首演两个月后，海顿的清唱剧《创世纪》（Die Schöpfung）首次在诺伊尔市场的施瓦岑贝格冬宫举行，随后 1801 年清唱剧《四季》（Die Jahreszeiten）上演。

1804 年，弗朗茨皇帝任命斯蒂芬·冯·沃勒本（Stephan von Wohlleben）为维也纳市长，但按照当时的惯例，他并没有当选。在反动时期，选举过程通常是可疑的，副市长、市政府议会和主管司法的地区官员也是如此。就这样资产阶级被完全剥夺了权力。

维也纳剧院

剧院由莫扎特《魔笛》词作家埃马努埃尔·希卡内德在一位戏剧发烧友金融家的帮助下修建而成，位于维也纳河左岸。剧院在当时采用了现代的帝国风格设计，今天从莱哈尔胡同的前部，以及米洛克胡同里发生剧烈变化的部分仍能清晰可辨。帕帕基诺门上的细节很突出，展现的是希卡内德扮演的帕帕基诺。经过几次改建之后，临近维也纳河畔大道的房屋在 1902 年被改为出租房。U 形观众厅的包厢隔板和栏杆披上了古典主义风格的镀金塑料。平坦的屋顶于 1854 年涂色，上绘 9 位缪斯女神。在过去的220 年中，剧院见证了无数戏剧的首演，其中包括贝多芬的《费德里奥》、约翰·施特劳斯的《蝙蝠》、弗朗茨·格里尔帕策的《太祖母》，以及约翰·内斯特罗伊和路德维希·安岑格鲁伯尔（Ludwig Anzengruber）的作品。作曲家埃德蒙·艾斯勒、弗朗茨·莱哈尔、利奥·法尔、奥斯卡·施特劳斯和拉尔夫·贝纳茨基的作品也曾在此上演，并备受好评。1945 年以后，维也纳剧院成为国家歌剧院的替代性场所，前后历时有 10 年之久。1962 年，剧院经过全面翻修后，被用作维也纳的节日演出剧院。到了 1983 年，维也纳剧院成为城内第一个音乐舞台。在莫扎特诞辰 250 周年之际，维也纳剧院摇身一变成为一座新的歌剧院，并于 2006 年 1 月对公众开放，于是它变为这座城市最古老同时也是最年轻的歌剧院，同时获得绰号"新歌剧院"。除了国家歌剧院和人民歌剧院，维也纳剧院是维也纳第三大歌剧院，目前有 1129 个座位和 50 个站位。

不速之客：拿破仑占领维也纳

为了扑灭法国日益旺盛的气焰，欧洲各国组织起第二次反法同盟（1799 年—1801 年），不过所有的努力还是付之东流。与此同时，拿破仑·波拿巴发动军事政变，攫取了法国的最高权力。从此拿破仑成为第一执政，战场上的他所向披靡，罕遇敌手。即使是 1802 年签署的《吕内维尔和约》（*Friede von Lunéville*）也没能维持和平多久。1805 年第三次反法同盟战争开始，奥地利与俄罗斯、英国和瑞典结盟，以阻止拿破仑权力扩张。同年 10 月，英国海军将领纳尔逊勋爵（Lord Nelson）在特拉法尔加（Trafalgar）海战中大败法军，在海上实现了战争的目标；然而陆地上却是一幅完全相反的景象。法国人与巴伐利亚、符腾堡（Württemberg）和巴登结盟，在乌尔姆之战中挫败奥地利人的抵抗。接着法军沿多瑙河快速向维也纳挺进。弗朗茨皇帝号召"贵族男子和少年、市民和他的子孙、公职人员、批发商、工厂主和私营业主"一起保卫维也纳。马匹、马车和运货车全被征用，陌生人必须离开这座城市。皇宫里的珍宝装载上船运往匈牙利，其中包括象征帝国权力的物什和国库财物。画廊、硬币陈列室、档案馆等全都清理干净，空空如也。银行钞（Bancozettel）[1] 要么兑换成硬币，要么用来囤积货物。铜币变少了，而货

拿破仑在美泉宫接受维也纳市的钥匙。安妮 - 路易吉洛德路希 - 特里奥森（Anne-Louis Girodet de Roucy-Trioson，1767 年—1824 年）的作品。

币流通则陷入停滞。拿破仑的妹夫若阿尚·缪拉（Joachim Murat）没有遇到太多的抵抗便拿下维也纳。拿破仑本人于 11 月 14 日抵达城下。维也纳市长斯蒂芬·冯·沃勒本将象征着城市权力的钥匙双手奉上。

　　拿破仑驻扎在美泉宫。维也纳人热切地想膜拜一下这位超级人物，然而他们失望了，拿破仑的身影很难见到。法国军队迅速挺进摩拉维亚，并于 1805 年 12 月 2 日在奥斯特里茨三皇会战（Drei-Kaiser-Schlacht von Austerlitz）[2] 中大胜奥俄联军。大批伤员被运往维也纳。在补给膳食方面，敌对双方并没有区别对待，尽管维也纳人承受着亡城之痛，他们要向占领军缴纳军税，提供住宿，还逃不过物价上涨的危害。维也纳遍地饥荒，因为卡尔大公为了逼迫法国人撤走，切断了对维也纳的粮食供应。将近 1805 年底，《普雷斯堡和约》（Friede von Preßburg）签订，奥地利损失严重。拿破仑撤军了，并发布了一道声明，表达他对维也纳人民举止得体的尊重。

1　银行钞是由维也纳城市银行于 1762 年发行的一种纸币，拿破仑战争期间该纸币严重贬值。

2　三皇指的是法国皇帝拿破仑一世（拿破仑于 1804 年 12 月 2 日加冕称帝），俄罗斯沙皇亚历山大一世，以及奥地利帝国皇帝弗朗茨一世（下文会提到）。

次年，皇帝强制解散神圣罗马帝国。弗朗茨二世于 1806 年 8 月 6 日站在安霍夫教堂的阳台上庄严地宣布了解体通告。早在三个星期前，这个老大帝国的大多数选帝侯和诸侯就加入莱茵联邦（Rheinbund），簇拥在欧洲新统治者的身边，并宣布脱离神圣罗马帝国，老大帝国的丧钟敲响了。无论是有名无实的弗朗茨，还是维也纳人自己，都没有在维也纳感觉到末日的氛围。从现在开始不再存在皇帝弗朗茨二世，只有奥地利皇帝弗朗茨一世。早在 1804 年，弗朗茨就确保他的王朝的皇帝头衔保持不变，并将其世袭领地提升为奥地利帝国。对他来说幸运的是，拿破仑再也没有机会将旧的神圣罗马帝国皇冠[1]戴在头上。1800 年，它与其他皇家珍宝一起被安全送到维也纳，并贮藏于霍夫堡宫的宝库之中。

寻求内部支持：维也纳天主教浪漫主义运动

神圣罗马帝国的寿终正寝，1806 年普鲁士的兵败如山倒[2]，还有被拿破仑裹挟的德意志中小邦国，这一系列事件在全德意志范围内激起了日益高涨的民族反抗。持新浪漫主义保守派世界观的思想先驱们把维也纳视为希望的灯塔。在他们看来，旧的价值体系仅仅在维也纳保存下来，它们正在经历一场复兴。从 1805 年开始，他们成群地拥到维也纳来，这些人包括：奥古斯特·威廉·施莱格尔（August Wilhelm Schlegel）和弗里德里希·施莱格尔（Friedrich Schlegel）兄弟、扎卡里亚斯·维尔纳（Zacharias

---

1　法国大革命爆发之前，除了加冕仪式外，帝国皇冠一直保存在纽伦堡。1796 年，为防止受到法国革命的波及，皇冠被带到雷根斯堡，随后在 1800 年又被带到维也纳，并在二战之前一直保存在那里。

2　1806 年 9 月，普鲁士加入第四次反法同盟，10 月 14 日，法普两国在耶拿和奥厄施泰特大战，普鲁士惨败，之后不到两周的时间内，拿破仑就占领了普鲁士首都柏林。

Werner）、约瑟夫·冯·艾兴多尔夫（Joseph von Eichendorff）、路德维希·蒂克（Ludwig Thieck）、贝蒂娜（Bettina）[1] 和 克莱门斯·冯·布伦坦诺（Clemens von Brentano）兄妹、尤斯蒂努斯·凯尔纳（Justinus Kerner）、西奥多·克尔纳（Theodor Körner）、奥古斯特·冯·克林科夫斯特伦（August von Klinkowström）。他们大部分人是新教徒，来维也纳后很多人改信天主教。要投入德意志地区的天主教老大奥地利的怀抱，这是明摆着的选择。施莱格尔在维也纳受到了热烈的欢迎。奥古斯特·威廉·施莱格尔开设了《戏剧艺术和文学》的讲座，讲座人满为患。更受欢迎的讲座是弗里德里希·施莱格尔主讲的，讲座在"雅恩的饭馆"（Jahn's Traiteurie）举办；这是一家位于西姆福特巷的咖啡馆，今天仍然以"胡贝女士"（Frauenhuber）的名字开张营业。以巴黎和柏林为模范，维也纳现在也有了"文学咖啡馆"。借此资产阶级占据了这儿的首要位置，大谈特谈政治问题。贵族沙龙也政治化了，这样的沙龙举办者有宫廷参事弗朗兹·冯·格赖讷（Franz von Greiner）的女儿卡罗琳·皮希勒（Caroline Pichler），以及范妮·冯·阿恩斯坦（Fanny von Arnstein）等。宫廷犹太商人丹尼尔·伊齐格（Daniel Itzig）来自柏林，他的女儿嫁给了维也纳银行家内森·阿恩施泰纳（Nathan Arnsteiner，后被晋升为阿恩斯坦男爵），并在位于霍荷市场的宫殿里开设了门庭若市的优雅沙龙。贵族和资产阶级会在这里完全自然而然地碰面。警方把这儿当作"德意志民族颠覆活动"的中心，不过警察没有采取任何行动，因为阿恩斯坦和埃斯克勒斯银行是朝廷的最大资助者。反抗拿破仑、争取解放的战争呼吁团结了各个阶层的人。其间克莱门斯·马利安·霍夫鲍尔（Klemens Maria Hofbauer）的名字越来越广为人知。在华沙工作多年之后，他来到维也纳，从 1808 年开始，以复兴天主教为重任，从事告解神父和传教士的工作。无论面对普通民众还是面对刚刚皈依天主教的北部德意志知识分子，他都知道该如何打动他们的内心。霍夫鲍尔成为他们的心灵牧师，也成为保守的民族主义爱国人士团体的核心。1909 年，霍夫鲍尔

1　贝蒂娜是伊丽莎白·布伦塔诺的简称。

被册封为圣徒，从 1914 年开始一直是维也纳的城市守护者。

音乐厅也成了爱国主义的标志。垂垂老矣的约瑟夫·海顿也当仁不让。1808 年，他的清唱剧《创世纪》由安东尼奥·萨列里（Antonio Salieri）指挥，在他列席的情况下于大学礼堂上演。路德维希·凡·贝多芬（Ludwig van Beethoven）自 1792 年起永居维也纳，他的《田园交响曲》（*Pastoral-Sinfonie*）和海因里希·约瑟夫·冯·柯林（Heinrich Joseph von Collin）的戏剧《科里奥兰》（*Coriolan*）序曲为爱国主义的觉醒做出了贡献。贝多芬最初是拿破仑的崇拜者，当第一执政在 1804 年自己宣布加冕为法国皇帝时，贝多芬对他的态度发生了 180 度逆转。这位作曲家认为，拿破仑称帝是对革命理想不可饶恕的背叛。一怒之下，他撕掉了本该献给拿破仑的《第三交响曲》献词，此曲从那时起便改称《英雄交响曲》（*die Eroica*）。

新的时代精神在教育体系中也颇见成效。除了掌握阅读、写作和计算等基本知识外，"要将工人阶级塑造成十分善良的、容易驯服的和有生意头脑的人"，这是 1805 年颁布的《德意志帝国 - 王室世袭领地上德意志学校的政治宪法》（*Politische Verfassung der deutschen Schulen in den k. k. deutschen Erbstaaten*）中设立的目标。这对宗教教育发挥了重要作用，国家对学校的监管重新转移到天主教官方教会手中。

从精神领域来看，奥地利已为抗击拿破仑的战争做了充分准备——问题仍然在于，军队是否也做好了准备。

海顿的《创世纪》在大学礼堂演出。巴尔塔萨·维甘德（Balthasar Wigand）的水彩画，1808 年

炮击和堡垒坍塌：拿破仑重返维也纳

1808 年，欧洲的统治者拿破仑把归顺他的诸侯们召集到埃尔福特，召开了一次诸侯大会。染指葡萄牙和西班牙内政之后，拿破仑的力量极限首次泄底。西班牙游击队在英国的支持下，持续不断地把法国人拖进泥潭之中。所有的希望都寄托于从维也纳发轫的"伟大的德意志解放战争"。维也纳求战心切："一切都结束了，没有舞会，没有派对，也不再有欢乐。"人们口中只谈论"进军、建功立业、兵团和军队"，这是图尔海姆伯爵夫人璐璐（Gräfin Lulu von Thürheim）在 1809 年 1 月的记载。在新组建的后备军团授旗典礼上，卡尔大公受到颂扬，欢呼喝彩声久久不能停息。他被奉为伟大的希望承载者。海因里希·约瑟夫·冯·科林的《士兵之歌》（die Wehrmannslieder）在维也纳被热情传唱，奥地利遍地燃起了战争的激情烈焰。1809 年 4 月 2 日复活节星期天，霍夫堡宫舞会大厅里举行的派对也是气冲牛斗。约有 4000 人参加派对，其中包括"最尊贵、最高雅的女士"，人们要求唱战歌，璐璐也身处欢乐的人群之中："观赏戏剧的人陶醉于激情之中，他们同合唱团一起引吭高歌，所有人都扬声尖叫，所有人都热泪盈眶。当皇帝带着他的家人一现身，人们便山呼万岁，整个剧院都在震颤；皇后泪流满面，皇帝无数次致以谢意。总之，这是属于每一位善良市民的胜利时刻。"

1809 年 4 月 9 日，奥地利向法国宣战。只不过人们期盼的速战速决并没有出现。拿破仑的行动比预期更快，他率领他的军队沿多瑙河下游快速挺进，于 5 月 11 日这天再次君临美泉宫。拿破仑两次要求敌人交出城市，但两次均遭拒绝。市民、民兵、后备军和志愿军决心保卫维也纳。与此同时，法国人将火炮安置在宫廷马厩堡和斯匹特贝格。5 月 11 日晚上，法国军队开始炮击这座城市。大约 2000 枚炮弹砸在城墙后面，火势开始蔓延至全城，所有人都逃向地下室避难。次日凌晨两点半，维也纳举起白旗。5 月 13 日，法国人入城，他们在空无人烟的街道上走过，途经被堵塞住门口的房屋大门。法国的军官和公务人员驻扎在城市里，而普通士兵则在郊区安营扎寨。维也纳的命运掌握在安托万·弗朗索瓦·安德烈奥西（Antoine François Andréossy）将军手中，现在他被任命为维也纳总督。占领军没收了一切对战争有用的东西：马匹、建筑木材、皮革、亚麻布、酒和食物等等。

占领这座城市对法国人来说还不够，因为卡尔大公指挥的奥地利主力军队布置在多瑙河左岸，法国人需要击溃他们。奥地利人摧毁多瑙河上的桥梁，以阻滞法国人渡河。为了能在洛鲍岛（Lobau）上建立桥头堡，拿破仑下令在洪水泛滥的河流上方搭建浮桥。法军渡河尚未完成，阿斯佩恩 – 艾斯林战役（Schlacht von Aspern und Eßling）就打响了，此时是 1809 年 5 月 21 日至 22 日，圣灵降临节。战役以法国人的失败而告终，这一仗是在拿破仑亲自指挥下而首次输掉的野战。而对整个欧洲来说，不啻于一次心理上的大捷，这是一个信号。所有人都尊卡尔为英雄。但是拿破仑成功地使他的部队获得增援，奥地利人没能阻止他。因此在接下来的德意志 – 瓦格拉姆战役（Schlacht von Deutsch-Wagram）中，尽管拿破仑遭到奥地利人的顽强抵抗，他还是洗刷了阿斯佩恩的耻辱。卡尔大公在摩拉维亚南部的兹奈姆（Znaim）宣布停战。到了 10 月，拿破仑强迫奥地利签署了丧权辱国的《美泉宫和约》，奥地利丧失了所有出海口，沦为一个内陆国家。在此之前不久，拿破仑躲过一次暗杀，险些丧命。17 岁的理想主义者弗里德里希·斯塔普斯（Friedrich Staps）计划在美泉宫的一次阅兵式上用菜刀刺杀拿破仑，意图被发觉后遭到逮捕。拿破仑让这个年轻人来见自己，亲自询问他实施暗杀计划的动机。要是斯塔普斯有所忏悔，拿破仑准备赦免他。但斯塔普斯宁死不屈。不久之后，他被行刑队枪决。获胜的皇帝业已离开维也纳。这一次，拿破仑没有像 1805 年那样亲切地告别维也纳人。相反，他炸毁了狮子棱堡和奥古斯丁棱堡之间的城墙，像是为了嘲弄一样，留下一片废墟，以证明旧的防御工事毫无用处。此外维也纳不得不向获胜者进贡艺术珍藏品。拿破仑博物馆（现称卢浮宫）的馆长多米尼克 – 维万特·德农（Dominique-Vivant Denon）接受拿破仑的命令，处处搜刮维也纳的艺术藏品，给巴黎添补价值连城的艺术珍藏。宫廷图书馆的手稿和书籍，美景宫皇家珍藏的画作，包括勃鲁盖尔、鲁本斯、提香、维奇奥等名家的作品统统被掠走。德农不知道的是，在维也纳被占领之前，有 624 幅画作和工艺美术珍宝被安全带到普雷斯堡。大多数（但不是全部）被掠走的艺术珍品在 1815 年之后重返维也纳。当然，也有一些关于法国人在占领维也纳期间正面

刺客弗里德里希·斯塔普斯在刺杀拿破仑之前便被推开

行为的积极报道，如约瑟夫·海顿于 1809 年 5 月去世时，一支法国仪仗队现身玛丽亚希尔夫的停尸房之前，肃然列队以待调遣。

1809 年克莱门斯·洛塔尔·文策尔·梅特涅（Klemens Lothar Wenzel Graf Metternich）出任奥地利的外交大臣。他走的路线是迂回、躲避和奉承直至"普遍拯救之日"。1810 年，拿破仑再婚[1]，迎娶弗朗兹皇帝的女儿玛丽-露易丝（Marie-Louise）女公爵。一年以后，露易丝为拿破仑生下了梦寐以求的继承人，尚在襁褓之中的婴儿被加封罗马王头衔。不过奥地利并未从中获得政治上的半点好处。

苦涩的打击：国家破产

战争时期便是通货膨胀时期。所有的借贷者都能从货币快速贬值中获益。房屋和地产所有者以银行钞偿还先前用坚挺的货币协商好的债务，只有原本价值的 1/10。通货膨胀的受益者也包括工厂主、手工业者和商

1　拿破仑的第一任妻子是比他大 6 岁的约瑟芬·博阿尔内，因她一直未能生育，两人于 1809 年离婚。

人，商品的价格越来越高。维也纳陷入了消费旋涡之中。房屋、饭店、家具、奢侈品、珠宝首饰等备受追捧。纸币流通得越多，它的价值就贬值得越快。每个必须靠收入生活的人，主要是雇佣工人和公务人员、神职人员和领养老金的人，都会遭受这种痛苦。这些人都用银行钞领取薪水或养老金。他们无法维持到目前为止已经习惯的生活标准，不得不放弃自己的住宅，解雇职员，并观望着职员们如何通过其他方式养家糊口，例如通过教学或者其他副业。维持基本生存的面包匮乏，将会导致严重的骚乱。

穷人不应该忍饥挨饿。原籍美国的本杰明·朗福德（Benjamin Rumford）对此深为关切。他为巴伐利亚效劳期间，受命改变乞讨状况，发明了一种以他名字命名的穷人汤。这种汤也在维也纳做了试验，1802年开始试提供。很快实践证明失败了，因为维也纳人不喜欢用土豆、大麦和豌豆调制的糊糊。朗福德汤的烹调中止了，取货单无人问津。沙龙女主人卡罗琳·皮希勒（Salonière Karoline Pichler）发现："尽管底层群众在诉苦……这种令人痛惜的情况在大多数时候不过是相对的。假如真的需求变得普遍……这种汤会找到买家和渴求者的……"

国家毫无顾忌地印制钞票，是造成金融危机的主要原因，同时也是金融危机的主要受害者。税收收入的价值不断下降，而市场为了增加税收做出的反应是进一步抬高物价。彻底的货币改革已箭在弦上，特别是拿破仑以硬币的形式向奥地利索要 8500 万古尔登战争赔款之后。1811年大幅降低纸币价值的规定出台。到 1812 年 1 月末，旧的银行钞必须以面值的 1/5 去兑换"赎回钞"（Einlösungsscheine）[1]。从那个时候起，这种新的"维也纳法币"成为唯一允许使用的纸币。国家公债的认购者一半的利息用这种新币支付，另一半则以旧的银行钞支付。此举导致的后果是公债券行情暴跌。

---

1 顾名思义，"赎回钞"指的是银行钞严重贬值以后，奥地利用于实施赎回银行钞的货币，后银行钞丧失货币地位，"赎回钞"成为"维也纳法币"。

欧洲新秩序：维也纳会议

1812 年的入侵俄罗斯之战是拿破仑胜利之路上的拐点。普鲁士、俄罗斯、奥地利联合起来对付他。双方在 1813 年的莱比锡民族大会战上一较高低。拿破仑失败了，在盟军追赶下，不得不退回巴黎，并于 1814 年 4 月被迫退位。盟军把拿破仑流放到厄尔巴岛（Insel Elba），将这座岛屿送给拿破仑作为他的微型国家。1814 年 6 月，弗朗茨皇帝在巴黎的胜利大典中凯歌高奏，并胜利返回维也纳。经过二十多年的战乱之后，到了重组欧洲新秩序的时候了，常胜不败的封建王朝将巩固欧洲的永久和平秩序。1814 年 9 月，维也纳会议开幕。各国君主、政治人物和外交官纷至沓来，齐聚维也纳。会议高潮是 9 月 25 日俄罗斯沙皇亚历山大一世和普鲁士国王弗里德里希·威廉三世莅临维也纳。1000 响礼炮齐发，迎接两位君主的到来。他们全都携带着秘书、书记官、私人御医、王室牧师和形形色色的仆人，当然也没落下音乐家和肖像画师。城市和郊区的住所人满为患。仆从、厨师、美发师、裁缝、女帽工、饰品制作者、小厮、马车夫、女服务员、儿童保姆等职员供不应求。

会议参加者一开始便沉浸在消遣的海洋之中："可容纳 12 000 人的宫廷舞会大厅给我留下了深刻印象的仅仅是高堂广厦的恢宏规模和人群的万头攒动。两座巨大的大厅里点燃 8000 支蜡烛；所有的座席都披上天鹅绒，这边厢红色、金色交相辉映，那边厢银色、蓝色逞娇呈美；第三座小厅堂则装点得似橘色的茂林修竹；君主和大人物上顶华盖；自助餐台无处不在，点心可口至极；然而杀气腾腾的人群依然处处可见。"弗里德里希·冯·肖霍尔茨（Friedrich von Schönholz）如此描绘壮观的会议开场。皇帝的弟弟约翰大公抱怨道："除了礼尚往来没别的，食物、烟花、灯光……这 8 到 10 天里我什么都没做。就这样的生活！"身经百战的士兵们在奥加滕公园一整天的庆典上接受嘉奖。当天晚上，"所有的宫殿、所有的客栈、所有的私人住宅全都灯火通明。其间俏皮话层出不穷。舞会和华尔兹舞曲彻夜不止，这是一场延绵不绝的幸福和荣耀的大戏"。

一周接一周，一月接一月过去了，由于列强之间的利益互相抵牾，会议始终看不到尽头。弗朗茨皇帝将收入赋税提高了 50%，起码可以用来支付部分巨额花销，维也纳人对会议召开时间如此之长越来越不满。政府利用压榨手段，将会议的开销转嫁到消费者头上，物价上涨的浪潮持续蔓延。但这并不影响维也纳上流社会的淑女们。她们在冬季骑术学校里路易十四风格的旋转马赛上炫耀她们精美的钻石首饰。1815 年 1 月，当至高无上的统治者们乘坐着特制的豪华雪橇前往美泉宫进行一次冬季享乐之旅时，抱怨声从围观的人群中传来："他们过去了，花着我们一半的钱！"

时间已到 1815 年 3 月初，与会者忽然大吃一惊，所有的一切随之猛然剧变。拿破仑逃离厄尔巴岛，在法国海岸登陆，越来越多的士兵归顺到他的麾下，拿破仑带领着他们进军巴黎。被吓破胆的路易十八

（Ludwig XVIII）[1]逃跑了，拿破仑再登皇位，住进杜伊勒里宫（Tuilerien）。在维也纳，人们顿时忘掉所有争吵，一致反对拿破仑的复辟，与他妥协是不可能的，绝不考虑向他妥协。盟军在 1815 年 6 月 18 日的滑铁卢战役（Schlacht bei Waterloo）中大获全胜，至此尘埃落定。拿破仑被流放到荒凉僻远的圣赫勒拿岛（Insel St. Helena）。会议的最终条约在维也纳签署。欧洲实现了五大强国之间的重新平衡，一段持续很久的和平时期即将来临。

1　路易十八（1755 年 11 月 17 日—1824 年 9 月 16 日），法国波旁王朝第六位君主，拿破仑两次退位，路易十八两次回国复辟为王。

弗朗茨一世皇帝在维也纳城前接待俄罗斯沙皇亚历山大一世和普鲁士国王弗里德里希·威廉三世。约翰·内波穆克·霍奇尔（Johann Nepomuk Hoechle，1790 年 –1835 年）的彩色石版画

布里吉特 - 纪念日熙熙攘攘的人群。
彩色雕版画，1842 年

毕德麦耶尔风格下的
维也纳

（公元 1815 年—1848 年）

维也纳会议结束之后，维也纳成为维持欧洲和平秩序的保守中心。无处不在的间谍系统和严格的审查网建立起来，任何对国家有潜在危险的活动，只要有个风吹草动，就会遭到镇压。在政治上无能为力的资产阶级躲进私人生活的小楼之中，尽量过得熨帖一些，因享受到众多的娱乐选择而心花怒放。维也纳毕德麦耶尔（Biedermeier）成了有教养的、个人享受的生活方式。煤气灯、蒸汽机和铁路等技术的进步带来工业化的早期繁荣。工厂里非人道的工作条件，也成了引燃很多社会问题的导火索。在毕德麦耶尔时期，日后 1848 年的"三月革命"的征兆表露得越来越明显。维也纳遭到帝国军队的炮击并被占领之后，曾对其寄予厚望的革命落幕了。

审查和间谍：维也纳的监控总部

战胜拿破仑之后，欧洲终于平静下来。德意志境内 34 个邦国为了维护诸侯的利益，组合成一个松散的德意志邦联（Deutscher Bund），俨然解体的神圣罗马帝国的替代者，其中奥地利是邦联的主席。人民当家做主的原则和民族主义的愿望无法得到实现。资产阶级不得不远离各种政治事件。在维也纳，约瑟夫·塞德尼茨基伯爵（Graf Josef Sedlnitzky）出任最高皇家警察部和审查机构的主席，他对所有的文献资料进行了筛查，以便发现其中可能潜藏的"反抗"立场；在所有自由派力量的眼中，他全然成了一个恶魔。对神圣的皇帝不敬的人将受到严厉惩罚。置身于公共场合的每个角落，人们都不能确定邻桌是否坐着一个密探在偷听谈话内容。政治上的压抑气氛笼罩着维也纳，尤其在大学生桑德（Sand）谋杀诗人柯策布（Kotzebue）之后，1819 年的卡尔斯堡决议（Karlsbader Beschlüsse）强化了对维也纳的镇压措施，局势愈加雪上加霜。

资产阶级文化的繁荣：毕德麦耶尔派

既然在政治上被当作毛孩子，那么市民们便退回私人生活领域，投身"享受生活！"的旗帜之下，纵情玩乐。《南国叶纷飞》（*Münchener Fliegenden Blätter*）杂志曾经刊载施瓦本教师戈特利布·毕德麦耶尔（Gottlieb Biedermeier）[1] 笔下的虚构角色，这位作者的名字变成了这类目光短浅的小市民的代称。最初这个词描绘的是对市侩狭隘心思的滑稽模仿，但随着时间的流逝，它失去了嘲讽的意味，成为深谙以高雅的品味美化日常生活的资产阶级文化的代名词。个中趣味反映在建筑或家具那清晰而又适宜的样式上，这类家具多由果树的木料制作而成，纹路清晰可见。受毕德麦耶尔风格影响的五斗柜、陈列柜、带轮小吃桌、缝纫台、长沙发塑造了一种舒适的住宅配饰文化。到了 1835 年左右，第二波洛可可艺术演变为一种明显的新潮流，它那生趣盎然、弯弯曲曲而又部分不对称的样式重新受到欢迎。

所有物什俱是由维也纳杰出的公司及其艺术家创造的。约瑟夫·乌尔里希·丹豪瑟（Joseph Ulrich Danhauser）是其中主要的一位；在维登

1　《南国叶纷飞》是一本德国幽默讽刺周刊，于 1845 年至 1944 年间在慕尼黑发行。

韦特海姆斯坦别墅

　　1833年，企业家鲁道夫·冯·阿尔萨伯（Rudolf von Arthaber）在德布林格获得了图伦宫（Tullner）的一片地区。该地区曾属于图伦的多米尼加女修会，这儿的建筑物也以此为名，直到修道院在皇帝约瑟夫二世统治时期遭废除为止。阿尔萨伯让建筑师阿洛伊斯·皮彻尔（Alois Pichl）于1834年-1835年建造单层乡间别墅，其优雅简约的特点是维也纳毕德麦耶尔风格的典型代表。身为艺术赞助人的阿尔萨伯，委托卡尔罗斯纳（Carl Roesner）设计楼梯间，委托莫里茨·冯·施温德（Moritz von Schwind）创作壁画。一位名叫霍勒的艺术家设计装饰图案。阿尔萨伯在乡间别墅中收藏了112幅画作，构成一个私人画廊。这些作品几乎包含了他那个时代最重要的画家的代表作。1836年，别墅花园中新增加一座木质棕榈屋，而且别墅面积不断扩大，一直囊括邻近的旧卡马尔多利隐士会。一个富丽堂皇的私人公园就这样出现了。阿尔萨伯别墅是政界、商界和文化界大人物聚会的场所。展览馆今天仍呈现出当日的场景。1867年阿尔萨伯去世后，他的画作被拍卖，利奥波德·冯·韦特海姆斯坦骑士（Leopold Ritter von Wertheimstein）得到这处房产。百年之后他的女儿弗兰齐丝卡将父亲的遗产赠给维也纳市政府，并附加两条要求，一是在别墅内开设大众图书馆，二是公园须对群众开放。两条要求都得到了满足，公园从1908年以来一直对外开放，而图书馆自1912年以来也对公众开放。如今，德布林格区博物馆就位于别墅之内。

的工厂里，他生产并销售了有名望的资产阶级在配置家庭装饰方面所青睐的所有东西：有高品质的玻璃杯，如饰有安东·科斯加塞尔（Anton Kothgasser）描金画的兰夫特酒杯；有波希米亚的刻花镶色玻璃酒杯；镶嵌着红宝石的玻璃杯；玉滴石和宝石（Hyalith- und Lithyaling）玻璃杯；饰有磨砂图案的毛玻璃杯；等等。自康拉德·冯·索根塔尔（Konrad von Sorgenthal）的时代以来，维也纳的瓷器工场在艺术价值和经济收益方面都登峰造极。金器匠和银器匠的作品也不甘落后。阿洛伊斯·约翰·伍特（Alois Johann Würth）、爱德华·伍特（Eduard Würth）、约翰·迈尔霍费尔（Johann Mayerhofer）、约瑟夫·肯恩（Josef Kern）和伊格纳兹·吉德莱（Ignaz Gindle）在国际上亦是声名鹊起。而对于由青铜和铸铁制成的产品，如烛台、烛架、饰件、糖罐和糖夹等供给量极大。铸铁打造的项链、耳环和手镯非常受女性的欢迎。

有名气的资产者，将绘声绘色地陈述家庭财富视为一份虚荣。他或者他的全家会端坐著名画家面前，让自己的肖像跃然纸上。例如工厂主鲁道夫·冯·阿尔萨伯请画家弗里德里希·冯·阿默林（Friedrich von Amerling）为自己画像，银行家约翰·海因里希·冯·盖米勒（Johann Heinrich von Geymüller）的肖像创作交给费迪南·格奥尔格·瓦尔德米勒（Ferdinand Georg Waldmüller），而建筑师贝内迪克特·谢格

（Benedikt Schegar）则求助于约翰·巴蒂斯特·赖特（Johann Baptist Reiter）的丹青妙手。皇室、大贵族和大资产阶级的委托任务之多，压弯了弗里德里希·冯·阿默林的腰。毕德麦耶尔派画家中可称得上伟大的，有彼得·芬迪（Peter Fendi）、约瑟夫·丹豪泽（Josef Danhauser）、莫里茨·迈克尔·达芬格（Moritz Michael Daffinger）、约瑟夫·克里胡伯（Josef Kriehuber）、莫里茨·冯·施温德、安东·艾因斯尔（Anton Einsle）、弗朗茨·施罗茨伯格（Franz Schrotzberg）等等。小资产者和农民的日常生活越来越多地成为风俗画的焦点，这样的生活场景有抵押止赎、寺院斋饭、农民婚礼或者遗嘱宣读等等。除了肖像画艺术以外，以大自然之美丽和野性为题材的山水画也有不小的发展。

富裕的市民并不仅仅想在自己高雅的家中欣赏搜集到的美，他还渴望在自家院墙之外享受一番。对此他可算是遇到了选择的烦恼，因为可供选择的东西从未像现在这样多样化。1828 年，美泉宫的动物园里首次出现长颈鹿，令前来观赏的游客大吃一惊。这是埃及副国王送给皇家动物展览的礼物。一时间时尚的潮流汹涌袭来：人们热衷于给"长颈鹿"戴上手套、穿上衣服、配上珠宝。自 1830 年开始，青峰山上蒂沃利游乐园（Tivoli）的圆形轨道和滑梯一直吸引着公众前来游玩。每年的 7 月 26 日，在乡村大街（Landstraße）"黄金梨"（Goldene Birne）旅店的"安妮神庙"舞厅里，维也纳人都会庆祝圣安妮[1]的命名日。这里的舞会一直跳到清晨。除了观景塔、游船画舫以及用弩箭玩"威廉·退尔[2]射击游戏"等，布里吉特瑙地区（Brigittenau）的卡尔·胡儿（Carl Hör）"大宇宙"（Universum）几乎提供所有的娱乐消遣的玩意儿，甚至每天下午还会有载着游客在城里往返 15 分钟的马拉列车。正如阿达尔贝特·施蒂夫特（Adalbert Stifter）所写的那样，无论是富人还是穷人，即使他"不得不

1　圣安妮是圣母玛利亚的母亲，每年的 7 月 26 为其命名日。

2　威廉·退尔（William Tell），瑞士民间传说英雄，神射手，率众击退神圣罗马帝国军队的入侵，因席勒的戏剧《威廉·退尔》而声名远播。

抵押他的贴身衣物和卧室里的床"，也没有人愿意错过一年一度的布里吉特[1]纪念日（Brigitta-Kirtag），这是为纪念圣布里吉塔教堂建成而开设的纪念日集市。沉浸在音乐和舞蹈中，享受着美酒和各种美食，观赏着戏台上的钢丝表演和杂耍表演，人们忘记了日常的烦恼。

维也纳从未拥有过如此多的咖啡馆。其中最讲究的当属坐落于新建立起来的人民公园中的柯蒂舍咖啡馆和天堂公园咖啡馆（今天的城堡剧院坐落于此），两座咖啡馆均由彼得·柯蒂（Peter Corti）经营，皇帝授予他"咖啡馆定夺者"的雅号。在天堂公园举办的周四舞会上，富裕的人儿和漂亮的人儿身着最时髦的装束，在华尔兹舞曲的调动下，步入温柔的蜜乡。从靠近费迪南大桥（今日的瑞典大桥）的少年咖啡屋出发，人们坐在四轮轻便马车里赶去普拉特公园，一路上可以细细品味这个典雅的世界。卡尔·施文德（Carl Schwender）在位于棕鹿地区（Braunhirschengrund）佩雷拉 – 阿恩斯坦男爵夫人（Baroness Pereira-Arnstein）城堡的牛舍旧址开的那家咖

1　圣布里吉特最初是凯尔特人的女神，后来在基督教的传播过程中，慢慢演变为一个天主教的圣徒。

哈德格宫横跨两个内部庭院，一直绵延到菲斯特尔宫

啡馆声望最高。煮咖啡的约瑟夫·道姆（Josef Daum）在圣安娜大楼的多层地下室经营了一家"新极乐仙境"，被人们评价为"最精致的娱乐俱乐部以及真正的维也纳人的幽默协会"。在这里，人们可以于虚幻中畅游世界各大洲。戴安娜疗养浴室、索菲疗养浴室、卡罗尼宁疗养浴室对爱好泡澡的人很有吸引力。1833 年，维也纳开放了第一家女子游泳学校。

古典主义和浪漫主义之间：建筑风格

维也纳正持续变得愈加美丽。人民公园在被摧毁的贝格棱堡遗址之上建设起来，城墙随之向外扩张，并增加一座新的城门。这道贝格门（Burgtor）成了维也纳最年轻的城门，同时也是唯一保存下来的城门，弗朗茨皇帝的座右铭"Iustitia Regnorum Fundamentum"（正义是统治的基础）铭刻其上。人民公园内部道路呈辐条状，视野开阔，一目了然。公园中央矗立着彼得·诺比莱（Peter Nobile）修建的多立斯式忒修斯神庙（Theseustempel），其内安放着安东尼奥·卡诺瓦（Antonio Canova）创作的忒修斯战胜半人马（Kentauren）系列雕塑。人民公园的对面是仅供皇室享用的皇家公园，两者由外城堡广场（Äußere Burgplatz）分割开来。皇家花园是狂热的植物学家弗朗茨皇帝释放他的爱好的地方，因而他也喜获"鲜花皇帝"的雅号。

下奥地利的社会各界人士将他们位于绅士街的别墅改造成富丽堂皇的住所。维也纳召开了创意大赛，维也纳人阿洛伊斯·路德维希·皮彻尔独占鳌头，他是一名无与伦比的参赛者，认为保存至今的哥特式、文艺复兴式和巴洛克式的建筑部件都值得保留，各种旧的房间应该安置于统一的建筑体中。皮彻尔取得成就的同时，其所作所为也是保护名胜古迹的开创性行为，但仍与当时的时代精神背道而驰。毕德麦耶尔时期最重要的建筑师约瑟夫·科恩豪瑟（Josef Kornhäusel），在重建苏格兰修道院时，就毫不手软地拆除了哥特式十字形回廊。新落成的苏格兰慈善结构已经具备了城市公寓的特征。位于赛滕施特滕大街的犹太城市会堂也出自科恩豪瑟，它是维也纳成为唯一一座幸存至今的犹太教堂，其他所有教堂都在 1938 年 11 月 9 日水晶之夜（Reichskristallnacht）被摧毁。

简单、实用成为时代的理想，贵族排场和感情泛滥此时已失去了立足之地。这种理念在宫殿的建筑上表现得十分明显，例如查尔斯·德·莫罗（Charles de Moreau）在瓦尔纳大街的帕拉菲宫（Palais Pálfy）和由他设计的位于鲸鱼街（Walfischgasse）的埃斯特哈齐宫 [后来的埃尔德迪宫（Erdődy）]。位于弗赖永一带的哈德格宫（Palais Hardegg）宣布了一种新型宫殿的问世。这座宫殿于 1847 年由约翰·罗马诺（Johann Romano）和奥古斯特·施万德温（August Schwandernwein）以浪漫主义的历史主义风格建造，它标志着建筑从贵族宫殿过渡到拥有独立楼梯间的出租公寓，继而再转变为依着贵族样子画葫芦的家庭住宅。

崇高的古典乐，迷人的闹剧和讽刺剧：维也纳的剧院

1817 年，26 岁的弗朗茨·格里尔帕策（Franz Grillparzer）一夜之

间暴得大名。他的戏剧《太祖母》（*Die Ahnfrau*）获得轰动性的成功，一年之后《萨福》（*Sappho*）继续了这种成功。当他以《奥托卡国王的运气和结局》（*König Ottokars Glück und Ende*）来研究棘手的历史－政治话题时，却遇到了困难。1823 年，这部充满对祖国热爱之情的戏剧在审查制度的折磨下被雪藏两年。一次偶然的机会，戏剧文本流传到卡罗琳娜·奥古斯塔（Karolina Augusta）皇后的手中，她在里面没有发现任何忤逆性的内容，因此皇帝允许上演。这一次观众报以"热情急剧上升的掌声"。然而审查的麻烦依然存在。警察于 1826 年 4 月解散了由维也纳作家组成的旅馆文学社团"卢德拉姆小屋"（Ludlamshöhle）["卢德拉姆小屋"是一个文学社团，由奥地利剧作家伊格纳兹·弗朗茨·卡斯特利（Ignaz Franz Castelli）与奥古斯特·冯·金尼希（August von Gymnich）于 1819 年在维也纳建立，这个社团一直存在到 1826 年 4 月 18 日。该文学社团以亚当·厄伦施拉格（Adam Oehlenschläger）的戏剧作品《卢德拉姆小屋》（*Ludlam's Höhle*）命名]，原因是涉嫌从事密谋活动。格里尔帕策也参加了作家集会，他因此不得不忍受抄家般的搜查，并因"恶劣的态度"受到训斥，这令他对"所经历的羞辱感到恶心"。格里尔帕策曾在魏玛与歌德见过面，受到启发写出了抑扬格悲剧《主人的忠实仆人》（*Ein treuer Diener seines Herrn an*）。观众对此剧的反应呈现两极分化。自由主义者认为它奴性十足。弗朗茨皇帝想要购买手稿，但诗人格里尔帕策拒绝了这种"最温柔的专断形式"。通过爱情悲剧《海涛和爱浪》（*Des Meeres und der Liebe Wellen*），格里尔帕策试图融合古典主义和诗情画意的浪漫主义。剧中角色以赫洛（Hero）与勒安得耳（Leander）[赫洛与勒安得耳是希腊神话中人物，赫洛是阿芙洛狄忒的女祭司，勒安得耳是城中美少年。两人隔海相望却彼此相爱。每晚勒安得耳渡海与赫洛相会，赫洛点起火把为其指引方向。在一个暴风雨之夜，火把被浇灭，勒安得耳溺水而亡，第二天赫洛见到他的尸体后也跳海自杀]的传说为原型，并完完全全地染上了维也纳人的特质。格里尔帕策对维也纳大众戏剧做出的最显著的贡献是戏剧童话《梦幻人生》（*Der Traum ein Leben*），之后他又创作了喜剧《说谎者必遭殃》（*Weh dem, der lügt*），但在 1838 年首演时却以失败收场。从此以后诗人便把自己的新作品锁进了抽屉里，《哈布斯堡兄弟阋墙》（*Ein Bruderzwist in Habsburg*）《托莱多的犹太女郎》（*Die Jüdin von Toledo*）和《莉布萨》（*Libussa*）直到诗人于 1872 年去世之后才被搬上舞台。

没有哪个人能像费迪南·雷蒙德（Ferdinand Raimund）那样在剧院的舞台上塑造了维也纳毕德麦耶尔时期的时代精神。雷蒙德出生于维也纳，本应成长为一名糖果制造者。早年的时候他以"糖果小贩"的身份出没于城堡剧院，并被戏剧深深地吸引了。起初雷蒙德辗转于各省会城市做演员，后来改行写剧本。他写了很多怪诞滑稽剧，如《魔幻岛上的晴雨表制作者》（*Der Barometermacher auf der Zauberinsel*）、《鬼王的钻石》（*Der Diamant des Geisterkönigs*）以及《来自仙界的少女》[*Mädchen aus der Feenwelt*，也叫《农民成了百万富翁》（*Der Bauer als Millionär*）]，凭借这些作品诗人征服了维也纳人的心。看看这些能说话的名字就够了：《魔幻岛上的晴雨表制作者》中的巴多罗买·汞（Bartholomäus Quecksilber），《农民成了百万富翁》中的福徒拿都·根（Fortunatus Wurzel），《挥霍的人》（*Der Verschwender*）中的朱利斯·福乐伟（Julius von Flottwell），《阿尔卑斯山之王和厌恶人类的人》（*Der Alpenkönig und der Menschenfeind*）中的疯子。这些作品不只是荒诞不经，而且具备严肃的基本特征，从中可以感受到作者对社会局势和暴发户的批评。在他的戏剧中仙界和冥界以改良人间、净化人心的样子参与进来。改良剧征服了舞台，雷蒙德同《挥霍的人》里面的《刨工之歌》（*Hobellied*）一道永垂青史。

与雷蒙德不同，约翰·内斯特罗伊（Johann Nestroy）中规中矩。鬼魂、魔法、精灵都过时了，鉴于当时舞台的流行状况，内斯特罗伊带来了讽刺：想要阻止孩子结婚而受到愚弄的父亲、有钱的叔叔、互不认识而突然碰面的亲戚以及从天而降的遗产等等，都引得观众哈哈大笑。《流浪汉的坏心肠》（*Der böse Geist Lumpazivagabundus*，又名 *Das liederliche Kleeblatt*），《他想给自己开个玩笑》（*Einen Jux will er sich machen*），《护身符》（*Der Talisman*），等等，都是内斯特罗伊最成功的剧作。

维也纳的特殊癖好：音乐和舞蹈

　　欧洲没有哪座城市像维也纳那样痴迷音乐。每逢星期天，"从下午3点到深夜11点，整座城市都沉浸在音乐和消遣带来的实实在在地眩晕之中。大街小巷的前前后后，乐声塞满人们的双耳。走进一户居民家中，首先映入眼帘的便是钢琴"。当时一位老兄如是说。对音乐的热情促成一些相关机构的建立，直到今天它们仍然在世界范围内享有盛誉。早在1812年，音乐爱好者协会（即维也纳音乐协会）便成立了；之后在皇家剧院秘书约瑟夫·冯·索恩莱特纳（Joseph von Sonnleithner）的推动下，1842年在维也纳举办了爱乐乐团音乐会，由皇家乐队队长奥托·尼古拉（Otto Nicolai）指挥，这一刻便是维也纳爱乐乐团（Wiener Philharmoniker）诞生的时刻。这是一个维也纳男子的合唱团，1843年由《维也纳大众音乐报》（Wiener Allgemeine Musik-Zeitung）的编辑奥古斯特·施密特（August Schmidt）创立。

斯佩尔舞厅，约翰·施特劳斯为此创作了《麻雀加洛普》和《麻雀波尔卡》。
卡尔·扎伊切克（Karl Zajcek，1860年—1923年）的水彩画

毕德麦耶尔时期的舞蹈发生了根本性的变化：宫廷舞蹈，如小步舞曲、风笛舞、阿勒曼德舞、迦沃特舞等都已经过时。这时受欢迎的是农村华尔兹、波尔斯特和加洛普舞，而其中维也纳华尔兹是最受欢迎的，因为它已在维也纳会议上被"宫廷化"了。这种3/4拍的舞蹈是老约翰·施特劳斯（Johann Strauß）和约瑟夫·兰纳（Joseph Lanner）的力作。自1819年以来，兰纳一直是弦乐四重奏乐队的领队，最初由施特劳斯为其伴奏，然而施特劳斯很快就建立自己的管弦乐队，并在兰纳的离别华尔兹中找到了属于他自己的音乐表达。每家大型的娱乐场所都宣传说两人中的一个要在自家的舞台上表演，并且指挥华尔兹舞曲。排在顶尖的是利奥波德城的斯佩尔（Sperl），它有一个以巴黎为样板的舞厅。除了霍夫堡宫的化装舞会大厅之外，这里举办的舞会是维也纳最有气派的。老约翰·施特劳斯特别为它创作了《麻雀加洛普》（Sperl-Galopp）和《麻雀波尔卡》（Sperl-Polka）。在1849年他去世的那一年，老约翰·施特劳斯最后一次登上指挥台。在优雅方面，席津区的多玛耶尔赌场（Dommayers Casino）绝不逊色于斯佩尔。妙丽舞（Millefleurs-Bälle）、重逢圆舞（Reunionen）或者小鸽子舞（Täuberlball），再配上老约翰·施特劳斯的音乐，这是优雅阶层绝对不容错过的精彩节目。就在这里，小约翰·施特劳斯于1846年首次登台演出，当时年仅21岁。这次首演获得了观众热情洋溢的赞誉。1845年，维也纳建成了有史以来最大的舞厅奥德翁（Odeon）。这座设施豪华的舞厅可容纳10 000名游客。3个乐队可以同时演奏而不会互相干扰。1848年十月革命期间，奥德翁舞厅用作急救医院；交战时舞厅着火，被烧毁后未曾重建。范妮·埃斯勒（Fanny Elssler）的出现，让芭蕾舞在维也纳比以往任何时候都受欢迎。1837年，她登台表演了自己排练的、以西班牙舞蹈为模板的卡楚恰舞（Cachucha）。观众迷疯了，在8场演出中这支舞蹈重复跳了22次。从循规蹈矩的道德准则来看，卡楚恰舞太放荡了，简直是异教徒的糟粕。与之相反，埃斯勒的对手玛利亚·塔廖尼（Maria Taglioni）的光辉就黯淡许多。但多亏了他的父亲菲利普·塔廖尼，芭蕾舞演员在表演时才踮起脚尖跳舞，令演员呈现出一种悬浮的轻盈感。

告别两位音乐巨擘：贝多芬和舒伯特

那些年里，在维也纳，没有哪位知名人物像出生于波恩的路德维希·凡·贝多芬（Ludwig van Beethoven）那样具有争议性，无论是在音乐方面还是在为人方面。他的音乐在听众中造成分歧，有些人为他的作品所征服，有些人却认为太"现代"了。1805 年 11 月 20 日，贝多芬的歌剧《费德里奥》（*Fidelo*）在新建成的维也纳剧院首演，大部分观众是法国占领军军官。歌剧的演出并不成功，贝多芬不得不做一些修改，而这将成就他后来的大获全胜。资助金用完之后，贝多芬靠接受委托作曲和奉献作曲为生，他没法在宫廷里谋到职位，但他从 1805 年开始教授鲁道夫大公作曲。贝多芬作的曲子，像《第七交响曲》（*7. Sinfonie*）、《威灵顿的胜利或胜利之战》（*Wellingtons Sieg oder die Schlacht bei Vittoria*）、《光荣的时刻》（*Der glorreiche Augenblick*）为维也纳会议的光辉再添一道音乐的亮光。有密探报告说："……支持和反对贝多芬的阵营的的确确正在形成。俄罗斯大使拉祖莫夫斯基（Razumovsky）、阿波尼（Apponyi）、克拉夫特（Kraft）等人崇拜贝多芬，而与之针锋相对的，则是不想听贝多芬先生全部音乐的鉴赏专家，他们占绝大多数。"

维也纳会议之后，路德维希·凡·贝多芬继续以自由艺术家的身份披荆斩棘。当然他也得到了一些公侯的青睐，并可以使用他们的私人乐队和宫殿；但是贝多芬从来没有想过改变自己那共和的、革命的态度，也不想动摇自己音乐的独立性："我完全不担心我的音乐，它们不会遇到糟糕的命运。那些听懂了我的音乐的人，会摆脱其他人正深陷其中的所有痛苦。"贝多芬坚信，音乐是比所有智慧和哲学更高级的启示。

日常生活中，这位作曲家也时常被人误解，甚至遭到摒弃。他的听力日益衰退，导致他暴躁无常，极大加深了他人的误解。1802 年贝多芬在创作《圣城遗书》（*Heiligenstädter Testament*）的过程中，痛苦地抱怨自己的苦难："哦，我当时是多么悲惨啊，糟糕的听觉带给我双倍的惨痛经历，将我死死地压在地上。但我却没有办法对别人说，大点声，大吼一声，因为我耳聋……然而当有人站在我旁边，听到远处传来的笛声，而我什么也没听到，那是何等的屈辱啊……这些事件让我近乎崩溃：我要自行了断，也没缺少什么，只有她，艺术，是艺术阻止了我……"

邻居们都说自己被贝多芬的音乐打扰了。1824年的时候，贝多芬和侄子卡尔还有女管家一起搬进位于克恩滕大街33号的房子，此类困扰便如影随形。房客们向女房东投诉贝多芬，女房东克列奇卡（Kletschka）于是指使女儿："内奈特（Nanette），现在上楼，告诉那个傻瓜消停一会儿！"这个"傻瓜"只好再次四处寻觅新的栖息之地。他曾多次搬进位于默尔克旧堡上的帕斯夸拉蒂小屋（Pasqualatihaus），那里的主人对他很友好。每到夏天，贝多芬尤其喜欢住在温泉小镇巴登或莫德林（Mödling）。

远离尘嚣，身处自由的大自然之中，贝多芬寻找着激发创作的新灵感。他在徒步时，时而哼唱，时而吟诵，还会立即拿出便笺记下每一个想法。他会陷入欣喜若狂之中，目睹他这个样子的人认为他是个十足的傻瓜。贝多芬完全丧失听力后，人们只能通过打手势或写字与他交流。要是有人去拜访他，能不能受到他的接见，要看大师此刻有什么样的心情以及处于创作的哪个阶段。贝多芬倒也可以成为一位颇有吸引力的主人。客人中有一位名叫卡尔·马利安·冯·韦伯（Carl Maria von Weber）的，他的歌剧《欧丽安特》（Euryanthe）于1822年在维也纳首演；贝多芬热情地接待了他："这个粗鲁的、讨人嫌的人让我的接

待有模有样……"贝多芬对跟随自己学习的年轻贵族女士也很有礼貌，也非常有耐心。在创作《第九交响曲》时他变了个人似的，深居简出、闭门谢客。1824 年在凯伦特纳托尔剧院的大型音乐会上，《大厦落成典礼序曲》（Die Weihe des Hauses）、《庄严弥撒》（Missa solemnis）中的三首长赞美诗以及《第九交响曲》获得巨大成功，补偿了贝多芬的些许不幸。

坐落在黑西班牙人大街 15 号的黑西班牙人之家，路德维希·凡·贝多芬最后居住的地方，1903 年被拆除。卡尔·德梅尔（Karl Demel）摄于 1895 年左右

1825 年秋天，贝多芬搬进了位于阿尔瑟郊区的黑西班牙人之家（Schwarzspanierhaus）。他的健康正在恶化，他像爱护儿子一样爱着自己的侄子卡尔。然而卡尔试图自杀，这深深地刺激了贝多芬。1827 年 3 月 26 日下午，贝多芬去世，享年 56 岁。在维也纳的历史上，还没有一位音乐家像贝多芬那样受到如此庄严的葬礼待遇：大约 20 000 人挤在前往阿尔瑟教堂的路上，送他最后一程。葬礼在瓦林格墓园举行。皇家演员海因里希·安舒茨（Heinrich Anschütz）宣读了弗朗茨·格里尔帕策撰写的悼词："贝多芬把他的一切献给了众人，从他们那里却一无所获，于是他远离众人。他一直很孤独，因为他找不到第二个自己。但直到他长眠于坟墓之前，他都以仁人之心对待所有人，以慈父之心对待他的家人，他把财富和生命献给了整个世界。他就是这样一个人，他就这样地死去，他也将这样永垂不朽。"

若说到由浪漫主义和诗歌塑造的维也纳毕德麦耶尔时期的精神，没有人能比得上弗朗茨·舒伯特在音乐上的体现。他将维也纳灵魂中的可爱之处化为铮铮乐声。靠着舒伯特，歌曲成为一种独立的艺术形式。舒伯特出生于利希滕塔尔（Lichtental）的希梅尔普福格伦德（Himmelpfortgrund），他的父亲是当地的一名教师。舒伯特在一个由手艺人、洗衣女工、薰衣草女工和小贩组成的恶劣环境中长大成人。竖琴演奏者、小提琴手和做工的人在这里演唱着维也纳的民间小调，舒伯特优美的童音女高音曾响彻利希滕塔尔的教堂，引起人们的注意。从 1808 年起，舒伯特进入寄宿高中学习，并成为宫廷合唱团的团员，在学校乐队里演奏小提琴或中提琴。学校的生活条件十分贫瘠，舒伯特向他的兄弟费迪南抱怨道："吃过一顿普普通通的午餐，8 个半小时后又吃了一顿糟糕的晚餐。"因为贫穷，舒伯特在 17 岁时做了父亲的工作帮手。然而不久舒伯特便迎来了他的第一次成功：他创作的《F 大调弥撒》（Messe in F-Dur）于 1814 年首演，以庆祝利希滕塔尔堂区教堂建立 100 周年。不再做帮工之后，舒伯特迫切需要一份长期的工作来维持生计，但是一直没有着落。幸而有一群欣赏舒伯特音乐才能的朋友，能在生活中给予支持，比如弗朗茨·冯·肖伯（Franz von Schober），画家莫里茨·冯·施温德（Moritz von Schwind）和利奥波德·库佩尔维瑟（Leopold Kupelwieser），还有诗人爱德华·冯·鲍恩菲尔德（Eduard von Bauernfeld）。由于舒伯特瘪瘪的钱包无法让他搞到一套属于自己的小公寓，所以便一再返回父母家里，或者去他的朋友肖伯家躲风避雨。他们这帮人喜欢在维也纳周边郊游，号称"无忧无虑的舒伯特党"，此乃逃离穷困潦倒的日常生活的快乐妙招。舒伯特反复受到抑郁情绪的困扰。正如他的朋友鲍恩菲尔德（Bauernfeld）所坦白的那样，舒伯特"有一种双重性格，在他身上交织着维也纳人的快乐和深沉的忧郁，两者完美协调。舒伯特内心是诗人，而外在是享乐主义者"。他患上了梅毒，不得不住院接受治疗。他沮丧地写给库佩尔维瑟诉衷肠："……我觉得自己是最不快乐的人，是最悲惨的人，我的身体再也不会康复了……每天晚上睡觉时我都希望不要再醒来，每天早上醒来我获得的只是昨天的悲伤。"好在一切都尚未无药可救。舒伯特住进弗鲁维尔奇房子里的一个转租房间，就在卡尔教堂旁边，与住在月光小屋的施温德比邻而居。

"舒伯特党人"在阿岑布鲁格（Atzenbrugg）的球赛中。由弗朗茨·冯·肖伯绘画，莫里茨·冯·施温德塑造人物，路德维希·摩恩（Ludwig Mohn）蚀刻

施温德说："我们每天都见面，并且尽我力所能及，与他分享我的全部生活……"月光小屋是"舒伯特党"钟爱的聚会地点，在这儿他们可以率先聆听到舒伯特的最新作品。1828 年 3 月 16 日，舒伯特在锦帕拱廊的音乐协会大厅举办了一场音乐会。音乐会的节目单包括歌曲和小提琴四重奏的第一乐章。入场券全部售罄，大厅内也掌声雷动。然而，在当时的维也纳，受欢迎程度更高的其实是名副其实的"魔鬼小提琴家"的尼科罗·帕格尼尼（Niccolò Paganini）。听听《柏林大众音乐报》（*Berliner Allgemeine musikalische Zeitung*）对舒伯特音乐晚会的报道吧："毫无疑问，里面是有许多不错的内容。""只是这颗微弱的星星，于音乐的苍穹之中，在彗星那灿烂光辉的映照下显得黯然无光。"彗星指的便是帕格尼尼。帕格尼尼在演奏中掺进魔鬼元素，令维也纳人陷入完完全全的痴狂之中；戴帕格尼尼帽子、帕格尼尼手套是时尚潮流的最新标配。这个世界不属于舒伯特。同年秋天，舒伯特的身体每况愈下，于 11 月 19 日溘然长逝，年仅 31 岁。他"为了更美好的生活而安然睡去"，这是父亲在舒伯特的讣告中所言。舒伯特留下了大量的作品：有 600 首歌曲，包括套曲《美丽的磨坊女》（*Die Schöne Müllerin*）和《冬之旅》（*Die Winterreise*）；8 首交响曲；7 首弥撒曲；15 首弦乐四重奏和 1 首钢琴五重奏。舒伯特长眠于瓦林格墓园，离贝多芬的长眠之处相隔 3 个墓碑。两人活着时从未见过面。墓碑上有格里尔帕策撰写的墓志铭："死亡在这里埋葬了丰富的财产，还有美丽的希望。"

铁路、明轮船、煤气灯：技术改变日常生活

蒸汽动力改变了交通方式和产品的生产方式，而煤气改变了照明方式。1837 年 11 月 23 日，第一列蒸汽机车首次试行，由此开启了维也纳的历史新纪元。这一条路线从多瑙河以北的弗洛里茨多夫（Floridsdorf）一直铺设到德意志－瓦格拉姆（DeutschWagram）。列车由英国纽卡斯尔（Newcastle）的斯蒂芬森工厂出产，共有 8 节车厢，靠蒸汽火车头"奥

地利号"牵引。首航邀请 164 位贵宾参加，吸引了上千名观众的围观。乘客们对铁路的速度和便利性赞叹不已。就这样，铁路网络开始铺设，铁路的蔓延速度迅速飙升。1848 年，皇帝费迪南的北方铁路铺到普鲁士的边境，从而使得乘火车前往柏林和汉堡成为可能。银行家罗斯柴尔德男爵所罗门（Salomon Freiherr von Rothschild）意识到新的交通工具在经济上具有重要价值，于是便和弗朗茨·克萨韦尔·里普尔教授（Franz Xaver Riepl）一道制定了从维也纳经克拉科夫到加利西亚的铁路线修建计划。提起这位教授倒也有名，是他主持了德语区第一所技术学院——帝国皇家理工学院的建设工作。南方铁路的建设暂时还是不完整的，其轨道终止于格洛格尼茨（Gloggnitz），塞默灵（Semmering）地区多山的地形仍是一道亟待克服的难关。1846 年，就在北方铁路轨道铺设的同时，维也纳和布尔诺之间的第一条电报线也开始架设。

蒸汽动力同样彻底改变了航运。1828 年，两名英国工程师获得乘坐汽船航行多瑙河的特权。汽船上提供动力的机器由伦敦运过来。帝国皇家多瑙河汽船航运协会（DDSG）的第一艘汽船名为"皇帝弗朗茨一世"，从 1831 年开始定期前往多瑙河侯国，也就是今天的罗马尼亚。航运中最重要的发明来自约瑟夫·雷塞尔（Josef Ressel）的螺旋桨推进器。1829 年，这位海底森林管理所长在特里斯特港（Triest）的"猫头鹰号"轮船上首次试验了他开发的新技术。

随着煤气照明的引入，维也纳的技术进步明显。1816 年金狮药房做了首次煤气灯测试，到 1832 年，位于威登（Wieden）的恩格尔斯基兴宫（Palais Engelskirchen）开始安装煤气灯，成为第一座完全用煤气照明的私人住宅。探索照明气体的试验在技术学校进行。不列颠帝国大陆煤气联盟与维也纳相关机构签署合同，承担起在维也纳城扩建煤气照明设施的任务。煤气灯中的蝴蝶形点燃器发出微红色的光芒，首先照亮了棱堡以内的城区、霍夫堡宫地区、郊区的主干道以及美泉宫周围。煤气灯亮遍全城，以前那种靠着烧油的"城市小钟"，也就是立在木杆上的蛋形吹制玻璃盏，逐渐从红漆金属板屋顶下消失不见。

资本的力量：维也纳金融中心

1811年奥地利宣告国家破产，即便如此，空头纸币的流通仍在继续，导致"维也纳货币"的信誉一落千丈。和约签订后，长期巩固货币价值的大好时机来临。于是一个独立于国家的中央银行应运而生，这便是成立于1816年的帝国皇家奥地利国家特别银行。就这样一步接一步，曾被当作"维也纳法币"使用的纸币逐渐为国家银行发行的新纸币所取代，不过也有一部分被兑换成全值的银本位货币。事实上，国家银行正在按部就班地实现人们寄予它的厚望。银行总部是一座构造分明的崭新建筑，坐落于绅士街，由查尔斯·德·莫罗（Charles de Moreau）设计。此外，硬币是集中铸造的，其代表性建筑是坐落于干草市场（Heumarkt）的主铸币厂，这座铸币厂按照保罗·斯普伦格（Paul Sprenger）的规划于1838年建设完工。1817年，为确保国家税收的有秩序缴纳，土地税专权出台。此举意味着首次对土地强制进行精确测量和制图，以确定土地税的数额。在维也纳城，弗朗茨治下的土地登记于1829年完成。当时绘制的地图对地理测量、居住学问和自然科学来说是十分珍贵的资料。

"平时节省点，以备不时之需。"多亏这句谚语，奥地利第一家储蓄银行才和人们见面，它是由牧师约翰·巴蒂斯特·韦伯（Johann Baptist Weber）在利奥波德教堂的堂区庭院里开设的。1819年10月4日，在皇帝命名日这天，弗朗茨将第一个储蓄账户分发给贫困儿童。通过增加利息来储蓄钱财的想法迅速流行起来，银行机构也在扩大。代表性建筑是后来阿洛伊斯·路德维希·皮赫尔在壕沟大道21号新建的一栋没有太多古典主义装饰的大楼。

当毕德麦耶尔时期的维也纳人想到大把大把的金钱时，他们脑中会浮现阿恩斯坦、埃斯凯勒斯（Eskeles）、弗里斯（Fries）、盖米勒和西乃（Sina）等名字。这些银行大亨全都参加过国家银行和储蓄银行的建立，尽管他们也都在这个时代无一例外地破产了。而另一边，所罗门·梅耶·罗斯柴尔德的银行却蓬勃发展。此人于1822年被加封为贵族，同时担任其家族在维也纳开设的银行的负责人。这个银行世家源自法兰克福的犹太区，足迹遍布整个欧洲。奥地利的银根紧，举世皆知，于是罗斯柴尔德凭借着自己的巨额财富对奥地利的经济和金融政策产生了决定性的影响。

巨大的策略失误：革命的先兆

1823 年，沃勒本市长去世后，安东·鲁佩特（Anton Lumpert）继任市长。任职期间他修了一些重要的桥梁，包括重建被法国人摧毁的奥加滕桥，还有维也纳第一座链式吊桥索菲恩桥（Sophienbrücke）以及多瑙河运河上的卡尔步行天桥——要走此桥当然须借助游艇，且需付费。然而，维也纳的街道清洁工作松懈，下水道阙如，城市的基础设施存在着缺陷，若刨根问底，原因可以归结为市政的长期财政困难。因此鲁佩特的工作越来越受到维也纳市民的指责。政府对此不会认错，它可以推卸由弊病导致的任何责任。比方说，因忽视监管多瑙河防洪措施，从而导致城市被有可能发生的洪水淹没。1830 年 2 月，大规模冻冰融解，终于酿成了长期盘踞人们头顶的大祸。郊区城市罗骚（Rossau）、利奥波德城、魏斯格贝尔（Weißgerber）、厄德贝格等俱被洪水吞没，有 74

1830 年利奥波德城的洪水。约瑟夫·特伦森斯基（Joseph Trentsensky）根据费迪南·霍夫鲍尔（Ferdinand Hofbauer）的画作而制作的彩色石版画人溺水，其中包括 19 名儿童，数千人无家可归。1831 年，又一严重的灾祸吞噬维也纳，是年霍乱大流行，2000 多人命归黄泉。传染病的罪魁祸首是污水，原来是污水灌进了监管不力的维也纳河里。家家户户的水井也被地下水污染。人们尝试着先在河流右岸建造"霍乱水渠"，随后又在左岸做同样的事情来解决这个问题。但是，这是一种无用的措施，因为下大雨时，污水会重新流回维也纳河。这个问题直到 1902 年疏浚河流之后才得以解决。

市政当局的失误如此明显，人们的批评也是相当振聋发聩，以至于弗朗茨皇帝决定罢免鲁佩特的职务。按理年轻的伊格纳兹·查普卡（Ignaz Czapka）应该接着走马上任。但在他上任之前，皇帝于 1835 年 3 月 1 日驾崩。长子费迪南一世继位，这位新皇帝在身体和精神上患有遗传性疾病，无法理政，只好由国务会议接管政治领导权，而事实上这不过是个摄政委员会；国务会议建议皇帝任命安东·约瑟夫·冯·李布（Anton Josef von Leeb）出任维也纳市长之职。李布的任期很短，他死于 1837 年年底。伊格纳兹·查普卡终于在 1838 年获得了任职机会。大家一致认为查普卡具有组织才能，也能把一些问题往前推进。因此，他一面把维也纳的法理主权推广到大部分郊区，另外又设立市集办事处，扩建地下水道网，并开始建造市立屠宰场。然而，他让所有希望这座城市能拥有更多自治权的自由主义者们感到失望。更要命的是，查普卡对解决日益濒临爆炸边缘的社会问题毫无作为。

由于工厂工人的收入要高于务农，因此越来越多的人迁往城市。人口过多、物价上涨、住房紧张等问题便随之而来。维也纳人中只有一半住在自己的公寓里，另一半则栖居在费用高昂的转租房间里。工人们既没法融入社会，也没有任何保障。产品一旦遇到销售危机，他们会立即被解雇。工人们泄怒的对象是机器，他们认为机器要为他们遭受的不幸承担责任。自约瑟夫二世开始，尽管有关部门颁布过禁止使用童工的有效命令，但这一现象仍被默许，因为雇佣童工被认为是一种替代乞讨的补救措施，效果明显。此事的弊端令人无法容忍，1842 年 6 月最高法院出台一项规定，只有在特殊的情况下才能允许 9 岁以下的儿童到工厂做工，如果某个儿童以前曾上过 3 年学，那么建议的年龄标准便升到 12 岁。9 岁到 12 岁的儿童每天最长工作时限为 10 小时，而年长者则被许可工作 12 小时，同时禁止儿童和 16 岁以下的少年夜间工作。

贫民窟的婴儿和儿童死亡率高得惊人。为了改善这种状况，著名的路德维希·威廉姆·玛特纳博士（Ludwig Wilhelm Mauthner）于 1837 年在维也纳的苏格兰场地区开放了第一家儿童医院，贫困父母的孩子可以在这家医院得到免费治疗。有了资助人的帮助，医院床位增加至 120 张，并于 1848 年从苏格兰场搬到位于阿尔瑟格伦德的儿童医院街的新大楼里。在此期间，儿童医院被命名为圣安娜儿童医院，最终成为大学儿童医院。火柴的发明者斯蒂芬·拉迪斯劳斯·冯·罗默（Stefan Ladislaus von Romer）在威登建立了圣约瑟夫儿童医院。儿科医生弗朗茨·胡格尔（Franz Hügel）则成立了一家免费的儿科门诊。

1829 年消费税出台，取代过去的食品额外附加费用，穷人们遭受当头一棒。市政府希望通过对葡萄酒、啤酒和肉类征收间接税，能够带来急需的额外收入。税收在边墙一带征收。为了避免苛捐杂税，越来越多的工人搬到居住成本较低的郊区居住。结果造成住房短缺，一批投机性的违建房层出不穷，贫困日益加重。梅特涅的秘书弗里德里希·冯·根茨（Friedrich von Gentz）深知"赤贫化"问题的破坏力："我害怕——处处都是——只有一件事情。这便是下层阶级真正紧急的和无可救药的绝境，他们的绝望和无神论者煽动起来的激进行为……失去一切的乌合之众肯定会获得胜利，当然可能会在血腥的和可怕的混乱之中出现空隙，而在这样的空隙中，我们的绞刑架便可大展手脚……"

大坝决堤：1848 年革命

1848 年 2 月，巴黎革命的消息传来，顿时如星星之火，革命在中欧和南欧成燎原之势。在维也纳，激进自由主义宣言横空出世，1000 名市民签名支持"市民请愿书"，其诉求在于要求国家进行改革。此外

战争部长拉图尔伯爵的遗体被悬挂在安霍夫的枝形吊灯上。约翰·克里斯蒂安·舍勒（Johann Christian Schoeller，1782 年—1851 年）的时代水彩画

学生们还要求新闻自由和言论自由，以及教学自由和学习自由。朝廷没有任何回复。于是学生和市民闯入下奥地利的乡间别墅之中，各阶层的人正在这里开会。阿道夫·菲施霍夫医生（Adolf Fischhof）发表煽动性的演讲，强调了人民的诉求。演讲中他宣读了匈牙利反对派领袖路德维希·科苏特（Ludwig Kossuth）几天前在普雷斯堡的讲话，其中提到"维也纳的行政系统是压抑的，是瘫痪的，是有毒的，从它的毒铅室里吹出致命的风，刮来令人窒息的蒸汽"。与此同时，郊区的工人也加入到示

威者的行列之中。阿尔布雷希特大公指挥的军队试图控制局势。绅士街发生枪击事件，造成 5 人死亡。市民和学生怒号着冲进平民武装的军械库，带上武器武装自己。他们建立了国民警卫队和大学生兵团。梅特涅的垮台不可避免。人群聚集在球室广场，朝着乡村大街梅特涅的官邸发动袭击。3 月 14 日，回天乏术的首相突然逃往伦敦。形势突变，查普卡市长手足无措，也离开了维也纳。3 月 17 日，那些"3 月阵亡者"被安葬在施梅尔策墓园，数千人排成队伍，向他们致以最后的敬意。

庙堂之上的诸公六神无主。当革命的消息传来时，费迪南皇帝的反应可谓贻笑大方，他说："他们被允许了吗？"为了平息局势，人民所要求的一切条件都得到了满足：允许市民自己武装，允许新闻自由和言论自由，取缔审查制度，并起草自由宪法。维也纳人欢呼雀跃，赞美他们的皇帝。"所以我们有信心期待发脾气的人会安静下来"——费迪南在 3 月 15 日的诏书中所表达的希望并没有实现。在郊区工人们摧毁了机器，军队武力介入，造成 45 人死亡。维也纳以外的局势也越来越糟糕，哈布斯堡王朝面临着大厦将倾的危险。

由于妇女和年轻人的工资缩减，到了 1848 年 8 月中旬，新的骚乱又起。紧急状态行动人员到普拉特示威游行，反抗不公，游行队伍之中还有很多拎着孩子的妇女。和平进行的集会结束之后，国民卫队和安保警卫开始向人群开火。"普拉特屠杀"共造成 22 人死亡，300 人受伤，这一悲剧成了革命的转折点。之前由国民警卫队、学生和工人组成的统一战线解体了。资产阶级开始退缩，它已经做出了重大妥协，并不想自身陷入危险之中。尤其令资产阶级感到恐惧的是，卡尔·马克思现身维也纳的工人集会，并宣传了他在 2 月份发表的《共产党宣言》（*Kommunistisches Manifest*），将私有财产视为人类的罪恶之根。局势在 10 月份再度恶化。军队被派往匈牙利镇压那里的革命，但是有一个掷弹兵营拒绝执行任务。哗变受到国民警卫队的支持。他们与政府军交战于塔波尔桥，并打退政府军，起义军胜利凯旋。而在斯蒂芬大教堂周围地区则发生了平民和士兵之间的冲突。帝国军械库遭到袭击，战争部长西奥多·拉图尔伯爵（Theodor Latour）在战争部的院落里被杀害，正是这位伯爵下令让掷弹兵营远征匈牙利，而现在他的尸体被悬挂安霍夫的枝形吊灯上。皇室在惊慌失措中匆忙逃往摩拉维亚北部的奥洛穆茨（Olmütz），并在这儿谋划收复背信弃义的皇城。陆军元帅阿尔弗雷德·温得辛－格雷茨伯爵（Alfred Windisch-Graetz）统领军队，于 10 月 12 日开始围攻维也纳。忠于皇帝的克罗地亚总督（Banus）约西普·冯·耶拉契奇（Josef von Jellačić）亲率自己麾下 50 000 人的军队前去与温得辛－格雷茨的军队会师。维也纳城攻防战开始。革命者拒绝无条件交出维也纳。法兰克福议会 [1] 的议员罗伯特·布鲁姆（Robert Blum）也身在其列。议员的印象很深刻："维也纳是恢宏的，是我见过的最可爱的城市，然而她的血与肉却是革命的。人们从容而彻底地进行革命事业……这些好汉去打架就像是去跳舞，他们肯定相信生命不值一文。"激烈的战斗在郊区进行了一个星期之久。10 月 26 日，帝国军队开始炮击维也纳。市民们躲在自己的房子里。一位住在洪德斯特姆线（Hundsturm Line）的资产阶级妇女记下了自己的经历："有 4 个晚上，只要天一黑，就可以看到浓浓的烟柱和燃烧的血色在天空中升腾，还不是只有一处，不，而是有三四个不同的地方……没有火灾的警声响起，也没有喷水管喷水。寂静，一点声音也没有，我们看到维也纳周围一片火海。10 月 26 日这天掀起了一场可怕的风暴，就在同一天，轻武器的发射声和大炮的轰鸣声一直持续不断，人们看到那片燃烧的红色朝着赫岑多夫（Hetzendorf）的方向移动，同样地也飘向锡默灵或普拉特方向，那儿的亮光从我们卧室百叶窗的裂缝中透了进来……"为数众多的路障相继被围攻的军队攻破。至关重要的是波兰将军约瑟夫·贝姆（Józef Bem）守卫的猎人街"星形街垒"，无论如何革命者还有背水一战的希望，那就是匈牙利援军。他们从斯蒂芬大教堂上的警报塔接收报告，匈牙利人正在逐渐逼近。然而不幸的是援军被耶拉契奇的部队打退了。眼下做进一步的抵抗是没有

1　法兰克福议会指的是 1848 年在法兰克福召开的全德意志制宪会议，会议目标是想用民主的方式统一德国，但最终失败，随后民族主义抬头。

意义的，革命者缺乏弹药和补给。三周前才刚经过自由选举诞生的维也纳地方议会决定，无条件交出维也纳。守军总司令文策尔·乔治·梅森豪泽（Wenzel Georg Messenhauser）对同胞们说："……凭着你们不畏死亡的战斗豪情，我们当然可以把你们置于敌人的案板之上，但我们永远无法战胜这支武装部队，无法对抗这 100 个烈焰深渊……"梅森豪泽自愿面对胜利者。他与贝姆和两名记者按照紧急状态法令要一起被枪决。贝姆成功逃亡匈牙利。战斗的结果是可怕的：大约有 2000 名革命者丧生，数百间房屋被烧毁，其中包括皇家图书馆的房顶。毕德麦耶尔的世界在火与剑之中沦亡了，革命之年的后果在奥洛穆茨显现出来。1848 年 12 月 2 日，费迪南退位，并将皇位交给他 18 岁的侄子弗朗茨·约瑟夫。

弗朗茨·约瑟夫皇帝为了对 1848 年拯救皇位和帝国的军队表达感激之情，只穿着制服，因此被嘲笑为"红裤子中尉"。弗朗茨·泽弗·温特哈尔特（Franz Xaver Winterhalter）的画作，1865 年

弗朗茨·约瑟夫时代

（公元 1848 年—1916 年）

弗朗茨·约瑟夫皇帝统治维也纳将近 68 年，在他的统治时期，维也纳经历了历史上前所未有的、持续时间最久的动荡。维也纳的城墙被拆除，代之以环形大道的兴起，从而城市的基本结构彻底重组。郊区合并，先是城市近郊，最后是多瑙河左岸的社区加入到城市大家庭，维也纳从一座易于管理的都城转变为世界第六大城市。交通和其他的城市基础设施适宜大众。所有的艺术和科学领域一派欣欣向荣。同时，弊端也显露得很明显，简陋的出租房居住条件差，肺结核病成为"维也纳病"。最终，第一次世界大战的战火从维也纳开始燃烧起来。

独裁岁月：维也纳的新专制政体

1849 年 5 月，18 岁的弗朗茨·约瑟夫以皇帝的身份第一次踏上维也纳土地。这是一次悄然地回归，因为真的没有什么值得大张旗鼓的名头。革命导致军事独裁，维也纳感受到了这种痛苦。城区、郊区和城市四周都处在戒严之中。所有的政治团体均被解散，新闻自由被取消，街道和广场上的集会如果超过 10 人参加就要被驱散，酒吧和咖啡馆必须在晚上 10 点或 11 点打烊。所有这些措施都是为了"从无政府状态恢复到有秩序的、合乎宪法的法律地位的过渡"。沉重压抑的氛围扼住维也纳的咽喉，胜利者和被征服者的眼睛里都流露着仇恨的目光。现在军事政策占据绝对优先性。1849 年 7 月，政府为兵工厂的兴建奠基。在拉尔山（Laaerberg）的斜坡上，一个包含 72 座建筑配件的巨大群落拔地

而起：兵营、指挥部大楼、枪械铸造厂、步枪工厂、仓库翼楼、军事国民学校、军队博物馆、名人堂和荣军堂以及胜利玛丽安教堂。这座浪漫历史主义风格的砖砌建筑出自后来承担环形大道铺设工作的建筑师爱德华·凡·德·努尔（Eduard van der Nüll）、奥古斯特·西卡尔德·冯·西卡德斯堡（August Sicard von Sicardsburg）、特奥费尔·翰森（Theophil Hansen）、路德维希·福斯特（Ludwig Förster）和卡尔·罗斯纳等人之手。兵工厂具备堡垒特色，成为其他兵营竞相仿效的样板。1850 年 3 月，皇帝批准将一直延伸到边墙的 34 个郊区并入维也纳城区。当时郊区划分为 7 个区，维也纳的人口有 431 000 人，市长为约翰·卡斯帕·冯·塞勒男爵（Johann Kaspar Freiherr von Seiller）。

这位年轻的皇帝在维也纳并不受欢迎，人们嘲讽他为"红裤子中尉"，因为他只穿军事制服，皇帝这样做是为了对拯救皇位和帝国的军队表达感激之情。然而不久之后，1853 年 2 月 18 日《维也纳报》的增刊刊登出一则消息，着实把维也纳人吓了一跳：皇帝在防御工事上散步

兵工厂军事历史博物馆

  这是维也纳第一座国家级的博物馆建筑，位于巨大的兵工厂综合建筑群之中，因此具有非同寻常的特点。根据路德维希·福斯特和西奥菲尔·汉森的计划，博物馆于1850年—1856年施工。外立面于次年完成。这座两层砖砌建筑的风格属于摩尔-拜占庭式和哥特式的混合体。角落凸出部分很是明显，而中央部分则被一个仿奥斯曼陵墓建筑的穹顶覆盖。入口大厅饰有代表士兵美德的神话人物，由雕塑家汉斯·伽塞（Hanns Gasser）创作。其后是统帅大厅，上覆加肋十字拱，大厅里放置了56件自巴本贝格时期以来奥地利历史上著名人物的大理石雕塑，尺寸大小超过真人，人物主要是将军。30位雕塑家参与了创作。楼梯间里有重要雕塑家的壁龛塑像和卡尔拉尔（Carl Rahl）的神话传说壁画。统帅大厅之后是名人堂，里面有卡尔·冯·布拉斯（Karl von Blaas）的壁画，记录了奥地利历史上的重大事件。该建筑始建于1891年，当时是帝国皇家军事博物馆。在第二次世界大战期间，博物馆在轰炸中破坏严重，早在1946年就已经开始重建。1955年，博物馆扩大，靠近盖迦大街上（Ghegastraße）的拱廊大厅再次向公众开放。在博物馆里游客可以看到所有的武器装备，包括从骑士盔甲到俘获的土耳其战利品，再到其时最现代的武器。博物馆里尤其吸引人的是，1914年6月28日皇位继承人在萨拉热窝遇害时乘坐的那辆布满子弹孔的汽车。

时突遭刺客持刀袭击，所幸侍从武官马克西米连·奥唐奈伯爵（Maximilian O'Donnell）和恰好路过的市民约瑟夫·埃滕赖希（Josef Ettenreich）挺身而出，行刺者被当场抓获。刺客是匈牙利人亚诺什·利本尼（János Libényi），一名裁缝工匠，几天后就被处决。弗朗茨·约瑟夫后脑勺受伤，但很快就康复了。这次奇迹般的幸免于难让皇帝一夜之间赢得了人民的爱护。在他康复后第一次外出时，维也纳人为他欢天喜地。1853 年 9 月 1 日，维也纳的戒严解除。

同年夏天，弗朗茨·约瑟夫与他的表妹巴伐利亚女公爵伊丽莎白订婚，这位女公爵便是后来闻名遐迩的美丽的"茜茜公主"。维也纳正在准备一场盛大的皇室婚礼，婚礼日期是 1854 年 4 月 24 日，这将是一场自维也纳会议以来空前绝后的盛大庆典。然而，维也纳人摸不透这位 16 岁新娘的秉性，因为她并没有给公众留下幸福的印象，反倒是一次又一次地双泪纵横。茜茜公主早年生活得自在自由，自由对她来说已是一种习惯，现在这种自由被剥夺，她从一开始就感到自己沦为霍夫堡宫的囚犯。多年过去了，维也纳人越来越难见到皇后的影子。在皇上和皇后大婚两周年之际，他们一道出席还愿教堂的奠基典礼。这是以一种特殊的方式感恩造物主，感谢其将皇帝从凶手的手中拯救出来。皇帝的弟弟费迪南·马克西米连大公号召开展一次募捐活动，其所得款项将用于兴建教堂。25 岁的海因里希·菲斯特尔（Heinrich Ferstel）成为教堂设计方案的中标者。他的设计草图取自 13 世纪法国哥特式大教堂。教堂的建筑工地选在苏格兰门前方开阔地带的最边缘。两座 99 米高的塔楼顶部将各自放置一顶皇冠——这是维也纳全城的募捐所得。

天主教教会在弗朗茨·约瑟夫的新专制政体中重获生机，荣列君主政体中仅次于军队的第二根中流砥柱。1855 年奥地利教会与教皇签署协约，从而获得极大的特权，其中也囊括对婚姻的管辖权。所有持开明思想的人都认为这是一次沉重的失败。教会重新复苏后，不断增强自身力量，兴建了拉察里斯滕教堂（Lazaristenkirche）和阿尔特勒兴费尔德教堂（Altlerchenfelder Kirche），两者均采用浪漫历史主义风格。

被剥夺了政治行为能力的资产阶级，发现自己在经济和资本市场上的活动并没有障碍。1855 年，经财政部长布鲁克男爵卡尔·路德维希（Karl Ludwig）倡议，帝国特有的奥地利贸易和商业信贷银行成立，为工业、外贸业和运输业提供了卓有成效的强大助推力。银行和股份公司成立，交易所里的股票价格上涨。时间久了，证券大楼变得狭小逼仄，于是 1856 年，证券大楼对面立起一栋供国家银行和交易所使用的新大楼。海因里希·菲斯特尔是其建筑师，受命建造一座"坚固的、艺术上和技术上完美无缺"的建筑。15世纪佛罗伦萨风格的拱廊和饰品，诺曼底的拱门饰物，法国哥特式的柱子和穹顶，英国都铎王朝风格的拱门和房顶结构：菲斯特尔的建筑就是这样表达自己，今天这座建筑被称为菲斯特尔宫。海因里希·菲斯特尔还受命规划了一个市场和一家咖啡馆。

　　高度繁荣的经济刺激了铁路的建设大潮。1854年，一条穿越塞默灵的南部铁路的山地路段竣工，塞默灵铁路现在已被联合国教科文组织列为世界遗产。1857年，伊丽莎白皇后铁路线（即今天的西部铁路）开始铺设，该铁路将从维也纳出发，经林茨和萨尔茨堡直抵慕尼黑。维也纳是哈布斯堡帝国掌控全局的中枢神经，她需要大型的火车站。其中最壮丽宏伟的出自斯图加特人西奥多·霍夫曼（Theodor Hoffmann）的手笔：北火车站。霍夫曼描绘道："晚期罗马式（原文如此）的圆拱式建筑被定为它的建筑风格。"新闻界对"既富且贵的外貌"赞不绝口，尤其是它的候车大厅。有了这座北火车站，维也纳的火车站"在美丽和舒适方面几乎超越了类似娱乐场所所能提供的一切"。

　　1858年8月21日，皇后在维也纳附近的拉克森堡（Laxenburg）产

维也纳北火车站。西本利斯特（Siebenlist）和莫塞尔（Mössl）摄于1890年

下朝思夜盼的皇太子。受洗时，皇太子获赠王朝创始人的名字鲁道夫。101 响礼炮向世人宣布皇位继承人诞生了。维也纳人在剧院进行表演，来祝福这个"最尊贵的孩子"，演出的收入悉数捐赠给穷人。就在太子出生后 5 天，皇帝下令建一所新医院，作为提供给"忍受贫困的人民的福利"，并名之为鲁道夫基金会。皇帝把乡村大道上皇家花园的一部分让出来用作医院的施工地。医院以巴黎的拉布阿谢尔综合医院（Hôpital Lariboisière）为模仿对象，名字来源于皇太子；1864 年 12 月 12 日，皇帝夫妇带着 6 岁的皇太子出席了大楼奠基仪式，这座建筑是浪漫历史主义的另一个例子。

新时代的石质标志：维也纳环形大道

随着郊区并入维也纳城区，城市的防御工事问题便摆到眼前。军方强烈反对拆除它们，但皇帝越来越倾向于听取城市规划者和商业代表的意见。最终，皇帝于 1857 年 12 月 20 日写给内政部长一封著名的亲笔信，在信中他下了决心："亲爱的冯·巴赫男爵，我的心愿乃在于尽快解决维也纳内城的扩建问题，以便将其与郊区连接起来，并考虑将我的治所和帝国首都有序化、美化。为此，我批准废弃内城的围墙和防御工事，还有环绕城池的护城河……"不过据内务部法律专家弗朗茨·马辛格（Franz Matzinger）记载，这只是一个概述性的说明，它浓缩了对具体意图的细致描绘。马辛格是城市扩张基金的负责人，全权负责将用于盖房子的地皮出售给私人建筑所有者，所获得的收益用来资助公共建筑。维也纳政府当局对此没有发挥任何作用，它只负责铺设道路、疏通下水道、架设照明灯和安置煤气管道等。1858 年 3 月，红塔防御工事的拆除作业开始了。护城河被填平，道路铺设线被标出，57 米宽的环形大道就要在此修建。环形大道并不是沿着原先的城墙依势而走，而是横亘在原先防御工事之前的开阔地带。

军队提出了自己的请求，要求在多瑙河运河两岸崭新的繁华大道

1865 年 5 月 1 日，弗朗茨·约瑟夫皇帝隆重启用环形大道。拉迪斯劳斯·欧根·彼得罗维茨（Ladislaus Eugen Petrovits，1839 年—1907 年）绘制的彩色木版画

上安置兵营，其名为弗朗茨·约瑟夫兵营和皇太子鲁道夫兵营，后者就是今天的罗绍尔兵营（Rossauer），它们完全采用兵工厂的样式。环形大道工程在国际上引起了巨大反响。参与建设竞标者达 426 人，其中胜出者有路德维希·福斯特、奥古斯特·西卡尔德·冯·西卡德斯堡、爱德华·范·德·努尔和弗里德里希·斯塔什。1865 年 5 月 1 日，环形大道的第一个路段对众开放，盛大的游行队伍踏足其上。一驾敞开的豪华马车上，市长德烈亚斯·泽林卡（Andreas Zelinka）在皇帝皇后面前驱车而行。游行队伍途经一系列装饰着旗帜和枝叶花环的簇新私人宫殿。建筑商借助税收优惠政策，开始迅速大兴土木，因此建设从沃尔策勒（Wollzeile）到巴本贝格街的第一段环形大道之功劳要归他们。私人宫殿的出现是社会变迁的一面镜子，金钱贵族的重要性已然超过世袭贵族。建筑物的主人都写有传记，其中每一部都清晰地表达出这一观点；另外其中很多传记的传主都是犹太人。为了满足建设环形大道的需求，大企业家海因里希·德舍（Heinrich Drsche）生产了数以百万计的砖块。私人宫殿的修建蔚然成风，一座座如雨后春笋般拔地而起，先是银行家爱德华·托德斯科（Eduard Todesco）、爱德华·维纳（Eduard Wiener）、乔纳斯·柯尼希瓦特（Jonas Königswarter）等人，接着工业大亨弗朗茨·冯·韦特海姆（Franz von Wertheim）、丝绸制造商奥古斯特·泽佩佐（August Zeppezauer）、布料制造商阿尔弗雷德·斯肯（Alfred Skene）、工厂主和庄园主弗里德里希·莱滕伯格（Friedrich Leitenberger）以及实业家尼古拉斯·邓巴（Nikolaus Dumba）等人的宫

殿也相继问世。从宫廷歌剧院往巴本贝格街的方向，建筑的所有者是啤酒酿造商安东·德勒埃（Anton Dreher）和伯恩多夫五金厂（Berndorfer Metallwarenfabrik）的创始人、工业巨头亚历山大·冯·舒勒（Alexander von Schoeller），而终点则是银行家弗里德里希·谢伊·冯·科罗姆拉（Friedrich Schey von Koromla）的宫殿，其主要正面朝向城堡花园。这座建筑出现在 20 世纪 80 年代赫尔穆特·安迪斯（Hellmut Andics）的电视剧《环形大道宫殿》里，在奥地利广为人知。在环形大道通往苏格兰门的方向上，银行家古斯塔夫·冯·爱泼斯坦骑士（Gustav Ritter von Epstein）和伊格纳兹·冯·埃弗鲁西（Ignaz von Ephrussi）的宫殿正在建设之中。所有这些建设者都遵从了皇帝的命令，都为美化首都做出了应尽的贡献。因此，他们中的大多数人都伸着脖子期待晋升为贵族。弗朗茨·约瑟夫表示理解，反正晋升贵族又不是免费的。所以维也纳很快就充满了什么"贵族"啦，"骑士"啦，"男爵"啦，等等。建筑师也以这种方式获得荣誉。奥古斯特·施万德温（August Schwandernwein）现在可以叫自己一声洛瑙贝格骑士，而约翰·罗曼诺（Johann Romano）则被封为环城骑士，这可真是建设环形大道的建筑师最合适的贵族头衔呢。他在沃尔策勒和巴本贝格街之间造的房屋不少于 22 座。环形大道一带古老贵族出身的建筑物主人为数不多，其中爵位级别最高的是皇帝最年幼的弟弟路德维希·维克托大公（Ludwig Viktor），其次是元帅阿尔布雷希特大公的女婿符腾堡的菲利普公爵。他的宫殿很快将成为帝国豪华酒店。德意志团长宫殿是为条顿骑士团大团长威廉大公建造的。体内流淌着古老贵族血液的建筑物主人还有恩斯特·冯·霍约斯－斯普林岑斯坦（Ernst von Hoyos-Sprinzenstein）、欧根·金斯基（Eugen Kinsky）、雨果·冯·亨克尔－唐纳斯马克（Hugo von Henckel-Donnersmarck）和科洛雷多－曼斯费尔德（Colloredo-Mannsfeld）等。

就在城墙拆除工作进行的同时，哈布斯堡帝国的局势发生了根本性的变化。奥地利先后在 1859 年的索尔弗利诺战役（Solferino）和 1866

年的柯尼希格雷茨战役（Königgrätz）[1]中遭受决定性的惨败，统治意大利和德意志的霸主地位宣告结束。奥地利与匈牙利相互制衡，二元君主制国家奥匈帝国诞生。这个政体拥有两个政府、两个议会和两座首都。维也纳不得不与布达佩斯共同分享首都身份，但维也纳占有一定的优先地位。1867 年 12 月，国家基本法在奥匈帝国的奥地利这边生效，史称《十二月宪法》。正是这部法律带来了革命者在 1848 年抛头颅洒热血所要争取的一切：全体国民法律面前一律平等，个人及其财产自由迁移，财产和私人领域不可侵犯，邮政通信隐私权，集会自由和出版自由，科学及其教育自由，职业选择自由，信仰自由和伦理自由，等等。

宫廷歌剧院荣列环形大道上的第一座公共建筑，于 1869 年 5 月 25 日揭幕，揭幕典礼上歌剧院演出了莫扎特的《唐璜》（*Don Giovanni*）。这是件非常重要的社会大事件。建造歌剧院的建筑家们却不在现场，因为他们在上一年便去世了：爱德华·凡·德·努尔在他的卧室里上吊自杀，不久之后西卡德斯堡也撒手人寰。两人曾遭受排山倒海般的诽谤，他们不得不忍受侮辱，最终酿成一场人间悲剧。两位建筑大家将各种风格混搭起来的做法招致辛辣的嘲讽，其中刻薄之最者莫过如此："凡·德·努尔君，还有西卡德斯堡／两位大师没格调／古希腊，旧哥特，文艺复兴样样抄／全都拿来报个到。"另外，环形大道水平地势高度要比规划的高，因而原来的阶梯坡面无法实现，人们讥笑它是个"沉陷的盒子"。维也纳新的市政厅将建在环形大道上。约翰内斯巷和西姆福特巷之间的一片区域被规划为待建地，对于维也纳人来说，这就是等待开发的"市政房间"（Communalloch）。弗里德里希·施密特已枕戈待旦，计划早已准备好。但市长卡杰坦·费尔德（Cajetan Felder）

1　索尔弗利诺战役是意大利第二次独立战争的一场重要战役，法国和撒丁联军打败奥地利军队，为意大利的独立和统一迈出了重要一步。柯尼希格雷茨战役是普奥战争中的一场决定性战役，普鲁士获胜，奥地利无力再战。普奥战争后，奥地利退出旧德意志邦联，普鲁士成立北德意志邦联，逐步统一德国。

却指出这地方太狭小，而那块巨大的、被用作军队阅兵场的约瑟夫施塔特开阔地带会是个更适宜的施工地点。当军方闻听这个说法时，果不出人所料，他们的抵制刚强坚决，毫不动摇。就算是建筑师，一开始也不习惯这个想法。不过一切都任凭皇帝的定夺。费尔德大施巧妙的心理攻势，成功让弗朗茨·约瑟夫接受了他的想法。阅兵场作为维也纳未来市政厅的所在地便于1870年确定下来。费尔德的梦想成为现实。

至于计划在环形大道上修建其他纪念性的建筑，该如何设计，仍存

国家歌剧院

原宫廷歌剧院是环城大道建设过程中建立的第一座代表性建筑。歌剧院于1869年5月开放，就在前一年两位忍受批评的建筑师爱德华·凡·德·努尔和奥古斯特·西卡尔德·冯·西卡德斯堡不幸离世，给这座建筑投下了悲惨的阴影。在风格上，歌剧院可归为浪漫历史主义风格，但是借鉴了不同时代的建筑风格。歌剧院外部是开放式的柱廊，如今已安装上玻璃，并绘有莫里茨·冯·施温德（Moritz von Schwind）的壁画，很引人注目。5个拱门中竖立着由恩斯特·朱利叶斯·海内尔（Ernst Julius Hähnel）用青铜制成的神话人物。柱廊上半部是两匹飞升于基座之上的珀加索斯飞马，同样是由海内尔设计的。室内有富丽堂皇的楼梯，现仍保留原状，7个人物象征着7种艺术门类。观众厅的屋顶绘画出自卡尔·拉尔（Carl Rahl）之手，帷幕亦是由他设计。1945年3月12日，观众厅在一次美军空袭中被炸毁。建筑师埃里希博尔滕斯特恩（Erich Boltenstern）领导了歌剧院的重建工作。观众厅依照传统的方式，设计为一个个包厢，颜色分别布置为象牙白、金色和红色，不过与其最初的样式有差别。绣帷厅和大理石厅被重新设计，铁质的帷幕以《俄耳甫斯与欧律狄克》（Orpheus und Eurydike）[1]为主题，

是鲁道夫·赫尔曼·艾森门格（Rudolf Hermann Eisenmenger）的作品。国家歌剧院是维也纳在音乐界作为领头羊身份的象征。古斯塔夫·马勒（Gustav Mahler）、理查德·施特劳斯、克莱门斯·克劳斯（Clemens Krauss）、卡尔·伯姆（Karl Böhm）、赫伯特·冯·卡拉扬（Herbert von Karajan）和洛林·马泽尔（Lorin Maazel）等伟人都曾在这儿留下身影。

在不少悬而未决的问题。提案雪片般飞到皇帝跟前，城市扩建委员会和自由创作的建筑师、社会各界代表，还有其他团体之间意见相左，形成对峙。公共舆论也发挥了不小的作用。弗朗茨·约瑟夫需要听听该领域权威专家的建议，最合适的专家莫过于戈德弗里德·森佩尔（Gottfried

---

1　俄耳甫斯与欧律狄克是古希腊神话中人物，两人的爱情感天动地，欧律狄克被毒蛇咬死之后，痛不欲生的俄耳甫斯决定去冥府救回欧律狄克。冥王和冥后同意了，但同时叮嘱俄耳甫斯，在离开冥界前不能看欧律狄克一眼，否则她将永远待在冥府里，然而俄耳甫斯忍不住思念，还是回头看了一眼，结果欧律狄克消失了，俄耳甫斯功亏一篑。后来俄耳甫斯萎靡不振，对什么都失去兴趣，最后被酒神的手下杀死。

Semper）。此人出生于汉堡，是苏黎世理工学院的教授，应皇帝之邀来到维也纳。森佩尔细细查看了帝国收藏品博物馆的建设计划，发现它并不令人满意，便为帝国广场（Kaiserforum）绘制了一份草图。草图以巴黎的卢浮宫为样板，在霍夫堡宫两侧，将新建两座面向环形大道的翼楼；与翼楼相接，再增添两座宫廷博物馆，它们隔街相望，并在开口处由一座凯旋门沟通彼此。为了连接新霍夫堡宫凹陷的翼楼，在利奥波德翼楼之前，计划建设一座圆顶的皇座大厅。这真是一个浩大的工程！然而结果却证明兴建新霍夫堡宫无异于一场不折不扣的灾难，它的建设工作拖了几十年。在此期间，先是森佩尔与搭档卡尔·冯·哈森瑙尔（Carl von Hasenauer）因纠纷而退出；哈森瑙尔去世后，接着由弗里德里希·奥曼（Friedrich Ohmann）和路德维希·鲍曼（Ludwig Baumann）接手施工管理工作。委员会讨论决定，部分建筑物需要拆除后重建。后来皇位继承人弗朗茨·费迪南（Franz Ferdinand）接过了这个为期甚久的重担。他决定停止建设第二个翼楼。因此，帝国广场仍是一个未完成的作品，只有两座宫廷博物馆，即今天的艺术史博物馆和自然史博物馆，于1888

年建成，而新霍夫堡宫于 1913 年完工。

这座庞大的地标建筑离完工还早得很，而维也纳却发生一个大新闻，原来为祝贺 1879 年 4 月 24 日皇上和皇后的银婚之喜，一场游行活动将沿着崭新的繁华大道举行。游行的艺术形象塑造任务交到汉斯·马卡特（Hans Makart）手里。凭着巨幅绘画作品以及在威登前铸造厂工作室中的装备，他无愧于维也纳绘画界的明星，而在鉴赏品味方面，他成为整个社会的意见领袖：环形大道的宫殿以及气派的市民住宅彰显出对马卡特风格的敬意；雕刻精美的家具、壁板、花格平顶、门帷，以及带有流苏的厚重天鹅绒窗帘，各式各样的摆件，棕榈树和观赏性花草，奢华镶边的镜子和绘画；还有大量的深色系，建筑主色为酒红色、冷杉绿色和古金色。

"马卡特红"和"马卡特花束"在维也纳沙龙中不可或缺。那么还有谁比汉斯·马卡特更适合设计游行的场景呢？他当然不会辜负数万观众的期待。游行中的表演者，驾车经过外城堡城门前皇帝和皇后的节日帐篷，他们站立在花车上，身着耀眼的阿尔布雷希特·丢勒和理查德·瓦

皇帝皇后银婚纪念日庆典上的糖果商马车。彩色石版画，1879 年

格纳等纽伦堡工匠诗人风格的服装。所有同业行会、生意人和各个阶层人士都象征性地向皇帝皇后致敬。在游行队伍的末端马卡特本人现身，经过舞台形象方面的深思熟虑，他全身黑色，骑着高头大马。观众为他鼓掌欢呼，感谢他为维也纳人奉献出一个难忘的节日盛典。这次游行无不被群众视为环绕维也纳内城的凯旋大道的落成典礼。维也纳的资产阶级真的可以为自己感到自豪，《新自由报》（*Neue Freie Presse*）总结道："……无论本周对皇室夫妇的敬意有多大，维也纳资产阶级的敬意胜过所有人。作为节日献礼，帝国首都所能提供的最美丽、最好的东西是：她自己……" 5 年后马卡特去世，享年 44 岁。伴随着他的离世，他的绘画风格和魅力也逐渐褪去。

那场游行两年半后的 1881 年 12 月 8 日，维也纳发生了一场灾难，从此任何节日的热闹氛围都因此而大打折扣，位于苏格兰环形道的环形歌剧院失火了。火灾中发生的一连串灾难性事件，最终导致 384 人丧生：先是舞台的幕布着火，火焰顺着穿堂风蔓延到观众席，煤气灯熄灭，整个大厅内一片漆黑，人们摸不到朝内打开的出口门。房间里的人被围困，呼吸困难，乃至身陷火海。事后人们发现很多尸体紧紧靠在一起，由此可见当时身陷困境的人们在死亡的恐惧中做了多么可怕的挣扎。维

米歇尔广场上的旧霍夫堡剧院。约翰·威廉·弗雷（Johann Wilhelm Frey）的水彩画，约 1850 年

也纳惊魂未定。火灾废墟现场被清理，皇帝从他私人金库里拿出钱来修建了一座"赎罪之屋"（Sühnhaus），由弗里德里希·施密特（Friedrich Schmidt）设计，风格为新哥特式。火灾发生的当天，在一座补建的小教堂里举行了一场缅怀弥撒。环形剧院大火还引出一个反应：汉斯·威尔切克伯爵（Hans Wilczek）创立了维也纳志愿救援协会。

19世纪80年代，环形大道上几座伟大的代表性建筑先后完工，其中帝国议会大厦为古希腊风格，由特奥费尔·冯·翰森（Theophil von Hansen）设计；新哥特式的市政厅，由弗里德里希·施密特设计；意大利文艺复兴风格的大学建筑，由海因里希·费斯特尔设计；还有戈德弗里德·森佩尔和卡尔·冯·哈森瑙尔设计的霍夫堡歌剧院。1883年9月12日市政厅的落成典礼隆重举行，这天恰逢1683年打退土耳其人200周年纪念日。议会大厦没有举办庆典活动就投入使用。皇帝弗朗茨·约瑟夫永远不会坐上下议院的御座，议会作为国家机构，显然没有得到皇帝的足够尊敬。这些富丽堂皇的新建筑，其中的每一座都遭受过批评。汉森为议会大厦选择了一种不属于维也纳的风格：浮华，但没有实用价值；另外造价昂贵，会议大厅的音响效果很糟糕；通往大门的坡道是设计上的缺陷，大楼底层阴森黑暗，难见阳光。另一方面，人们又将市政厅描述为一栋令公职人员讨厌的建筑，党派之间的交流也不方便。它的窗户不是太大就是太小，房间不是太亮就是太暗；暖气管道运行时咔咔作响，声音很大；等等。新的城堡剧院是唯一规划失败的建筑，正如城堡演员雨果·蒂米格（Hugo Thimig）描述的那样："在新的舞台上演出令人绝望。冷漠的观众面前会有回声，还会有怒吼，所有的同事都深感痛苦。这栋房子是一座好看的墓穴……它只有华丽、奢侈、浪费和令人分神的多余……"事实上，城堡剧院的观众厅不得不在几年后进行改造，它的竖琴状的样式经不起考验。维也纳简直是刻薄话的温床，有句俗话这么说："在议会大厦什么也听不见，在市政厅什么也看不见，在城堡剧院什么也听不见什么也看不见！"但是随着时间的推移，批评声逐渐销声匿迹。维也纳人开始为围束着市政厅公园的"环形大道王冠"感到自豪。世界上最美丽的广场艺术品在此成功面世。环形大道建设时期之后很久，1912 年—1913 年，路德维希·鲍曼设计的最后一座大型建筑才得以完工，即位于施笃本环城路段的、新巴洛克风格的帝国皇家战争部，建筑物相得益彰，就像皇位继承人的唯一合适人选似乎是弗朗茨·费迪南那样。拉德茨基（Radetzky）[1] 的骑马雕像被安置在安霍夫广场的新大楼前，用来纪念帝国军队的辉煌时期。而 5 年之后，这儿将不再有君主制，不再有帝国皇家军队，也不再有皇家战争部……

大规模拆迁浪潮：告别旧日维也纳

随着棱堡的拆除，其中漂亮怡人的房子也消失不见了。这包括位于默尔克旧堡上夺人眼球的卢博米尔斯基（Lubomirski）宫殿，该宫殿的样式为法兰西第一帝国式的风格；还有狮子棱堡上的马克西米连宫殿和水艺棱堡上的科洛拉特（Kolowrat）宫殿。然而现在都已不存在。突破城墙包围的内城正为前所未有的拆迁浪潮所吞没。时代的精神要求城市的建筑线精准无误，所有的房屋都必须遵从。克恩滕门剧院、邻近的市民医院 – 集合住宅、新市场上的施瓦岑贝格冬宫、粉刷着漂亮装饰的黄金小屋（18 世纪初也称白屋），还有克恩滕大街上的大象雕塑都将面临拆除的下场。在斯蒂芬广场以西，所有的房屋都"丧身"于十字镐的敲打之下：匈牙利总主教房（Zum Primas）、跨越火灾现场和农贸市场的房屋建筑群、鲍恩芬德（Bauernfeind）房屋、铁棍广场（Stock-im-Eisen-Platz）的拉赞斯基馆舍（Lazanskyhaus）、黑象小屋等等。文艺复兴时期的拱廊式房屋和巴洛克式的特拉特纳庭院全被拆毁，壕沟大道承受着痛苦的损失。然而当环形大道上的建筑沉迷于新哥特、新文艺复兴

1　拉德茨基（1766 年 11 月 2 日—1858 年 1 月 5 日），奥地利著名军事将领，曾参加过反法同盟战争、奥意战争等，战果赫赫，《拉德茨基进行曲》便是为颂扬他而作的。

和新巴洛克风格之时，人们却并不忌惮毁坏这些风格原汁原味的真迹。伴随着米歇尔翼楼的崛起，米歇尔广场周边地区经历了一场彻底的变动。1888年旧霍夫堡剧院举办一次告别演出，由此该剧院迎来了自己的退场。城堡剧院搬迁到环形大道上新的宏伟建筑里。迪特里希施泰因·赫伯斯坦（Dietrichstein Herberstein）帝国宫殿连同格林施泰德（Griensteidl）咖啡馆、维也纳文学咖啡馆和德莱劳费尔小屋（Dreilauferhaus）成为扩建后的米歇尔广场的牺牲品。帝国宫殿的地基上建立起路斯大楼（Looshaus）。1913年还是坐落于绅士街、相互毗邻的利希滕施泰因宫殿同贝森朵夫音乐厅关门的日子。在最后一场音乐会上，玫瑰四重唱响彻大厅；当演出结束时，观众久久不愿离去，每个人都难以想象，这座承载着维也纳音乐生命的宝地就这样永远消逝了。然而该走的还是会走。方济各广场被重新规划，那座老旧的皇家医院、球赛场和早已世俗化的凯瑟琳小教堂（Katharinenkapelle）都被拆除。锦帕拱廊上的美泉宫住宅和旧音乐协会大楼，还有卢戈克地区古老的雷根斯堡宅邸俱已消逝，后者曾是中世纪时期为包括皇帝和国王在内的上层贵宾所兴建的第一座住宅。现在在它原来位置偏后的地方，有一座新巴洛克风格的新雷根斯堡府第取而代之。施笃本环形路段上出现新的建筑，旧的安霍夫战争部没了用武之地，于是被拆除；罗马使节大楼也遭到同样的处理。最终，克恩滕大街上幸存下来的老建筑只有格伦德曼－埃斯特哈齐宫殿和马耳他教堂，壕沟大道上只保留了巴托洛蒂－帕滕费尔德（Bartolotti-Partenfeld）宫殿的侧立面。类似的情况也发生在科尔市场、威普灵格大街、沃尔策勒和红塔街等处。

股市大跌和霍乱的阴影：
维也纳 1873 年世界博览会

1873 年世界博览会的举办，无异于一场为维也纳晋升世界大都会而举行的加冕典礼。在此之前世博会已经举办过四次，两次在伦敦，两次在巴黎。这几次世博会已经证明了东道主工业能力和贸易能力的效率。英国和法国都是出色的承办者，而这也正是哈布斯堡帝国目前比以往任何时候都更迫切需要的。承办世博会这种浩繁的项目得益于经济高度繁荣时期：银行、股份公司和保险公司成倍猛增。股市繁荣昌盛，股价飙升到令人眼花缭乱的程度。报纸的宣传广告承诺"零风险，最高收益"。于是就连"小人物"的神经也被刺激，将自己辛辛苦苦赚来的积蓄扔进股市。他们的疑虑不多，觉得风险不大；因为有担保基金专门为此而设立，此项目于 1870 年得到皇帝的批准。

第五届世博会计划在辉煌程度、规模程度和多样性方面超越以往的历届展览。展览的场地定在普拉特的克里奥（Krieau），占地 233 公顷，大约是 1867 年巴黎世博会场地的 3 倍之大。这块场地规划要建设大约 200 个大厅和展台，其顶部为圆形的穹顶，大厅也是圆形的，高 84 米，直径长达 108 米。展厅主门采取凯旋门样式，尤其是它的半柱和丰富多姿的雕塑装饰会给参观者留下深刻的印象。维也纳正为客人的汹涌而来做准备。豪华酒店正在兴建之中，崭新的道路和桥梁也在修筑，准备工作热火朝天。尽管如此，市长卡杰坦·费尔德仍然持怀疑态度，在他看来，世界博览会是一次"不可信的冒险"。对于著名的新闻评论家爱德华·汉斯里克（Eduard Hanslick）来说，这个以工业的名义举行的"第二次维也纳会议"，只不过是"对陌生人的腰包非常无耻的投机倒把"。而皇后的女官玛丽·费斯特蒂斯（Marie Festetics）伯爵夫人在日记中写道："世界博览会宛如一个吞噬一切的怪物，所有其他的兴

世博会大楼的拱廊和主入口，后面是圆形大厅上的圆形穹顶，其样式匠心独具。J. 罗伊（J. Lowy）拍摄

趣似乎都销声匿迹。真正值得纵情享受的景色，会无视这一切的。"

　　1873 年 5 月 1 日，中午 12 点整，世博会开幕式隆重举行。然而无论对东道主还是来宾来说，这都是个不幸的开始。忽有一场暴风雨不期而至，客人们身上穿的衣服和制服全都湿透，他们只好湿漉漉地落座。如果说这开门红变成了开门见丧，那么接下来真正倒霉的事情才接二连三地到来。参观者比预期人数要少得多，而来自公司的交易数量却过剩。结果便是 5 月 9 日股市崩盘。高风险的空中交易爆发，繁荣沦为名副其实的崩溃。数百家公司破产，数千名股东深受其害。有 152 人除了自杀外看不到别的出路，人们从多瑙河里打捞上数十具尸体。专栏作家丹尼尔·施皮策（Daniel Spitzer）在回顾这次股市崩盘时说："面对这种悲惨的事情，没有哪里能比疯人院或河底更适合避难的了。"不过有些人只是假装自杀，他们把衣服扔到桥的栏杆上面，然后就换上其他衣服，溜之大吉。费迪南·古恩伯格（Ferdinand Kürnberger）是那个时代受人尊敬的道德权威，他倒是积极地看待这些不幸："……从昨天开始，诚实的人又可以走上街头，再也没人称呼卖力气工作的人为傻瓜。从昨天开始，小偷又被叫作小偷，而不再是男爵。还没有一场比之更完美的雷雨能净化这污浊的空气。" 6 月，维也纳霍乱大爆发，造成约 3000 人死亡，可真是雪上加霜。成千上万的游客顾头不顾腚地逃窜，很多人取消了他们的维也纳之旅。1873 年 11 月 2 日，世界博览会终于闭幕。所

锡默灵区中央公墓中的卡尔·吕格尔博士纪念教堂

有的负面记录都呈现在收支结算表上：游客仅有 720 万人，而不是预期的 2000 万；财政赤字高达 1900 万古尔登；整个展览的支出是收入的 5 倍。股市崩盘不仅在维也纳发生，同年也波及了柏林和纽约。这标志着国际经济危机的开始，它将旷日持久，且触目惊心。

世界大都市必备：现代化的城市基建

举办世博会的这一年爆发霍乱，再次表明为维也纳这样的城市提供净水是多么重要。目前水仍然从每家每户肮脏的井中汲取，而这就是霍乱不断卷土重来的原因。此外，由于人口的强势增长，国内的水井数量已无法提供充足的用水。因此早在 1861 年，城市扩建委员会就提议修建一条水管，将下奥地利南部拉克斯（Rax）和施内贝格地区的纯净泉水通过水管输送到维也纳。就在世博会结束的 10 天前，第一条山泉输水管道在施瓦岑贝格广场举行了开通仪式，同时这也为高射喷泉的投入使用提供了一个契机。

水引发的第二个问题是多瑙河水一再泛滥，溢出的洪水主要淹没低洼的城郊。要找到防洪方法是一项重大挑战，因为不顾一切的干预会令支流遍布的广阔河漫滩形成洪水。从 1870 年起，经过艰难的铲土开挖工作，新的航运通道被开辟出来。这项工程结束于 1875 年 5 月，皇帝出席了庆祝活动。现在，洪水区非常宽阔，可以满足对洪水的容纳需求，并通过胡贝图斯防洪坝的拦截、调整，使洪水远离有人居住的地区。"努斯多夫角"上搭建了一套水闸系统，可以用来调节水位。从那以后，那个名叫洛鲍岛[1]的岛屿不复存在，只有一片以此命名的河岸树林。多瑙河上的一处牛轭湖变成了旧多瑙河疗养区。

1　在这里爆发了阿斯佩恩－艾斯林战役，拿破仑大败，见《对法战争》一章的"炮击和堡垒坍塌：拿破仑重返维也纳"。

大城市需要与之相匹配的大众交通工具。1865 年 10 月 4 日，维也纳第一辆有轨电车通车，由苏格兰门开往黑尔纳尔斯。车厢套在 4 匹马身上，在马的辅助动力下需要花费大约 20 分钟的时间将车开到目的地。现在，轨道正逐步铺设在放射状的道路上。此举说明在世博会当年，人们已经可以乘坐电车从各个方向前往内城。

与此同时，约瑟夫二世时期开辟的地方墓园已经不够用了。为此，1866 年，地方市议会决定修建中央公墓。最终各方达成协议，在当时帝王 – 艾伯斯多夫地区（后来成为第 11 区锡默灵的一部分）征用了 200 公顷的土地。墓地于 1874 年的万圣节投入使用。墓园太偏僻了，维也纳人抱怨道，灵车和跟在后面的亲属必须走很遥远的距离。有一位聪明的点子大王建议，利用气动来传输尸体，要是这样解决问题还算不错，死者尸体将在施瓦岑贝格广场献出来，然后在空气压力之下，通过管道系统运送到中央墓地；不过人们都抗议这种做法，所以死亡管道风洞系统没有付诸现实。1900 年以后，原先设计简朴的墓园整体建筑群根据马克斯·海格勒（Max Hägele）的计划，采用分离派风格重新设计，其中心矗立着一座圆顶教堂，即卡尔·吕格尔博士（Karl Lueger）纪念教堂。

第二次城市扩建：城郊的合并

从 1850 年城市扩建以来，维也纳的市区范围一直延伸至边墙大道，边墙大道早就是多余的了。郊区简易的房子已取代古老的村落和先前的避暑胜地。由于郊区缺乏人口强势增长所必需的技术和社会基础设施，因此，将其并入维也纳市区是解决这些问题唯一可能的方案。在 1890 年至 1892 年之间，边墙大道一带取消消费税限制后，43 个郊区并入维也纳市区，并从中组成了 10 个新区。由此维也纳正式成为大维也纳，它已拥有 19 个区，以及 1 365 000 名居民。

随着城市的扩张，行政权力下放就变得很有必要了。各区纷纷设立市辖区办事处，以便处理地方上的政务。每个区都由一名职能受限的区领导管理。所以维也纳没有区长，也因此没有上一级的市长。已经部分拆除的边墙地带将要铺设腰带街（Gürtelstraße）。腰带街具有两条车道，它的大多数路段为绿化带所隔开。腰带街俨然资产阶级居住区和工人阶级地区之间的分界线。锡默灵、法沃里坦、迈德灵、鲁道夫海姆、彭青、奥塔克灵和黑尔纳尔斯等新区发展为工人阶级地区。德布林格、瓦林和席津则正在兴起优雅的高级住宅区。由于城市扩张，所谓的军营交易开始了。腰带街的军营被搬迁到外围地区，而空地被用来建造豪华的城区，比如乡村大街上的阿伦堡公园（Arenbergpark）或其他大型建筑，再如位于阿尔瑟军营旧址上的新国家银行等。

新的奥地利国家银行主楼，1912 年—1913 年建于阿尔瑟军营旧址

维也纳人尖叫的最爱：
"华尔兹之王"约翰·施特劳斯

环形大道时代的维也纳，在音乐领域被一位声名远播的人物留下了深深的烙印，他就是小约翰·施特劳斯。"三月革命"之前，他在多玛耶尔赌场的表演已给观众留下强烈的印象，人们认为他是继承父亲衣钵

的最完美希望，其父老约翰·施特劳斯于 1849 年去世，创作有《拉德茨基进行曲》（*Radetzkymarsches*）。儿子不负众望，成为"华尔兹之王"，满足了父亲对他的期望。小约翰·施特劳斯最著名的华尔兹舞曲是《蓝色多瑙河》（*An der schönen blauen Donau*）。这首多瑙河圆舞曲很快就跻身维也纳民歌之列。音乐评论家爱德华·汉斯里克诠释了它的魅力："这曲给我们所有人留下深刻印象的旋律，比任何语言都更清楚、更热情地表达出维也纳那些讨人喜爱的事情。"

约翰·施特劳斯辞去宫廷舞会音乐指导一职后，他的弟弟爱德华·施特劳斯接任这个职位，而约翰则转向轻歌剧类型的创作。他的榜样巴黎的雅克·奥芬巴赫（Jacques Offenbach）给了他鼓舞。1860 年，弗朗茨·冯·苏佩（Franz von Suppè）的轻歌剧《寄宿学校》（*Das Pensionat*）在维也纳剧院举行首演，维也纳的轻歌剧乘风破浪的时代开始了。在访问维也纳期间，约翰与奥芬巴赫见过面，这促使他最终接受了轻歌剧。1871 年和 1873 年，他的首部作品《青鸟与四十大盗》（*Indigo und 40 Räuber*）以及《罗马狂欢节》（*Carneval in Rom*）在维也纳的首演获得成功。接着到了 1874 年，约翰凭借轻歌剧《蝙蝠》（*Die Fledermaus*）取得空前的大胜，观众无不为之欣喜若狂，而作曲家也大赚一笔。约翰在威登地区的刺猬胡同（Igelgasse）购置了一座私人宫殿。当他的第一任妻子杰蒂（Jetty）去世后，当他的第二次婚姻以不幸告终之后，约翰邂逅了一个名叫阿黛尔的女人，巧合的是阿黛尔也姓施特劳斯。为了能够把她娶进家门，约翰·施特劳斯皈依新教，并入籍科堡公国（Coburg）。他们的宫殿建成之后，由于丈夫对日常生活的经营一窍不通，阿黛尔便接管家庭管理工作。这对夫妇经营着一座热情好客的房子，其院墙之内晃动着音乐和戏剧界所有伟人、作家和艺术家的身影。约翰·施特劳斯的轻歌剧《吉普赛男爵》（*Der Zigeunerbaron*）于 1885 年首演，引得观众发了狂。"观众感觉他们正在观赏一些他们以前从未听过的东西，但同时却是可以理解的。观众啜泣着，接着休息会儿，然后又发出阵阵尖叫。"如此一来，施特劳斯在自己领域内的光芒令之前的所有作品都黯然失色。他被尊称为"神圣的让"，成为"轻歌剧黄金时代"的奠基人。

亚历山大·吉拉德（Alexander Girardi）为施特劳斯轻歌剧的成功做出了举足轻重的贡献。他是格拉茨一名锁匠的儿子，生来就天赋异禀。吉拉德没有受过表演训练或口条培训，但他在舞台上证明了自己。同样作为歌手，吉拉德也没有受过任何歌唱训练，也不会读乐谱，然而他依然了解如何成为观众的宠儿。他去找约翰·施特劳斯而不带一丝羞涩，并从施特劳斯那里强制索取了简直是为他而作的一段歌曲，"她只对大自然抱有亲切感，梅兰妮伯爵夫人所爱的，是在树下甜蜜地进入梦乡"；出自1881年的《欢乐的战争》（*Der lustige Krieg*）。他的成功也说服了作曲家，施特劳斯再也离不开已成为好友的吉拉德。尽管如此，约翰·施特劳斯并不是维也纳轻歌剧的唯一统治者。除了弗朗茨·冯·苏佩之外，卡尔·米洛克（Karl Millöcker）也凭借着自己的作品《杜巴里伯爵夫人》（*Gräfin Dubarry*）、《乞丐学生》（*Der Bettelstudent*）、《加斯帕隆》（*Gasparone*）等为轻歌剧的黄金时代做出了贡献。轻歌剧作曲家小约瑟夫·赫尔梅斯伯格（Josef Hellmesberger）也凭着《夜间维也纳》（*Wien bei Nacht*）或《紫罗兰女孩》（*Das Veilchenmädel*）而大放异彩。

1898年5月22日，圣灵降临节后星期一，施特劳斯最后一次在宫廷歌剧院指挥《蝙蝠》序曲。两周后，他死于双侧肺炎。同年，刺猬胡同更名为约翰·施特劳斯胡同。

后世对施特劳斯那些在音乐上也很有才华的兄弟以及他们的作品关注不够。约瑟夫·施特劳斯于1870年去世，享年42岁，他为后人留下了《天体乐声圆舞曲》（*Sphärenklänge*）、《我的生平经历是

印有莱哈尔《风流寡妇》演出场景的明信片。背面邮票印戳未注明日期。此明信片为纪念轻歌剧《风流寡妇》第25场演出而作

爱与喜悦》（*Mein Lebenslauf ist Lieb und Lust*）和《奥地利的村燕》（*Dorfschwalben aus Österreich*），这些出色的华尔兹圆舞曲一而再、再而三地上演。三兄弟中最小的爱德华·施特劳斯创立了自己的管弦乐队，他率领着乐队一起到欧洲各地巡演。爱德华创作了大约 300 首作品，但是 1901 年乐团解散之后，他痛苦地退出舞台，过起了隐退生活。爱德华对自己被误解和漠视有着切肤之痛，于是他毁掉了父亲和哥哥们的手写乐谱档案。随着约翰·施特劳斯于 1899 年去世，维也纳轻歌剧的"黄金时代"宣告结束。不过很快一位新作曲家即赢得维也纳大众的青睐，他就是弗朗茨·莱哈尔（Franz Lehár）。1905 年他创作的轻歌剧《风流寡妇》（*Die lustige Witwe*）首演取得巨大成功。其中的小曲儿"我要去马克西姆家，我在那里很得劲……"，由热爱生活的主角达尼洛伯爵哼唱，简直像"耳虫"进了双耳，一遍遍地重复停不下来。这部轻歌剧确保每个剧院几年来甚至几十年来都赚得盆满钵满。剧中富贵场的吸引和精妙的改编将轻歌剧发烧友带入一个梦幻天地。轻歌剧的"白银时代"始于莱哈尔。然而，尖酸刻薄的时代精神评论家卡尔·克劳斯，对"将世界理解为一个巨大的圆蛋糕，而维也纳是其中唯一的葡萄干的新趋势"持怀疑态度。

穿越壕沟大道：维也纳的音乐生活

约翰内斯·勃拉姆斯（Johannes Brahm）出生于汉堡，他对 19 世纪下半叶维也纳的音乐生活具有独一无二的重要意义。和莫扎特一样，他也被认为是一位音乐神童，1862 年勃拉姆斯首次来维也纳旅行。在这里，他作为乐队指挥家、钢琴家和作曲家的身份得到人们认可，于是他决定以自由创作的艺术家身份永远留在维也纳。通过他的室内乐创作和歌曲谱写，勃拉姆斯缔造了维也纳的古典主义。他所活跃的时代，正值音乐世界被理查德·瓦格纳（Richard Wagner）的作品所撕裂的时期。对瓦格纳的作品，人们要么是热心的支持者，要么是狂热的反对者。勃拉姆斯属于反对者中的一员，他不接受所谓的"新德意志乐派"。勃拉姆斯同样也批评与他同一时代的安东·布鲁克纳（Anton Bruckner）的音乐，此人位居19世纪最伟大的交响曲作曲家之列。布鲁克纳出生于上奥地利，最初他是圣弗洛里安教堂（St. Florian）的管风琴演奏者，后来在维也纳学习音乐理论，最终成为宫廷乐队的管风琴师。早年这段由管风琴演奏开启音乐生涯的经历在他的交响曲中留下明显的痕迹，他的风格常被批评为"像管风琴一般"，此外还冗长得像史诗一样。维也纳著名音乐评论家爱德华·汉斯里克，同时也是大学音乐美学和历史教授，他把布鲁克纳批得体无完肤。汉斯里克却对勃拉姆斯的称赞毫无保留。因此，维也纳的音乐江湖划分为几个阵营：瓦格纳派、布鲁克纳派和勃拉姆斯派。安东·布鲁克纳还在世的时候，关于他的神话已经在其周围形成了。因其伟大的教堂音乐作品，人们以顿呼法[1]称他为"造物主的御用音乐家"，或者"帕西瓦尔"（Parzival）[2]以及"德意志米歇尔"[3]；这些评价描摹了布鲁克纳的人格形象，虽歪曲了事实，却为后世津津乐道。

对维也纳人阿诺尔德·勋伯格（Arnold Schönberg）音乐的争论达到了最激烈的程度。虽然他初始阶段的音乐完全没有脱离晚期浪漫主义传统中音调的窠臼，但他创造了一种名为无调性音乐的新表达形式。这种无调性音乐基于音调之间的平等，在不遵守音调原则的情况下，按照数学的严格性来演奏。观众认为这是一种不和谐的杂音，是故意用来激

1　顿呼法，指的是在戏剧中，叙述者避开一般观众，而转向个别听众，或者诗中人物等其他人和事做讲述。后发展成一种诗歌的修辞手段，将不在场的或死去的人当作在场的或活着的人，或者把抽象的事物、概念当作有具象、有理智的存在物，并对其发出呼语。顿呼法可令语言生动，听众感受直观。

2　帕西瓦尔是中世纪诗人沃尔夫勒姆·冯·埃申巴赫用中古高地德语创作的小说《帕西瓦尔》的主人公，大约出现于13世纪上半叶，这一形象脱胎于亚瑟王的圆桌骑士帕西瓦尔，为了解圣杯王家族的历史而踏上征途。

3　"德意志米歇尔"是德国的拟人化形象，代表着德国人民的性格，起源于19世纪上半叶，他一般被描绘为戴着睡帽、穿着睡衣。

怒大家的。因此，勋伯格弦乐四重奏的首演伴着一场闹剧上演了，先是观众从音乐厅示威性地退场，最后演变为骚乱和斗殴。其中最惹人注意的是 1913 年的"耳光音乐会"（Watschenkonzert），结果只好由法院介入解决。不过，勋伯格还是找到了自己的接班人阿尔班·伯格（Alban Berg）和安东·韦伯恩（Anton Wabern），他们将进一步传承并发扬老师的无调性音乐。

1870 年音乐协会大楼（即维也纳金色大厅）对外开放，所有伟大的作曲家都热切希望他们作品的首演能在里面举办，并能登上由特奥费尔·冯·翰森（Theophil von Hansen）设计的、音响效果备受赞誉的金色大厅指挥台。但是，这些都无法保证音乐会的成功。观众会自发表达他们的喜爱或愤怒，隔天各家报纸的音乐评论

1913 年 4 月 6 日的漫画，题为《维也纳的下一场勋伯格音乐会》，指的是 3 月 31 日引起骚乱的"耳光音乐会"

家也会纷纷发表高论。对于安东·布鲁克纳来说，1877 年 12 月第三交响曲的首演是一次备受打击的经历。中途离开大厅的观众越来越多。一小群仰慕者围拢在这个受辱的人周围，他们鼓励他；其中有一位名叫古斯塔夫·马勒（Gustav Mahler）的 17 岁少年，他为"惨遭滑铁卢"的交响曲制作出钢琴改编谱。后来，这位少年成为维也纳宫廷歌剧院的作曲家和院长，他将亲身体验被有偏见的观众拒绝赞赏是多么的痛苦，只因为他是犹太人。马勒将会离开维也纳，在临终之时才会回来。他的《第九交响曲》在他死后才得以演奏。

维也纳第二座著名的音乐会大厅是贝森朵夫音乐厅，是由钢琴制造

商路德维希·贝森朵夫于 1872 年在绅士街利希滕施泰因宫殿里的骑术学校旧址上兴建的。大厅采用木质围板，朴实无华的设计在声学上恰恰非常适合音乐会演出。音乐史正在这里撰写，有许多作曲家和钢琴家在这座仅能容纳 600 人的音乐大厅里表演，例如汉斯·冯·比洛（Hans von Bülow）、弗朗茨·李斯特（Franz Liszt）、约翰内斯·勃拉姆斯、安东·鲁宾斯坦（Anton Rubinstein）等等。理查德·瓦格纳的作品也在这里登台亮相。但是这位被尊为大师的人却从来没有来过此处，他仅有一次在宫廷歌剧院里举办过《罗恩格林》（Lohengrin）的演出，还有数次出现在音乐协会大厅，每次都要受到崇拜者的热烈欢呼。这帮人还成立了属于自己的瓦格纳学术协会。1913 年利希滕施泰因宫殿被拆除，维也纳随即失去了贝森朵夫音乐厅，不过就在同年维也纳拥有了新的音乐圣地：维也纳音乐厅。

极限生活：维也纳的大城苦难

环形大道时期，维也纳辉煌无比，与之形成鲜明对比的是数十万城市居民的不幸。到维也纳淘金的人，大多数是从王朝各个地区去的移民，尤其主要来自波希米亚和摩拉维亚。他们居住的简易出租房臭名昭著，每套出租房有一个或两个房间，每个楼层还有公用的楼道厨房、取水间和厕所。为了使它们从外面看起来漂亮美观，房子采用老一套的历史主义风格来装修，房屋的大门和窗户上方有弓形或人字形山墙，还有狮子或女人的头部塑像。房屋入口处的石膏块给人一种门庭若市的假象。然而空气中弥漫的气味已明显暴露这种欺骗性的手段：墙壁的霉味、做饭的气味和厕所排泄物的臭味混在一起，形成了一种令人作呕的怪味。高达 85% 的建筑用地被人们占用，后院阴暗潮湿，没有下脚的地方。阁楼和地下室也有人居住。人们挤在逼仄的空间里，最多住 8 个人，极端情况下能挤进 10 个人。害虫满地爬，尤其是虱子和臭虫，可把居民们折磨透了。这儿是肺结核的温床，由于传播广泛，其便获名"维也纳病"

或"无产阶级病"。每天晚上或早上都有陌生人来到这样的出租房里睡觉。他们是"床铺乞丐"，因没有属于自己的固定住处，只能花很少的钱租空着的床铺。租客在居住空间挂起床单，彼此便被隔离开来。肉体交易无孔不入。楼房管理人员收了钱，便默许自愿卖身的女人倚门站街，等待着嫖客的光顾。梅毒也在蔓延，这

维也纳出租楼的走廊，专为 19 世纪下半叶拥入维也纳的工人而建。所有住宅楼的楼层都只有一个自来水管和一间厕所。1870 年左右的照片

是第二大广泛传播的常见病，数千人因此丧命。有的郊区房子没有地下室，是单层住宅，只有一口井和一个茅坑，居住条件比简易出租房还要差。肮脏的卫生条件意味着在这里成长的孩子有 1/3 不会活过 14 岁。这些房子的主人不会瞥一眼居住在这儿的房客。房东通常住在维也纳的豪华社区，他们仅仅对自己的财产收益率感兴趣，而对房客的生活条件却漠然置之。任何无法支付房租的人都会遭到无情的驱逐，租客得不到任何保护。"房主"这两个字成为恐怖一词的具体体现。

每当第一场雪落下时，有时早至 11 月初，不过这并不罕见，数以万计的人拥入由仁慈的维也纳百万富翁资助的温暖小房子。还在下午，紧急收容所之前就已经排起了长长的队伍。不过并不是每个人都能在这样的收容所里找到容身之处。那些住不进去的人只好去找别的地方。空荡荡的渔民小屋、花园，或工具储藏间、保龄球赛道等等，都是他们光

顾的地方。不少人冻死了。大街上的焦油壶或者砖瓦厂的环状窑可以让人不至于冻死，维也纳的下水道网络也是个藏身之处，因为污水不会结冰。最最悲惨的人就住在这里，他们还要保护自己固定的容身之所不被新来的人抢走。而其他的人则设法犯下轻微罪行，这样他们就可以被关押在由国家出资提供伙食的牢房里，这些作案的人，会在庭审的时候公开承认他们的作案意图。还有相当多的人把自杀视为摆脱苦难的唯一救赎之道，1913年，维也纳登记了近1500起自杀事件，当然并非所有的自杀者都是出于贫困。

　　女性要承受的负担特别重，她们承受着家庭主妇、妻子和母亲的三重重担。其中许多女性为了养家糊口而去工厂工作，尤其是当丈夫生病时更是如此，然而通常实际情况却是丈夫由于嗜酒如命而致病。那些在资产阶级的家庭里做工的女佣必须随时待命，能自由外出几小时的时候非常罕见。她们既没有社会保险的保障，也没有意外保险的保障。最糟糕的事情是，女佣被主人或者东家的儿子诱奸怀孕，然后承受着道德上的谴责，被当作骚狐狸，像扔垃圾一样被东家轰出家门。

救世主教堂前的无家可归者。埃米尔·梅耶尔（Emil Mayer）摄于1910年左右

　　在生活富裕的天堂里，大城市的苦难不是问题。相反，当几千失业者越来越频繁地在环形大道上游行以引起人们对他们困境的关注时，富人们会感到厌烦：这些"郊区的痞子"应该待在他们原来的地方！社会

民主党人、《工人报》（*Arbeiter Zeitung*）的编辑马克斯·温特（Max Winter）想要唤醒那些冷漠的人。一番乔装打扮后，他来到了锡默灵地区的砖窑，往下进入"下水道世界"，他以无家可归者的身份潜入维也纳市的济贫院和救护所，并且为了了解监狱的情况，故意装作没有工作许可的流浪汉而被捕。温特是奥地利第一位卧底记者，凭着令世人震惊的社会报道，他取得了部分成功。阿方斯·佩佐尔德（Alfons Petzold）在他的自传《严酷的生活》（*Das rauhe Leben*）中描述了工人疲惫的日常生活。在《无产者的孩童》（*Proletarierkinder*）一书中，他还以抒情的形式表达苦难："我们的肺在寻找空气，我们的手在寻找新鲜的面包；我们所继承的是久病不愈和过早夭亡。在我们的胡同后面，世界如此丰富和广阔……"人们早早过世，男性的平均预期寿命仅为 40 岁，女性略高些。社会的紧张局势每年都在加剧。工人们为了满足自己的基本生活需求，必须将工资的平均 20% 上缴给财政机关，他们承担的肉、盐、啤酒、葡萄酒、糖等食物间接的赋税特别重，每次物价上涨都会对工人造成特别严重的打击。1911 年 9 月，当肉类再次变得更加昂贵时，情势升级激化了。工人们发动了一次安静的示威，之后年轻的工人在工人阶级区奥塔克灵区用暴力行为来发泄他们的愤怒。他们把玻璃窗和街灯砸碎，抢劫商店，冲击学校并设置路障。这次骚乱具有革命的特征。全副武装的军队和警察介入，并朝工人们开枪，惨案的结果是有 5 人死亡，大约 100 人受伤。社会民主党的领导层震惊不已，他们对工人阶级的领导权威消失了，尽管只是暂时的。

无产阶级在战斗：社会民主党

奥地利众多工人协会和运动之间的长期争端由医生维克多·阿德勒博士（Victor Adler）终结。1889 年与 1890 年之交，社会民主工人党从海恩费尔德（Hainfeld）统一党代会中脱颖而出。该党派宣布"五一节"为自己的节日。这天会有节日大游行，目的是让全世界了解他们切身关注的事情。听闻此信，资产阶级世界开始为最糟糕的情况做打算，甚至担忧爆发内战。"士兵们已经准备就绪，房屋的大门紧闭，公寓中的粮食也已经准备好，就像面临围城一样；商店里空无一人，儿童和妇女不敢上街，沉重的忧虑压在每个人的神经上。"《新自由报》（*Neue Freie Presse*）如是描述这座城市的失控状态。为了防备维克多·阿德勒掀起风浪，当局将其扣留在维也纳的地方法院里。然而5月1日那天一切风平浪静，"红色鬼怪"原来只是当局的错觉。那天有10多万人参加了集会，集会是和平的。从此以后，维也纳社会民主党的"五一节"游行便固定为一种传统。一年又一年过去了，参加游行的人数越来越多，因为"红旗"的口号具有莫大的吸引力："反对战备，反对挑起战争！""为了人民的和平！""为了各国无产阶级的兄弟姐妹情谊！"而最吸引人的口号是："一天8小时工作制！"大多数行业一天10小时工作时间是很常见的，星期六也被剥削。工人们没有休假的权利。星期天休息虽是法律确定的，但时间太少，不足以给工人足够的空闲来修整。

维克多·阿德勒的战友们同他一样，通常来自上层阶级和受过教育的中产阶级。他们和阿德勒有一个主要的目标，就是从被剥削的工人中塑造一个充满信心的阶级，一点一点地争取更好的生活条件，并通过教育确保他们在社会上的进步，乃至有朝一日能够承担政治责任。

1900年，社会民主党首次在维也纳议会中获得席位。议会选举根据阶级选举权进行，通过各种选举主体，确保执政的基督教社会党的人数占多数，只留下少数席位授权给拥有大量选民的社会民主党。因此，他们的首要目标是仿照帝国议会的模式进行选举法改革，最初他们遭到了拒绝。直到1906年，在帝国半边的奥地利，普遍的、平等的和匿名的投票权才开始适用于男性议会选举。

新的人民党派：基督教社会党

19世纪80年代，主要由上层阶级支持的自由主义观念逐渐衰落下去。社会中每个人都必须自谋生路，这种观点越来越被认为是反社会的，是对弱者的不负责任。批评自由主义的人认为，基督教的原则也可以适用于政治。因此，卡尔·冯·福格尔桑男爵（Karl Freiherr von Vogelsang）以天主教教规为基础，谋划出一项社会政治计划。1887年，基督教社会协会成立，律师卡尔·吕格尔博士加入该协会。他原本是自由派政治家，但渐渐与其分道扬镳。卡尔·吕格尔是一位才华横溢的演说家，正是将基督教社会协会的改革理念带给民众的合适人选。他将福格尔桑的部分乌托邦思想转化为颇具吸引力的实践计划。就这样，基督教社会协会最终发展成为基督教社会党，吕格尔成为无可争议的领导人。

1895年，基督教社会党党员在维也纳地方市议会中获得了2/3的席位，占据大多数。吕格尔的演讲抨击了很多人，这些人全部进谏弗朗茨·约瑟夫皇帝，请他不要批准吕格尔出任市长。"这个人的言辞，他在郊区小酒吧会议上抛头露面，煽动性非常强。他对犹太教、国家、匈牙利和政府当局的猛烈攻击常常非常过分，而且从国家利益的考虑，可以说是令人遗憾。"这是当时的一份警方报告。在他的演讲中，吕格尔谈到新的大型百货公司引起小商人的生存恐惧，大型百货公司中的大部分都在犹太人的手中。因此，当吕格尔抨击犹太资本家时，他赢得了经久不衰的掌声。弗朗茨·约瑟夫皇帝四次拒绝吕格尔出任维也纳市长，但不久之后他再也无法维持这种态度，最终于1897年批准吕格尔为维也纳市长。

"维也纳的造物主"：市长卡尔·吕格尔

吕格尔实现了他的愿望，便开始着手解决已升级为大都市的维也纳的能源供应问题。天然气和电力从私人运营商手中撤出，收归国有，并进行市政化。有轨电车也是如此，过时的有轨电车更新为电动操作，截至1903年完成更新。当时，在全城长约170千米的铁路线上，行驶着945辆轨道车和700辆挂车，车辆全部涂成维也纳的白色和红色。悬索线终究是改变了城市景观，这也是皇帝坚持环形大道和玛丽亚希尔夫大街上的有轨电车只能使用架空线运行的原因。

城市铁路于 1898 年与腰带街路线、维也纳河路线和郊区路线一起投入运营，成为另一种公共交通方式。由于地势高度差异，车站建筑设计为地下的或者高架的火车站。城市铁路要归功于奥托·瓦格纳（Otto Wagner）以分离派风格的统一建筑设计和丰富的锻铁装饰。不过不要指望"富贵的人儿"来乘坐城市铁路，因为只有拖着二等和三等车厢的红色车在行驶，根本就没有一等车厢。此外，火车由蒸汽机车牵引，刺鼻的烟雾在经过隧道时会穿透乘客的鼻子。这个问题直到 1925 年城市铁路通电后才得以解决。

带有车顶平台的汽油动力巴士取代了过时的马拉车。1908 年，维也纳市政府收购了成立于 1869 年的维也纳通用公共汽车公司。然而，直到 1913 年 5 月，第一辆公共汽车才通车。随后维也纳的交通焕然一新："五颜六色的巨人，高耸入云，就像色彩斑斓的塔一样推着自己，从它的顶端吹来一缕烟雾，人们在它的平台上紧紧地坐着，气质和体质不同的人做着不同的事，有的若有所思般地微笑，有的焦急地低头看着在他们下方远处的动静……"

车站前的有轨电车机组人员，列车长和售票员。照片拍摄于 1903 年从 1903 年开始，环形大道、大广场和放射状街道在高大的弧形灯的照耀下比以往任何时候都更加明亮，这些弧形灯因造型优美的悬臂而被称为"主教的权杖"。不过活跃在小街小巷的点灯人还没有退役。他高举长长的细杆，在晚上点亮煤气灯，又在破晓时分熄灭它。

1904 年，维也纳城扩张，越过了多瑙河，弗洛里茨多夫与多瑙河左侧的一些区合并为第 21 区。从霍赫史瓦山区（Hochschwab）供水的第二段高泉水管道搭建起来，在 1910 年保证了居民人数超过 200 万

阿波罗剧院的观众厅可容纳 2000 人。照片拍摄于 1904 年。

大关的城市的供水充足。莱恩茨（Lainz）疗养院、施泰因霍夫（Steinhof）精神病院、市就业办公室、众多校舍的建设，以及贫困制度改革、森林和草地带的法律保护，都是吕格尔的伟大成就。他的支持者称他为"维也纳的造物主"。吕格尔于 1910 年去世，标志着一个时代的结束。即使回想起来，世事变化，白云苍狗，吕格尔为政治权宜之计而采取的反犹太主义，给他的品性蒙上了一层阴影，但是吕格尔作为维也纳市长受到的欢迎程度，可以说是前无古人后无来者的。

要是远离地方上的政治，那么在吕格尔时代，维也纳的许多事物都是新鲜的。街上的汽车越来越多，这是富人的特权。自行车成为法律认可的交通工具。"橡胶皮自行车"（Gummiradler）特别受纨绔子弟们的欢迎。新的剧院拔地而起：市民剧院、约翰·施特劳斯剧院、皇帝周年纪念城市剧院，还有后来的国民剧院。阿波罗剧院拥有可容纳 2000 人的观众厅，是维也纳最大的、也是最现代化的剧院，同时也是哈布斯堡王朝最大的歌舞综艺剧院。自从卢米埃尔兄弟发明的电影在维也纳

放映成功以来，电影院的数量迅速增加。舍贺尔电影院建于 1906 年，共有 500 个座位，电影院的受欢迎程度由此可见一斑。曾经为英国上流社会所保留的足球正日益扩张为一项全民运动。维也纳竞技运动俱乐部（WAC）、第一维也纳劳工足球俱乐部（后将更名为 SK Rapid）先后在维也纳成立，接着是弗洛里茨多夫竞技运动俱乐部（FAC）、艾特米运动俱乐部（Sportklub Admira）和华卡运动俱乐部（Sportclub Wacker）。维也纳溜冰俱乐部成立于 1867 年，总部设在干草市场。摩天轮于 1897 年完工，有 30 架圆轮在普拉特旋转，从那里人们可以欣赏到维也纳房屋星罗棋布的美妙全景。

"我人生中最基础的学校"：
阿道夫·希特勒在维也纳的少年时代

吕格尔时期，还有两个来自林茨的年轻人也与维也纳相逢。他们想在这里发展自己的事业，继而一展宏图，一个想做画家，另一个想做音乐家。两人的名字分别是阿道夫·希特勒和奥古斯特·库比席克（August Kubizek）。两人作为二房客租住在斯图姆佩胡同（Stumpergasse）31 号

维也纳溜冰俱乐部开放的大型户外溜冰场，位于干草市场

一位捷克妇女的房子里，生活条件很差。库比席克在音乐学院取得了成功，相反希特勒却被艺术学院拒之门外，他也没有通过入学资格考试。打那以后，希特勒对学院里"僵化死板的公务员"产生了极大的愤慨。由于他没有中学毕业证书，所以做不成建筑师。希特勒直截了当地放弃了一切谋生的工作。他是一个自学成才的人，他想出人头地，他赚不到任何钱，然而他宁愿挨饿也不愿工作。希特勒不加选择、如饥似渴地阅读大量书籍和杂志，其中包括由一个名叫约尔格·兰兹·冯·利本费尔（Jörg Lanz von Liebenfels）的怪人出版的《奥斯塔拉》（*Ostara*）小册子。希特勒在其中读到了"女人"对健康人种的危险，因为"女人"在选择男性时，天性偏爱身体往往更强壮的混血儿。因此，女人必须受到严格管教。希特勒贪婪地吸收这些荒谬的思想。卖淫嫖娼在希特勒看来会对健康的德意志人种构成威胁，他便向他的友人讲述人体瘟疫也就是梅毒的危害。希特勒对"可爱的维也纳女孩"没有任何嗜好。有时他会去帝国议会的长廊，观察无休止的演讲、高声喊叫的论战、咯咯作响的讲台等所有破坏议会理智活动的行为。从那时起，他就鄙视各种形式的议会制度。他对维也纳的状况有很多要批评的。哈布斯堡家族在他看来过于亲斯拉夫；社会民主党只有阶级意识，缺乏种族意识；而在维也纳执政的基督教社会党对皇帝和教士过于恭顺。但他只钦佩基督教社会党的领袖卡尔·吕格尔，视其为民众的护民官，恰如他想象自己要成为的样子。此外合他胃口的只有泛日耳曼主义者格奥尔格·冯·舍纳勒（Georg von Schönerer）、弗朗茨·斯坦（Franz Stein），或者德意志激进主义者卡尔·赫尔曼·沃尔夫（Karl Hermann Wolf）、吉多·冯·李斯特（Guido von List）。维也纳的任何角落都令希特勒不舒服。巴比伦的语言混乱让他感到恶心——这不是一座德意志的城市吗？很多捷克人尤其成为他的眼中钉、肉中刺。

1908 年秋天，库比席克再也找不到他朋友的身影了，希特勒已消失得无影无踪。1909 年，希特勒住进迈德灵区的流浪者收容所，迎来人生的绝对最低谷时期。在收容所里，希特勒认识了一名叫赖恩霍尔德·哈尼施（Reinhold Hanisch）的城市盲流。他们想出了一个两人都认同的赚钱法子，希特勒来画明信片，而哈尼施负责装裱和销售，赚到的钱两人平分。这是希特勒的第一次谋生行为。最终，两人的收入足以让他们在布里吉特瑙区默尔德曼大街（Meldemannstraße）的曼内海姆（Männerheim）找到住的地方。这是一栋模范社会性住房，不是多人大床铺，而是单独的小卧室。希特勒立马减少绘画工作量，哈尼施被激怒了。一场争执在所难免，哈尼施开始以希特勒的风格来画明信片并出售。后来希特勒不得不硬着头皮自己去寻找画商和装裱商。他们当中有些是犹太人，但希特勒不以为意。

1913 年 4 月 20 日，希特勒的人生走到了第 24 个年头，他早已成年，获得一笔父亲留下的遗产。希特勒想在慕尼黑这个具有纯粹德意志气息的艺术之城重新开始。如果他留在奥地利，那么他将面临征兵入伍的风险。无论如何，希特勒都不想为这种"多民族的国家"服务。1913 年 5 月 25 日，希特勒登上前往慕尼黑的火车。10 年后，他在《我的奋斗》（Mein Kampf）一书中总结道："对我而言，维也纳过去是、现在也是最残酷沉重的，尽管它是我一生中最基础的社会学校……我在维也纳获得了世界观大方向和小方向的基本认识，后来我才知道它们只需要详细的填补，却从来没有离开过我……"

反犹主义的促逼：犹太复国主义

维也纳自由主义时代衰落的同时伴随着反犹主义的增长，并由此产生一个新的类别：种族反犹主义。19 世纪 80 年代，有句谚语在维也纳流传开来："犹太人所信仰的都千篇一律，这个种族是肮脏龌龊的！"有一种思想正逐渐深入人心：犹太人应该受到特殊法律的管制；应该通过立法将犹太人排除在所有公共事务之外。各种协会、合唱团等组织引入"雅利安条款"以便与犹太人划分界限。许多犹太人认为自身完全同化是逃避反犹主义的理想方法；但现实却令人失望。曾抱有这种幻想的其中一位便是西奥多·赫茨尔博士。他来自匈牙利的一个犹太家庭，后来搬到维也纳生活。他受过律师培训，后来转向写作，专写随笔文章和剧本。1891 年，赫茨尔成为资产阶级自由派报纸《新自由报》驻巴黎的通讯员。在那里，他见识了针对犹太籍上尉阿尔弗雷德·德雷福斯（Alfred Dreyfus）的间谍审判。这次审判囊括了反犹太主义所有的病态特点，这刺激赫茨尔重新思考，让他转变了观点。犹太人在法规和宪法上实现完全平等之后，自由时代的哈布斯堡王朝在许多犹太人看来是"应许之地"，而维也纳则是他们的"耶路撒冷"，现在被证明不过是海市蜃楼。

如果犹太人早就被视为一个民族，那么他们也应该拥有自己的国家，这便是赫茨尔的结论。他们应该结束 2000 年来流落各地的历史，回到造物主曾经应许给亚伯拉罕的土地，这是他们祖辈的家园。这是他

西奥多·赫茨尔房子前的围观者，出殡队伍正列队前往墓地

在 1896 年的著作《犹太国家：对犹太人问题现代解决方案的尝试》（*Der Judenstaat. Versuch einer modernen Lösung der Judenfrage*）中提出的观点，即犹太复国主义。鉴于几个世纪以来巴勒斯坦一直是奥斯曼帝国的一部分，这个想法似乎是荒诞不经的。但赫茨尔并没有退缩，而是着手联系很多政权。即使他的努力没有成功，他还是创立了犹太民族基金会，该基金会支持在巴勒斯坦购买房产当作犹太人的天然财产。1902 年，赫茨尔的第二本书《新故土》（*Altneuland*）出版，在书中作者概述了未来犹太国家的经济结构和社会结构。1904 年，这位犹太复国主义思想的创始人意外去世，享年 44 岁。赫茨尔的葬礼在德布林格墓园举行，当日的场景成为犹太人展示自我力量的有力证明。

争斗的根源：西格蒙德·弗洛伊德的精神分析

维也纳大学以其医学研究享誉全球。所谓的第二波维也纳医学流派的研究取得丰硕成果，引起世界各地的学者和大学生慕名前来。其中包括许多杰出人物：解剖学家卡尔·罗基坦斯基（Karl Rokitansky）和他的学生约瑟夫·斯柯达（Josef Škoda），外科医生西奥多·比尔罗斯（Theodor Billroth），耳科医生亚当·波利策（Adam Politzer）、约瑟夫·格鲁伯（Josef Gruber）和罗伯特·巴拉尼（Robert Bárány），皮肤科医生费迪南·希伯拉（Ferdinand Hebra，后来晋升贵族）和他的儿子汉斯，内科医生赫尔曼·诺斯纳格尔（Hermann Nothnagel），血清学家卡尔·兰德施泰纳（Karl Landsteiner），精神病学家朱利叶斯·瓦格纳–尧雷格（Julius Wagner-Jauregg），放射学家圭多·霍尔茨克内希特（Guido Holzknecht），精神病学家和脑解剖学家西奥多·梅涅特（Theodor Meynert），整形外科医生阿道夫·洛伦茨（Adolf Lorenz），儿科医生克莱门斯·冯·皮尔凯（Clemens von Pirquet），等等。这些人全都在各自的领域内获得了突破性成果，为全人类造福。

其中有一人与众人迥然不同，因为他认为人类的精神才是导致疾病的原因，这人便是西格蒙德·弗洛伊德（Sigmund Freud），综合医学博士。弗洛伊德从事研究催眠和暗示的问题，尤其关注由维也纳医生约瑟夫·布鲁尔博士（Josef Breuer）从事的以催眠术治疗癔病的医学实践。当年轻的病人意识到她那长期被遗忘和压抑的经历是她致病的原因时，她就痊愈了。弗洛伊德想在不使用催眠术的情况下来实现这一目标。他应用的是所谓的自由联想理论。他以病人的生活为出发点，潜入到其往日的深处寻找线索，直到探究出精神疾病的根源。弗洛伊德于 1900 年出版了《梦的解析》（Traumdeutung）一书，书中介绍了对潜意识的全新阐释。紧接着他发表了《日常生活中的心理病理学》（Die Psychologie des Alltagslebens）和《性学三论》（Drei Abhandlungen zur Sexualtheorie）。弗洛伊德的讲座《论精神分析》（Über Psychoanalyse）搅动了听众夸张的恐惧心理，因为他以明白无误的语言讲述了人们不愿承认的那些关于自身的事情，即最隐秘的、肮脏的念头和欲望，而这些都在道德灌输和社会习俗的束缚之下被禁止表露出来。这些东西在灵魂的深处遭到压抑，然而，即使它们潜藏在最灰暗的角落里，却依然继续发挥着作用。根据弗洛伊德的理解，它们就是导致精神和肉体出现疾病的原因。但是，如果将被压抑的东西再次逼入患者的意识中，并且让其可以重新体验到它们，那么再配合医生的治疗，便是康复的最佳机会。弗洛伊德以自己的发现触及了他那个时代社会最痛的神经，因为"人们不应该谈论这些！"朋友们抛弃了他。被穿小鞋和人身攻击成了他日常生活的一部分，当然他的犹太人身份也起到了推波助澜的作用。在维也纳城里，第 9 区的伯格巷（Berggasse）19 号尽人皆知，这儿是西格蒙德·弗洛伊德生活和工作了 50 年的地方，现在这里已开放为博物馆，供游客驻足参观。

"艺术时代"：维也纳的分离派

30 年过去了，维也纳一直热衷于历史主义的风格。大约到了 1890

年左右，艺术发生了翻天覆地的变化，艺术家们想要停下来反思一下迄今为止所取得的成就。自从接受了皇帝的光荣任务之后，古斯塔夫·克里姆特（Gustav Klimt）便不想继续做小巧精致作品的专家。奥托·瓦格纳也有过类似经历。在他完成了历史主义风格的首座建筑之后，越来越强烈地感受到弃绝"外立面谎言"（Fassadenlüg）的冲动。科洛曼·莫泽（Koloman Moser）发觉家具的浮夸造型令人难以忍受，他力求合乎时代趋势的风格。于是这帮人得出最后的结论：不能再这样下去了！无论是在绘画还是建筑中，对逝去的时代风格的复制已经走入了死胡同。作为时代表达的原创是缺失的。1897 年，围绕在古斯塔夫·克里姆特周围的一群年轻的维也纳画家脱离艺术家协会，在奥地利成立了名为"分离派"（Secession）的绘画艺术家协会。协会的创始成员包括约瑟夫·恩格哈特（Josef Engelhart）、卡尔·莫尔（Carl Moll）、科洛曼·莫泽、约瑟夫·马利亚·奥尔布里奇（Josef Maria Olbrich）、威廉·贝尔纳齐克（Wilhelm Bernatzik）、马克西米连·库兹韦尔（Maximilian Kurzweil）和鲁道夫·杰特马尔（Rudolf Jettmar）。奥托·瓦格纳是在 1899 年最后一个加入这个新艺术家组织的人。其名誉主席是鲁道夫·冯·阿尔特（Rudolf von Alt），他当时已有 84 岁高龄。一幢崭新风格的建筑出现在维也纳河畔大道的开端，一个与众不同的标记拔地而起：分离宫。这座建筑由奥尔布里奇建造。分离派的格言铭刻在入口上方："致时代，属于它的艺术；致艺术，属于它的自由。"（Der Zeit ihre Kunst, der Kunst ihre Freiheit）这句话无疑自豪地宣布一个新艺术时代的到来；它拥有自己的杂志《圣春》（Ver Sacrum），在这个阵地中艺术家为自己所关切的事情而奋战、辩护。

古斯塔夫·克里姆特因自己的新绘画作品而遭到呆板迂腐者的辱骂和报纸的严厉批评，还有阴险小人的恶意中伤。早在 1894 年，克里姆特为大学礼堂设计的所谓院系作品，铺满墙壁的画作，就被攻讦为无出其右的丑闻。克里姆特为法学、医学和哲学的寓言形象所设想的东西，在传统主义者看来，就是用伤风败俗的裸体挑起事端。87 名大学教授在请愿书上签名，上呈教育部长，请求禁止使用这些礼堂画。最终，克

维也纳分离宫

1897 年，一群艺术家从艺术家协会分离出来，独立门户，这座建筑是他们开辟艺术新天地的标志性建筑。建筑师约瑟夫·马利亚·奥尔布里奇是奥托·瓦格纳的学生，正是他在 6 个月内搭建了这座展览馆。其形体保持简单的几何形式；大门，还有用镀金月桂叶子制成的球形屋顶是这栋分离派建筑的招牌。门上题词"致时代，属于它的艺术；致艺术，属于它的自由"。这是分离派艺术家的宣言。建筑内部没有隔墙，因此可以根据展览会的规模灵活布置。古斯塔夫·克里姆特创作的以《第九交响曲》为主题的贝多芬横饰带，在第一次展览结束后遭到一波恶毒的批评，随后便被撤下并收藏起来。1986 年横饰带修复以后，就一直在分离派宫的底层展出。

里姆特放弃了任务。他创作的《贝多芬横饰带》虽独树一帜，却也引起众怒。1905 年，克里姆特带领一群艺术家再次脱离分离派，另立"克里姆特团体"，并于 1908 年组织了维也纳艺术展。维也纳的百万富翁们喜欢克里姆特耳目一新的美学。他们请他给自己的妻子画像，这些人有艾米莉·弗洛格（Emilie Flöge）、索尼娅·斯内普（Sonja Knips）、塞丽娜（Serena）、伊丽莎白·莱德勒（Elisabeth Lederer）、欧根妮亚·普里马维西（Eugenia Primavesi）、艾米莉·扎克坎德尔（Amalie Zuckerkandl）等等。克里姆特最著名的作品是《金色的阿黛尔》（*Goldene*

Adele），是阿黛尔·布洛赫－鲍尔夫人（Adele Bloch-Bauer）的肖像画；这幅画之所以非常有名，是因为100年后它牵扯到政治问题。这些肖像画中的每一幅都有自己的特色：首先是优雅的沙龙贵妇，她呈现出一副圣母模样，此外每一幅都染有邪恶的麦瑟琳娜（Messalina，古罗马皇帝克劳狄斯的妻子，女色情狂，夜晚会扮成妓女勾引男子；另外她处处死自己的政敌，确保自己在罗马帝国的地位）的影响。她们全被奢华的金色装饰所包围。今天没人认识这些女人，克里姆特却通过他的艺术才华赋予这些维也纳上流社会的贵妇不朽的声誉。

奥托·瓦格纳建在维也纳河畔大道左岸上的房屋令维也纳锦上添花，这栋房子有奢华繁盛的镀金叶装饰和太阳雕饰，珐琅的房屋外墙装饰有粉红色、绿色植物。邮政储蓄银行以其独特的玻璃和钢质柜台大厅赢得了世界上最美丽储蓄银行大厅的美誉。瓦格纳接受了一个来自维也纳的大任务：设计城市铁路线的车站大楼。施泰因霍夫精神病院教堂的建筑风格，历经半个世纪从新哥特式和罗马式风格的砖砌教堂中脱颖而出。其穹顶由镀金铜板制作而成，看起来就像一座现代的灯塔，在维也纳西部的加利津山（Gallitzinberge）的南坡亮闪闪地护航指路。随着时间的流逝，瓦格纳设计的房子显得越来越平坦，房体结构也越来越坚固。他的两处私人宅第，一处是奥塔克林的狼疮疗养院（Lupusheilstätte），一处是第7区的两座住宅楼，都表现出此种变化特点。

科洛曼·莫泽是1900年左右的"全能艺术家"。无论人们委托给他什么设计方案，他都能点石成金，奉献出一件艺术品。在他眼中，没有什么是微不足道的，无论是烘焙的模具还是舞蹈的服装，无论是柜子的配饰还是一个印章。他设计了1908年皇帝即位60周年的纪念邮票和100克朗纸币。莫泽也是玻璃艺术方面的专家，他为阿姆施泰因霍夫教堂设计了玻璃马赛克窗户，其色彩和光线独特，色调柔和，天使塑像的巨大翅膀中点缀着孔雀羽毛。1904年，莫泽与约瑟夫·霍夫曼（Josef Hoffmann）、弗里茨·韦恩多夫（Fritz Waerndorfer）一起以投资人的身份创立了维也纳工坊，以生产现代设计样式的产品而享誉全球。艺术家所关心的问题聚焦于如何把艺术渗透进生活的各个领域，这些艺术家的名字今天仍耳熟能详，如卡尔·奥托·切施克（Carl Otto Czeschk）的银器作品，迈克尔·斯洛（Michael Powolny）、贝特霍尔德·洛夫勒（Berthold Löffler）和瓦利·维塞尔蒂耶（Vally Wieselthier）的陶瓷，爱德华·维默–威斯格里尔（Eduard Wimmer-Wisgrill）和马克斯·斯尼舍克（Max Snischek）的流行样式设计，等等。

1910 年，20 岁的埃贡·席勒（Egon Schiele）首次展出他的表现主义作品。他的作品违反了所有的资产阶级道德，引起人们的阵阵恐慌，因为他将"女人"描绘得既不是圣母也不是沙龙女士，而是一个对"性"望眼欲穿的女人。这是对道德禁忌的突破，被认为是无耻之尤，千夫所指。席勒的绘画题材在其他方面也令人火冒三丈：骷髅般的男性裸体、枯萎的花朵、萧瑟的秋景还有那荒凉的城市景观。

与此同时，画家、图像设计师和作家奥斯卡·科科施卡（Oskar Kokoschka）也正承受着他人的非议。他的戏剧《暗杀者，女人们的希望》（*Mörder，Hoffnung der Frauen*）讲述了两性之间的斗争。这部戏剧几乎没有任何情节，观众禁不住心生困惑。诗体小说《做梦的男孩子》（*Die träumenden Knaben*）采用他的石版画作插图，作品仍显露出在应用艺术学院学习时期青春艺术风格对他的影响。之后科科施卡开始追求自己的表现主义风格，他给彼得·阿尔滕贝格（Peter Altenberg）、阿道夫·路斯（Adolf Loos）和卡尔·克劳斯作的肖像画便属于这种风格。新闻界和公众的反应怒气冲冲，只有少许艺术鉴赏家向科科施卡表示致敬。其中一位说："但我必须牢记科科施卡这个名字。因为谁在 22 岁时表现得如此残忍，那么谁就可能在 30 岁时成为一位非常严肃的原创型艺术家。"这个预言终有应验的一天。

争议事件：路斯大楼

霍夫堡宫对面的米歇尔广场上，竟矗立着一座没有任何装饰、外立面完全光溜溜的、没有任何窗户框的房子！当阿道夫·路斯的计划在维也纳为人所知时，一场愤怒的风暴袭来。路斯在一篇名为《装饰与罪恶》（Ornament und Verbrechen）的文章中，提出建筑只应基于纯粹的功用性，恰如他在纽约逗留期间所欣赏到的刚刚建起的摩天大楼那样。回到维也纳后，路斯接了一些小的任务，以实现他的激进想法，例如美国酒吧（American Bar）、壕沟大道上的珂尼兹男士时装沙龙（der Herrenmodensalon Knize）、曼克书店（die Buchhandlung Man）和咖啡馆、博物馆等等。1910 年，路斯为米歇尔广场上的高曼和萨拉奇（Goldman & Salatsch）男士时装公司

米歇尔广场 3 号的路斯大楼。从 2002 年开始，新翻修的底层一直用作"路斯大楼设计区"，经常承办国际性的展览和活动

设计了一栋楼房，从而实现了自己身为建筑师的理想。其建设计划的反对者试图不惜一切代价阻止他。实际上建筑作业于 1910 年 8 月施工，外立面的设计必须在 1911 年 7 月之前确定。如果没有完成，那么维也纳管理机关将会在其认为合适的情况下强制执行。作家卡尔·克劳斯为路斯辩护："他在其中嵌入了自己的思想。"并接着解释道，"此乃用中庸对抗实用目的。"而对于路斯来说，幸运的是，他的客户始终坚定不移地支持他，并且再次支付保证金，以便这座公司大楼能够顺利投入使用。尽管阻力重重，路斯大楼最终还是按计划完成。就这样，昨天还是绊脚石的路斯大楼变成了今日久负盛名的建筑。

"世纪末"的敏锐阐释者：维也纳文学家

1900 年左右的文学世界，为不带感情色彩的自然主义统治着，却在维也纳遭到本能的排斥。在这儿，只有以柔和的、精神上高雅的形式出现的文学流派才会受欢迎。它以"青年维也纳"（Jung-Wien）为代表，以隶属于中产阶级上层的作家为主要成员；这个阶层为文化定下基调，而作家们依据自己的经验来认识它的观念和生活方式。

阿图尔·施尼茨勒便是其中一位。很明显，基于"精神分析学者"西格蒙德·弗洛伊德的最新研究，施尼茨勒开始在他的戏剧和叙事诗中剖析维也纳的灵魂，理智而不滥情地描绘维也纳生活世界的浮浪以及情欲的意义。在这个世界上顶重要的事情就是享受当下，由于意识到死亡潜伏在一切事物之后，因此这种观点才显得如此重要。所以说，所有人的人生都是一场被忧郁阴影笼罩的游戏。"我们都在玩乐，谁明白这点，谁就是聪明的。"这是施尼茨勒在戏剧《帕拉采尔苏斯》（Paracelsus）中的理解，也是他的作品主题；多部独幕剧都是注脚，如《安纳托尔》（Anatol）、《活着的时刻》（Lebendige Stunden）、《文字喜剧》（Komödie der Worte）、悲剧《孤独的道路》（Der einsame Weg）和悲喜剧《广袤之地》（Das Weite Land）。施尼茨勒在他的戏剧《伯恩哈迪教授》（Professor Bernhardi）中处理了一个现实话题，即犹太医生与天主教教会之间的冲突。诗人在《恋爱三昧》（Liebelei）中塑造了一个角色克里斯汀，她以"可爱的维也纳女孩"形象登上舞台。在他的中篇小说《古斯特尔少尉》（Leutnant Gustl）中，施尼茨勒探讨了陈旧的荣誉概念及其造成的悲剧性后果（这种情况尤其发生在决斗之中），而这仍然被认为是重建受伤男性的荣誉之唯一有效手段。军队认为《古斯特尔少尉》冒犯了他们的荣誉，因此他们剥夺了施尼茨勒的军衔。

赫尔曼·巴尔（Hermann Bahr）的作品生动地反映了他那个时代所有的文学思潮。日后他在《人啊，变得重要！》（Mensch, werde wesentlich！）中总结了他的深刻思想。他偏爱讽刺，有时也爱愚蠢。写于 1909 年的喜剧《音乐会》（Das Konzert）以艺术家婚姻的可疑性博人一笑，深受观众好评。巴尔的诙谐喜剧也值得一提，例如《查佩尔》、《约瑟芬》（Josephine）、《维也纳妇女》（Wienerinnen）、《发牢骚的人》（Der Querulant）等等。1891 年，巴尔在一本杂志上看到一篇评论自己作品的文章，此文对他来说无异当头棒喝，深刻异常，风格也是相当出色，文章署名为"洛里斯"。谁是洛里斯？这个秘密在格林斯坦文学咖啡馆被揭开。一位年轻人朝着巴尔走来，向他表明自己就是洛里斯。此人的真实姓名叫胡戈·冯·霍夫曼斯塔尔（Hugo von Hofmannsthal），是一名 17 岁的高中生，之前尚未发表作品。霍夫曼斯塔尔一举成名。众人纷纷赞他"少年成名"，是新一代的格里尔帕策。年轻诗人的诗句散发着形式构造上的美感，其中的每一种情绪都扣人心弦。施尼茨勒也被这位年轻诗人的天才所折服。日后霍夫曼斯塔尔为理查德·施特劳斯的歌剧撰写剧本而闻名于世，这些剧本包括《厄勒克特拉》（Elektra）、《没有影子的女人》（Die Frau ohne Schatten）、《阿里阿德涅在拿索斯岛》（Ariadne auf Naxos）、《阿拉贝拉》（Arabella）和《玫瑰骑士》（Der Rosenkavalier）等。后来他创作了宗教剧《每一个人》（Jedermann）和《萨尔茨堡的世界大舞台》（Salzburg Großes Welttheater），对此早期的仰慕者却茫然不知所以。霍夫曼斯塔尔的作品只能放置在维也纳晚期帝国的氛围中才能理解，那个多民族帝国的多民族中心，就像一座从王朝时代到被民族主义蚕食时代的遗迹，饱经风霜。霍夫曼斯塔尔无法承受这一老旧帝国的覆灭。

在诗人费迪南·冯·萨尔（Ferdinand von Saar）笔下，古老的奥地利就像在凹面镜中被容聚一样。在他的《维也纳挽歌》（Wiener Elegien）中，诗人用忧郁来纪念他的故乡。与其他诗人不同，对萨尔这个出身服役贵族的人来说，受剥削的工人阶级世界毫无疑问是他的探讨话题。《石环》（Die Steinklopfer）是第一部"无产阶级小说"，小说讲述了塞默灵铁路的建设期间，在一个劳动营房的残暴的监工手下，小工的命运艰难。萨尔到了晚年才声名鹊起，并荣任上院议员。萨尔久为重病所苦，于 1906 年自杀。

卡尔·克劳斯是另一类完全不同的作家。他是犹太制造商的儿子，曾尝试成为一名演员，却在中止法律的学习之后，以散文家、剧作家和诗人的身份找到了安身立命的归宿。克劳斯在文学界毫不留情地批评巴尔和散文家菲利克斯·萨尔滕（Felix Salten），他写了讽刺作品《破碎的文学》（*Die demolierte Literatur*），在他自己的作品《战胜赫尔曼·巴尔》（*Die Überwindung des Hermann Bahr*）中呼吁读者远离巴尔的作品。他理解错了萨尔滕，并因此收获一记耳光。为了在经济上保持独立，克劳斯于 1899 年创办了杂志《火炬》（*Die Fackel*），自己独自担任编辑。他在各个层面都力求清晰和真实，并开始与资产阶级的双重道德标准、热衷于耸人听闻事件的媒体、日益明显的好战倾向以及任何破坏精神和自然的利益追求进行无情的斗争。他言辞犀利，无畏地攻击任何滥用语言的现象，他是一个令人胆战心惊的作家。

将维也纳的作家们团结在一起的是他们对咖啡馆的偏爱。起初，格林施泰德是他们的聚会地点，但由于房屋被拆除了，咖啡馆不得不在 1897 年关闭。之后，绅士街的中央咖啡馆接过了团结维也纳作家的任务。所有与霍夫曼斯塔尔和施尼茨勒一道隶属于赫尔曼·巴尔圈子的人，都在这儿把盏言欢，例如作家理查德·比尔－霍夫曼（Richard Beer-Hofmann）、彼得·阿尔滕贝格以及菲利克斯·萨尔滕。其他任何地方通常都没有类似文学咖啡馆这样的场所，只有在维也纳才有。

文学精英们聚集在米歇尔广场的格林施泰德咖啡馆里

"只要他活着"：维也纳最后几年的和平

20 世纪初，70 岁高龄的老皇帝身边，孤寂如影随形。他唯一的儿子鲁道夫自杀了，伊丽莎白皇后也被无政府主义者暗杀，皇帝因此承受了沉重的压力。侄子弗朗茨·费迪南大公成为皇位继承人后，也带来了新的麻烦。他娶了门不当户不对的女伯爵索菲·乔泰克（Sophie Chotek）。根据宫廷礼仪的规则，两人在正式场合同时露面是不可能的。因此，这对夫妇尽可能远离维也纳。上美景宫成为皇位继承人在维也纳的正式官邸。他在下美景宫设立了自己的军机处。费迪南大公在此集合起那些认为老皇帝的惰政和宫廷阴谋危害极大的主干人物。维也纳的政治局势因此分裂为两大阵营：着眼于未来的"美景宫党"和满足于当下的"美泉宫党"。很多人不敢想象生活在不得人心的皇位继承人的统治之下，会是副怎样的情景，他们无不希望老皇帝能够万寿无疆，统治天下千秋万代，这种"只要他活着"的态度表达出对即将到来的未来的恐惧。

在 1908 年弗朗茨·约瑟夫皇帝执政 60 周年之际，举行了一系列如环形大道游行等周年庆祝活动。皇帝根本不想这样做。

西奥多·库恩（Theodor Khuen）在莱恩茨医院行政大楼屋顶上创作的浮雕，弗朗茨·约瑟夫皇帝站在神话人物中央

但旅游业和贸易业对丰厚的收益望穿秋水，这是皇帝不能视而不见的。300 000 名观众或站在看台上或立于格子架上，跑马观花地观看丰富多彩的表演。但是不能说这次庆典是成功的。因为门票的销售情况非常糟糕，乃至在最后一刻不得不贱卖。捷克人、匈牙利人和意大利人没有参加游行，给王朝各民族的凝聚力敲了一次警钟。旅游业和工商业对收支情况感到失望。当市政当局讨论为庆典筹备委员会提供补贴时，维也纳

市议会被淹没在愤怒的狂风暴雨里。总之，这次庆典除了花销之外没有别的。不过，至少有几家医院要感谢1908年的周年庆典，如莱恩茨医院（即今天的席津区诊所）、威廉明妮医院（Wilhelminenspital）的儿童诊所、作为弗朗茨·约瑟夫皇帝周年纪念馆的露西娜（Lucina）协会私人产科医院，当然还有维也纳商业培训学校，以及第4区和第5区以色列圣殿。

波斯尼亚危机为周年纪念蒙上一层阴影，这场危机将欧洲推到了一场大战的边缘；奥匈帝国出人意料地吞并了奥斯曼帝国的波斯尼亚（Bosnien）和黑塞哥维那（Herzegowina），但是并未向其他列强通气。紧张的局势在1909年3月达到白热化阶段，帝国皇家军队已经为开战做好了准备。但终究没有打起来。波斯尼亚和黑塞哥维那成为奥匈帝国的一部分。1909年4月18日，7万人在美泉宫前向皇帝陛下致敬。他现在可以称自己是"开疆拓土的圣主"了，但是这终将要付出巨大的代价。

回首往事，随着20世纪第二个10年的开始，有很多人和事将迎来最后时刻。年事已高的君主需要照顾。臣民们最后一次看到他是在施梅策的春季郊游中，当时他还能骑在马背上。最后一场宫廷舞会和宫廷球赛是在1911年。这位年迈的君主不再参加科珀斯克里斯蒂游行，整个朝廷也不再参加。最后，他待在宫殿里大门不出二门不迈，停止来往于霍夫堡宫和美泉宫之间的日常出行。宫廷往日的辉煌气象逐渐黯淡下去，弗朗茨·约瑟夫成为一个超脱的活着的传奇，一个"美泉宫的隐士"。而躲避维也纳的弗朗茨·费迪南让维也纳丧失了吸引土地贵族的魅力，他一年中的大部分时间都待在乡村宫殿里。到了1912年—1913年，两次巴尔干战争让哈布斯堡王朝再次陷入新的危机。塞尔维亚成为这次战争的主要受益者，而奥匈帝国是受害者。1914年4月，年近84岁的皇帝患上了严重的支气管炎，每天的公告清楚地显示着病情的严重性。不过6周后，弗朗茨·约瑟夫还是康复如初。6月4日，他接见了前来道贺的弗朗茨·费迪南大公。与此同时，这位皇位继承人告诉他，他将在月底参加波斯尼亚军事演习，并带着索菲同去。老皇帝回答说："做你自己想做的吧！"于是到萨拉热窝的道路畅通无阻……

战争开始时，狂热笼罩着维也纳；玛丽亚希尔夫大街上的凯旋装饰物。明信片，1914 年

"一战"时期的维也纳

（公元 1914 年—1918 年）

　　1914 年 6 月 28 日，奥匈帝国皇位继承人在萨拉热窝遭到刺杀，一个月以后第一次世界大战爆发。一开始的时候，所有人都怀着巨大的热情将战争视为一种解放而竞相庆贺，但很快人们就意识到技术时代的战争意味着什么。维也纳并没有为这样的战争做好准备。220 万居民的给养和难民的救济迫在眉睫。维持生命的基本物资不得不按量配给。帝国所有区域都陷入营养不良、疾病蔓延、物资短缺的窘境，这些几乎成为日常生活的全部。战争期间，皇帝弗朗茨·约瑟夫在统治帝国将近 68 年之后晏驾而去。年轻的继承者卡尔心存善意，却无法率领着流血不止的老旧帝国走出战争的泥潭。最终，哈布斯堡王朝土崩瓦解，维也纳不再是帝国皇城。

令人震惊和激动不已的消息：战争爆发了

　　1914 年 6 月 28 日，萨拉热窝（Sarajevo）刺杀事件一登上报纸便立即不胫而走。皇位继承人被尚未成年的学生加夫里洛·普林西普（Gavrilo Princip）枪杀。此人加入了一个塞尔维亚秘密组织，该组织誓为解放所有南斯拉夫人的国家而奋战，受此召唤普林西普铤而走险。当局视贝尔格莱德（Belgrad）为阴谋者的活动中心，现在需要清洗此城。维也纳鹰派的机会来了，他们正与塞尔维亚当局交涉，想要以军事手段解决问题。外交部秘密准备了一份有时间限制的外交照会，并呈递给贝尔格莱德，其中包含对塞尔维亚最严苛的要求。结果贝尔格莱德拒不接受。7 月 26

"钢铁战士"

"铁棍"[1]——在这根"棍子"身上，
工匠们曾经往里楔入钉子，以显示自己的
职业自豪感。"钢铁战士"乃这种"铁棍"
习俗的现代版本。雕像由雕塑家约瑟夫·穆尔
纳（Josef Müllne）创作，1915 年 3 月 6 日在
施瓦岑贝格广场庄重地举行落成大典。同盟
国君主弗朗茨·约瑟夫皇帝、威廉二世皇帝和奥
斯曼帝国苏丹穆罕默德五世让自己的臣下代表
自己，往雕像里面钉入金质的钉子，并为寡妇
和孤儿救济基金会慷慨捐款。从那时起，任何
一个爱国的市民只要向这个基金会捐款，额
度不限，就可以向这个木头战士身上钉上铁钉
子。战争结束后，该雕像被移走并存放在仓库
之中。1934 年人们又把它搬了出来。自此这
尊"钢铁战士"就一直守望在维也纳市政
厅正对面，站立于费尔德 6—8 号新城市
办公楼的拱门旁，俨然"铁器时代的钢铁
象征"。

---

1 "铁棍"，是中世纪一根树干的中间部分，又叫"钉子树"，彼时的人们将
数百个钉子钉入其中以求好运。"铁棍"位于维也纳的铁棍广场，在壕沟大道
和克恩滕大街相接的拐角处，现其上覆有玻璃罩起保护作用。

日夜晚，维也纳的夜空中充满慷慨激昂的空气。现在轮到枪杆子说话了。1914 年 7 月 28 日，弗朗茨·约瑟夫皇帝在巴特伊舍尔（Bad Ischl）的皇家别墅签署了对塞尔维亚的宣战书，然后返回维也纳。成群结队的人们欢呼着，聚集在皇帝的敞篷马车周围，簇拥着他前往美泉宫；皇帝身边坐着的就是尚不为人所知的年轻的皇位继承人卡尔大公。

短短几天之内，王朝对塞尔维亚的战争就演变为欧洲大国之间的世界大战：沙皇俄国、法国和英国组成协约国，对抗同盟国德国和奥匈帝国，后来奥斯曼帝国和保加利亚加入同盟国阵营。战火从维也纳烧起。火车站挤满了告别的人群。列车在留家亲人的注视中慢慢远去，丈夫、父亲、儿子从车厢里伸出手臂挥舞着，这成为她们脑中残留的最后记忆。

奥地利帝国梦想着在塞尔维亚和俄罗斯前线快速取得胜利，现实证明这不过是一个梦而已。"俄罗斯轧路机"令人恐惧，维也纳开始设置首批防御设施。1915 年 5 月，意大利向哈布斯堡王朝宣战。这场大战终结了骑兵冲锋，往日的"制服魅力"也一去不复返。从"一战"开始，堑壕战登上历史舞台，机枪的覆盖，毒气的弥散，火焰喷射器的吞噬，军舰的沉没，还有飞机炸弹的轰炸，会轮番出现。

饥寒交迫的困境：维也纳物资匮乏

维也纳人在日常生活中很快就感受到了战争的恐怖气息。首先，恺撒面包、面包卷和椒盐脆饼从宾馆和咖啡馆的餐桌上消失了，取而代之的是用黑面粉制成的"战时面包"。食品价格开始急剧上涨，有不少货摊小贩在市场上被愤怒的买家痛殴。放高利贷者和囤积居奇者趁火打劫的日子即将到来。

基督教社会党人、维也纳市长理查德·魏斯基希纳（Richard Weiskirchner）敦促大家要谨慎行事，并提醒所有公民遵守公共秩序，以免"自私自利的行为激化不可避免的紧急状态，无论如何这都是每场战争会导致的后果"。他要求"已婚的家庭主妇不要提前购置无用的东西来给市场形势增加困难"。人们在街头的广告柱和报纸上读到魏斯基希纳的第二个呼吁:"各位市民!不要怀疑钞票!抛出克朗[1]和镍币吧!在这个艰难的时期,任何人要是不让自己的硬币进入流通之中,就会损害整个国民经济!不要积储克朗,像往常一样把它们投入流通吧!"在交易往来中,硬币的缺乏是显而易见的。人们不相信纸币,便囤积由银和镍制成的克朗硬币。"维也纳,维也纳,只有你维也纳,总是我魂牵梦萦之城;那儿,我享受好运与福报的地方,是维也纳,还是维也纳,我的维也纳。"这首重唱曲子在战争爆发前不久于维也纳全城传唱开来,如此好听当真是"仙乐萦耳,三月不知肉味"。到了战争年代,维也纳的好运和福报越来越少。自开战以来,人们一直用玉米粉、大麦、土豆粉或土豆泥制作面包。1915年春天,面包和面粉开始实行配给制,只能用配量领取券来购买。随后到了1916年,糖、牛奶、咖啡、猪油和黄油实施分阶段配给。1917年,土豆也开始采取配给制,规定每人每周定额领取一千克。老百姓每天在市场大厅和杂货店前排起长龙,成为一道大众景观。必要的时候,公园、菜园和休耕田地会被改造成耕地,栽花的温室也可以用来种植蔬菜。有些人为满足需要,直接从城市周围的农民那里交换物品。面粉、土豆、牛奶、鸡蛋、黄油和猪油可以兑换贵重物品:金币银币、珠宝、地毯、家具、名画、留声机等。火车站监控严格。任何携带超过允许数量上限的人,超过的部分会被没收。被抓到现行的人宁愿把牛奶和面粉倾撒在地上,把鸡蛋踩在脚下,也不愿把它们在可食用状态下交给有关部门。犯罪率飙升,尤其是青少年犯罪。为了扭转这种发展局势,维也纳设立了青年福利局。私人宅第的建设因战争而成为牺牲品。房地产市场上提供的住房质量堪忧,地下室和储藏室被修整后用来居住。煤炭稀缺,作为一种容易获得的替代品的木材,在普拉特、洛鲍岛或维也纳森林中被大量砍伐;人们将其捆成一捆,扛

---

1 这儿的克朗指的是奥匈帝国克朗,是奥匈帝国自1892年到1918年帝国解体之前发行的货币。

在背后带回家。服装面料现在也由纤维素或荨麻制成。被取代的东西还有咖啡和茶、饼干、蛋黄、肉类、软肥皂等等。广受赞誉的无忧之城维也纳，现在给人们留下的只有记忆。

先皇驾崩，新皇万岁：战时皇位交接

弗朗茨·约瑟夫皇帝于 1916 年 11 月 21 日在美泉宫驾崩。这位老皇帝从未到过前线，也从未领教过战场的恐怖。他年事已高，虚弱不堪，无法承受这样的艰辛。在他去世前的 4 个星期，首相施图尔克伯爵卡尔（Karl Graf Stürgkh）遭到政治暗杀，在梅斯尔和沙登酒店（Meißl & Schadn）被社会民主党领导人维克多·阿德勒的儿子弗里德里希·阿德勒枪杀。这是一个绝望的人对施图尔克专制政权的抗议。

弗朗茨·约瑟夫皇帝的出殡队伍经过"铁棍"广场，豪华的灵车由近卫军护卫。手工上色的玻璃底片

11月30日，数万群众送晏驾而去的先皇最后一程。现场没有一位目击者对哈布斯堡王朝悲哀的奢华漠然置之。游行队伍在3支卫队的护卫下，从霍夫堡宫通过环形大道前往斯蒂芬大教堂，之后前往皇室墓园。皇室灵车后面紧跟着新的皇帝卡尔和皇后齐塔（Zita），走在他们中间的是年仅4岁的皇太子奥托。恰如不少人所认为的那样，这是历史悠久的哈布斯堡王朝华丽的告别表演。

这位29岁的新皇帝在执政初期便做出了截然不同的举动。他立足于1911年的选举基础之上，重新召开了自1914年3月起暂停的帝国议会，他将陆军最高统帅部从特申（Teschen）转移到了维也纳附近的巴登。为了给前线士兵提供安全保障，租户保障权益出台，规定他们的家人不能被自家的房东任意终止租赁合同。社会福利部和公共卫生部制定了新的社会政策标准。时间到了1916年—1917年之际的那个冬天，为了给受冻的维也纳人民提供煤炭，卡尔命令大量皇室专列把煤炭从火车站运送到各个配送中心。这位与约瑟夫二世相仿的新一代人民皇帝成为人们谈论的对象。

"所有关节都崩裂了"：灭亡日渐逼近

1918年1月开始，面粉的配给进一步减少。结果，维也纳、下奥地利和施蒂里亚工业区的数十万工人罢工，受波及的主要是军工厂。政府和军队全都惊慌失措，罢工者提出了政治要求，就连社会民主党的政治人物也感到惊讶。政府做出一些承诺，并与社会民主党合作，一道控制局势。

列宁领导的布尔什维克统治俄罗斯之后便退出战争，同盟国算是打败了俄罗斯。之后在1918年，"面包和平"（Brotfrieden）成为每个人口中谈论的关键词。希望寄托在已经独立的乌克兰身上，因为那里的黑土地可以生产出足够的粮食来缓解维也纳的饥饿。然而这种期望最终变成了一种幻觉。更确切地说，到了1918年6月进一步缩减面包定量配给已不可避免。此举引发了维也纳的大规模罢工和骚乱。装载着面粉和面包的货车遭到袭击，展示食品的橱窗被打碎，有轨电车被破坏。安保力量有时会动用锃亮的武器攻击骚乱的人群。局势再次平静下来，罢工结束了，但是饥饿依然存在。人们平均每天必须摄入830卡路里的热量。维也纳人蜂拥闯入维也纳的61个战时厨房，其凶猛程度难以阻挡，每周在这里要分发大约120万份的补给，但要收取少量费用。但是越来越多的维也纳人已无法获得它们，他们能收到的只有社区提供的免费的、如同呕吐物一样的食物，1918年上半年，每天有107 000名赤贫者食用这种食物，而在1915年时"只有"38 000人。正如社会民主党议员卡尔·洛伊特纳（Karl Leuthner）在一次帝国议会的秘密会议中所言，在维也纳处处都可感觉到"它的所有关节都崩裂了"。

彭青区战时厨房前的儿童。1916年8月

1918年8月，由诗人和冒险家加布里埃尔·邓南遮（Gabriele D'Annunzio）率领的意大利飞机中队掠过维也纳上空，飞机撒下的宣传单落到维也纳内城。人们很快就知晓了上面的内容，其重点信息是，你的政府无法给你们提供面包或和平，它完全服从德国军队的指挥。上面的字迹清晰可见："你们想继续战争吗？如果你们想自杀，那就继续战争吧！你希望什么呢？是普鲁士将军许诺给你们的决定性大捷吗？你们的决定性胜利就像乌克兰的面包：期待着它，却在它到来之前就死翘翘。维也纳市民！想想等着你的是什么，醒醒吧！"

王朝的灭亡证明：皇帝逊位

　　1918 年秋天，同盟国输掉了战争。卡尔皇帝试图将二元君主国奥匈帝国的奥地利这半边转变为联邦国家。帝国议会议员可以根据民族归属组成国民议会。10 月 21 日，操德语的人在下奥地利维也纳的乡间别墅中，组建了一个名为德意志奥地利(Deutschösterreich)¹的国家临时国民议会。10 月 30 日，3 个忧国忧民的政党通过了一项临时基本法，并组建了由社会民主党卡尔·伦纳（Karl Renner）博士出任总理的政府。这一天，成千上万的人群聚集在绅士街的乡间别墅前，红色或黑 - 红 - 金色的旗帜表明了各自的态度，这边厢是社会民主党人，那边厢是德意志民族主义者。为了向人群通报辩论的过程，一会儿是一名社会民主党人，然后又是一名德意志民族主义者走上阳台。魏斯基希纳市长是最后一位发言者。一连串"啊呸"的叫喊声令他一句话也说不出来。这位基督教社会党人是埋葬维也纳帝制时代的象征性人物。

　　随着 1918 年 11 月 9 日德意志共和国宣布成立，以及德国皇帝威廉二世飞往荷兰，奥地利皇帝的皇位也势如累卵。卡尔断然拒绝像威廉那样放弃皇位。在美泉宫，最后一届帝国政府接受了还说得过去的妥协：卡尔放弃对国家事务的任何干预，并提前承认未来的德意志奥地利国民议会关于政府形式的决定。同一天晚上，卡尔和他的家人退往多瑙河畔奥尔特（Orth）附近的埃卡特绍宫殿（Eckartsau），等待局势的进一步发展。

　　王朝终结的迹象在维也纳处处可见。双头鹰从行政办公楼上拆除下来，其上"皇家宫廷承办商"的字样也被拆除或用别的东西遮盖。从前线归来的军官如果拒绝用红色或黑、红、金相间的徽章替换皇家徽章，那么就会受到虐待。这年秋天，维也纳受到西班牙流感的袭击，数千人

1　"一战"结束后，奥匈帝国境内讲德语的地区成立德意志奥地利。该政权持续时间很短，到 1919 年 9 月改名为奥地利共和国。

因此而丧生，其中包括画家埃贡·席勒。后来人们才知道，到 1920 年，全球有超过 2000 万人死于这场大流行病。在维也纳，由于存在感染的风险，所有的剧院、电影院、学校和大学都暂时关闭。棺材供不应求，掘墓人和牧师在协商着工作。维也纳弥漫着一种悲观消极的情绪："维也纳街道的面容在最近这几天变得如此阴郁，以至于人们简直害怕毁坏市容的严重性……议会大厦的轮廓已经失去了它作为奥地利人民之家的使命，几乎消失在夜色的黑暗之中。大多数有轨电车在行驶时都装有不亮的信号圆牌和完全阴暗的挂车，里面的乘客像鲱鱼一样挤在一起，像黑色幽灵般的影子吊在踏板上。市政厅的塔楼下面，从前这儿宴会厅明亮的尖拱窗中曾发出盛大的节日招待的讯息，现在甚至大钟也黯淡了……斯蒂芬广场、壕沟大道和克恩滕大街每到晚上也是一幅悲伤的画面……美丽的维也纳城市变成什么样子了啊！"

„Kobert" der Sänger
der Arbeitslosen
Bringt stets die
neuesten
Schlager !

维也纳郊区邮箱前的失业人员。一名享受不到社会
保险的人，正试图在一群仍领取津贴的人中间以卖
唱人的身份赚点钱。1932 年的照片

"红色维也纳"
和等级制国家
（公元 1919 年—1938 年）

1918 年的帝国皇城和国都维也纳成为一个疲惫不堪的百万人口都会。在政治和经济上，维也纳人面临着充满不确定性的未来。哈布斯堡王朝已土崩瓦解，德意志奥地利是一个并不能长久存在的小国。维也纳的处境尤其困难：它在国际政治中变得微不足道，在国内被一众联邦州瞧不起，被视为"臃肿的官僚机构"。仅仅在文化方面这座城市仍然具有国际上的重要性。"红色维也纳"以其市政住宅和社会设施引起全球性的轰动。正义宫（Justizpalast）大火、1934 年 2 月的内战、陶尔斐斯总理被刺和希特勒德国的镇压逐渐导致奥地利共和国走向不体面的终结。

艰难的自我发现：维也纳不确定的未来

卡尔皇帝于 1918 年 11 月 11 日逊位，现在不再有任何障碍，于是德意志奥地利共和国于次日宣布成立。然而社会民主党创始人兼主席维克多·阿德勒却在这天去世了，原本应该用来庆祝的日子转眼变成哀悼时刻。11 月 12 日下午，超过 100 000 人在等待一个伟大时刻，他们在翘首期盼着旗杆上首次挂出代表着共和的红 - 白 - 红三色旗帜，这是共和国法律的决议。因阿德勒之死，人们的情绪相应地消沉下去。然而人们望见升起的旗帜只有红色，还有一些织物碎片交错其间。赤色护卫者把白色的条纹撕碎了，此举象征着他们要求将德意志奥地利变成一个仿效俄罗斯的无产阶级专政政权。一队赤色卫队试图冲进议会大厦制服里面的政治人物，但这个企图失败了。当时枪声大作，人们四散逃开，造成了踩踏事件，其中有两人死亡，多人受伤。人们没有想到的是，共和国的诞生之日就充满了血腥斗争。

1919年2月的全国制宪议会选举首次出现妇女的身影，由此社会民主党赢得相对多的票数。他们与基督教社会党人组建了一个联合政府，由总理卡尔·伦纳领导。战后面临的巨大挑战需要克服。匈牙利和巴伐利亚建立起苏维埃共和国。以此为模板，1919年春天，奥地利发生了3次共产主义革命活动，奥地利一次次在国内将这些企图扼杀。奥地利的资产阶级证实了他们的力量，尽管伤亡惨重，有20多人死亡、100多人受伤。1919年8月，赤色卫队的核心力量人民国防军第41营在维也纳被解除武装，赤色力量对奥地利资产阶级的威胁已经消除。

政治家和民众带着忧虑和希望跨入1919年，和平条约将要签署。被打败的人会遭受什么样的对待呢？一些迹象告诉人们不要指望会有什么好事发生。战胜国派军事代表团前往维也纳。由于英国人分发食物给民众，因此赢得民众好感。与之相反意大利人则遭人侧目，他们像发动袭击一样进入艺术史博物馆，没收了据称是误传入维也纳的意大利艺术家的作品。这是一次厚颜无耻的掠夺，维也纳人感到奇耻大辱，却也只能任凭获胜者随意摆布。《圣日耳曼和平条约》（*Der Friedensvertrag von Saint-Germain*）最终确定一切，却令人震惊；奥地利不会成为德国的一部分，而是必须保持为一个独立的国家，尽管只有极少的人愿意如此。1919年9月，维也纳国民议会接受和平条约，并马后炮般地"在全世界面前严正抗议"。

维也纳游行示威，要求奥地利并入德意志共和国。1919年

拯救饥饿：维也纳的食物援助

战争结束了，维也纳的供给情况变得更是江河日下。匈牙利和新成立的捷克斯洛伐克国门紧锁，没有什么东西可以从那里运到维也纳。这座大都市面临忍饥挨饿的威胁，马，还有狗和猫，都不可能被人们用来充饥，食物援助只能求救于西方战胜国和在战争中幸免于难的瑞士。在那边，骇人听闻的报纸报道和私人信件震撼了公众，一些乐善好施的人率先采取私人行动。1918 年到 1919 年初，38 辆载有 480 吨食物的大货车抵达维也纳。从那时开始，受到红十字会和瑞士议会的支持，每周有一次受军队保护的救援运输从瑞士送往维也纳。瑞士代表前往维也纳了解民众的困境，无论他们走到哪里，噤若寒蝉的人都呆呆地凝望着他们；形容枯槁的人在垃圾中翻腾着找东西吃，其中有不少儿童，他们穿着油腻的破布衣服，形销骨立。克莱门斯·冯·皮尔凯教授（Prof. Clemens von Pirquet）的大学儿童诊所向瑞士人展示了一幅恐怖的画面：在那里接受治疗的儿童中，有高达 90% 的人严重营养不良，佝偻病和肺结核丛生，暴露出战争对发育中儿童的身体留下的灾难性恶果。

1919 年 5 月中旬，美国在维也纳和奥地利其他地区开始开展儿童膳食行动。优质的食物通过海运航路运送到特里斯特，然后换乘火车再运到配送中心。在先前皇家官邸霍夫堡宫、美泉宫、奥加滕公园和赫岑多夫准备了营养丰富的菜肴，修道院、学校、从前的战时厨房和医院厨房也是提供膳食的地方。来自美国克利夫兰的赫尔曼·盖斯特博士（Hermann Geist）是美国儿童膳食特派员，他迅速成为受维也纳人欢迎的人物。盖斯特的公务车上挂着星条旗，他每天驱车去一个膳食提供中心，向孩子们询问食物是否可口；孩子们都喜欢这位"美国大叔"，而在他们父母眼中盖斯特是"对孩子们好的善良心灵"。这并不是一种作秀似的象征性施舍，如统计数据所显示的那样，在 1919 年的 7 月，每天约分发 106 000 份食物。维也纳儿童也被送往国外免费的寄宿场所，瑞士共接收 59 000 名儿童，荷兰接受 52 000 名，而丹麦则是 20 500 名。到了 1921 年，共有 200 000 名来自奥地利全国各地的儿童受到外国养父母的领养。人与人之间这种相互关爱的情谊将持续整整一生。为了对这种大爱表达谢意，维也纳城将玛利亚－约瑟法公园（Maria-Josefa-Park）更名为瑞士公园，斯蒂芬妮大街更名为荷兰街道，子午线胡同（Meridiangasse）更名为丹麦街道。

迟来的恶果：恶性通货膨胀

为了购买食品，花费了几乎一半的国家预算，赤字狂飙。为了应付这一问题，国家大量印制钞票，将新钞票持续不断地投入流通之中。如此一来引发的后果便是恶性通货膨胀。即使在战争期间，许多中产阶级公民也试图通过购买战争债券来确保自己的储蓄万无一失。孰料战后这些东西一文不值，沦为废纸。对于曾经是经济支柱的资产阶级来说，这无异于对安身立命的依靠的毁灭性打击。受 1917 年颁布的租户保障权益的影响，出租房不再获利，工厂和商业企业由于战时管理和订单匮乏而严重亏损。即便如此却仍然要支付税费和公共服务费。到 1924 年通

为了感谢战后给予援助的国家，玛利亚 - 约瑟法公园（Maria-Josefa-Park）在 1920 年更名为瑞士公园。从 1966 年以来，矗立在这儿的国家开国纪念碑一直在纪念 1918 年奥地利共和国的成立和 1945 年共和国的重生

货膨胀达到顶峰。以前花几克朗就能买到的东西现在要花费几百万。大量钞票用袋子、篮子甚至手推车来搬运。由此民间产生了一句箴言：赶紧购买吧，明天你必须为同样的产品支付 2 倍或 3 倍的价格。经济幻象出现了，人们要购买那种能够一直持有的东西。

只有实行货币改革才能阻止这种毁灭性的恶化。而向外国贷款是唯一可行的选择。1922 年，总理伊格纳兹·塞佩尔（Ignaz Seipel）前往位于日内瓦的国际联盟，他在那里描述了奥地利的绝境，并发起颇具戏剧性的呼吁而获得成功。奥地利获得了 6.5 亿金克朗的贷款，利率为 10%，不过贷款条件很严格：立即解散行政部门，担保以关税和烟草专卖作为抵押，并有义务保持奥地利 20 年独立。一名特派专员到达维也纳监督条件的执行情况。因此，奥地利共和国实际处于监护之下。货币的稳定是由一种新货币先令带来的。10 000 通货膨胀的克朗可以兑换 1 先令，1 先令有 100 格罗森。坚挺的先令后来被誉为"阿尔卑斯美元"，让像卡米洛·卡斯蒂廖尼（Camillo Castiglioni）这样的从货币快速贬值中赚取巨额利润的、臭名昭著的百万富翁濒临破产。

乌托邦成为现实："红色维也纳"

1919 年维也纳举行地方选举，在共计 165 个席位中社会民主党赢得了 100 个，占绝对优势。基督教社会党获得 50 席位。雅各布·鲁曼（Jakob Reumann）成为第一位社会民主党市长。他以迅雷不及掩耳之势宣布进行革命性的地方政策改革。1922 年，维也纳终于从下奥地利分离出来，如此一来政治改革便成为可能。维也纳的居民从 220 万人减少到 184 万人，现在，维也纳成为拥有独立的财政权和征税权的联邦州，就这样社会民主党人的住房计划付诸实践。住房规划是这样的，每间住房必须配备厕所和壁挂式喷泉；建筑用地最多不得超过一半，其余部分则布置成绿化用地。虽然住房可能相对较小，但任何可以搬进这种市政住宅的家庭都幸运地摆脱了住在简易出租房里的悲惨生活。1923 年，维也纳市议会决定在5年内建造25 000套社会住房。这个计划已经在1927年实现。因此接下来计划迈出第二步，继续建设30 000套住所。

玛格丽特古特尔地区的梅茨莱尔施塔尔院宅（Metzleinstalerhof）是维也纳的第一座市政住宅。紧接着在外部行政区域、腰带街以内，建设了巨大的、具有纪念意义的住宅区；建筑呈现模块结构式，如位于"无产阶级环形大道"玛格丽特古特尔的罗伊曼院落（Reumannhof）。奥托·瓦格纳的一名学生，休伯特·盖斯纳（Hubert Gessner）以建筑大师的身份名留青史。奥塔克灵的桑德莱滕大院（Sandleitenhof）、乡村大道上的哈本庭院（Rabenhof）、凯瑟姆伦的歌德府邸（Goethehof）、法沃里坦的乔治·华盛顿院宅（George-Washington-Hof）都是名副其实的大众住宅殿堂。它们拥有自己的完备基础设施：社团活动室、报告厅、电影院、人民图书馆、中央洗衣房、母亲咨询中心、儿童游乐场、幼儿园、车间、消费者小店和社会民主党(SDAP)办事处。这是一个自成一体的世界，内部庭院与街道隔绝，令人在视觉上更加深了这种印象。"红色维也纳"的地标性建筑是在1930年开放的、坐落于德布林格的卡尔·马克思大院（Karl-Marx-Hof）。它等同于一座工人阶级的坚固防御堡垒，是城市建筑大师休伯特·盖斯纳和奥托·瓦格纳的学生卡尔·埃恩（Karl Ehn）的手笔。

仿照英国和德国的花园城市运动模式，很多人更加钟爱为绿色所环绕的小屋，而不是什么"超级街区"；这些小屋配有小花园，主人可以种蔬菜、栽水果，自给自足。在战后的混乱时期，怀有这种理念的支持者占用了郊区闲置不用的荒地。1922年，维也纳地方当局为小型院落主人、拓荒者和小型动物饲养员等重要协会的行为提供法律依据。这些人有时会兴建所谓的"自助定居点"；那么通过无偿工作，拓荒者可以

卡尔·马克思大院

卡尔·马克思大院能够成为"红色维也纳"最具象征意义的

市政建筑，当然并不仅仅是因为它的名字。这是一座封闭的住宅区，拥有 1325 套公寓，最多可容纳 6000 人，内部还有巨大的花园，长度超过一千米。在德布林格豪华区，156 000 平方米的可用建筑面积中，在 1926 年至 1933 年间，得以利用的甚至不超过 20%。"超级街区"的构思出自建筑师卡尔埃恩之手，他是奥托瓦格纳的学生。这座建筑的显著特点在于，主院乃是两个庭院之间的连接纽带。6 座纪念碑一样的塔楼上插着军事化风格的旗杆，呈凸字状立于凯旋门式的通道之上。塔楼与两侧阳台、凉廊和凸出部分都被涂成强烈的红色，非常显眼，外立面的其他部分则是对比鲜明的黄色。这样的住宅区被称为"城中城"，囊括了日常生活所需的一切设施：诊所、牙科诊所、结核病护理中心、产科咨询中心、区域医疗保险分支机构、幼儿园、少年活动中心、洗衣房和浴室等。卡尔·马克思大院是 1934 年 2 月冲突的中心。工人们和武装护卫团战士占据此楼，对联邦军队和家乡卫队做了殊死抵抗。承受了两天的炮击之后，维也纳的"红色堡垒"陷落了。建筑物破坏严重，后来更名为圣城庭院（Heiligenstädter Hof）。到了 1945 年之后，又恢复了原来的名字，主院成为"2 月 12 日"广场。1990 年左右当局做了全面翻修，并合并一些小型住宅，安装上现代浴室以满足当下的居住需求。卡尔·马克思大院还在

维也纳的城市宣传中扮演了一个角色，"一千米的装饰艺术"是其旅游宣传语。

减少他们应分摊的一部分建筑成本。到1933年，维也纳建成了8300多套具有花园城市特色的住宅或居住单元。但对于维也纳市政当局来说，建造这样的住宅区成本太高，此外能够支配的整片土地也不够。建筑师阿道夫·路斯是这类住宅的信徒，他被市政当局任命为住宅建筑办公室的总建筑师。很快路斯便感到失望，由于他不同意建设多层市政住宅，没多久便离职了。

市议会议员雨果·布莱特纳（Hugo Breitner），这位国家银行的前任负责人，是为市政住宅融资的理想专家。他引入了住房税。这一项税款乃基于这样的原则：所有对生计来说不是绝对必要的东西都要被认定为奢侈品，并因此缴纳特别税。每个买得起别墅、汽车、马、狗、香槟，雇得起女佣，出入奢侈餐厅和舞会的人都受到波及。"布赖特纳税"自然会引起富人们的反感。布莱特纳被诋毁为吸血鬼，但是他并没有被吓倒。他很受不用纳税的人群的欢迎，像什么中小企业主、手工业者等。

单单建造健康的、人民负担得起的居住空间并不是最关键的。工人们需要接受教育，其先决条件便是制定现代教育政策。作为维也纳城市教育委员会的主席，奥托·格洛克尔（Otto Glöckel）正一步步实施他的教育改革计划。改革的中心议题是世俗教育、职业教育、顶尖人才培养、免费就学和免费教材、提供给工人的大众图书馆和业余大学等。执政党官员还可以去1926年建校的工人高校任教、授课。

与"红色维也纳"在世界范围内的轰动性成就联系在一起的，还有朱利叶斯·坦德勒教授（Julius Tandle）。自1920年以来，他一直担任市议会议员，负责城市福利事业，包括卫生健康、社会救济和青年人政策等。为了降低婴儿死亡率，坦德勒推出婴儿衣物套装，无论母亲出自什么阶层，在孩子出生后都会收到这种套装；前提条件是，准妈妈须事先完成相关的育婴课程。公共卫生部门的宣传标语是："维也纳的孩子不可以在报纸上出生！"大众幼儿园开放时间较长，孩子们每天都能收到热腾腾的午餐和点心，当然还有学前教育。在维也纳的许多公园里，都设置了儿童免费游泳池，每到夏季深受6至15岁儿童的喜爱。儿童托管所的数量大幅增加，越来越多的学龄儿童在下午托管变成现实。

1925 年开设的儿童福利院是整个欧洲范围内的典范。所有移交给政府照顾的婴儿、儿童和青少年全被收容于此，之后再视情况决定他们未来的成长过程。法沃里坦地区的阿玛琳游泳馆（Amalienbad）于 1926 年开业，甫一开张便引领了欧洲泳池建设的新潮流。游泳馆配有 14 米高的游泳大厅，其中的健身游泳池带有跳水平台和可移动的玻璃屋顶，游泳馆可容纳 1300 名游客。坦德勒的政策取得了成功，婴儿死亡率急速下降，肺结核病几乎完全消失。总而言之，随着"红色维也纳"的出现，一个独特的工人阶级文化的世界业已形成，一个人从诞生到离世，将会受到全面的照顾。

生活乐趣的回归："维也纳再次喜笑颜开"

经历过战争时期和战后岁月的恐怖之后，人们感到需要好好享受生活。年轻人沉迷于时尚的查尔斯顿舞和交谊舞。剧院里，时髦的、衣着暴露的女孩在宽阔的阶梯上随着节奏扭动着赤裸的双腿，这种魅力在剧院大受欢迎。歌舞剧征服了舞台，杂耍、歌舞表演、轻歌剧和滑稽剧在这儿合而为一。《维也纳再次喜笑颜开！》这是一个歌舞剧极好的剧名，演出于约瑟夫城的城市大剧院。歌舞剧音乐来自"轻歌剧白银时代"的作曲家拉尔夫·贝纳茨基（Ralph Benatzky）的作品，艺术指导是卡

法沃里坦地区的阿玛琳游泳馆是中欧最大、最现代化的洗浴中心

尔·法卡斯（Karl Farkas）。歌舞剧取得了巨大的成功。法卡斯的流行歌词非常受欢迎，例如短摇滚模仿作品：《如果伊丽莎白没有这么漂亮的腿》或者《卢·莉拉从头到脚都变成紫色》……它们让法卡斯享誉国际，身价大涨，成为百万富翁。法卡斯在歌舞剧《广播包容万象！》（*Alles per Radio!*）中探索了一种技术上的创新。1924年10月1日，奥地利无线电广播传输公司（RAVAG）首次从陆军事务部的一个演播室播放了理查德·瓦格纳的音乐会。眨眼之间就有30 000个接收许可证被登记在案。现在到了播放由18岁的莉莲·哈维（Lilian Harvey）主演的歌舞剧《广播女郎》（*Das Radio-Girl*）的时候了，哈维凭此跨出国门，展开了她的国际职业生涯。在休伯特·马里施卡的指挥下，维也纳轻歌剧迎来了最后的高潮。拉尔夫·贝纳茨基的《在白色的罗塞尔》（*Im weißen Rößl*）于1930年在柏林首演，票房大卖，并成为最成功的德语说唱小歌曲。罗伯特·史托兹（Robert Stolz）创作的两首歌曲对此做出了重大贡献：《我的情歌一定是华尔兹》（*Mein Liebeslied muss ein Walzer sein*）和《整个世界是天蓝色的》（*Die ganze Welt ist himmelblau*）。法卡斯扮演的"美丽的西吉斯蒙德"角色，已演过800次；在卡巴莱歌舞厅（Kabarett Simpl），他用他的歌舞剧《在黑色的罗塞尔》滑稽地模仿轻歌剧。

20世纪20年代，维也纳成为一座电影之城。亚历山大（萨沙）·科洛拉特–克拉科夫斯基伯爵 [Alexander （Sascha） Kolowrat-Krakowsky] 于1913年创立萨沙电影公司。公司于1922年拍摄了电影《所多玛与蛾摩拉》（*Sodom und Gomorrha*），凭着这部波澜壮阔的电影，他的公司甚至征服了美国市场。数千名群众演员参与外景拍摄，其拍摄地位于维也纳的拉尔山。

所多玛神庙，电影《所多玛与蛾摩拉》气势如虹，影片中的场景拍摄于拉尔山

首席摄影师是古斯塔夫·克里姆特的私生子古斯塔夫·乌西奇（Gustav Ucicky）。很多导演的职业生涯发轫于维也纳本地的电影工业，这样的导演包括比利·怀尔德（Billy Wilder）、弗莱德·齐纳曼（Fred Zinnemann）、乔治·威廉·帕布斯特（Georg Wilhelm Papst）、奥托·普雷明格（Otto Preminger）和埃里希·冯·施特罗海姆（Erich von Stroheim）等，他们后来去了德国或美国拍电影，声名鹊起。1927年，玛琳·黛德丽（Marlene Dietrich）和威利·福斯特（Willi Forst）主演的默片《电子咖啡馆》（Café Elektric）在维也纳上映。好莱坞的职业生涯即将降临到这位德意志人身上，而在此之前，福斯特当过导演和演员，是维也纳电影界的明星。宝拉·韦斯利（Paula Wessely）的电影生涯开始于电影《假面舞会》（Maskerade）。1929年，有声电影开始高歌猛进。1930年，萨沙电影公司将其制作的第一部有声电影搬进电影院与观众见面，即汉斯·莫泽（Hans Moser）和海蒂·拉玛（Hedy Lamarr）合作的影片《街上的钱》（Geld auf der Straße）。海蒂·拉玛当时还是一位名不见经传的维也纳女孩，她的真名叫海德薇·凯斯勒（Hedwig Kiesler），她将以海蒂·拉玛的名字在世界范围赢得声誉，同时她还是鱼雷无线电遥控的发明者。

烈焰中的共和国：1927年正义宫大火

自1920年以来，社会民主党在联邦政府层面一直扮演着反对派角色。"市民同盟"（Bürgerblock），即基督教社会党和大德意志党组成的联盟，是他们反对的对象。后来维也纳成为唯一收到联邦政府释放的不满信号的"红色"联邦州。彼此之间的深度不信任导致双方党派缔结准军事化联盟。站在基督教社会党一方的，有地方警卫和自卫联盟、同志协会以及前线战士协会组成的家乡卫队。家乡卫队当然会得到保守派的支持。社会民主党组建共和派武装护卫团。这个组织军事上组织严密，展现出"无产阶级的防御能力"。双方的冲突带来了伤亡，很多时候流血死亡司空见惯。在布尔根兰沙滕多夫村（Schattendorf）的一次骚乱中，一名战争伤残者和一名儿童在旁观时遭到枪杀。但到了法庭之上，陪审团宣布三名被告，即"德意志－奥地利前线战士协会"成员谋杀罪名不成立，就连过当防卫的罪名也不成立。"可耻的判决！"这是 1927 年 7 月 15 日《工人报》的一篇报道的标题，不过文章并未呼吁大家站出来抗议。没过几个小时，激进势力在愤怒之下纵火焚烧了正义宫，他们的双眼看清了这个阶级的正义是怎样裁决案例的。市长卡尔·塞茨（Karl Seitz）试图安抚愤怒的人群，但没起什么作用。示威者阻挡消防人员进入正义宫。骑警扬起雪亮的军刀驱赶示威者，但仍未成功。随后警察局长约翰内斯·肖伯（Johannes Schober）下令开枪。子弹朝惊慌逃窜的人群射去，共造成 89 人死亡，600 人重伤，将近 1000 人轻伤。此次大火还造成巨大的实物损失，大部分土地登记册被焚毁，还有一些从帝制时代起就具有历史价值的档案也化为灰烬。

第二天，社会民主党领导人呼吁进行为期一天的总罢工以及无限期的交通罢工。罢工有预谋地造成铁路、邮政和电报方面的瘫痪，但也只是取得部分成果，因为家乡卫队的成员作为替代力量补上了缺口。下令

1927 年 7 月 15 日的维也纳正义宫大火

开枪的肖伯要为这场悲剧负责，而总理塞佩尔则是最终的责任人。他的对手开始称呼他为"冷酷无情的教士"。两个政治阵营之间的深仇大恨令人不禁担忧未来可能会出现糟糕透顶的情况。人们把家乡卫队队员叫作"公鸡的尾巴"，因为他们的帽子上插着一支公鸡羽毛。1922年，意大利的贝尼托·墨索里尼"进军罗马"，强迫政府把权力拱手让给法西斯分子。家乡卫队成员梦想着仿效"进军罗马"，来一个"进军维也纳"；施蒂利亚家乡卫队的指挥官沃尔特·普弗里默（Walter Pfrimer）于1931年9月做了尝试，但仅仅一天之后就惨遭失败。基督教社会党中的许多人并不赞同这种法西斯主义的倾向。

1929年10月，纽约华尔街股市崩盘，随之而来的全球经济危机冲击了奥地利，维也纳受到的影响尤为严重。截至1930年底，维也纳登记的失业人员接近106 000人。人们挤到付款代理点之前寻求救助，排起了长长的队伍。街上到处都是乞丐的身影，连高级职员和学者也沦为失业者。他们的脖子前挂着一块标牌，上面写着"不限工作！"失业者的示威游行成为家常便饭。1931年，奥地利最大的银行信贷银行面临破产，局势随之变得戏剧化。奥地利共和国必须援助8亿先令，以防止一场后果无法估量的灾难。自1911年起执掌罗斯柴尔德私人银行的唯一负责人路易·罗斯柴尔德，作为大股东控制着信贷银行。他参与了一项绝对保密的救援计划。然而此人很快就遭到曝光。结果数以千计的储户冲向信贷银行的柜台前，要把自己的存款提取出来。他们丝毫不相信资本重组的承诺，就连国外的投资者也不相信。于是资本开始外逃，奥地利国家银行试图阻止国家经济陷入衰退的旋涡，但是竹篮打水一场空，而且还在此过程中损失了大部分的黄金和货币储备。局势间不容发，这时候恩格尔伯特·陶尔斐斯（Engelbert Dollfuß）成为联邦总理。他雄心勃勃，意识到自己的使命，需要从根本上给奥地利来次大换血，其目标乃废除奥地利的议会民主制。陶尔斐斯自认为看到了一切祸事的"根源"，那就是"红色维也纳"以及"不信神的"奥地利马克思主义者所宣扬的"反传统文化"。

历史来到1932年，一个新的问题日益严重：纳粹党（NSDAP）出现了。

希特勒的政党于同一年一跃成为德国选举票数最多的政党，它的旗帜也开始飘扬在奥地利的土地上。在维也纳的市议会选举中，纳粹党获得了大约 200 000 张选票，还发生了 15 名褐衫党人闯入市议会的祸事。在维也纳举行的纳粹党分部会议上，国家社会主义者的追随者身着统一制服，阅兵游行，大秀肌肉。冲锋队（Sturmabteilung，简写 SA）参谋长恩斯特·罗姆（Ernst Röhm）、宣传部长约瑟夫·戈培尔（Joseph Goebbels）和其他纳粹党大人物到环形大道检阅了军队。大会闭幕式在英雄广场举行，赫尔曼·戈林（Hermann Göring）发表讲话。他的发言意在表明，如同柏林一样，"红色维也纳"也要被纳粹党征服了。冲锋队成员和武装护卫团成员之间的冲突导致两人死亡。于是当局禁止身着党派制服以及游行。希特勒的追随者用恐怖行为来回应。比如，在圣诞节前的最后一个可以购物的星期日，即"金色星期日"，他们向犹太商人的格恩格罗斯（Gerngross）百货公司投掷催泪瓦斯和臭气弹。接着现场一片混乱，许多客人受伤。1933 年希特勒成为第三帝国总理后，宣布实施千元马克封锁令，其目的在于大力度打击奥地利的旅游业。从 7 月 1 日起，所有德国公民过境进入奥地利时，必须向第三帝国缴纳 1000 马克的费用。这一措施尤其让维也纳痛苦不堪。

1933 年 3 月初，政府开始部署联邦军队和警察部队，以打击因工资和养老金被削减而罢工的铁路工人。此事发生后，社会民主党要求在 3 月 4 日召开国会紧急会议。会议辩论过程中，三位国民议会的主席接连辞职。因此，国会没有了主席团。陶尔斐斯意识到时机到了，便宣布国会"自动解散关闭"。至此通往专制统治的道路畅通无阻。从此开始状况接二连三地出现：先是集会自由和新闻自由被禁止，接着共和派的武装护卫团、纳粹党和奥地利共产党（KPÖ）被取缔。罢工被定为必受惩罚的罪行，社会民主党成员被驱赶出劳工联盟。那些从国家的角度来看对国家构成危险的人被转移到新建立的拘留营中，其中最著名的一座位于维也纳新城附近的沃勒斯多夫（Wöllersdorf）。早在 1919 年就被废除的死刑又重新引入。奥托·格洛克尔的自由主义教学终结了，学生必须义务参加教会礼拜仪式。

不幸的 1934 年 2 月 12 日：内战爆发

陶尔斐斯政府最终与社会民主党和解，因此政府的大门仍对社会民主党人敞开着。有 42% 的选民支持他们。市长卡尔·塞茨仍旧在维也纳市政厅任职，并且准备不屈不挠地将"红色维也纳"的计划付诸实践，即使维也纳现在可挪用的资金已明显不足，因为联邦政府和州政府之间为实现财政平衡而拨发的款项已经大幅减少。1933 年，当局在英雄广场举办了一场纪念 1683 年抗击土耳其入侵胜利 250 周年的活动，家乡卫队的领导人恩斯特·冯·斯塔赫姆贝格在活动上发言，言辞之间透露着威胁："只有这个亚洲人的头在沙地里翻滚，胜利才会属于我们！""亚洲人"指的是雨果·布莱特纳，这个称呼是对犹太人的委婉叫法。时间到了 1934 年初，越来越多的迹象表明，对社会民主党的决定性行动已近在眼前。

"我们明天就去做，我们会完成全部活计！"副总理埃米尔·费（Emil Fey）于 2 月 11 日在家乡卫队的集会上如此叫嚣。问题是哪一方率先发难。社会民主党的领导人承诺，只有在党组织、工会或维也纳遭到攻击时才拿起武器。武装护卫团已准备好详细的警备计划和进攻计划，以便可以发动对维也纳权力中心的可能性攻占。武器、弹药和炸药也被秘密囤积

凯瑟姆伦的歌德宅邸被损毁。
1934 年 2 月 12 日

起来。联邦军队和警察部队收到命令，就算掘地三尺也要找到这些储藏地点。他们搜查到林茨的希夫酒店时，上奥地利武装护卫团的指挥官理查德·伯纳舍克（Richard Bernaschek）率领兄弟们武力抗击。此举违背了社会民主党领袖奥托·鲍威尔（Otto Bauer）的意愿，受到他的严厉抨击。

灾难于 1934 年 2 月 12 日降临，内战爆发了。战火很快就燃烧到奥地利联邦的领土之上。战争主要发生在维也纳和施蒂里亚的工业区。武装护卫团战士的行动配合得不协调。虽然党的领导人奥托·鲍威尔和武装护卫团的创立者兼长官朱利叶斯·德伊奇（Julius Deutsch）在维也纳山的阿霍恩霍夫（Ahornhof）设立了一个"作战指挥中心"，但它仍与其他作战单位孤立开来。战斗集中在公共建筑和工人俱乐部里，德布林格卡尔·马克思大院里的战斗尤为激烈。联邦军队动用大炮对付盘踞在那里的武装护卫团战士。一栋接一栋的大楼被夺占，住在里面所有的男性居民都遭到逮捕并被押走。武装护卫团的战士们坚持抵抗，尤以在多瑙河对岸的公共建筑中持续时间最长。内战持续了 4 天，于 2 月 15 日以政府军的胜利而结束。鲍威尔和德伊奇逃往捷克斯洛伐克。塞茨市长和其他主要的社会民主党政客在市政厅被捕。政府宣布实行紧急状态法，9 名武装护卫团成员被判处死刑，被绞死在州立法院大楼的绞刑架大院之中，社会民主工人党被取缔。

四极十字架之下：独裁等级制国家里的维也纳

维也纳被宣布为联邦政府直辖城市，失去了她的联邦州的地位。时任社会事务部部长的理查德·施密茨（Richard Schmitz）出任市长。维也纳的城市徽章上再次出现了双头鹰，不过没有皇冠。所谓的维也纳公民团代替了经民主选举产生的地方市议会。其 64 名成员是由联邦政府根据不同的职业来任命的。这些代表来自各行各业，比如商业、企业、工业、交通业、艺术界、科学界、教育领域和宗教团体等等。维也纳的城市景观中没有什么东西可以令人回忆起社会民主党。国会大厦旁边的共和国纪念碑，上面曾经刻有维克多·阿德勒、费迪南·哈努施和雅各布·鲁曼的半身像，暂时被四极十字旗覆盖住，到后来就被彻底拆除了。名为"11月12日"的环形路被更名为卡尔·吕格尔博士环形路。卡尔·马克思大院先是被改为市井大院（Biedermannhof），然后又改成圣城庭院。伴随着这些强制性的变动，"红色维也纳"的市政住宅也迎来了末日；"布莱特纳税"被废除，城市的非营利企业转变为私营企业。1934年5月1日，陶尔斐斯郑重宣布奥地利联邦新的等级制国家宪法，标志着奥地利共和国的灭亡。

希特勒政党的追随者不愿意容忍奥地利新的政治局势变化。他们想要发动政变，推翻陶尔斐斯的专制政权，以便可以帮助希特勒德国"吞并"奥地利。纳粹计划在一次内阁会议上牢牢控制住整个政府，同时掌控广播。配合行动日期定在1934年7月25日，夏季休假之前的最后一次部长会议召开的日子。非法的党卫军第89旗冲锋队员相信政变很快就会成功，但是从一开始就出现了失误。陶尔斐斯及时得到警报，把聚在一起的部长们遣散至各自部门，静候事态的进一步发展。如此一来，阴谋者冲进总理办公室时，其政变计划的基本前提便不复存在了。陶尔斐斯在一名公务人员的帮助下试图躲进邻近的国家档案馆里，但没有成功，一组冲锋队员冲进厢房，朝他开了两枪，总理中弹倒地。很快联邦军队、

1934年2月，共和国纪念碑上挂满了四级十字旗

警察和家乡卫队成员包围了总理办公室。叛乱分子在房间内被逮捕。他们唯一的生机是不受约束地被护送至德国边境。只要没有人员伤亡，他们就可以得到这样的待遇。但是在此期间陶尔斐斯去世了，他躺在沙发上无助地流血而死。医生和神父都不想让政变策划者看到他。叛乱分子占领广播大楼的计划也失败了。最终，这一天以叛乱分子的投降而结束。由于陶尔斐斯的死，不受约束护送离境的承诺不再有效。叛乱分子的头目，尤其是射杀陶尔斐斯的奥托·普兰塔（Otto Planetta），被判处死刑并处以绞刑。大量的七月叛乱分子逃往德国，集合在奥地利军团之中，等待奥地利作为一个独立国家的灭亡。关于陶尔斐斯，还创造了一个烈士神话，150 000人参加了他的葬礼，人群挤满了英雄广场。还愿教堂前的自由广场被更名为陶尔斐斯广场，奥地利其他城市纷纷效仿。

希特勒一改对奥地利的策略。弗朗茨·冯·帕彭（Franz von Papen）曾是帝国总理，也是1933年希特勒的提携者，他将出任维也纳的新大使。现在维也纳不再有暴力行为，取而代之的是纳粹党的支持者渗透进了所有区域之内。

时年37岁的前司法部长库尔特·冯·许士尼格（Kurt von Schuschnigg）将接替被谋杀的陶尔斐斯担任总理。此人出身于提洛尔的官员世家和军官世家，后来家族被提升为贵族。他是一位坚定的君主主义者和冷静的知识分子，根本不是一位能够说服大众的政治人物。然而，许士尼格很确定要表现出某种领袖气质，一位执政的专制总理的形象，这样才能得到唯一被允许的团体"祖国阵线"的支持。算上中欧的时代特征，许士尼格的独裁统治离不开法西斯主义的样貌：旗帜集会、军队游行、野外弥撒和统一制服，一切都在四极十字架下，这便是等级制国家的象征。这些作秀性质的象征之物旨在营造一种大众集体的归属感。然而一切都是人为表演的。正如人们所说的那样，这些奥地利法西斯分子都患有贫血症。经济状况的显著改善对于民众的支持将或许是决定性的。然而实际表现却不是这样，恰恰相反。1936年维也纳每月支付的薪金和工资总额降至900万先令，1929年时还是1.6亿先令。超过一半的传统维也纳金属工业陷入瘫痪，失业者中的大部分都已经停发救济金，也就是说他们不

维也纳广播电台大楼

1924 年，奥地利无线电广播传输公司的广播开始飘荡在整个维也纳。随着无线电广播的迅速发展，建立一栋单独的广播大楼势在必行。大楼地址被定为第 4 区特蕾西娅花园的一部分。建筑大师克莱门斯·霍尔茨迈斯特（Clemens Holzmeister）、海因里希·施密德和赫尔曼·艾辛格（Hermann Aichinger）提供设计草案。这栋不对称的建筑位于阿根廷街（Argentinierstraße）前方。立方体式的楼体是功能主义的，明显具有等级制国家时期典型的特征。整栋大楼最突出的是露天台阶上的三洞入口，其内有楼梯间，周遭配巨大的玻璃，还有配置管风琴的大型广播厅。像花格平顶这样带有新古典主义元素的建筑部件留存后世的不多。1938 年德奥合并之后，纳粹将广播电台大楼用作帝国广播中心。1945 年，苏联占领军接管了这栋在战争中受损的建筑。从 1999 年开始至今，广播电台大楼一直是受保护的文物。今天，奥地利广播集团（ORF）的电台 Ö1 和 FM4、广播集团在维也纳的州工作室以及维也纳广播交响乐团都在阿根廷街 30a 号办公。

再获得任何国家的补助。1936 年初，有 415 000 人失业，甚至打破了 1933 年经济危机时的记录。自希特勒独裁统治以后，德国的发展已经完全不同。得益于大规模的扩充军备，那里已经克服了经济危机，失业人数正在快速下降，这使得国家社会主义成为奥地利寄托希望的所在。

许士尼格政府试图通过公共建筑项目来使经济恢复到正轨，摆脱经济危机。1935 年 10 月，维也纳霍赫街（Höhenstrasse）的第一路段通车。将利奥波德山和卡伦山上的观景点用高速路连接起来的修路计划，在吕格尔时期就已经开工，前市长塞茨时期重新开启修建。现在，等级制国家可以为自己接受这个重要的建设项目，足足一年之后，从格瑞金（Grinzing）到卡伦山长达 3.2 千米的路线修建完成。为了雇佣尽可能多的工人，有关部门特意避免使用现代机器，而是优先选择劳动密集型的原始施工方法。1937 年，多瑙河上的帝国大桥建成，这也属于这个政体实施的大规模建设项目之一，它是当时欧洲第三大链式吊桥。除此之外，等级制国家在维也纳只遗留了很少的建筑痕迹。从 1934 年 2 月末开始，外城堡门逐渐被改造为奥地利英雄纪念碑，用来纪念在第一次世界大战中阵亡的人。一座"阵亡者纪念墓穴"，通道上方纪念帝国皇家军队的荣誉大厅和沿着荣誉阶梯排列的战士头颅是其独具特色的标志。根据克莱门斯·霍尔茨迈斯特的计划，坐落于第 15 区克里姆希尔德广场（Kriemhildplatz）的基督国王教堂（Christkönigkirche）被用作塞佩尔-陶尔斐斯纪念教堂，正在重新修建。两位总理长眠在地下墓穴，1938 年，他们的棺材被移送到墓园。同样是由霍尔茨迈斯特设计的维也纳广播电台大楼，于这个时期得以拔地而起。歌剧胡同延长线上的住宅也是在这个时期建成，这些住宅坐落在被拆除的斯塔赫姆贝格自由院落区域。

希特勒的驱逐：艺术家流亡维也纳

希特勒于 1933 年在德国上台之后，艺术家们开始上演"出埃及记"[1]，他们由于世界观或种族原因没法继续待在德国。受此影响，维

---

1 《圣经·旧约》里的一章，以色列人受到造物主的感召，在先知摩西的带领下，离开奴役自己的埃及，回到应许之地迦南。

也纳艺术界璀璨一时。拉尔夫·贝纳茨基于 1926 年离开维也纳前往柏林，并在那里凭着《卡萨诺瓦》（*Casanova*）、《三个火枪手》（*Die drei Musketiere*），尤其是凭着《在白色的罗塞尔》取得了巨大的成功。后来他途经巴黎并返回维也纳。1936 年，他的轻歌剧《迷人的小姐》（*Bezauberndes Fräulein*）和《天堂门的阿克塞尔》（*Axel an der Himmelstür*）获得了伟大的成功。瑞典人、演员札瑞·朗德尔（Zarah Leander）一夜之间成为明星，"二战"后期她的事业也陷入低迷。来自匈牙利犹太家庭的作曲家兼指挥家汉斯·加尔（Hans Gál）于 1933 年不得不放弃在美因茨的聘约，移居到他认为比较安全的维也纳。歌剧歌手约瑟夫·施密特（Joseph Schmidt）也来到这里避难。身高 1 米 54 的他丧失登上舞台的职业权利，然而无论在广播中还是在唱片中，他那感情丰富的男高音都令人如痴如醉。约瑟夫·施密特是从前归奥地利统治的布科维纳（Bukowina）地区的犹太人，他的身份让他在 1933 年被柏林广播中心拒之门外。即使是电影《环游世界的歌》（*Ein Lied geht um die Welt*）的首映也无法改变他的命运。在维也纳约瑟夫·施密特可以延续他的成功，他先后创作了《当你年轻时，世界属于你》（*Wenn du jung bist, gehört dir die Welt*）、《天上掉落的星辰》（*Ein Stern fällt vom Himmel*）、《今天是我生命中最美好的一天》（*Heut' ist der schönste Tag in meinem Leben*）。乐队指挥家和作曲家布鲁诺·沃尔特（Bruno Walter）在 1933 年的时候被迫离开德国。到了维也纳，他经常指挥维也纳爱乐乐团，从 1936 年起他开始在国家歌剧院担任指挥，直到德国吞并奥地利之后，才被迫移居法国和美国。罗伯特·史托茨是一名在国际上硕果累累的轻歌剧"白银时代"的作曲家，尽管他没有受到种族或政治上的迫害，但他还是在 1935 年离开柏林，来到维也纳。正是在这里他创作了《世界上最甜蜜的骗局》（*Der süßeste Schwindel der Welt*）和《八十分钟环游世界》（*Die Reise um die Erde in 80 Minuten*）。阿尔弗雷德·波尔加（Alfred Polgar），出身于维也纳的一个犹太家庭，他是散文家、戏剧评论家和剧作家，在柏林从事文艺工作多年，后于 1933 年回到家乡避难。在这里，他是时代精神的敏锐观察者和分析家，这为他赢得了"小体裁大师"的美誉，等到 1938 年，他除了继续逃离新的统治者别无他法。

向强权屈服：第一共和国覆灭

在外交方面，许士尼格政府的回旋余地越来越小。1936 年奥地利与希特勒签订的七月协议，只是表面上减轻了奥地利的压力，虽然德国明确承认奥地利的全部主权，并将奥地利国内的国家社会主义者问题看作是邻国的内政。作为回报，奥地利批准被关押的 17 000 名希特勒党员政治特赦。为此许士尼格同意内阁接纳"国家反对派"（即人们口中所谓光荣正直的国家社会主义者）的代表。千元马克封锁令解除了，许士尼格长长舒了一口气。而事实上国家社会主义者已经踏入了这个等级制国家的大门。"柏林 – 罗马轴心"形成以后，奥地利很快就失去意大利独裁者墨索里尼的支持。1938 年，许士尼格总理别无选择，只得对希特勒妥协，签订一项新的协议。许士尼格在贝希特斯加登（Berchtesgaden）附近的贝格霍夫私下与希特勒会面，并被迫签署了一份无条件文件；国家社会主义者亚瑟·赛斯 – 英夸特（Arthur Seyß-Inquart）成为掌握所有警察权限的内政部长。2 月 24 日，总理出现在联邦大会上，在这场等级制国家的国会表演中，他根据所谓的贝希特斯加登协议做了情势报告。报告结尾，许士尼格以他那充满激情的声音高声震呼："至死方休！红、白、红！奥地利！"

国家社会主义者跑上维也纳和各省首府的街头游行示威，高呼反奥地利的口号，挥舞着万字旗，高声齐唱《霍斯特·威塞尔之歌》（Horst-Wessel-Lied）[1]。纳粹内政部长现在实际上要做什么，无异于秃

1　《霍斯特·威塞尔之歌》又称《旗帜高扬》，是 1934 年后纳粹德国除了国歌之外的一首非正式国歌，是纳粹党冲锋队队长霍斯特·威塞尔生前所作的进行曲。

子头上的虱子。处在困境之中的许士尼格得到了活动于地下的社会主义者提供的帮助。虽然许士尼格接受了帮助，但没有起到任何作用。因此，总理转向仍然有望成功的唯一解决方案：全民公投。3 月 13 日，奥地利人要决定是否赞成"一个自由的和德意志的、独立的和社会福利的、基督教的和统一的奥地利"。

希特勒决心不计任何代价阻止投票。3 月 11 日上午，赛斯 – 英夸特向许士尼格转达柏林方面要求取消公投的最后通牒，许士尼格顺从了。希特勒的贪欲就这样得到了满足。现在柏林方面第二大人物赫尔曼·戈林开始发难。他给许士尼格打了一系列电话，要求他辞职并任命赛斯 – 英夸特为联邦总理。当天晚上，许士尼格在电台发表讲话："……联邦总统委托我告知奥地利人民，我们正在屈服于淫威……所以在这个时刻，我向奥地利人民告别，并留给大家一句德语和愿望：造物主保佑奥地利！"

1938 年 2 月 12 日，贝希特斯加登协议签署后，维也纳的纳粹支持者兴奋集会

1940 年 11 月的英雄广场，国防军的展览"征服西方"开幕仪式

第三帝国时期的维也纳

（公元 1938 年—1945 年）

1918 年奥地利曾谋求加入德意志共和国，但徒劳无果，20 年后梦想成真地成为德意志帝国的一部分。迫于军事威胁，大量奥地利人不得不为繁荣之希望欢呼；待到实现所谓的吞并之后，统治者暴虐的真正本性才露出狐狸尾巴。犹太人被公开羞辱，财产被剥夺，工作被禁止。1939 年战争尚未爆发之前，人们那股热情就基本消失殆尽。国家和党的关键职位都由出身"老大帝国"的纳粹党员占据。只有在文化领域，维也纳才能发出自己的声音。战争伊始，许多人希望国防军的"闪电战"战略可以迅速取得胜利。但他们终被希望所欺骗。战争越来越漫长。熬到战争的最后两年，盟军的轰炸机群飞临维也纳上空，局势危如累卵。纳粹修建了高射炮塔，不过是螳臂当车。随着国家歌剧院、城堡剧院和斯蒂芬大教堂陷入火海之中，维也纳的灵魂遭受迎头重击。1945 年 5 月 8 日，枪声在整个欧洲沉寂下来，这场噩梦也在维也纳结束了。

"一个民族，一个帝国，一个元首"：
维也纳陷入狂热

许士尼格下台后，维也纳街头处处洋溢着欢腾的气氛，人群常去之处，无不爆发着"胜利万岁！"（Sieg Heil！）的吼声。赛斯－英夸特的政府不过是那位万众敬仰的独裁者的传声筒。但希特勒还有段路要走。1938 年 3 月 13 日，希特勒在林茨公布法令，宣布奥地利成为德意志帝国一部分。联邦总统威廉·米克拉斯（Wilhelm Miklas）于重压之下辞职。

这样，这位独裁者才铺平了通向维也纳的道路。3 月 14 日下午，维也纳城内所有教堂的钟声响个不停，街道两边站着数万仰慕者，在他们的狂热欢呼声中，希特勒驱车沿着玛丽亚希尔夫大街前往帝国酒店。他一次又一次地现身阳台之上，接受万人膜拜。次日，英雄广场上举行一场盛大的集会，25 万人齐聚一堂，其中有很多以调派方式而来的公司员工和学校班级里的学生。站在新霍夫堡宫的阳台上，希特勒喊道："作为德意志民族和德意志帝国的元首和总理，现在我于德意志历史之前宣布，我的故乡加入到了德意志帝国的大家庭之中。"人群陷入极度兴奋的狂欢之中，这在历史悠久的英雄广场上前所未有。

1938 年 3 月 15 日，希特勒的车队行驶在前往英雄广场集会的路上。
伊戈·波奇（Igo Pötsch，1884 年—1943 年）作品

现在的问题是，要为吞并奥地利找个人心所向的借口。为此，计划 4 月 10 日这天在奥地利和整个帝国举行全民公决，并与大德意志帝国国会举行的"选举"相关联。约瑟夫·伯克尔（Josef Bürckel）负责组织工作，此人的辉煌成果，是在 1935 年的全民公决中，促成了萨尔州（Saarland）重归德意志帝国。在他的导演下这一幕将在奥地利重演。规模宏大的宣传活动开始了。哪些人物和机构能够传播给大众有影响力的"正面"建议，他们就受到欢迎。为此前社会民主党国家总理卡尔·伦纳博士成为不二人选。天主教教会也屈服于新统治者的压力。

纳粹党指出，"政府为最贫穷的社会阶层做出了卓越的社会贡献"，并推行反对"肆虐横行无神论者布尔什维克"的大业，他们提醒信徒们向德意志帝国坦诚表明信仰的心迹，并将其视为"自然的国民义务"。

结束环游众省府城市之后，为了宣布"大德意志帝国国会"的召开，希特勒于4月9日再次来到维也纳。他在西北火车站大厅做了演讲，巧妙娴熟地采用心理手段："人民并不是以蒙受羞辱的角色加入到帝国之中。我会亲自带你们回家！"选举结果是，奥地利的赞成票高达99.75%。希特勒真的非常高兴，尤其是他知道奥地利国家银行拥有丰富的黄金储备和外汇储备；经过换算之后有14亿帝国马克的收益转入到柏林帝国银行。

刮刀游戏，雅利安化，大屠杀：纳粹恐怖的开始

　　就在许士尼格辞职的那个晚上，维也纳的文明大坝决堤了。恐怖开始了，受波及的重点人群是犹太人和那些根据人们长期刻板的认识而只能表现出如此印象的人。这些人受到辱骂、威胁，被人吐口水、扇耳光、殴打。犹太医院门诊部的医生忙得脚打后脑勺，几乎来不及治疗鼻子受重创的人，或者肋骨骨折、牙齿掉落等重伤者。犹太人被从房间里拎出来，被迫用水和刷子清除标语；标语是许士尼格为了计划中举行全民公投而准备的。"刮刀游戏"（Reibepartien）变身为真正的大众娱乐活动。一群群人围在跪在地上的人的身边，讥笑着、嘲弄着，津津有味地享受着受辱者的痛苦。1938年3月12日夜晚，"野蛮的"雅利安化行动开始了，住宅、商店和企业无一不遭殃。两个星期以后，纳粹党中

1938年，围观者出神地看着维也纳犹太同乡被强迫擦洗街道

止了这种疯狂的行为，因为他们幡然醒悟，发现自身正在遭受损失，不仅物质上有损失，在国外的形象也大打折扣。总之，自1933年以来，柏林、慕尼黑或其他德国城市从未出现过如此恶劣的场面和肆无忌惮的仇恨场景，而且在公开场合也没有出现过。维也纳正在为反人性的战争刷新下限——而统治者知道如何利用它。

3月12日这天，天色尚早，党卫军帝国长官、德国警察总监海因里希·希姆莱（Heinrich Himmler），安全总局局长莱因哈德·海德里希（Reinhard Heydrich）以及警察大将库尔特·达吕格（Kurt Daluege）在维也纳悄然现身。这几个人的任务是以迅雷不及掩耳之势消除自纳粹接收权力以来所有可能出现的抵抗。许士尼格政府的主要代表人物、有名望的社会民主党、共产主义分子、君主主义分子等，统统出现在逮捕名单上，其中首要的是犹太人。遭到逮捕的人被秘密警察（盖世太保）带到莫尔津广场（Morzinplatz）。位于此处的大都会酒店（Hotel Metropol）已被改造为盖世太保总部。4月1日，前往达豪集中营（Dachau）的第一班火车启程出发了，有151名著名人物被押解其中。5月底，第二班大规模运送囚犯的火车抵达达豪。前联邦总理许士尼格被单独监禁在莫尔津广场，银行家路易·罗斯柴尔德也同样被关押在他房间的隔壁。罗斯柴尔德在阿斯珀恩机场遭到逮捕，被捕时离飞机起飞已没多少时间。一年以后他用2100万美元的"赎金"获释，然后去了美国。对于这数千人来说，被抓进盖世太保总部意味着吃苦头的开始，既要忍受刑讯逼供，也难逃在某座集中营中被暴力致死。为了免受这种苦头，许多人不惜自杀身亡；自从纳粹接管政权之后，直接记录下来的自杀案件大约共有600起，其中就有著名的文化历史学家和散文家埃贡·弗里德尔（Egon Friedell）。他从自己住宅的窗户里纵身跳下。

唯一的出路只有逃离这个地狱，不管付出什么代价！人们在外国领事馆前排起了长长的队伍，期待着能够获得进入美国、南美国家或者英国托管地巴勒斯坦的入境许可证。那些幸运的人，可以在目的地国家指定所需的担保人。以创作动物故事《小鹿斑比》（Bambi）闻名于世的菲利克斯·萨尔滕，在1939年流亡瑞士，后来《小鹿斑比》由华特·迪士尼（Walt Disney）于 1942 年拍成电影。1936 年获得诺贝尔医学奖的奥托·洛维（Otto Loewi）只能靠着牺牲奖金获得出狱和出境的许可。最著名的流亡者非西格蒙德·弗洛伊德莫属。身为精神分析学派的创始人，他在国际上的名望如此之高，以至于新统治者不敢对他贸然下手。弗洛伊德的崇拜者玛丽·波拿巴公主（Marie Bonaparte）组织和资助弗洛伊德及其家人出境前往伦敦；一年后弗洛伊德便在伦敦去世。

纽伦堡种族法出台后，犹太裔出身的公职人员都被解雇，犹太医生、律师、记者和艺术家被剥夺了执业许可。1938 年 4 月底，维也纳中学校的犹太学生分类工作已经完成。国外人士注意到，身处希特勒帝国的犹太族儿童濒临危险的边缘。包括贵格会（Quäker）在内的基督教组织和人道主义组织向维也纳犹太移民总局寻求帮助，而建立这个总局的正是阿道夫·艾希曼（Adolf Eichmann）[1] 和阿洛伊斯·布伦纳（Alois Brunner），其地址位于欧根大街上被没收的罗斯柴尔德宫殿。经由这个总部，维也纳的犹太人有可能将他们的全部财产（人们讽刺地称之为帝国逃亡税）移往国外。英国儿童救援组织的发起人提供资金，以便换取身处险境的儿童的自由。外汇贫乏的纳粹政府同意交换。就这样，英国组织了 23 次 18 岁以下少年儿童的转运接送工作。孩子们的父母做出这个艰难决定时只怀着一个目的，那就是他们的孩子应该安全无虞地长大成人，即使付出的代价是与亲人的永久分离。在大多数情况下，这就是事实。

1938 年秋天，纳粹在维也纳的恐怖行径达到新的顶点。首当其冲者是天主教堂。大主教西奥多·因尼策呼吁年轻人，在困难时刻到斯蒂芬大教堂的念珠祷告节坚定信仰并公开忏悔。好几千人前来倾听，紧接着来到大主教的宫殿里，向主教致以敬意。这无异于向当局挑战！纳粹

1　阿道夫·艾希曼，纳粹官员，犹太人大屠杀"最终方案"的主要负责人；1960 年 5 月艾希曼在阿根廷遭到以色列情报机构摩萨德逮捕，并于 1961 年 2 月在耶路撒冷接受审判，1962 年 6 月 1 日被处以绞刑。在耶路撒冷审判期间，著名的犹太思想家、政治理论家汉娜·阿伦特以《纽约客》特派记者的身份参加审判，并写出名著《艾希曼在耶路撒冷》，书中提出了"平庸的恶"的观点。

的反应便是攻击大主教的宫殿和休闲宫（Churhaus）。受到蛊惑的希特勒青年夷平了这处设施，1200 扇玻璃窗被打破。因尼策在最后时刻设法逃脱了。一位教堂神父被从休闲宫的窗户中扔了出去并因此受了重伤。接到报警的警察在进行干预之前任事态发展了 40 分钟。伯克尔在英雄广场组织群众集会，横幅上写着煽动性的标语："因尼策和犹太——蛇鼠一窝！""牧师上绞刑架！"11 月 9 日和 10 日晚上情况更加糟糕，这一次维也纳的犹太人受到攻击。当晚，维也纳有 42 座犹太教堂和礼拜堂被烧毁，为防止火势蔓延到周边地区，消防员赶往当时的着火现场，但是故意磨磨蹭蹭，抵达时为时已晚，警察没有给予任何帮助。只有内城赛滕施特滕大街上的犹太教堂幸免于难。犹太商店被洗劫一空，6500 名犹太人在家里被逮捕并遭到虐待，一部分人被驱赶到集中营。大屠杀之夜有大量的玻璃破碎而被称为"水晶之夜"。维也纳人对这些暴行反应冷淡。从 1938 年夏天开始，在西北火车站大厅举办了大型展览"永恒的犹太人"（Der ewige Jude），那些对犹太人"糟糕透顶的本性"仍然存有怀疑的人都受到了"教育"。

在"水晶之夜"被焚毁的犹太教堂

幻灭前的回光返照：维也纳日常生活的转折

对维也纳人的日常生活而言，1938年是发生重大变化的一年。道路交通引入了靠右侧行驶的规则；照明灯杆和公共汽车候车亭被挪到街道的另一边；有轨电车岔道重建，空中导线转换，信号系统更换，这些市政措施都花费不菲。

纳粹政权以实施社会性措施而感到自豪。1938年3月，"巴伐利亚急救列车"就在维也纳的工人阶级地区，从战地厨房里分配口粮。社会民主党的有轨电车员，在等级制国家时期曾被叫停，现在都重新复职。这是一个明智的举措，可以赢得工人阶级对政权的支持。劳务市场捷报频传：截至5月底，已有6.5万名失业人员重新加入到工作流水线之中，到6月底，新增近1300名城市服务人员。新出台的维也纳地方行政确保了军工企业的优先权。

维也纳在这个新国家里也成为文化之城：1938年的重头戏是第五届帝国戏剧周。理查德·施特劳斯的《玫瑰骑士》上演。戈培尔部长特地前往国家歌剧院，出席"这部维也纳原汁原味的、与东马克地区紧密相关的作品"的演出。所有纳粹文化政策的目标都很明确：维也纳既然是德意志地区最古老的城市之一，那么她受到的所有哈布斯堡王朝强加的外来影响都应该被根除，维也纳应该呈现出一副自然的、纯粹的德意志面孔。1938年，许多街道名称本着美化政府的精神"去犹太化"，并代以"运动英雄"的名字，以及在政治斗争中献出生命的国家社会主义者的名字。

幻灭在维也纳要比预期来得快。这个尘世的宝库失去了它最重要的宝藏之一：神圣罗马帝国的徽章。它被放上专列，运往纽伦堡。帝国皇冠无疑是1938年9月"大德意志帝国党代会"上耀眼夺目的亮点。货币的兑换引起了"东马克人民"的不满。等值交换是1.5先令换1帝国马克。人们的"钱包"瘪了，而工资和薪金却不会增加。相反，老旧帝国的遗老遗少却能从中渔利。维也纳和奥地利其他城市的不少商店会出售一些早已在德国销声匿迹的商品，遗老遗少们将其一扫而光。1938

年 10 月，"大杂烩星期日"（Eintopfsonntag）成为"德意志民族共同体的象征"，这是一种义务，所有人每月要有一个星期日不吃传统的食物，相反只能吃大杂烩。从食物成本中省下的钱必须捐赠给寒冬赈灾组织。1939 年 3 月战争还未开始时，猪油便实行定量配给。所以说，希特勒的帝国绝不是像许多人预期的那样，是一个流淌着牛奶和蜂蜜的国家。维也纳人发现，为"寒冬赈灾"而筹集的金钱是个无底洞，越来越令人厌恶。1939 年 1 月防空演习举行，人人戴着防毒面具，带给人一种战争来临的预感。

《东马克法案》（Ostmarkgesetz）于 4 月 14 日订立，并于 1939 年 5 月 1 日生效，维也纳在政治领域上贬值掉价。这座城市处于帝国直接的行政管辖之下。从现在开始最高的行政机关是帝国总督，在这种情势下帝国总督便落到大区长官约瑟夫·伯克尔身上。而维也纳市长赫尔曼·纽巴赫（Hermann Neubacher）只是他的副手。维也纳也没有成为某个名为东马克的德意志帝国直辖领（Reichsland）的首府，而只是 7 个帝国大区之一；维也纳有权使用的官方名称是阿尔卑斯大区和多瑙河大区，但这两个称呼已被其他地方采用，因而维也纳便得名大维也纳帝国大区。97 个下奥地利的周边区现在成为大维也纳的一部分，被划分为 26 个行政区，人口从 1934 年的 187 万增加到将近 193 万。国会大楼变成了"大区总部"，是伯克尔的办公地点。对他来说维也纳人的思想情感是陌生的。他没有能力"保护维也纳人"，这一点越来越明显。维也纳人嘲弄般地尊称他为"啤酒大王区克尔"（Bierleiter Gauckel），因为他喜欢喝啤酒。伯克尔误入歧途。维也纳的不满和反抗正在蔓延。

从胜利走向胜利："闪电战"时期的维也纳

1939 年 9 月 1 日，德国入侵波兰，第二次世界大战爆发，战争延迟到现在才露出本性。人们没有对这次大战表现出 1914 年那样的欢欣鼓舞，在维也纳和希特勒帝国的其他地方相差无几。我们经常从自己所经历的苦难中体会到战争在 20 世纪意味着什么。但在当时，随着对波兰战争的迅速胜利，以及随后 1940 年占领丹麦、挪威尤其是大胜法国，开始阶段的忧郁情绪很快就一扫而空。国防军的"闪电战"战略让人们看到了战争很快就会胜利结束的希望。1940 年 11 月，国防军的展览"征服西方"在英雄广场举办。展览展出了所有促使闪电战成为可能的武器，当然还有缴获的武器，引起参观者的阵阵惊叹。希特勒决定对战败的法国摆出骑士般的姿态。1940 年 12 月，希特勒批准将拿破仑儿子的石棺从维也纳嘉布遣会墓地取出，用豪华的驷马灵车拉到西火车站，然后转到专列上，送往巴黎。到达目的地之后，石棺被安置在荣军院，就在其父亲拿破仑安息之处的旁边。法国人的夙愿实现了。

1940 年夏天，巴尔杜尔·冯·席拉赫（Baldur von Schirach）取代伯克尔出任大区长官兼帝国驻维也纳总督。这位贵族出身的年轻人热衷于文化事业，自己也能诗会赋，这才是令维也纳人心情愉悦的正确选择。新时期新气象，席拉赫还选择了一处新的办公地点，就是先前历史悠久的总理府。野心勃勃的席拉赫将梅特涅亲王的书桌摆出来。他梦想着坐上东南区部长这样的高位。但这不过是他的痴心妄想，那样的位子是专门为希特勒保留的。靠着席拉赫，维也纳在 1941 年再次成为欧洲的政治焦点。上一年德国、意大利和日本签署了三国同盟条约。中欧和东南欧国家也紧随其后。保加利亚于 1941 年 3 月上旬入伙，签字仪式地点便是维也纳的上美景宫。希特勒专门来到维也纳，强调了这一国家行为的重要意义。3 月 25 日，南斯拉夫也加入该条约，欧根亲王宫殿仍是签约地点。两天后，贝尔格莱德的反抗军发动政变，希特勒立马回击镇压。巴尔干的战役以国防军的再次胜利而告终。在 3 个星期之内，南斯拉夫和希腊就被扫平；此前半年以来，意大利一直在此独自发动战争，并一直处于尴尬的失败局面。

维也纳的人民被闪电战带来的喜悦包围着，在随处可见的娱乐活动中醉生梦死。哈根贝克马戏团（Hagenbeck）和女性歌舞剧舞台彻夜演出，大受欢迎。由玛丽卡·罗克（Marika Rökk）担任主演的电影《科拉·特里》（Kora Terry）在阿波罗电影院首映。维也纳的电影院不少于 222 家，电影对"小人物"来说，是一种从战时日常生活中脱离出来的消遣，尤其因为电影是一个避难所，其中保留了典型的维也纳气质。《不朽的华尔兹》（*Unsterblicher Walzer*）、《歌剧舞会》（*Opernball*）、《轻歌剧》（*Operette*）、《维也纳之血》（*Wiener Blut*）这些电影都以古老的维也纳艺术生活为内容，因而没有受到党派意识形态强加的英雄主义之束缚。汉斯·莫泽巧妙地表现维也纳人的各个方面，主要是气鼓鼓的、牢骚满腹的、暴躁的话语，以及忧郁情态和喃喃自语，再加上那摆来摆去保准错不了的肢体语言。这让维也纳人发自内心地微笑！电影也没能完全逃避为纳粹的宣传服务。1941 年，古斯塔夫·乌西奇（Gustav Ucicky）执导的《归来》（*Heimkehr*）在斯卡拉电影院（Scala-Kino）首映。这是一部与舞台明星、电影明星宝拉·韦斯利合作的影片，此片试图为在征服的波兰土地上实施的国家清洗政策做辩护。这期间巴尔杜尔·冯·席拉赫一直扮演着维也纳文化保护者的角色。他从希特勒那里得到此类特权，却让戈培尔非常恼火。席拉赫在维也纳所提倡的东西，在戈培尔眼中属于"堕落的艺术"。1942 年，诗人格哈特·豪普特曼（Gerhart Hauptmann）80 岁生日时，在城堡剧院被维也纳当局授予荣誉戒指，戈培尔怒不可遏。豪普特曼的作品承载着人文主义的思想财富，对纳粹意识形态来说并不是值得为之努力的东西，他们追求的是文学中的战争英

1938 年春天，"堕落艺术"展在
艺术家协会美术馆展出

雄主义。同年在维也纳艺术家协会美术馆（Künstlerhaus）举办的"战争与艺术"展（Krieg und Kunst），就充分表明了这一点。这次展览展示了纳粹政权所定义的艺术：北欧的女性类别，身强力壮的农民，以古典时代为母本的派别，还有寓言。只有一件东西没有成为展览的主题：战争的残酷性。早在1938年的春天，维也纳人就有机会参观了艺术家协会美术馆的"堕落艺术"展。它引起147 000名参观者的极大兴趣。奥斯卡·科柯施卡的9件作品也被展出。那还是在1907年，科柯施卡那时是希特勒参加维也纳艺术学院入学考试的竞争对手。他通过了入学考试，而希特勒落榜了。

当德国国防军在1941年6月22日开始入侵苏联时，人们关注的目光再次转向东方。就在这同一天，维也纳快速队（Rapid Wien）在柏林的奥林匹克体育场以4∶3的成绩战胜沙尔克04队（Schalke 04），成为德意志足球冠军。这支被评估为虚弱无力的"东马克人"在足球场上与可恶的"自命不凡的德国佬"（Piefkes）进行了一场殊死搏斗。战功彪炳的球队抵达东火车站后，受到几千维也纳人的热烈迎接。

1941年12月，国防军往莫斯科方向的进军陷入泥淖。困局之下，为了纪念伟大的作曲家莫扎特逝世150周年，维也纳举办了一场为期10天的莫扎特周纪念活动。维也纳挂出彩旗装饰一番，飘飘然惹人注目；所有的莫扎特纪念馆都要举行庆祝活动，并敬献花环，希特勒、戈林等政府的大人物也纷纷献上花环。宣传部长戈培尔专程来到维也纳。当然，纳粹的目的主要是将莫扎特的天才收入纳粹的意识形态之中，莫扎特是"德意志民族精神和文化繁衍能力的象征"。正如巴尔杜尔·冯·席拉赫在演讲中所说的那样："莫扎特的音乐是我们的士兵抵御东方野蛮主义猖狂进攻的武器。以他（莫扎特）的名义，我们号召欧洲青年为艺术而战。"

然而"闪电战"策略无法打败"东方野蛮主义"。其后果便是维也纳的战时日常生活压力越来越大。1942年4月，粮食配给量减少了。每个人每周只能获得2千克面包、300克肉、3千克土豆、206克猪油和两个鸡蛋。节省的方式因季节而不同。水果和蔬菜匮乏，鞋子、衣服、纸张和肥皂已也捉襟见肘，就连香烟也是定量配给的。招待所和酒店"对战争来说不重要"，因而其营业时间被分阶段限制，新酿酒馆的处境与之相似。如果将其从维也纳人手中拿走，那么维也纳人便知道"已经失败了多少了"。在第一次世界大战中，当教堂的钟，甚至是维也纳市政厅的钟，都被从塔楼上取下来时，维也纳人的那种未卜先知的预言非常准确。国防军需要它们，将它们熔铸成大炮和战车，以便取得"最后的胜利"。但这只不过是一种幻象，1943 年初纳粹德国在斯大林格勒惨败，战争迎来了最后的转折点。参加斯大林格勒战役的国防军队伍中，第 9 高炮师来自维也纳 – 卡格兰（Kagran），第 44 步兵师"高贵 – 德意志大首领"是从旧的维也纳皇室兵团高贵 – 德意志大首领第 4 兵团脱胎而来的。1944 年，纳粹德国空军中战果最为辉煌的（奥地利）战斗机飞行员沃尔特·诺沃特尼少校（Walter Nowotny）被维也纳市政府授予荣誉勋章。他曾击落 258 架敌机，却于授勋当年于飞机坠落中丧生，维也纳中央公墓为他立了一座荣誉墓碑。2003 年他的荣誉身份被撤销。

有组织的大屠杀：维也纳犹太人的屠杀之路

1939 年 5 月，《人民观察家报》（*Völkische Beobachter*）眉飞色舞地报道，已有 100 000 名"信奉犹太教的犹太人"从东马克地区驱逐离去。正如戈林直言不讳地要求的那样，这是维也纳朝着变为"德意志城市"而向前迈出的一大步。安全部门中犹太人管理小组的负责人阿道夫·艾希曼意识到，如果强迫犹太社区配合工作，那么把犹太人驱逐出维也纳的大业会进展得更快。犹太社区的工作人员掌握着犹太人管理小组所缺乏的详细资料。他们被迫在行政管理方面参与针对自己人的暴力行为，并且遍及所有阶段。这种"维也纳模式"成为整个德国竞相学习的"榜样"。专题报纸《维也纳犹太人简报》（*Jüdisches Nachrichtenblatt Wien*）报道维也纳犹太人逃走的诸多可能性。随着战争的爆发，这种可能性也就封死了。留在这里的犹太人成了笼中之鸟。纳粹当局再也不需要考虑在国外的形象。维也纳犹太人感受到的苦难越来越严重。恶意的禁令经常针对他们，例如被禁止去剧院看戏、出入电影院看电影、到咖啡馆喝咖啡以及在洗浴场所放松消遣，犹太人持有收音机和自行车也是不被允许的。自 1938 年以来，维也纳公园的长椅上就已经刻有"仅供雅利安人使用"的字样。犹太人的护照上盖有字母"J"；犹太男人的名字中必须额外加入"以色列"，女性则用萨拉。从 1941 年 9 月起，当局甚至规定犹太人的外衣上必须佩戴大卫王之星——一颗黄色的六角星，旁边写有"犹太人"字样。侮辱达到了顶峰。当局为了防止居民从一开始就对受害者产生任何同情，便把犹太人赶到集体公寓楼里。到了 1942 年，纳粹德国已经与美国开战[1]，在这年 1 月的万湖会议（Wannseekonferenz）上，纳粹官员确定了在全欧洲范围内实施"犹太人问题的最终解决方案"（Endlösung der Judenfrage），即从肉体上铲灭犹太人。驱逐工作开始了，留在维也纳的大约 65 000 名犹太人被完全赶到灭绝营（Vernichtungslager）[2]里。阿斯庞火车站（Aspang）成为死亡之旅的起点。到了夜里，男人、女人和儿童都被塞进牛车里。他们对旅程的目的地一无所知，就像他们对在那里等待他们的东西一无所知一样。巴尔杜尔·冯·席拉赫敦促维也纳要尽可能快地实现"无犹区"。

阿斯庞火车站旧址建了一座遇难者广场，用来纪念数千被驱逐的维也纳犹太人

---

1 1941 年 12 月 7 日，日本偷袭美国太平洋海军舰队基地珍珠港，并对美宣战，第二天美、英等国对日本宣战；德国、意大利受到轴心国条约约束，于 11 日不得已向美国宣战，当天美国对德、意宣战。

2 灭绝营与集中营不同：灭绝营是最终方案确定以后专门改进的集中营，其目的在于实施大规模种族屠杀；而集中营并不立即消灭关押的人，而是不计死活地驱使他们做劳动力，集中营关押的除了犹太人还有各种政治反对派等。

少部分人愿意将犹太人从必死无疑的劫难中拯救出来。他们为受到迫害的人提供了一个藏身之所，当然也明白这样做会危及自己的生命。过着这种"潜艇"般的生活，对双方来说都是难以承受的艰辛和不安。担忧食物、生病、藏身处的风吹草动，所有这一切都可能危及生命。隐藏者的最大威胁是飞机轰炸。他们不能逃进防空洞里，因为每个来防空洞寻求保护的人都必须出示自己的身份证明。并非所有的"潜艇"都幸存下来。大约有1/3的人从名字上被识别出是犹太人，于是遭到揭发，并被带到集中营杀害。那些为保护受害者而献出生命的勇敢的人，后来在耶路撒冷的亚德·瓦舍姆纪念馆（Jad Waschem）被尊为"民族的义人"称号，这些人中就包括城堡剧院的女演员多萝西娅·内夫（Dorothea Neff），她掩藏了自己的朋友莉莉·沃尔夫（Lilli Wolff）。

冒着生命的危险：起义

一小部分人不愿向践踏基督教、启蒙运动和人性等所有价值观的犯罪政权低头，他们要反抗，甚至不惜牺牲生命。有志于此的人包括革命的社会主义者、共产主义者和天主教团体。雅各布·卡斯特利奇（Jacob Kastelic）和卡尔·莱德勒（Karl Lederer）的团体并入了克洛斯特新堡修道院奥古斯丁－修士罗曼·卡尔·肖尔茨（Roman Karl Scholz）的团体。盖世太保和安全部门急匆匆地奔波，想要将任何反抗扼杀在萌芽之中，他们手下养了一帮告密者，靠着这些家伙获得信息。城堡演员奥托·哈特曼（Otto Hartmann）背叛了肖尔茨的团队，肖尔茨与其他300名抵抗战士一起在1940年7月被捕，并于1944年被处决。同样的厄运也降临在他的战友卡斯特利奇和莱德勒身上。修会姐妹瑞斯图塔 [Restituta，俗家名叫海伦·卡夫卡（Helene Kafka）]，依然忠于自己的信仰，她在莫德林医院担任手术室护士，她从不掩饰自己对希特勒和他残暴手段的看法。这给她引来了杀身之祸。1943年，瑞斯图塔因"包庇敌人以及预谋背叛"而被判处死刑并被斩首。

O5 是奥地利反抗组织的暗号，就写在斯蒂芬大教堂大门右侧等处

1942 年—1943 年国防军在斯大林格勒遭受惨败，这一仗决定了战争的走向，随之局势发生了可察觉的变化。那些感到应该为自己的良知负责的人，想要暴力废除希特勒的独裁统治，从而证明还存在着一个怀有道义精神的德国。为此，国防军的高级军官和先前的政客之间结起了一张联系网，并且交往越来越密集。他们的目的是杀死希特勒，然后建立一个新政府，尽快结束战争。维也纳也为此贡献了力量。德国的抵抗运动小心翼翼地与维也纳前市长卡尔·塞茨、律师阿道夫·沙尔夫博士（Adolf Schärf）取得了联系，两位都是社会民主党人，取得联系的还有前农民协会官员约瑟夫·雷瑟（Josef Reither）。德国的社会民主党人威廉·洛伊施纳（Wilhelm Leuschner）和曾任莱比锡市长的卡尔·戈德勒博士（Carl Goerdeler）来到维也纳。戈德勒博士还被提名为

新政府的首相。会谈的最后结论是，奥地利人原则上支持反对希特勒的计划，但是有关密谋者讨论的战后维持德奥合并的计划，他们并不赞同。

刺杀行动代号为"瓦尔基里行动"（Unternehmen Walküre），计划在暗杀希特勒之后，逮捕整个帝国内政府和党内的所有纳粹政客。1944年7月20日，机会来了。克劳斯·申克·冯·施陶芬贝格伯爵（Claus Schenk Graf von Stauffenberg），密谋者的首脑，同时也是刺客，当他从位于东普鲁士狼穴（Wolfsschanze）的元首总部返回柏林时，确信炸弹一定炸死了希特勒；因为他把炸弹放置在众人围着讨论形势的桌子下面，并且在离开这栋建筑时感受到了爆炸。而远在维也纳，一切也都按计划进行。总参谋部的上尉卡尔·索科尔（Carl Szokoll）是这里举足轻重的人物。此人出生于奥地利，是唯一知道政变计划并与柏林的施陶芬贝格有直接联系的人。按照计划，索科尔已下令逮捕全部纳粹党领导、行政区主席、盖世太保首脑和党卫军将军。他们被传唤到维也纳的前战争部。这帮人没有反抗，遵循要求前来，然后便被解除武装并被关押在单人房间里。只有席拉赫因家庭原因没有来。总体来说维也纳一切顺利，现在人们正等待着柏林的进一步指示。在7月20日晚上，时间一分一秒地过去，希特勒在暗杀中幸存下来的风声也传得越来越多。遭到逮捕的纳粹党领导回过神来。接着国防军最高司令部司令威廉·凯特尔（Wilhelm Keitel）的一通电话带来了确定消息：希特勒还活着，"瓦尔基里行动"中的所有军事行为都要立即取消。密谋者遭到逮捕，仅仅与他们有过远程联系的人也被捕了，其中就有塞茨和雷瑟，两人的名字还在电传信息里被提及。他们被带到拉文斯布吕克集中营（Ravensbrück），所幸两人都活着熬过了战争。索科尔上尉是唯一毫发无伤逃脱的人。任何地方都没有提及他的名字。

自打这次刺杀行动过去以后，一股新的清算浪潮席卷而来。截止战争结束的时候，有1210名奥地利人被维也纳地方法院送上断头台，有些日子里每3分钟就动刑一次。7月20日的暗杀失败给维也纳带来了灾难性的后果。在接下来战争仍在继续的9个月中，与过去的5年相比，死去的人的数量更多，而更多的建筑物和基建设施已荡为寒烟。

幻象的结束：维也纳大轰炸

时间来到了 1944 年 9 月 10 日，维也纳人曾幻想着以美丽闻名于世的内城会免遭炸弹的袭击，然而这个被过度依赖的幻象还是破碎了。在这个季夏的星期天，炸弹第一次落在维也纳。维也纳人惊诧地发现，他们的城市在全面战争的进程中并没有享有任何特殊的地位。从现在开始，维也纳人的日常生活将充斥着空袭警报声、到防空洞仓皇逃命的叫喊声、高射炮台哒哒的射击声、炸弹落下的哨声以及爆炸的轰隆声。警报解除之后，破碎的惨景摆在人们眼前，也同样成为生活中习以为常的一部分。街道上散落着碎玻璃，数不清的窗户支离破碎，到处是断井残垣。路面的炸弹坑冒着一米高的浓烟和烈火，发出噼里啪啦的响声。很多人被埋葬在瓦砾之下，再也无法获救。席拉赫的办公地点遭到严重破坏，从现在开始，当遇到空袭警报时，他就撤退到坐落于加利津贝格（Gallitzinberg）的暗堡中，也就是所谓的大区指挥中心。席拉赫的逃亡在高速的行驶中穿越奥塔克灵的塔利亚街（Thaliastraße）。维也纳人称这条街道为"最终胜利大道"（Endsiegesallee），其中充满了辛辣的嘲讽。中午的空袭成为人们每日生活流程中的例行公事。1943 年的时候空袭让维也纳面临着实实在在的危险，于是当局开始在维也纳修建高射炮塔，分布于奥加滕公园、阿伦堡公园、埃斯特哈齐公园和施蒂福特兵营（Stiftskaserne）等处。在这些地方布置了高射炮。建筑师弗里德里希·塔姆斯（Friedrich Tamms）是装备部长阿尔伯特·斯佩尔（Albert Speer）的团队成员，他受命修建炮塔，一共修建了 6 个"射击教堂"——这是塔姆斯为它们起的浪漫称呼。内城的建筑物密集，人们尽可能留住在老房子里，这些老房子的三层拱顶地窖已被改建成相互贯通的避难所。1945 年 3 月 12 日，空中倾泻的炸弹怒气冲顶，这天正好是德奥合并之后的第 7 年。这次空袭击中了维也纳作为世界音乐之都的象征国家歌剧院，以及邻近的菲利普宫殿（Philipphof），大约有 400 人丧生于废墟之下。1945 年 4 月，受到重创的城堡剧院的观众厅在大火中倒塌。

阿伦堡公园的作战炮塔

　　"二战"期间，在"元首的授命"之下，纳粹于柏林、汉堡和维也纳分别修建了高射炮塔，想用高射炮来抵御盟军轰炸机群的空袭并保护平民。围绕着市中心，3组塔楼成品字状分布，每一组包括一个较大的作战塔和一个较小的指挥塔。建筑师弗里德里希塔姆斯受命修建。他言谈中说出"射击教堂"一词。修建过程中征用了战俘和强制性劳工。高射炮塔设有单独的区域，供带孩子的母亲、医务室、战时行动部门和军事指挥中心使用。无线电探测仪配置在指挥塔上。然而高射炮塔被证明在军事上是无用的。维也纳是3座城市中唯一的3组高射炮塔都基本完好无损地保存下来的城市。战争结束后，埃斯特哈齐的指挥塔被改建成水族馆"海洋家庭"（Haus des Meeres），施蒂福特兵营的作战塔成为联邦政府在发生核战争时的危机中心。阿伦堡公园的作战塔被用作现代艺术的储藏室。其他高射炮塔没有找到合适的用武之地。所有6座塔都被列为纪念碑，是受保护的建筑文物。

到了战争的最后几个月，维也纳已经面目全非。无论人们到哪里，目光所及皆是灭火时形成的水洼、裂痕累累的沟渠、应急的临时军医院、空中救援者的营房或者强制劳动者的宿舍等。著名的纪念碑，如英雄广场上的卡尔大公和欧根亲王纪念碑或壕沟大道上的瘟疫灾难纪念柱，都被砌上了厚厚的砖墙，以便保护它们免受损害。公园里的绿化带同第一次世界大战一样，又被用来种植粮食和蔬菜，最后甚至用作临时墓地，因为人们已不可能再将尸体运送到正规的墓园里。每个人都感到战争的尾声逼近了。

1945 年 4 月，红军占领维也纳后，市民们聚集在被烧毁的斯蒂芬大教堂前

希特勒维也纳"诸神的黄昏"：红军大获全胜

对维也纳来说最糟糕的时刻还没有到来。1945 年 4 月，红军的钢铁洪流开始进攻维也纳。席拉赫宣布维也纳为防御地带，并建议妇女和儿童离开这座城市。他是第一个遵从这个建议的人，并留下这座城市任凭命运的摆布。为了躲避炮火的攻击，恐慌不安的人们携带着解燃眉之急的必需品躲进防空洞。至此，最后一支战斗预备队只剩下在 1944 年宣布成立的冲锋队（Volkssturm），他们要抵挡住红军的进攻，保卫维也纳。60 岁以下的男人和 14 岁以上的少年被派去十字路口设置路障或者装备反坦克火箭筒。在索科尔少校周围聚集了一个名为"拉德茨基行动"（Operation Radetzky）的军事抵抗组织。该组织想阻止维也纳像布达佩斯或布雷斯劳等城市那样在地面战斗中被彻底摧毁。为此，必须与苏联将军取得联系。上士费迪南·卡斯（Ferdinand Käs）受索科尔之托，成功地接触到正在下奥地利南部作战的首支苏联部队。经过最初的怀疑，俄罗斯人被卡斯说服，相信他实际上是一个抵抗组织的谈判人员，他的组织想要不战而降，将这座城市交给红军；卡斯让苏联红军不用担心这是个诱敌之计。参与"拉德茨基行动"的上尉卡尔·比德曼（Karl Biedermann）及其手下的军官未能取得任何成果。他们与苏联人联络的计划遭到泄密，比德曼供认不讳，根据紧急状态法，他与同谋者阿尔弗雷德·休斯（Alfred Huth）上尉和鲁道夫·拉施克（Rudolf Raschke）中尉一起被判处死刑。3 个人都被吊在弗洛里茨多夫街灯柱的顶端。奥地利抵抗组织选择 O5 作为暗号，"O"代表奥地利的首字母，"5"代表字母表的第 5 个字母 E，而 OE 便是 Ö[1]。这个符号刻在斯蒂芬大教堂巨大的教堂大门旁边。今天它外面罩上了玻璃罩，成了受保护的建筑文物。

红军日益逼近的威胁之下，维也纳出现了一波自杀高潮。高级官员

---

1 德语中变元音 ö 与 oe 相同，另外还有 ä 与 ae，ü 与 ue，此外辅音 ß 也等同于 ss。

面临着逮捕、驱逐的危险，他们有可能会被流放到西伯利亚，在那种情况下他们宁愿死在自己的手里。其中就有创作《维也纳词情》（*Wien wörtlich*）的诗人约瑟夫·温赫伯（Josef Weinheber），此人曾毫不收敛地显摆自己是希特勒的崇拜者。

在这段时间，红军正从南边和西边入城，4月8日红军抵达腰带街，第二天到达环形大道。党卫军的装甲车穿过内城朝多瑙河运河方向驶去，随即遭到苏联低空飞机的轰炸。大教堂遭受致命的厄运，掠夺者在邻近的百货公司纵火，而最后一支国防军部队从多瑙河对岸朝着市中心发射了大量炮弹，在教堂屋顶炸开了一个洞。火势蔓延到大教堂，烧毁了拥有500年历史的松木质屋顶结构、哥特式的议员座椅、皇家礼拜堂和巴洛克管风琴室。13世纪的帷姆帕兴（Wimpassinger）十字架（维也纳城内最古老的祭拜对象）和1894年土耳其解放纪念碑只留下烧成灰的残渣。普莫瑞铜钟坠落了，并在大教堂的地板上碎成数千块。扑灭火灾是毫无希望的，撤退的德国人带走了维也纳消防队的消防车。斯蒂芬大教堂的大火标志着维也纳战役的戏剧性结束。希特勒"千年帝国"乌托邦带来的恐惧对维也纳来说已经结束了，但其灾难性后果还远未结束。

1952 年 4 月 26 日，新铸成的普莫瑞铜钟被带至斯蒂芬大教堂，路经克恩滕大街，成千上万的人排队观看

盟军占领时期的维也纳

（公元 1945 年—1955 年）

维也纳解放了，但还不是自由的：这便是 1945 年维也纳所处的局势。战争结束后的头几个月，这座城市完全屈从于胜利之师苏联军队的意志，受到它的任意摆布。直到这年夏天，维也纳才被战胜国划分为四块占领区。"吉普车四人组"时代开始了。经历过一段不确定的阶段之后，奥地利恢复了国家统一，并通过民主选举得以合法化。当初的第一共和国在遭受了独裁统治和战争灾难之后，所欠缺的是对自身的信念。尽管维也纳人的日常生活缺乏最基本的必需品，但他们还是以饱满的活力和信心开始重建自己的家园。美国的关怀计划和马歇尔计划对战后欧洲的重建发挥了至关重要的作用，局势一年年地好转起来。瓦砾碎渣被清除干净，数以万计的房屋重又适合居住，崭新的建筑物也平地而起，工厂重新恢复生产。城市的伤口正逐渐愈合。盟国的占领即将画上句号。但随着时间一年又一年地流逝，决定性的进展却停滞不前。只有等待 1953 年斯大林去世，国际政治形势随之冰解冻释，前景才有所改善。1955 年对奥地利和维也纳来说是值得庆贺的一年，国家公约的签署，四大占领国的离去还有城堡剧院和国家歌剧院的重新开放，都发生在这一年。

从零开始：奥地利的重生

1945 年 4 月 27 日，当世界大战的最后一场战斗仍在酣战之时，奥地利的几个政党虽然迄今为止一直受到查禁，但其主要政治人物聚在一起，商讨组建了临时政府。处于领导地位的是社会民主党卡尔·雷纳博士，此人早在 1918 年第一共和国的成立过程中就发挥了决定性的作用。临时政府由奥地利社会民主党（现在称 SPÖ）、新成立的奥地利人民党（ÖVP，前身为基督教社会党）和共产党（KPÖ）的代表组成。众人一致宣布奥地利民主共和国重获新生，并宣称德意志帝国的"吞并"是强迫性且无效的。两天后，政府人员齐聚维也纳市政厅，通往国会大厦的路上，他们受到民众喜气洋洋地夹道欢迎。西方盟国暂时不承认这个政府，但他们的保留意见终会被攻克。

1945 年 9 月 1 日，四大占领国接管了维也纳的谈判区。维也纳内城由占领国共同管理，每月各国轮流担任主席。每天都有一支接受统一指挥的盟军巡逻队开着吉普车穿过各国的占领区，另一支巡逻队则部署在市中心，日后成为传奇的"吉普车四人组"时代在维也纳粉墨登场了。巡逻队的任务是对占领军士兵的不当行为进行约束，因为维也纳警方没有这方面的权限。另外，每个占领国都在其辖区内设有自己的宪兵队。盟军的占领令共和国付出了沉重的代价，其成本耗费了国家财政的35%。占领军给维也纳房地产业带来的压力尤其沉重，有 5144 套公寓、

"吉普车四人组"后来成为占领时期的一段传奇。图为 1947 年的维也纳盟军宪兵队

258 栋别墅、41 家酒店和 110 家商店被征用，占领者从中获益不菲，却大大加剧了住房短缺问题。

在维也纳，3 个承载着国家希望的政党成功铲平了政府的混乱局面。奥地利社会民主党人西奥多·克尔纳担任市长，奥地利人民党的利奥波德·昆沙克（Leopold Kunschak）担任副市长，共产党员卡尔·斯坦哈特（Karl Steinhardt）任第二副市长。苏联城市警备司令官阿列克谢·布拉戈达托夫（Alexej Blagodatow）批准了他们的行为。这样一来，在 1931 年颁布的民主的维也纳城市宪法便恢复效力，维也纳再次成为联邦州。在 1945 年举行的地方议会选举中，奥地利社会民主党以 58 个席位占据绝对优势地位，奥地利人民党获得 36 个席位，而拥有 6 个席位的奥地利共产党仍是一个小党。这 3 个政党均有代表列席市政府，在联邦政府级别也是一样，不过利奥波德·菲格（Leopold Figl）担任联邦总理，因而国家政府置于奥地利人民党的统治之下。

废墟中再生：维也纳城市重建

随着 1945 年 4 月 13 日维也纳战役的结束，战争带来的损失也被统计出来。这座城市共遭受 52 次空袭，近 9000 人在空袭中丧生。4 月份爆发了一次持续 10 天的巷战，造成大约 2000 人死亡。先后总共约 11 000 名平民丧命。近 47 000 座建筑物或是被夷为平地，或是摇摇欲坠，占到所有建筑物总和的 28%。有将近 87 000 套或大约 12% 的维也纳楼房不能再使用。120 座桥梁塌陷，只有多瑙河上的帝国大桥和多瑙河运河大桥完好无损。煤气、生活用水和污水的管道网络受损的地方达 3700 处之多。有轨电车和公共汽车的车队只余零头。尽管上述统计记录非常糟糕，但是与其他城市相比，维也纳算是安然脱离险境。

1945 年春季的维也纳是一座缺少电、缺少煤气、没有水、没有电话的城市，街道、广场上的瓦砾和垃圾堆积如山。1945 年 9 月，声势浩大的"废墟清理行动"开始了。在用马车或轻便列车将瓦砾运走之前，那些可用的砖块被清理出来。"废墟女工"（Trümmerfrauen）成就一段战后传奇故事。并不是所有人都自愿前来做这些事情，因为其中出现很多国家社会主义者的影子，他们被登记在册，被调遣来工作，等同于赎罪。冬天到来之前，必须尽可能多地修复那些只受到轻微损坏的住宅。房间之内，人们把散落的废屑清理干净；将渗水的地方密封住；把窗户固定住，从图画框上取出玻璃片，然后将其拼接起来镶在窗户上。

眼下的当务之急是与饥荒做斗争。1945 年 5 月 1 日，红军安排了"五月施舍"（Maispende）行动，共向饥肠辘辘的居民分发 12 000 吨食物，其中主要是土豆、菜豆和豌豆，然而，分发的蔬菜通常都是生了虫的——这些"附赠的肉类"就算在饥荒时期也是遭人嫌弃的。红军的举动无济于事，更像是在宣传对维也纳居民的优待。1946 年初，107 辆卡车载着食物、衣服和药品从瑞典驶到维也纳。1945 年—1946 年的冬天格外寒冷，学校、电影院和剧院暂时关门歇业。32 间温暖的房间给挨冻的人们提供躲避严寒的住处，还有茶和面包供他们享用。到了 1946 年的春天，局势的改善并没有持续不断地进行。维也纳普通居民每天可供支配的热量只有 950 卡路里。维也纳有轨电车以及其他各种公司的员工纷纷罢工，饥饿的人们开始注意他们的困境。需要供养的人除了维也纳本地人之外，还有 54 000 名所谓的"难民"（Displaced Persons），这些人因逃亡或驱逐而远离自己的故乡，来到了德国或者德国的占领区。同年 6 月，科尔纳市长向联合国善后救济总署（UNRRA）发出救援请求。局势困厄，黑市交易繁荣，交易地点纳绪市场（Naschmarkt）和卡尔广场（Karlsplatz）的雷瑟尔公园（Resselpark）尤其猖獗。美国的切斯特菲尔德牌卷烟仿如一种替代性的货币，炙手可热。不过交易要冒被抓的风险。苏联的城市警备司令官阿列克谢·布拉戈达托夫禁止在街上进行任何形式的交易和面对面交换。违法者将受到严厉惩罚。平时的日常生活里麻烦不断，做什么都需要出示证件和资格证明：4 种语言的身份证、工作证、基本物资卡、纺织品计次卡，甚至还有修鞋的计次卡等等。靠着美国的包裹，人们的吃喝问题开始渐渐好转。食物包裹中包含着炼乳、粗粒面粉和巧克力等营养产品。持续性的援助还要等到于 1948 年开始的马歇尔计划。

维也纳的重建事业还包括非物质的文化方面。1945 年 4 月 27 日，克莱门斯·克劳斯指挥维也纳爱乐乐团在维也纳音乐厅举办了一场节日音乐会，从此维也纳爱乐乐团踏出第一步，开始万象更新。4 月 30 日，城堡剧院的全体成员在罗纳赫（Ronacher）娱乐城演出格里尔帕策的《萨福》。罗纳赫娱乐城在战争中毫发未损，未来 10 年里它将一直充当城堡剧院的临时场所。5 月 1 日，国家歌剧院演出莫扎特的《费加罗的婚礼》，重新恢复运营，临时场地是瓦林格腰带街的国民歌剧院。约瑟夫城剧院、雷蒙德剧院、学院剧院和人民剧院也都重新开放。奥地利无线电广播传输公司在 4 月底恢复广播，虽然还处在苏联的控制之下。截至 6 月底，维也纳已有 100 家电影院开始营业。从 1945 年 5 月起，维也纳大学和世界贸易学院开始授课。早在 1945 年的圣灵降临节，维也纳童声合唱团就在霍夫堡教堂的周日礼拜中像往常一样恢复演出，并在当年秋季重新巡回演出。自 1948 年开始，奥加滕宫便成为童声合唱团的住宿地点和培训中心。

从 1948 年开始，奥加滕宫就一直是维也纳童声合唱团的驻地

所有维也纳人心心所念者乃是快速重建斯蒂芬大教堂。由于眼下无法用火车或大卡车运输建筑材料，因此壁带板、石质栏杆、柱子轴筒、雕塑品等，俱从被轰炸的废墟中就地取材，带到教堂建筑工棚中加工成所需的构件，然后用到大教堂的建筑之中。通过这种方式，过往时代的

石质残留物帮助大教堂焕发出新的生机。大教堂新的穹顶是现代的钢结构。教堂中殿和圣坛的一部分于 1948 年圣诞节前得以修复。要覆盖住新的穹顶需要 250 000 块红色、绿色、黄色和白色的琉璃瓦。为拯救这位维也纳"最年老的市民"，募捐活动正如火如荼地进行着。到 1949年 10 月，第一块琉璃瓦开始铺设。

文化工作者的流放和逃亡曾令维也纳在 1938 年的时候雪上加霜，而现在一部分人开始回来填补空缺。不少艺术家结束自己的流亡生活，返回维也纳。卡尔·法卡斯早在 1946 年就回来了，他在小型表演场中的表演让维也纳人开怀大笑。同样赫尔曼·莱奥波尔迪（Hermann Leopoldi）也结束了自己流亡美利坚的生活，重返维也纳。在 1939 年的时候他成功从布痕瓦尔德（Buchenwald）集中营中逃跑。战前他已经取得了不小的成绩，现在可以在此基础之上再创辉煌。他的一段分节歌曲在维也纳相当有名："这样的旋转木马真好，黑尔纳尔斯的小咖啡馆，我是一个安静的嗜饮者，李子酱甜饺子……"罗伯特·史托兹也不愿待在陌生的地方，于 1946 年回到维也纳。随后不久，他的轻歌剧《怀揣音乐的命运》（*Schicksal mit Musik*）、《多瑙河上的三个人》（*Drei von der Donau*）举行首演，《好运之舞》（*Der Tanz ins Glück*）也被改编成电影。1952 年，史托兹接手了维也纳冰上歌舞剧的音乐指导。戏剧评论家和作家汉斯·维格尔（Hans Weigel）更偏爱维也纳而不是在瑞士过着寄人篱下的流亡生活，滞留瑞士时他曾创作讽刺国家社会主义的小说《绿星》（*Der grüne Stern*）。维格尔用他的系列选集《当下的声音》（*Stimmen der Gegenwart*）支持年轻作家。靠着这部系列选集，英格堡·巴赫曼（Ingeborg Bachmann）、伊尔斯·艾辛格（Ilse Aichinger）、珍妮·埃布纳（Jeannie Ebner）和赫伯特·艾森赖希（Herbert Eisenreich）蜚声维也纳文坛。维也纳当然不能缺少了文学咖啡馆；担任这个角色的咖啡馆，君主统治时期是中央咖啡馆，两次世界大战期间是绅士宫咖啡，现在则落到了人民剧院的雷蒙德咖啡馆身上。作家兼导演贝托特·菲尔特尔（Berthold Viertel）放弃在好莱坞和伦敦的职业前途，于 1947 年返回维也纳，并到城堡剧院和学院剧院担任导演。不久弗里德里希·托伯格步其后尘，此人在战前就凭着小说《学生戈伯》（*Der Schüler Gerber*）和《船员》（*Die Mannschaft*）而名声大噪，流亡美国期间他在好莱坞做编剧。回到维也纳后，托伯格创办了讽刺月刊 *FORVM*。1975 年，他创作了奇闻轶事录《西方的没落》（*Die Tante Jolesch oder Der Untergang des Abendlandes*），为 1938 年之前遭到无情铲灭的维也纳犹太人资产阶级的生活世界树立了一座文学纪念碑。恩斯特·洛塔尔（Ernst Lothar）在 1938 之前是约瑟夫城剧院的负责人，1937 年之前曾与马克斯·莱因哈特（Max Reinhardt）合作，他从 1948 年开始担任维也纳城堡剧院的导演。洛塔尔拍摄了一部改编自其本人小说的电影《小号天使》（*Der Engel mit der Posaune*），为广大观众所熟知。

现代绘画艺术也呈现出了强健有力的生命迹象。艺术俱乐部的第一次展览于 1947 年在泽德利茨大厅（Zedlitzhalle）举办，这个艺术俱乐部属于阿尔伯特·帕里斯·居特斯洛（Albert Paris Gütersloh）创立的艺术家协会中的一个。展览展出了安东·勒姆登（Anton Lehmden）、汉斯·弗罗尼乌斯（Hans Fronius）、库特·摩尔多万（Kurt Moldovan）、约瑟夫·米克尔（Josef Mikl）、佛登斯列·汉德瓦萨（Friedensreich Hundertwasser）、沃夫冈·胡特（Wolfgang Hutter）、玛丽亚·比尔扬－比尔格（Maria Biljan-Bilger）、柯特·斯坦弗特（Curt Stenvert）和古斯塔夫·K. 贝克（Gustav K. Beck）等人的作品。艺术俱乐部成为年轻画家、雕塑家、音乐家还有作家的聚集地，而这些音乐家和作家都认为自己的艺术作品没有学究气，是进步的。阿道夫·路斯修建的美国酒吧得斯特罗霍夫地下室成为俱乐部的聚会地点。这儿陈列着汉德瓦萨和米克尔的照片，弗里德里希·古尔达（Friedrich Gulda）弹钢琴，乌齐·福斯特（Uzzi Förster）则复苏了在纳粹时代遭到长期禁止并被污名化为"黑鬼音乐"的爵士乐，并赋予它新的生命。

战后的维也纳因电影《第三人》（*Der dritte Mann*）而蜚声海内外。1948 年，英国小说家格雷厄姆·格林（Graham Greene）光临维也纳。格林觉得这座城市应当成为一部激动人心的电影的背景，为此他编写了一部剧本。作者让这座刻有沉重命运标记的城市散发出一种独特的氛围，他还参观了维也纳的地下污水系统，探访了黑市商人从事交易的形迹可疑之处。由此诞生了一个发生在黑市环境中的电影剧本。奥逊·威尔斯（Orson Welles）扮演假青霉素制造者哈利·莱姆（Harry Lime），而约瑟夫·科顿（Joseph Cotten）扮演一位寻找莱姆的朋友。新市场和霍荷市场等地方的那些由炸弹造成的废墟以电影的方式被记录了下来。在维也纳下水道网络中追捕莱姆是电影中激动人心的情节高潮，这段情节的伴奏音乐由古筝演奏家安东·卡拉斯（Anton Karas）奉上，特别阴森恐怖。

苏联占领军、罢工运动：维也纳承受住了考验

积极的方面是，奥地利战俘的释放要归功于苏联。1947 年 9 月 12 日，载有 1200 名遣返者（包括 300 名维也纳的遣返者）的第一班列车抵达维也纳东火车站。数千人已做好了热烈欢迎他们回家的准备。到 1950 年底，已有 488 000 名战俘从苏联返回故乡。

在经济方面，苏联人在自己的占领区搞自己的那一套。他们是唯一动用《波茨坦协议》（Vertrag von Potsdam）中所商定的权利的战胜国，要求用德国在奥地利的资产来赔偿他们。苏联人慷慨大方地解释了哪些

在维也纳拍摄的电影《第三人》，1949 年。

东西被归为"德国的财产"。其中包括多瑙河汽船运输公司（DDSG）、弗洛里茨多夫的机车厂、石油工业以及 1500 平方千米的土地，所有这些地方都用铁丝网围住保护起来，并张贴"工人团结起来争取和平"的口号。这个独特的经济帝国被称为奥地利苏联财产管理局（Uprawlenje Sowjetskim Imuschestwom Awstrij，缩写为 USIA），它还经营个人的零售店铺。

1950 年，政府与奥地利共产党人策划的罢工运动做了殊死较量，给这年的秋天留了一个不灭的印记。特别是发生在维也纳的罢工，奥地利共产党人试图策划一次政变。罢工的诱因不外乎物价大幅上涨。大约 120 000 名工人在罢工中奔走呼告，其中有 40 000 名工人来自 USIA 管理下的行业。9 月 25 日，在球室广场举行的大规模抗议活动中，共产党人恩斯特·费舍尔（Ernst Fischer）号召示威者抗议政府，因为政府拒绝接待抗议者的代表团。于是总罢工开始了。来自 USIA 的突击人员封锁有轨电车交通并在街道十字路口设置路障，此时局势达到白热化阶段。在歌剧院里，他们用棍棒、木块和石头对抗警察。一辆挂有苏联牌照的大货车冲破了警察的警戒线，造成 23 名警务人员受伤。第二天，共产主义突击小分队袭击了维也纳苏联占领区的发电站和有轨电车车站。奥地利社会民主党人、建筑工人工会领袖弗朗茨·奥拉（Franz Olah）在社会主义青年和天主教学生的支持下，与建筑工人一起迎击参见抗议活动的共产党人。共产主义突击小分队最终被打败。到了 1950 年 10 月 6 日，对峙消失了。奥地利的战后政体承受住了这次重大考验。

维也纳陶醉于欢乐之中：国家公约

到 20 世纪中叶，重建已历时 5 年，所取得的成果是令人深刻印象的。炸弹造成的废墟已被清理干净，煤气和水电的输送重新运转，有轨电车和轻轨再一次有条不紊地运行起来。大部分老旧房子现在又适合居住了，建筑作业遍布全城，正如火如荼地进行着。位于法沃里坦拉尔山

施瓦岑贝格广场上的苏联胜利纪念碑

　　1945 年 4 月苏联红军占领维也纳后，司令部立即下令为无名无姓的苏联士兵建造一座英雄纪念碑。地点在施瓦岑贝格广场，后改为斯大林广场；具体位置在施瓦岑贝格宫殿前面、高射喷泉后面。纪念碑由雅科夫列夫少校（Jakowlew）设计方案，因提萨良中尉（Intisaryan）雕刻塑像。纪念碑中央是 20 米高的底座，其上屹立着一尊 12 米高的红军战士雕像，他一只手拿着盾牌，另一只手擎着苏联国旗。围绕着纪念碑的是一条半圆形的石柱廊，其两端各有两名正在战斗的士兵。石柱上面用西里尔字母 [1] 刻着一句话，翻译过来便是：

"红军英雄永恒的荣耀，他们为了欧洲人民的自由和独立，在反抗德国法西斯强盗的斗争中英勇牺牲。"胜利纪念碑揭幕仪式于 1945 年 8 月 19 日举行。 当天纪念碑被移交给维也纳市政府，由后者负责纪念碑的保护、修复和安保工作。

1　西里尔字母起源于古希腊字母，其语言为斯拉夫民族广泛使用，包括俄语、乌克兰语、白俄罗斯语、塞尔维亚语等等。

的佩尔·阿尔宾·汉森（Per-Albin-Hansson）[1]的住宅是维也纳当地政府的第一座大型市政建筑。维也纳市政府延续了"红色维也纳"的传统，并且建造了大量的这类建筑。但是并没有采用模块结构样式，而是采用了松散构造的样式。为了节省成本，房屋建筑放弃了所有的个性设计。这些便是日后饱受诟病的"埃曼塔尔"（Emmentaler）建筑，房屋光滑的外立面上只露着一洞窗口。经济又开始提速。公司在经过修复的或者全新的厂房内运营。公路交通流量一年年地增加。普拉特的大转轮再次转动起来，老多瑙河上的甘瑟豪费尔（Gänsehäufel）海滨浴场再次开放。奥地利的国民生产总值在1949年首次超过战前水平。

昂扬向好的趋势在20世纪50年代初期一如既往。1951年，崭新的西火车站通车运行，新车站是一处光线充足的大型玻璃窗建筑，带有花格平顶和四边形大理石柱。同一年，维也纳艺术节期间，整个城市宛若旗帜的海洋。整个艺术节为人们奉献出155场歌剧、戏剧、音乐会以及展览《不朽的维也纳》（Unsterbliches Wien）。1952年4月26日，全新铸造的普莫瑞铜钟从上奥地利的圣弗洛里安被庄严地送到维也纳，有上万人夹道欢迎，驻足观看，不肯错过由旗手和身着民族服饰的团队组成的盛大游行队伍。这座钟是由1945年旧钟之碎片和新的金属材料铸造而成，象征着维也纳从废墟中凤凰涅槃重生。不久之后普莫瑞铜钟被移置于大教堂未完工的北部尖塔的铜钟穹顶下面，这儿是它的最终位置。那些象征着皇权的物什被纳粹于1938年带到纽伦堡，现在要物归原主了，在霍夫堡宫的世俗宝库里又可以见到它们的身影了。这些物什藏于城堡的地下掩体中，熬过了对"帝国党代会之城"的狂轰滥炸，完好无缺地保留了下来，战后它们被运回维也纳。

日常生活也一年年变得轻松快意起来。1953年7月1日，食品卡片参考系统终于被废止了。在德梅尔（Demel）和萨赫（Sacher）糕点店，

1　佩尔·阿尔宾·汉森（1885年10月28日—1946年10月6日），瑞典前首相，曾提出"人民家园"的政治理念，致力于消除阶级和不平等，对瑞典影响深远。

在咖啡馆和甜食店，用于咖啡和蛋糕的攒奶油重新恢复供应。杂货店又上架了恺撒卷和椒盐脆饼。对此，即使是最顽固的满腹牢骚者也闭嘴不语。

日常生活越是常态化，占领国何时撤走的问题就越紧迫。人们普遍感到自己在自己的国家里沦为二等公民。萨尔茨堡和蒂罗尔的旅游业一派欣欣向荣，相对地却只有大约 10% 的外国游客会到维也纳来。维也纳是欧洲独一无二的百万人口大都市，其人口增长陷于停滞。1954 年，维也纳州确立了今天的版图。1938 年设立的"大维也纳"有 26 个区，现在缩减到了 23 个。当时划分到维也纳的 97 个周边区域中有 80 个再次归为下奥地利。

战后德国被一分为二，分为德意志联邦共和国（BRD）和德意志民主共和国（DDR），北约（NATO）成立了，朝鲜战争于 1950 年爆发，由于这一系列事件，国家公约签署的前景渺茫。但不久之后，斯大林于 1953 年 3 月去世，东西方关系开始"解冻"。时任外交部长的利奥波德·菲格尔提出一项新的建议：如果奥地利完全自由，那么它就应准备好像瑞士那样成为一个永久中立国。以前莫斯科方面的回答通常是"不"（Njet），现在却传来谈判的意愿。最终在 1955 年 4 月，所有始终悬而未决的问题得以成功解决。1955 年 5 月 15 日，数千人拥向上美景宫，在那里国家公约正在宴会大厅中签署。自 1953 年以来担任外交部长的菲格尔发表讲话，并以这句宣告性的话语结束自己的讲话："奥地利自由了！"五位外交部长一起走上阳台。菲格尔向翘首期盼的人群展示了带着签名的公约，然后人群中爆发出经久不息的欢呼声。这天是真正具有历史意义的，到了夜晚，维也纳全城灯火通明，一派节日的氛围。晚上 10 点，全城的所有乐队演唱 1947 年制定的国歌，歌词是由宝拉·冯·普雷拉多维奇（Paula von Preradović）创作的《山的土地，河的土地》（*Land der Berge, Land am Strome*）。

这个庆祝之年因城堡剧院和国家歌剧院的重新开放而圆满。维也纳将自我形象定位为文化大都市，而这两个地方都是她的象征。观众厅再次被设计成包厢剧院的样式，但并未将这两座剧院闪耀着的象牙白和红色的光芒修复，金箔之上有若隐若现的卷曲状图案。1955 年 10 月 14 日，城堡剧院灯火辉煌，落成大典正在举行。隔天剧院首演格里尔帕策的《奥托卡国王的运气和结局》，来自城堡剧院的女主角扮演者海德薇格·布莱布特鲁（Hedwig Bleibtreu）做开场白。随后在 1955 年 11 月 5 日，国家歌剧院也光辉四射地重新开放。这是一项国际上的重大事件，世界各地的记者和文化界、商务界的名人纷纷光临维也纳。演出节目中有贝多芬的《费德里奥》（Fidelio）。这部歌剧从囚徒的合唱演到二重唱《啊，不可名状的欢愉》（O namenlose Freude），没有什么歌剧能比之更适合象征奥地利从黑夜到黎明的重生。成千上万的人聚集在被照亮的房子前面，因为歌剧表演是通过街上的扩音器现场直播的。伸着脖子观看的人拥过来，为了一瞥身着晚礼服的女士的风采。维也纳的高级时装设计师为今晚的演出精心塑造了这个模特。歌剧走廊对外开放的前一天，举办了一场面向所有人的庆典活动。在维也纳最繁忙的十字路口，为行人建造了一条地下通道，其间商店和咖啡馆林立。自动扶梯出现了，每个人都想尝试一下，拥挤之中甚至还出现了一些事故。城市应该对汽车表现得友好，这是一座城市的梦想，它塑造了时代精神，而照搬的对象便是美国。摩天大楼之间有峡谷一样的宽阔街道，其上行驶的是敞亮的豪华轿车，真是引人无限赞叹。虽然维也纳没有摩天大楼，但她毕竟也有一座高层建筑，即格兰环形路段上的环路塔（Ringturm），此楼于 1955 年开放，高 73 米，有 20 层，是一座具有现代特色的城市建筑。毫无疑问，维也纳在各个方面都在迈步迎着崭新的时代走去。而这一次，人们许诺在和平与稳定中实现繁荣。

阿尔贝蒂娜广场上反对战争和法西斯主义的
纪念碑。阿尔弗雷德·赫德利卡创作

重获自由的维也纳

（公元 1956 年—1990 年）

在被"二战"战胜国占领 10 年后，维也纳再次成为独立自主的奥地利共和国完整的首都。冷战时期，维也纳成为西方世界的最后一站，濒临与东方世界隔绝的边缘地带。强劲的经济增长促进了社会的日益繁荣，日常生活中的新发明层出不穷。随着电影院、咖啡馆和杂货店的衰落，电视时代开始了。越来越多的维也纳人买得起汽车，去得起海边度假。新落成的住宅广受欢迎，大量历史悠久的旧建筑正经历痛苦的拆除。地铁成了在维也纳颇受欢迎的大众交通工具。联合国在维也纳设立第三个办事处，但是也未能使之免受恐怖袭击。"瓦尔德海姆事件"爆发，处理纳粹时代的遗留问题势在必行。苏东剧变之后，维也纳重回欧洲中心。

喜悦与考验：重获自由的第一年

1956 年 2 月 9 日，维也纳歌剧院舞会在时隔 17 年之后重见天日。年轻女士和年轻绅士委员会（Jungdamen-und Jungherren-Komitee）成员踏着波兰舞曲的乐声走进舞厅。这又是个庆祝重获自由的迷人庆典。在这一年赫伯特·冯·卡拉扬代替卡尔·伯姆接管了维也纳国家歌剧院的管理工作。卡尔的儿子卡尔海因茨·伯姆（Karlheinz Böhm），自 1955 年起便在恩斯特·马里施卡（Ernst Marischka）的电影三部曲《茜茜公主》（Sissi）中扮演年轻的皇帝弗朗茨·约瑟夫，电影女主角的扮演者是罗密·施耐德（Romy Schneider）。观众们被这对金童玉女深深地迷住了。抛开刚刚过去的恐怖时代，古老的奥地利展示出她的全部光辉，并拥有一个欢愉的结局，而这点在"美好的旧时代"以及皇家大内都不曾出现过。维也纳已难以令人回想起苏联的占领时期，她的地名纷纷做了改动，斯大林广场又改为施瓦岑贝格广场，托尔布钦大街（Tolbuchinstraße）重新改回拉克森堡大街（Laxenburgerstraße），马林诺夫斯基桥（Malinowski-Brücke）则恢复旧名弗洛里茨多夫桥。维也纳人欢欣鼓舞地期待着威德纳腰带街（Wiedner Gürtel）地区建一座新的火车南站，这座车站将配有大量的玻璃和钢材，还安装有很多自动扶梯。

到了秋天，匈牙利危机成为政治考验。1956 年 10 月，匈牙利爆发了一场反对苏联占领者的武装暴动，苏军向布达佩斯发动了军事行动，并迅速控制了匈牙利全境。一大拨难民拥向奥地利。到 1956 年的圣诞节，超过 155 000 名匈牙利人越过边境逃往奥地利，并受到奥地利的接纳，维也纳人乐于助人的精神堪称典范。只有少数匈牙利难民永久地留在了维也纳。

经济奇迹和新技术：现代社会的日常生活

1955 年 8 月 1 日，奥地利开始进入电视时代。第一个公共电视节目在迈德灵一所学校的临时演播室里播出。整个奥地利当时只有 500 台信号接收器。有规律定时播放的电视节目直到 1958 年才开始运营。从 1959 年开始，人们需要支付收视费才能观看电视节目，同一年维也纳拥有 8000 台电视机，到了 1965 年这一数量将超过 23 万。尽管电视节目只在晚上播放几个小时，但电视具有无可比拟的魅力。第一批电视侦探连续剧如弗朗西斯·德布里奇（Francis Durbridge）的《围巾》（*Das Halstuch*）和《梅丽莎》（*Melissa*）一经播出，便造成万人空巷之盛况，俨然 20 世纪 60 年代的"街道清扫工"，每个人都想知道剧中的凶手是谁。咖啡屋和酒吧的里屋以及特设的房间里一片氤氲，在烟雾缭绕的环境中客人们牢牢端坐在电视机前。谁在自家的客厅里摆放这样一个奇迹装置，谁就会受到人们前所未有地追捧，当然这也是因为每日新闻中穿插播放国际政治事件的现场或维也纳当地的现场报道。

从 1957 年 4 月起，乡村大道上新建的 AEZ 购物中心开始播放广播，午间直播节目《司机在路上》（*Autofahrer unterwegs*）轰动一时。这个广播节目既播放关于交通状况的实时信息，也为汽车爱好者提供丰富多彩的情报，轻快的音乐声能让听众放松下来。路易丝·马蒂尼（Louise Martini）是从这个节目走出来的第一位明星。得益于良好

一家电子商店橱窗前的路人，那里有一台电视机。1960 年左右

的经济形势，越来越多的人才可以买得起汽车，但很多时候是贷款消费。到亚得里亚海（Adria）度假不再是梦想，不过只有少数人能够负担得起飞机旅行。那些对远方朝思暮想的人可以到新建成的维也纳施韦夏特机场登机，人们可以从这里感受到宏大而广阔的世界魅力，至少在好好检视这儿的时候是这样的。

像手动搅拌机、烤面包机、熨斗这样的家电，以及相对购置较频繁的电炉灶、冰箱和洗衣机等电器正慢慢失去以往高不可攀的奢侈地位。维也纳的旅馆老板和新酿酒馆老板可不会满腹牢骚，他们的店里人满为患，烤鸡肉、煎肉排、煎猪肉和炖牛肉供不应求，对这些美食的需求比以往任何时候都高。即使本地经济以每年 7% 到 8% 的速度增长，一些靠养老金过活的人和人丁兴旺的家庭也没办法卷入消费的狂潮之中，始终都有一些生活在贫困线以下的人在垃圾堆中翻找有用的东西。1960 年的维也纳，约有 70 000 人依赖于社会救助，占总人口的 4%，70% 的维也纳住宅没有独立浴室，50% 的住宅没有独立卫生间。直到 20 世纪 60 年代初，城市外围区的"家徒四壁的简易住宅"才退出历史舞台，居民才得到有尊严的安置。

电视机的吸引力令人们争先恐后地拥向咖啡馆，不过这股潮流没有

持续多久。越来越多的人能够自己买得起电视机，哪怕是通过"贷款"的方式。大型咖啡馆赚不到什么钱，它们开始走向消亡，占地空间较大的咖啡馆通常被改造为银行支行或汽车体验馆，而较小的咖啡馆则为"现代化的"意式浓缩咖啡馆所取代。电视机在私人家庭中被挪揄为"啪嗒影院"，正如这种称呼所显示的那样，电影院也开始衰落，不少影院变为购物中心或货物仓库。相反，3 座片子连轴转的电影院却大受欢迎，人们可以来去随意，播放的影片包括 3 部新闻周报、1 部动画片和 1 部自然片。自助商店也时髦起来，人们可以在这里买到较便宜的商品。所以杂货店也开始退出历史舞台，小的食品杂货店变得越来越没有吸引力，哪怕它曾是小区内信息交流的理想场所。1962 年，最后一盏煤气街灯在席津区熄灭了自己的光芒，发电照明逐渐普及，这样的灯已成为多余。

不要像父辈那样："少年犯"和"68 年一代"

小资产阶级以追求富裕为人生目的，很多年轻人对此嗤之以鼻。他们渴望一种时不时来点刺激的另类生活方式。由此便产生了"少年犯"（Halbstarken）现象，这样的人在维也纳被人们称为"精神小伙"（Schlur）。他们成长于工人阶级的生活环境中，骑着哒哒直响的轻型摩托车（又叫"小流氓火箭"），成群结队地出现在街上。长靴、皮夹克、牛仔裤，还有抹着发蜡的头发，是这类人的不二标志。"精神小妹"喜欢穿摆动幅度大的裙子，系宽大的腰带，理高高隆起的蓬松发型。手里提着手提式收音机、播放难听的噪声，是绝不可少的标配。埃尔维斯·普雷斯利（Elvis Presley）、比尔·哈利（Bill Haley）、马龙·白兰度（Marlon Brando）是她们的偶像。这些"野人"频繁出入特别的电影院、安装自动点唱机的浓缩咖啡吧以及舞蹈学校。当两支互相对抗的"小团伙"在摇滚锦标比赛上相遇时，很快就会发生打斗，并肆意破坏。"少年犯"问题如此难以控制，以至于维也纳警察局长约瑟夫·霍劳贝克（Josef Holaubek）还为此召集了一次安全会议。

维也纳大学在 1965 年庆祝建校 600 周年的时候，情况变得躁动不安。大学里的年轻人越来越无法忍受现状，因为他们发现高校的体制僵化，社会结构也日趋保守、反动：父亲在家庭里的权威，冥顽不灵的官方性道德，这两者都得到司法机构和教会的支持；还有因意外怀孕而强制结婚，对未婚母亲和私生子一如既往的偏见，以及缺少法律对拒绝服兵役的支持。东西方之间的冲突酿成了核危机，逐渐成为复活节和平游行的诱因。而阿尔及利亚战争和越南战争则引发了人们的抗议。切·格瓦拉（Che Guevara）、胡志明（Ho-Chi Minh）和马丁·路德·金（Martin Luther King）成为年轻人的图腾。媒体尤其是施普林格出版社（Springer Verlag）发表不实报道，激起了人们对它进行没收的大声呼吁。1968年6月，先锋派艺术家和左翼学生在维也纳大学新院系大楼的1号报告厅采取联合行动，因其令人大倒胃口的场景和打破禁忌的行为，"艺术和革命"行动[1]被作为"大学丑闻"而在历史上留了一笔。此事的后果便是对参与者发布职业禁令以及将之逮捕入狱。

富有传奇色彩的1968年对维也纳来说，并不像人们所认为的那么重要。1976年要相对重要些，因当局有计划要拆除之前的圣马克斯外国

1　这次行动是战后奥地利历史上一次著名的行为艺术表演，其参与者有很多是激进的艺术运动维也纳行动派成员。

占领竞技场，1976年7月

屠宰场，于是屠宰场遭占领达3个月之久。一个进步的、非正统的节目以竞技场的名称在维也纳演出周期间上演了多年，这个节目与大多数文化水平较高的节目背道而驰，它旨在引起新观众的兴致。竞技场的支持者主要是知识分子、艺术家和希望获得更多休闲机会的年轻人，他们要求在此地建立一个可以自治的永久性文化中心。谈判失败了，草案不被允许，于是场地被清空，建筑物被拆除。大约有100 000人宣布与竞技场占领者站在一起。这种另类情势已经站稳脚跟，并且越来越激烈地渗透到公共事件中去，尤其是在1979年关于建设茨文滕多夫（Zwentendorf）核电站的公投中，这次公投以赞成者的失败而告终。

新特色和板式建筑：建筑学

维也纳在娱乐和文化的公共建筑方面尚有需补足的地方。像这样一座大城市，能用来举办大型活动的多功能厅出现得有些晚了。还在盟军占领期间，维也纳地方议会便决定建造这样的建筑，以便音乐会、歌舞剧表演、体育比赛以及宗教或政治集会等活动都可在里面举办。建筑工地定在第15区三月公园的某个位置，当局委托建筑师罗兰·莱纳（Roland Rainer）进行规划。多功能厅的主厅可容纳14 500人，除此之外还有体操馆、滑冰馆和球类赛馆等。到1958年，这座维也纳城市大厅隆重开放。

紧接着一年后，维也纳城历史博物馆（即今天的维也纳博物馆）也对外开放。在巴洛克式卡尔教堂旁边的卡尔广场上，建筑师奥斯瓦尔德·海尔德尔（Oswald Haerdtl）将一座当时被描述为"内敛贵族"的建筑点石成金，但后来他被人们评价说缺少雄心壮志。

到20世纪60年代，板材建筑方式在修建住宅的工艺中得到普遍认同。与传统的砖砌建筑方式相比，使用预制构件可以更快速地完成建设。在城市边缘地区，大规模的居住区也就是"卫星城市"正逐渐形成，如弗洛里茨多夫的格罗斯费尔德居民区（Großfeldsiedlung）、多瑙河城的雷恩铁道

27号住宅、利辛区的阿姆舒普维克（Am Schöpfwerk）。所有这些"床铺城堡"一开始的时候名声都或多或少不尽如人意，这是由基于不同利益和思想情感类型而引发的社会冲突造成的。肆意破坏、涂鸦乱画和污染行为尤其令老年居民感到不安。只有随着基础设施的扩充、地铁的接通以及维也纳政府对该地区持续不断地关照，其环境才得到本质上的改善。

汉德瓦萨庭院

这座房子位于第 3 区狮子巷，是以画家佛登斯列·汉德瓦萨的名字命名的。建筑有些花哨，不合常规，在战后住宅建筑设想中，曾被设计为线性网格状建筑风格。它的独特之处在于屋顶上的 250 棵树木和灌木，倾斜陶瓷柱五颜六色，形状和大小各异的窗户，不同颜色的立面，以及内部崎岖不平的走廊。这所房子拥有 52 套公寓、4 间商店、16 个私人屋顶露台和 3 个公共的屋顶露台。

拥有一套带花园的独栋独户是很多城市居民的梦想，不过这对于大多数人来说难以负担得起，而且对维也纳当局来说也太浪费空间了。为此，建筑师哈利·格吕克（Harry Glück）、库尔特·赫拉维尼茨卡（Kurt Hlaweniczka）、弗朗茨·雷夸特（Franz Requat）和托马斯·雷因塔勒（Thomas Reinthaller）提出了堆叠式单户住宅，以及带绿色露台和凉廊的住宅概念，这些住宅将从底部开始，逐层布置。在 1973 年起，阿尔特拉（Alterlaa）住宅公园开始动工，地址为第 23 区阿尔特拉的花园旧址。住宅公园构成了一座"城中之城"，其内有很多建筑物只有靠着完善的

基本设施才能实现，如购物公园、业余爱好俱乐部的公共休息室、位于23至27层住宅楼屋顶的室内游泳池和私人游泳池。"尽可能大的幸福给尽可能多的人！"这是哈利·格吕克的格言。居民们的高满意度证明了他的成功。

画家佛登斯列·汉德瓦萨在第3区狮子巷（Löwengasse）的自家住宅里设立了城市发展中最引人注目的标记。1958年，他在自己创作的《腐烂宣言》（Verschimmelungsmanifest）中抨击了"杀人凶器建筑学之直尺"。艺术家因此被视为无害的笨蛋。然而他最终拥有了实现自己想法的机会，他与建筑师约瑟夫·克拉维纳（Josef Krawina）一起建造了一座市立住宅。他们共同拟定了一个"绿色"概念：在"城市造林绿化"意义上实现"人类与树木的家"。

建筑师汉斯·霍莱因（Hans Hollein）在斯蒂芬大教堂正对面建起一座醒目的地标建筑物；这儿可能是维也纳最知名的地方，原本矗立着由卡尔·阿佩尔（Carl Appel）和马克斯·费勒（Max Fellerer）在20世纪50年代初期建造的新哈斯大楼（Haas），现在不得不腾出位置来。霍莱因的建筑，有一个可以反射的圆形凸面，与大教堂形成鲜明对比，这种设计引发了激烈的争议。霍莱因大楼在1990年对外开放，时间久了其屋顶的露台咖啡厅已自然而然地成为城市景观中的一道靓丽风景。

维也纳分别在1964年和1974年承办了国际园艺展。得益于这种世界性的绿色展览，维也纳修建了两座大型公园：一座是处于多瑙河和旧多瑙河之间的多瑙河公园，园址所在地原来是一座垃圾场；另一座是位于拉尔山南侧的奥伯拉（Oberlaa）疗养公园。多瑙河公园中最惹人注意的是252米高的多瑙河塔，其中有一座旋转餐厅。在1974年举办园艺展览时，奥伯拉疗养中心同时投入运营。这儿汩汩冒着53度的硫黄温泉，在1934年时呈现于世人面前，由此维也纳变为一座疗养胜地。

修筑了一座多瑙河岛屿之后，维也纳终于找到了绝对有效的防洪措施。人工岛的建设期长达15年，并通过开挖防洪漫滩，打通了第二条人工河床，这样便形成了一座长21千米、宽400米的多瑙河岛屿。该岛迅速发展成为一处备受人青睐的旅游胜地和休闲景点，岛上有郁郁的森林、丰茂的草地、绵延的海滩，排布着座座旅游餐厅，狐狸、兔子、鹧鸪也都在这里安家落户。每年的 6 月份，岛上举办多瑙河岛节日庆典，这是欧洲规模最大的露天节日，届时每天前来游览的游客达 500 000 人次。

"文化大抛售！"：城市景观的损耗

战后的维也纳是一座灰色的城市。旧房子的外墙斑驳脱落，由于租户保障权益仍然有效，房屋翻新对房子的主人来说没有吸引力。时代的要求致力于兴建簇新的建筑。历史建筑没有受到尊重，尤其是经济繁荣时期修建的房屋，更是被污名化为"虚假的辉煌"，并遭到彻头彻尾的轻视，甚至赞同这些建筑从城市中消失，认为这是市政善举。那些著名的建筑物一座接一座地沦为此一态度的牺牲品，其中包括坐落于星巷的文艺复兴时期的房屋，国家歌剧院对面的海因里希宫（Heinrichhof），苏格兰环路段的"赎罪之屋"。位于腰带街内侧区域的弗洛里安教堂，阿方斯·罗斯柴尔德（Alfons Rothschild）、米勒－艾希霍尔茨（Miller-Aichholz）、普兰特－维特根斯坦（Pranter-Wittgenstein）、托斯卡纳（Tuscany）、施纳普－魏斯韦勒（Schnapper-Weisweiler）和阿伦堡（Arenberg）等宫殿，在腰带街以外的哈肯格城堡（Hackinger Schlössel）、马兴城堡（Maxing-Schlössel）、恰尔托雷斯基城堡（Czartoryski-Schlössel）、莱德勒城堡（Lederer-Schlössel）和西肯贝格城堡（Sickenberg Schlössel）等等，全都消失不见了。尽管这些建筑在战争中受到破坏，它们中的一些本可以恢复原貌，但是维也纳人缺乏这样做的意愿，城堡剧院、前约翰·施特劳斯剧院、利奥波德城剧院和位于约瑟夫城的城市剧院都要为新的建筑腾出位置。对具有历史价值的建筑物的过度破坏在统计表中一目了然，根据联邦名胜古迹办事处的数据，大约有 2000 座有价值的巴洛克和古典主义建筑在 1955 年的时候仍完好地保存着，到了 1984 年，这一数量减少了 1/3。仅仅是从 1961 年到 1972 年之间，就有 100 多座建筑从维也纳的城市地图中销声匿迹，而它们在艺术指南《德希奥》（*Dehio*）中都被标记为"值得一看"。还有相应的统计如下：现在的维也纳已不具备一个古老的大火车站，也没有任何旧的市场大厅和游泳场，像戴安娜或罗马浴场那样。奥托·瓦格纳设计的不少城市车站被拆除，于是整齐划一的设计被破坏掉。当时讽刺性的广播节目《耳光人》（*Der Watschenmann*）对这种损耗做了讨论，节目结束时会经常响起这样声音："大甩卖，文化大甩卖！我们卖得便宜——非常非常便宜！"

1972 年，维也纳地方议会通过了一项关于保护老城区的修正案，划定出保护区，以便保护历史悠久的市区免遭拆除的厄运以及坍塌朽坏。翻新资金是从一个私人的旧城保护基金中筹集而来的。1975 年是欧洲纪念碑保护年，在这一年有别的举措出台，加强了对现存旧建筑的价值再利用，这样旧建筑经过翻新后可以为居民提供高品质的生活质量。在市中心、旧大学区、纳格勒胡同和壕沟大道上因年代久远而褪色的沉郁的房屋正在逐渐消失。菲斯特尔宫已在修复之中，并变成修复工作的典型案例；坐落在其一角的中央咖啡馆，以前用作下奥地利州政府的档案储藏室，现在重新焕发出新气象，并成为最能吸引游客前来游览的目的地之一。拥有巴洛克风格建筑的斯匹特贝格区也正在逐渐恢复活力，位于第 5 区的玛格丽特庭院是一座独特的折中主义风格[1]的房屋建筑群，经过大规模翻修后焕然一新。乡村大道上的辛恩院宅

菲斯特尔宫中央咖啡馆

1　折中主义风格是一种 19 世纪的建筑风格，折中主义不是一种特定的风格，而是指一个作品中各种元素的组合，这些元素可来自不同历史风格的建筑，绘画和装饰艺术等，折中主义没有固定章法，但是注重形式。

（Sünnhof），诗人和演员费迪南·雷蒙德在玛丽亚希尔夫的出生地雷蒙德院宅，新建成的鹰宅（Adlerhof）等，这些建筑属于典型的维也纳穿堂房屋，通常带有好几个依次相接的院落，现在也迎来了自己的高光时刻。格瑞金地区、努斯多夫、斯塔默多夫和奥伯拉边缘地带的旧城中心也再次向世人展现出它们美丽的一面。

外籍劳工和绿色理念：结构性和社会性变革

20 世纪 60 年的经济繁荣导致劳动力短缺，最突出的是建筑行业，为弥补劳动力短缺需要有组织地引进外籍劳工。外籍劳工主要从前南斯拉夫而来，后来也有来自土耳其的，工会对此表示赞同。外籍劳工的数量迅速增加，1970 年左右，维也纳大约有 50 000 名南斯拉夫移民。1973 年，"石油危机"爆发，在引爆经济危机之前，外籍劳工的移民数量达到了顶峰，其中南斯拉夫人有 7.5 万，土耳其人有 1 万。随后外籍劳工的家人也过来团聚，城市的生活因此而改变，异样的习俗，异样的生活态度，还有异样的气味有时会引起当地人的愤怒。外籍劳工的收入微薄，还经常受到剥削，但他们对于城市经济的运转是不可或缺的；因为外籍劳工所从事的工作是当地人不想做的，他们觉得这些工作太低级。在维也纳，随着外籍劳工的到来，一个新的城市下层阶级形成了，这些人没有在自己的家乡接受过教育，几乎有近 1/10 的人是文盲。歧视就这样生根发芽了，南斯拉夫人被叫作"楚施人"（Tschuschn）。奥地利社会民主党是一个正统的工人党，它吸收外籍劳工加入进来，组织社交性质的聚会，从而确保这个群体在未来会成为支持自己的选民。

在维也纳地铁的建设中，外籍劳工也是必不可少的。地铁施工开始于 1969 年 11 月，最现代化的隧道钻进机派上用场。1978 年 2 月，从卡尔广场到第 10 区鲁曼广场的第一条地铁线 U1 通车了。维也纳人享受到全新的乘车体验，坐上这种所谓的"银色箭矢"，仅需几分钟即可到达目的地。地铁网络年复一年地扩张着版图，沿着拉斯特街道

（Lastenstrasse）走向的地下浅层列车改建为地铁，沿维也纳塔和腰带街一路的城市铁路改为 U4 线。当 U1 线通到斯蒂芬广场时，克恩滕大街被改造成步行街区。原来这座城市与车辆的珠联璧合不过是个假象，现在原形毕露，欧洲这类历史悠久的城市并不适合把小巷子和广场当作停车位。与所有的担忧相反，商店的采购额正逐步增加。最终，壕沟大道和科赫市场也成为步行街区。内城的复兴引发了一场名副其实的宾馆大兴隆，尤其是在所谓的"百慕大三角洲"地区，历来受欢迎的维也纳路边花园咖啡馆也正经历着复兴。

1984 年赫尔穆特·齐尔克博士（Helmut Zilk）接替利奥波德·格拉茨（Leopold Gratz）继任维也纳市长。提及此人无人不知无人不晓。作为一名记者和电视导演，齐尔克的身影随处可见，尤其是他在电视上执导的讨论节目《城市对谈》（Stadtgespräche）。从 1979 年起，齐尔克出任维也纳的文化部门和市民服务部门领导人。奥地利社会民主党内部个人权威不足，齐尔克以其巨大的声望弥补了这种缺陷。在齐尔克担任市长期间，不少节日已成为城市生活中不可或缺的一部分，这类节日有市政厅广场的夏季电影节、一年一度的降临节魔术表演以及穿过内城的元旦夜游，这些节日吸引了数十万人。齐尔克接受了副市长、奥地利人民党人艾哈德·布塞克（Erhard Busek）的主意，后者在《五彩雀》（Bunte Vögel）中倡议一种形式与众不同的政治。它依赖于城市的更新而不是城市的扩张，街区文化、酒店文化在发展，市民积极参与政治决策还有"绿色"主题。在 1984 年和 1985 年，一场坚决反对在维也纳以东的多瑙河上建设海因堡发电厂的环保运动爆发了，经过斗争这场运动获得决定性的胜利。如果这一建设项目得到实施，作为中欧最后一片原始森林的多瑙河低地将被洪水吞没。在"为非盟（Au）而战"的运动中，有时会出现警察和激进分子之间的血腥冲突，而这个运动标志着绿党作为一个政党登上历史舞台。

在东西方冲突中的调解作用：维也纳峰会和第三个联合国办事处

　　战后，东西方冲突决定着世界政治格局。维也纳是西方世界的最后一站，向东 50 千米便是东方世界开始的地方。历史的脚步来到了原子时代，原子弹可以毁灭全人类，美苏之间的每一次冲突都会成为引发剧烈爆炸的炸药。一旦爆发战争，欧洲将沦为第三次世界大战的战场。因此，在维也纳，在峰会的聚会地点，人们努力提供能够放松身心的服务，其成果是有目共睹的。1961 年，美国总统约翰·肯尼迪（John F. Kennedy）和苏共领导人尼基塔·赫鲁晓夫（Nikita Chruschtschow）在此会面。虽然峰会并没有在政治问题上达成任何和解的成果，但世界上最有权势的两个人之间已经建立了个人联系。这个时代的时尚偶像当属杰基·肯尼迪（Jackie Kennedy）[1]，她的魅力将为人们深深铭记。

　　1968 年的 8 月向世人显示，当华约（Warschauer Pakt）军队占领捷克斯洛伐克时，世界局势是多么地微妙。捷克斯洛伐克共产党领导人亚历山大·杜布切克（Alexander Dubček）企图推行"人道社会主义"，莫斯科当局视其为对社会主义的背叛，"布拉格之春"爆发，并以暴力

1　即杰奎琳·肯尼迪（1929 年 7 月 28 日 — 1994 年 5 月 19 日），美国第 35 任总统约翰·肯尼迪的夫人。

"维也纳鼹鼠"，卡尔广场地铁施工
现场的隧道钻进机，1972 年

结束。居民们消极抵抗。奥地利宣布自己中立，但强调有义务为受迫害者提供庇护。奥地利驻布拉格大使，后来的联邦总统鲁道夫·基希施拉格（Rudolf Kirchschläge）慷慨地签发了进入奥地利的入境签证，难民暂时被安置在维也纳市政大厅等处。维也纳的气氛格外紧张。最终，西方除了满足莫斯科当局的要求无计可施。天主教教会不会允许切断与"那边"的联系。由维也纳大主教弗朗茨-柯尼希（Franz Kardinal König）创立的 Pro Oriente 基金会继续展开与东正教会的非正式对话。

1957 年，国际原子能委员会（IAEA）落户维也纳，10 年后联合国工业发展组织（UNIDO）也来到维也纳；维也纳成为继纽约和日内瓦（Genf）之后第 3 个联合国大都市。因此，联邦政府决定为这两个组织建设一栋联合办公大楼。一场国际建筑竞标赛开始了，奥地利建筑师约翰·斯塔伯（Johann Staber）虽然仅获得第 4 名，但他的方案还是中标了。他设计的草案是 6 座 Y 形塔，建设地点位于多瑙河和老多瑙河之间，落成之后于 1979 年 8 月以维也纳国际中心的身份开放使用。联邦总理克赖斯基（Kreisky）还计划补建一个联合国会议中心，尽管此举遭到反对派的强烈反对，但是却得到了全民公投的明确支持。建设就这样开始了，并于 1987 年以奥地利中枢维也纳的名义开放。

中立身份和联合国组织也无法保护维也纳免受激进的巴勒斯坦人的恐怖袭击。恐怖袭击事件罗列如下：1973 年，亚西尔·阿拉法特（Jassir Arafat）[亚西尔·阿拉法特（1929 年 8 月 24 日—2004 年 11 月 11 日），巴勒斯坦政治家、军事家、前总统，一生致力于巴勒斯坦民族解放事业，1993 年因与以色列签署《奥斯陆协议》而获得次年的诺贝尔和平奖] 领导下的巴勒斯坦解放组织（PLO）劫持人质，原因是在特里斯廷河畔的舍瑙（Schönau an der Triesting）建有为苏联犹太人过境服务的转运营房。1975 年发生了对维也纳石油输出国组织（OPEC）总部的袭击。1981 年在维也纳市议会发生刺杀事件，奥地利-以色列协会主席海因茨·尼特尔（Heinz Nittel）被刺身亡；赛滕施特滕大街的犹太教堂发生血腥屠杀，造成 2 人死亡，20 人重伤。还有 1985 年在维也纳施韦夏特机场发生了一起袭击以色列航空公司（El-Al）飞机乘客的恐袭事件，造成 3 人死亡。

迷人的多样性：当代艺术

现代艺术的爱好者来到 20 世纪博物馆（在维也纳被称为"兹万兹格之家"，坐落于今天的美景宫 21 号），会发现不虚此行。为当代艺术专门设立博物馆并不是什么新鲜事。1928 年的时候就在美景宫橙子园修建了一座现代艺术画廊，画廊于 1938 年被迫关闭。"二战"结束后，艺术史学家维尔纳·霍夫曼（Werner Hofmann）重提建立博物馆的想法并获得成功。在 1958 年，布鲁塞尔世界博览会的奥地利展馆被转移到维也纳，此馆是由卡尔·施瓦赫（Karl Schwacher）设计的，抵达维也纳后被安置在瑞士人花园的边沿，很好地适应了博物馆建筑的需要。霍夫曼作为这栋建筑的首任负责人，成功为陈列馆的建设赢取国际性的声誉。在 1962 年开馆时，博物馆共展出 330 件展品，其中有很多奥地利人的作品，如"抽象现实主义"的代表约瑟夫·米克尔（Josef Mikl）、偏爱色斑的沃尔夫冈·霍勒格哈（Wolfgang Hollegha）以及阿纳夫·雷纳（Arnulf Rainer），这第三位艺术家通过对图像和摄影涂色，来表达自己"毁灭形式"的理念，当然这种理念也反映在他们的黑色图画中。

从 20 世纪 50 年代中期开始，于 1947 年成立的艺术俱乐部演变为维也纳梦幻现实主义流派，进而成为一场引领潮流的艺术运动。这个流派由一群松散的画家组成，没有一致的计划。其成员包括鲁道夫·豪斯纳（Rudolf Hausner）、恩斯特·福克斯（Ernst Fuchs）、安东·勒姆登、阿里克·布劳尔（Arik Brauer）和沃夫冈·胡特（Wolfgang Hutter）。除了豪斯纳，其他人都是阿尔伯特·帕里斯·居特斯洛的学生。他们每个人都有钟爱的艺术类型。斯蒂芬大教堂传教士和艺术家牧师奥托·莫尔阁下所关心的问题是，如何在现代艺术和教堂之间架起一座沟通彼此的桥梁。他在碧草地胡同建立并经营一家画廊，该画廊紧挨着斯蒂芬大教堂，后来成为先锋艺术的重要场所。

画家、图像设计者、作家、建筑师等人都有一个共同点，他们都是桃乐茜胡同（Dorotheengasse）哈维卡咖啡馆的常客。这座咖啡馆当时由约瑟芬和利奥波德·哈维卡经营，是一座烟雾缭绕的咖啡馆，它的座位上垫着破旧的丝绒软垫。咖啡馆地处偏远，一开始人们觉得它很隐蔽，因此适合知识分子聚会。同样从艺术俱乐部中脱颖而出的"维也纳小组"以及 H. C. 阿特曼也经常光顾这儿，阿特曼凭着自己的方言诗《用上黑墨水》（*med ana schwoazzn dintn*）而暴得大名。对他来说，哈维卡是"一个有魔力的植物标本采集箱，在这里面人们可以找到我们城市中最稀有物群"。翻译家和作家希尔德·斯皮尔（Hilde Spiel）的作品深受当年流亡伦敦经历的影响，她创作了《辉煌与覆灭：1866—1938 年的维也纳》（*Glanz und Untergang. Wien 1866 bis 1938*）。海米托·冯·多德勒（Heimito von Doderer）以《斯特鲁德霍夫阶梯》（*Die Strudlhofstiege*）、《恶魔》（*Die Dämonen*）和《斯卢尼瀑布》（*Die Wasserfälle von Slunj*）而闻名于世，他是那个时代最重要的小说家之一。埃利亚斯·卡内蒂（Elias Canetti）创作了《大众与权力》（*Masse und Macht*）和《迷惑》（*Die Blendung*），致力于研究大众精神病现象，并于 1981 年获得了诺贝尔文学奖。演员奥斯卡·维尔纳（Oskar Werner）喜欢来到哈维卡咖啡馆，用他那独特的嗓音朗诵里尔克（Rilke）或韦因黑柏（Weinheber）的诗歌。当然，赫尔穆特·夸尔廷格（Helmut Qualtinger）也是哈维卡知识分子圈子里的一员。亚瑟·米勒（Arthur Miller）、亨利·米勒（Henry Miller）和君特·格拉斯（Günther Grass）在滞留维也纳期间也不会错过拜访哈维卡的机会。然而它的名声引来了越来越多的人，这些慕名前来的人想要瞻仰一下当地文化界的知名人物，所以咖啡馆的作用消失了，艺术家们转向其他聚会场所。但是哈维卡的传奇依然存在。

爵士乐是战后新生活方式的一部分。许多人着迷于以韵律为特征的原始"黑人音乐"。从原则上讲，爵士乐是一种即兴创作的音乐，乐曲仅仅确定框架。20 世纪 50 年代，自由爵士乐的出现标志着欧洲爵士乐开始从美国模式中解放出来。在这一时期胖乔治成为维也纳爵士乐舞台上的明星，他本名弗朗茨·格奥尔格·普莱斯勒（Franz Georg Pressler），是爵士单簧管演奏家和乐队指挥，在塔伯伦酒吧（Tabarin）建立了自己的胖爵士赌场；不过不久之后场子搬到了彼得广场的地下酒吧，这个胖酒吧成为维也纳最重要的爵士酒吧。很多从美国来的音乐家

常以客串明星的身份在
这里露面。

20 世纪 80 年代，
音乐剧在维也纳开始凯
歌高奏，轻歌剧已成明
日黄花。安德鲁·劳
埃德·韦伯（Andrew
Lloyd Webber）的《猫》
（*Cats*）于 1983 年在

哈维卡咖啡馆的广告牌

彼得·韦克（Peter Weck）的指导下在维也纳剧院举行了德语版首演。
从 1988 年开始，它一直在罗纳赫演出。到 1990 年，已有超过 230 万的
维也纳游客观看了这部音乐剧。

一点点揭开真相：维也纳在国家社会主义中的角色

早在 1945 年 5 月，临时联邦政府就开始依法取缔纳粹党及其下属
组织，并设立人民法院审判纳粹党的罪行。人民法院对战犯、有罪的人
和罪行较轻的人做了分门别类的处理。对 130 000 人提起诉讼，其中有
60% 被撤销。罪行较轻的纳粹"追随者"最先被赦免，然后有罪的人也
被赦免，这是因为出于政治党派和经济方面的考量，需要他们重新融入
国家和社会事务当中。而对于战犯，有 30 人被判处死刑。1955 年人民
法院解散，过去这段岁月里的去纳粹化似乎实现了成功处理。

20 世纪 60 年代，战后一代正逐渐成熟。他们提出的疑问既公正又
客观：战争和希特勒的独裁统治是如何产生的，从奥地利自由党（FPÖ）
中诞生的无党派联盟（VDU）到底是怎么回事。年轻人注意到，刚刚过
去的历史对父母和祖父母来说是禁忌，他们往往三缄其口。父亲们会讲
述自己"英勇无畏"的战斗经历，如果这样的事确实发生过的话。人们
对大屠杀一无所知，直到 1945 年才获悉这方面的消息。1938 年 3 月在

英雄广场上曾有 250 000 人为"救世主"希特勒疯狂地欢呼，现在几乎没有一人承认自己当年曾身在其中。如果某人被指出是其中一员，那么他就会说自己是被调派去的，并不是自愿去那里的。此外，要是人们从一开始就反对纳粹，那么无论处于何种生活境况之下，他总能始终坚持自己的职责。正是这一类型的人体现在赫尔穆特·夸尔廷格和卡尔·默茨（Carl Merz）的戏剧《卡尔先生》（Der Herr Karl）中。在戏剧里，夸尔廷格扮演一名仓库工人，他在晚近的所有变动中都能避开困境：无论是正义宫的火灾，"黑色独裁"，1938 年的"德奥合并""水晶之夜"，希特勒帝国垮台，货币改革，国家公约，等等。"卡尔先生"在每个地方都或多或少地留下自己的身影，并且知道如何从每次事件中获得好处；无耻、野蛮，再配上玩世不恭、自吹自擂，像他这样的纳粹追随者具有如此多样化的灵活性，他将自己视为生活的艺术家。1961 年 11 月，《卡尔先生》在电视上播放，一经播放便引起众怒。最强烈的抗议者是那些感到露出了狐狸尾巴的人。夸尔廷格的名字一夜之间传遍奥地利。维也纳人早就认识他了，他与格哈德·布朗纳（Gerhard Bronner）、卡尔·默茨和迈克尔·凯尔曼（Michael Kehlmann）一起，复兴了维也纳卡巴莱小品：《脑袋前的板子》（Brettl vor'm Kopf），《十字架前的冥思者》（Hackl vor'm Kreuz），《嘴巴前的簧片》（Blattl vor'm Mund），《眼前的眼镜》（Glasl vor'm Aug），《脸前的镜子》（Spiegel vor'm Gsicht），《头顶的天花板》（Dachl über'm Kopf），等等，这些都是讽刺《金色维也纳之心》这一节目名称。夸尔廷格扮演了牢骚满腹的"特拉夫尼克"（Travnicek），即卡萨诺瓦郊区的香颂《发疯的费尔德》（g'schupften Ferdl）中的角色，遂成为传奇。这组卡巴莱小品的艺术家最终通过彼得·韦勒（Peter Wehle）、乔治·克莱斯勒（乔治 Kreisler）和路易丝·马提尼（Louise Martini）而完备起来。

反犹太主义在维也纳继续暗流浮动。在 1965 年，这种观念的残渣通过世界贸易学院的历史学教授塔拉斯·博罗达克维奇（Taras Borodajkewycz）之口在讲座中阐述出来。博罗达克维奇不回避在新闻发布会上公开重申这些观念。此事引起轰动，但教授被允许继续教学。

结果，奥地利抵抗运动（Österreichischen Widerstandsbewegung）、反法西斯学生委员会的成员与教授这边的德意志民族主义支持者在市中心爆发冲突。前游击队战士恩斯特·基希韦格（Ernst Kirchweger）受了重伤，于两天后去世。他是第二共和国的第一个死难者。大约有 25 000 人来到英雄广场参加他的葬礼。同时博罗达克维奇被迫退休。

一年后，西蒙·维森塔尔（Simon Wiesenthal）就奥地利人参与纳粹罪行发表了一份备忘录。维森塔尔是某个大家庭在大屠杀中唯一幸存下来的人，他的终生目标就是把纳粹罪犯绳之以法。1961 年，他在维也纳成立了纳粹政权迫害犹太人联合会文档中心。海因里希·格罗斯（Heinrich Gross）教授的例子成为草率对待纳粹历史的代名词。在阿姆·斯珀格朗地（Am Spiegelgrund）精神病院，也就是今天的奥托－瓦格纳－医院（Otto-Wagner-Spital），格罗斯将数百名儿童归类为患有精神和身体方面残疾，并对他们实施了"安乐死"，这就是谋杀。战争结束后，他想方设法在维也纳站稳了脚跟，并回返原来的工作岗位。格罗斯身为一名在共和国内备受推崇的法医学家，继续进行被害儿童的大脑研究。格罗斯的罪行被揭露为时已晚，他由于罹患晚期阿尔茨海默症而无法被定罪。

"瓦尔德海姆事件"（Waldheim-Affäre）对于迫使奥地利脱下受害者角色的外衣和日后承认奥地利人曾积极参与纳粹罪行具有决定性的意义。外交官库尔特·瓦尔德海姆（Kurt Waldheim）担任联合国秘书长长达 10 年。1986 年，奥地利人民党提名他为联邦总统的独立候选人。然而，在竞选期间，瓦尔德海姆在他的自传中所隐瞒的东西遭到曝光，他在"二战"期间在巴尔干地区担任纳粹国防军军官。据此人们怀疑他可能参与了发生在那里的战争罪行。此事在国际上掀起一阵波澜。但国际的压力激起了奥地利人的逆反心理，并导致瓦尔德海姆在第二轮总统选举中大获全胜。1987 年，美国司法将瓦尔德海姆列入所谓的"监视名单"，不允许他以私人身份踏上美国的国土。这无异于对其个人的放逐。瓦尔德海姆成为"霍夫堡囚徒"。从此以后，当谈及瓦尔德海姆及其在纳粹时期所扮演的角色时，尤其是谈到奥地利人在大屠杀中扮演的领导角色时，便没有什么事情是禁忌的了。

1986 年当"瓦尔德海姆事件"持续发酵时,克劳斯·佩曼(Claus Peymann)成为维也纳城堡剧院的院长。他深信"戏剧对实现乌托邦、改善世界、追求更完美的正义负有真真正正的责任"。佩曼很快就表现出对奥地利批判文学的偏爱。他委托作家托马斯·伯恩哈德(Thomas Bernhard)按照这个意思创作一部戏剧。其成果便是《英雄广场》,此剧于 1988 年首演,旨在清晰地阐明,有多少国家社会主义的思想与天主教保守主义相混合,在今天的奥地利大众中仍然发挥着主动作用。这引发了迄今为止维也纳最大的戏剧争端。尽管敌意不断,但《英雄广场》还是得到普遍认可。接下来的 10 年里,它在城堡剧院里上演了 120 次。

在奥地利并入希特勒德国之后 50 年,清算纳粹过往历史,体现在维也纳街道景观上,便是在阿尔贝蒂娜广场修筑了当年清洗街道的犹太人塑像,来替代被炸弹炸毁且没有重修的菲利普宫。这是雕塑家阿尔弗雷德·赫德利卡(Alfred Hrdlička)创作的反对战争和反法西斯主义纪念碑的一部分。

东欧剧变:1989 年的维也纳

1989 年,维也纳欧洲安全和合作会议(KSZE)临时结束。东方和

反对历史学家塔拉斯·博罗达克维奇的示威游行,1965 年 3 月 31 日

西方就改善人权和新的常规武器裁减谈判达成一致。军备裁减于这年 3 月从维也纳启动。自从米哈伊尔·戈尔巴乔夫（Mikhail Gorbachev）成为苏共（KPdSU）领袖以来，俄罗斯词语解放（glasnost）和改革（perestroika）在西方变得颇为流行。然而苏联倒塌的迹象仍然不见踪影。此时的维也纳，正在举办奥地利末代皇后齐塔的豪华葬礼，同时也正深陷莱恩茨医院谋杀案的阴影之中。自 1983 年以来，当住在这儿的病人成为"麻烦"之后，几名护士便将他们杀死，前后总共约 40 人被害。被起诉的护士分别被判处无期徒刑、20 年和 15 年有期徒刑。莱恩茨这个名字对医院来说太沉重了，于是医院更名为席津区医院。

莫斯科方面的压力因为戈尔巴乔夫而有所缓和，"社会主义兄弟国家"壮着胆子采取越来越独立的行动。1989 年 5 月，匈牙利士兵开始拆除沿着奥匈边境线的电子报警系统。到匈牙利巴拉顿湖（Plattensee）度过夏季旅游的东德公民很快就获知这一消息。东德人的大规模外逃就这样开始了。几个星期之后，匈牙利让东德公民畅通无阻地前往西方。自愿移民的人数以万计，他们来到奥地利边境的临时营地中，耐心地等待着，然后动身前往西德等西方国家。

1989 年 11 月 9 日，柏林墙倒塌。这是一件世纪大事件，在维也纳也激起令人窒息的兴奋。其他东欧国家的政权随后就像多米诺骨牌一样纷纷垮台。对于奥地利来说尤为重要的是布拉格的"天鹅绒革命"（Samtene Revolution）。此前一直是头号国家敌人的瓦茨拉夫·哈维尔（Václav Havel）当选为捷克斯洛伐克总统。现在奥地利与捷克斯洛伐克边境的报警系统也已成为历史。捷克人借此机会，一睹圣诞节前精心装扮的维也纳，并惊叹于西方世界的所谓"商品奇迹"。13 万人慕名前来，造成交通大混乱。在维也纳强制购买公共交通车票的义务将在短时间内取消。一些维也纳公交线年票的持有者讨厌这种规定，补偿差额的要求也没有什么效果。东欧剧变的喜悦在维也纳是有限的。但有一件事是肯定的，那就是维也纳已经回到了欧洲的中心。

从多瑙河岛看多瑙河城，DC 塔 1
号于 2014 年投入使用，这是奥地
利第二高的建筑，包括顶部在内
总高度为 250 米

1990 年后的维也纳

苏东剧变之后，奥地利加入欧盟（EU），准确时间是 1995 年，随后到了 2004 年，奥地利的邻国 —— 一众前共产主义国家也纷纷加入欧盟，并加入《申根协定》（*Schengen-Abkommen*），从此人们可以越过国界线自由出入维也纳。这份喜悦却因排外行为和信件炸弹的恐怖而逐渐降温。新千年之交，维也纳转变为一座充满活力的欧洲大都市，自 2009 年以来，这座城市一直持续不断地赢取"最宜居的世界之都"的称号。维也纳社会因 2015 年的难民危机而发生严重的分裂。在这里，"欢迎文化"（Willkommenskultur）的支持者与警惕出现伊斯兰平行社会的人士相互对峙，而后者认为难民会威胁维也纳的统一性。

维也纳的新机会：重回欧洲中心

1989 年是转折之年，这一年维也纳和布达佩斯一起中标，成功申得在 1995 年联合举办世界博览会的资格。然而所有努力最后却付之东流。1991 年 5 月举行的一次公民投票显示，有 2/3 的参与者公开反对承办世界博览会。很多人担心物价会因此大幅上涨，地产投机的行为业已露出苗头。世博会的支持者抱怨说反对方不过是出于一种所谓的维也纳典型的"拦路虎心态"。

在 1991 年的马斯特里赫特（Maastricht）峰会上，前欧洲经济共同体转变为一个政治联盟，即欧盟。奥地利尽管保持中立地位，但仍下定决心加入这个联盟。入盟谈判的结果十分积极，之后奥地利于 1994 年 6 月 12 日举行全国公投。参与公投的人约占有投票资格的人的 82%，其中超过 66% 的人支持奥地利加入欧盟，维也纳的公投也顺应民心。从 1995 年年初开始，奥地利就一直是欧盟的正式成员国。

占主导地位的争议性话题：外国移民

东方敞开国门了，许多人利用这个机会，前往心中所幻想的"金色西方"去寻找更好的生活。非法移民问题越来越严重。早在 1990 年 9 月，联邦军队和宪兵就已经支持奥匈边境的海关警卫拦截非法移民，对波兰人和罗马尼亚人发放有时效的签证。奥地利自由党领导人乔格·海德（Jörg Haider）故意把"外国移民"这一话题摆在桌上，此举令他不断获得选举的成功。由他推动的全民公投倡议"奥地利优先"原则，并在 1992 年—1993 年收到约 416 000 个签名，这个数量远低于预期的人数。批评人士谈论到，种族主义的仇恨言论助长了反外国移民的公投决议。为树立起一种标志，人权组织"呼救邻人"（SOS Mitmensch）应运而生。1993 年 1 月 23 日，这个组织在英雄广场组织了一场灯海大集会，以反对排外行为和偏狭言论，参加者约有 30 万之众，是第二共和国迄今为止规模最大的政治集会。

对外国人的仇恨继续在地下酝酿着。1993 年 12 月的时候，一系列信件炸弹震惊了大众。受到袭击者既包括以致力于人权事业而颇具声望的人，也包括居住在布尔根兰州的罗姆人（Roma）[1]。最著名的受害者是市长赫尔穆特·齐尔克。他收到一枚信件炸弹，爆炸令他的左手残疾。一系列的信件炸弹和管道炸弹袭击一直持续到 1996 年，4 人命丧其中，15 人受伤，有一部分人伤势严重。1997 年 10 月，警方进行了一次拉网式搜索。最终一个名叫弗朗茨·富克斯（Franz Fuchs）的男子落入法网，

1　罗姆人即吉普赛人。吉卜赛人是英国的叫法，他们自称为罗姆人，"罗姆"的原意是"人"。

并被判无期徒刑。富克斯于 2000 年 2 月在监狱中自杀。1994 年，赫尔穆特·齐尔克辞去市长职务，由迈克尔·豪佩尔博士（Michael Häupl）接任，其任期接近 24 年之久。

纳粹历史的长长阴影：言出必行

　　"瓦尔德海姆事件"之后，有人曾轻描淡写般地看待纳粹时代所发生的事件，这种马后炮行为受到了前所未有的批评，而这类人也不再偷偷摸摸地行事。乔格·海德表达出对"第三帝国井然有序的就业政策"的赞同，便属于上述情况。1991 年 7 月，弗拉里茨基（Vranitzky）总理在议会中明确回应："我们要坦然面对我们在历史上的所有行为，还有我们民族在各个方面的作为，无论好坏。就像我们为自己争取好处那样，我们必须因我们做的恶而道歉，向幸存者和死难者的后代道歉……"言辞刚落实际行动便开始了。1998 年，联邦政府成立了一个历史学家委员会，其任务是针对"纳粹时期在奥地利共和国领土上的财产剥夺以及退还或赔偿情况，还有 1945 年以后奥地利共和国在经济和社会方面的福利情况"，做整体的研究和报告。2003 年，委员会将提交最终报告。在报告中委员会证实了纳粹政权系统性的抢劫，委员会试图做些赔偿，但报告也得出结论，奥地利共和国在 1945 年之后，在引用受害者观点的情况下，往往只是敷衍的，有时甚至非常犹豫地处理对纳粹冤屈受害者的赔偿。据此，政府根据 1998 年的《艺术品归还法》（Kunstrückgabegesetz）给出定论。这样便保证了在国家艺术收藏品中搜寻艺术作品成为可能，这些艺术品全都是纳粹政权从它们的合法所有者那里抢走并随后非法转交给联邦政府所有。如果证据确凿无疑，就必须归还给原来的所有者或他的继承人。艺术品归还顾问理事会每年都要编制荐品摘要，因此博物馆不得不割舍一些收藏价值很高的物品。其中便有那幅实业家的妻子阿黛尔·布洛赫–鲍尔的肖像画《金色的阿黛尔》，此画在世界范围内造成轰动。这幅画的合法女继承人是玛丽亚·奥尔特曼（Maria Altmann），她的夺画斗争十分复杂，在有的阶段甚至看不到希望；由海伦·米伦（Helen Mirren）饰演这位女继承人的电影《穿金衣的女人》（*Die Frau in Gold*）便再现了这个主题。最终，正义获胜了，这幅估值1亿欧元的画作必须转交给阿黛尔·布洛赫-鲍尔的侄女玛丽亚·奥尔特曼，还有另外4张克里姆特的作品，也一并带到美国。有人建议将埃贡·席勒的画作《四棵树》（*Vier Bäume*）归还给摩根斯坦家族（Morgenstern）的继承人，以及将由马勒-维尔费尔（Mahler-Werfel）收藏的爱德华·蒙克（Edvard Munch）的《海滩夏夜》（*Sommernacht am Strand*）移交给女继承人。到纳粹时代最后一件被劫掠的艺术品归还给合法所有者的继承人，尚须很多年的时间。

在赫德利卡纪念碑建立起来之后，2000年经西蒙·维森塔尔倡议，维也纳拥有了自己的大屠杀纪念墙，用来缅怀被纳粹党所驱逐和谋杀的65 000多名奥地利犹太人。这座纪念墙位于犹太广场，其地下便是1421年被毁的犹太教堂的遗迹。英国女艺术家雷切尔·怀特里德（Rachel Whiteread）将纪念墙设计为一个朝外开的、不可进出的图书馆，作为残留下来的空白的象征。在纪念墙的基座上，共有45个集中营的名称，按字母顺序排列，从奥斯威辛（Auschwitz）一直到扎莫希奇（Zamość）。

几十年来，历届当权的政治人物都忽视了一件事，那就是邀请在1938年被驱逐和逃亡的犹太同乡以及在流亡中活下来的后代子孙，去了解他们曾经的故乡维也纳。这项任务由犹太人返乡服务中心（JWC）落实了，该服务中心成立于1980年，由时任市长的利奥波德·格拉茨、市议员海因茨·尼特尔（Heinz Nittel）以及政治评论家和旅游经理莱昂·泽尔曼（Leon Zelman）倡议。这种人道的态度已经得以验证，但是曾切身经历过1938年犹太人在维也纳最后岁月的人却逐年减少。那些当时还是孩子的人现在已90岁左右，早已成为美国人或英国人了。站在大屠杀纪念墙前，他们读着父母惨死其中的灭绝营的名字，大多数人并不知道父母的丧生之地是哪个。他们的父辈被有意识地剥夺了身份。为了恢复他们的名字，"回忆石"被放置在当时这些人在维也纳的住房门前。"回忆石"上有黄铜纪念章，其上载有被害者的姓名、出生日期以及——

如果能够查到的话——被谋杀的地点和时间。1938 年，维也纳以色列文化社区组织登记在册的成员有 185 000 人，该组织在 1945 年重建之后，而时至今天，人数约为 7000 人。

当"双手不沾血的国防军"神话被揭穿时，引发了爆炸性的震动。事实证明，希特勒的国防军确实参与了大屠杀的组织工作。2003 年 4 月，"国防军罪恶"展（Verbrechen der Wehrmacht）经过更新之后，在维也纳对公众开放，骚乱和斗殴事件随之而来。

从 2011 年起，维也纳有一个独立委员会一直在调查有哪些街道和广场是以可疑人物的名字命名的。共有 159 个这样的地方被罗列出来，数量太多以至于不得不将它们分类。按照历史学家的说法，被列入 A 范畴的是那些"迫切需要探究"的人，包括卡尔·吕格尔和利奥波德·昆沙克，因为他们反犹太态度明显。卡尔·吕格尔环形路被更名为大学环形路。卡尔·吕格尔广场的名字被宽宏大量地保留下来。奥托卡·克恩斯托克（Ottokar Kernstock）虽然早在 1928 年去世，但被判定为罪不可赦，

犹太广场上的纪念墙是为了纪念
1938 年至 1945 年间在奥地利被
谋杀的 65 000 多名犹太人

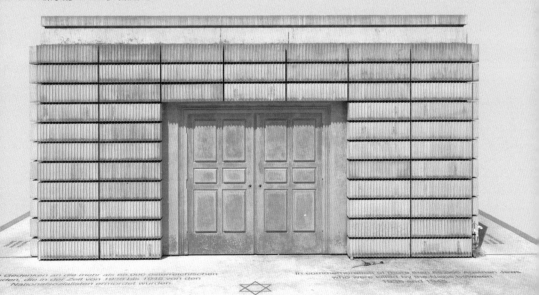

因为他创作德意志民族主义的诗歌而被视为国家社会主义先驱，所以第 16 区以他的名字命名的广场被更改为家庭广场。自行车运动员费雷·杜西卡（Ferry Dusika）曾是纳粹冲锋队上层官员，也是一家"雅利安化"的自行车商店的老板，哈伦体育场的别名就是以此命名的。杜西卡属于 A 类范畴，诗人约瑟夫·温赫伯（Josef Weinheber）也是如此，他是希特勒的崇拜者。维也纳市政当局避免全盘重新命名，而是在街名旁增添一块额外的牌匾，做出解释，从而解决了这个问题。对向纳粹政权效忠的人的批评并没有波及尚在世或者刚刚死去不久的名人身上，包括宝拉·韦斯利、理查德·施特劳斯、赫伯特·冯·卡拉扬、卡尔·伯姆、罗兰·莱纳、费迪南·保时捷（Ferdinand Porsche）。

已经逝去还是正在沉沦：
维也纳的昨日世界

与 1890 年以来的情况一样，奥地利社会民主党的游行以及在市政厅广场的闭幕集会仍于 5 月 1 日在维也纳举行。但是，当工人将自己看作是争取权利的战斗力量时，往日的激情却已消失不见。典型的工人阶级不复存在，随着经济和社会方面的巨大成就，20 世纪 50 年代以来越来越多的工人转变为小资产阶级。现在的"五一节"所具备的更多是怀旧价值。人们从经典的维也纳市政建筑中也可以感受到时代的变迁。很久以前，那儿的窗户密密麻麻地装饰着三角形党旗，红色基底圆环上有 3 个白色箭头。窗户上专门配有插旗帜的架子。当年那些在市政建筑中没有"挂出"旗帜的人，会遭人闲话。但随着时间的推移，挂旗的次数

赫尔德公园的家庭露天游泳池曾经是维也纳 32 个儿童室外游泳池之一

越来越少。那位每个月都要在"红皮书"上贴会员印章的出纳员，曾是人们再熟悉不过的，现在却越来越频繁地被陌生的同事换岗，直到再没有出纳员出现在人们的眼前。《工人报》和消费合作社没有了，奥地利社会民主党由此失去了两个旧日的左膀右臂，它不再指导经济方面的事务。"红色维也纳"时期曾被强力推出的维也纳公园中，32 个室外儿童游泳池到现在仅剩 10 个。

同样到了与七叶树说再见的时候了。这种树曾是典型的维也纳树木，非常受欢迎。七叶树属植物除了受到细蛾虫的危害，还越来越受到干燥炎热的夏季的影响。所以维也纳市园林部门不再种植七叶树和枫树，取而代之的是朴属树木等其他耐热品种。

今天的维也纳人饱受耗费型顽疾的痛苦。进入电脑时代，再加上德国电影电视的配音影响，越来越多的单词渐渐匿影藏形，很多词难以为年轻人所理解，例如 Weinberl（葡萄干）、Schnalln（妓女）、Schlurf（小无赖）、Gfret（辛劳）、Schmattes（小费）等。Chuzpe（无礼）、Mazel（幸福）、Zores（不幸）等意第绪语（意第绪语属于日耳曼语族，受中古高地德语和希伯来语的影响，主要是部分犹太人在使用；意第绪文学语言兴盛于 19 世纪和 20 世纪初，后来由于移民、同化和种族灭绝而急剧衰落。现在全世界约有 300 万人使用此语言），词语在日常生活中不再常见，同样消失的还有法语外来词 —— Trottoir（人行道）、Portemonnaie（钱包）、Lavoir（洗脸盘）以及 Mannequin（时装模特）等，Mannequin 早就变成了 Model。

光明与阴暗：现在的维也纳

维也纳已华丽转身为一座绚丽缤纷的城市，昔日灰头土脸的城市形象早已一去不复返。其文化产业的供给如此之巨，以至于任何对之有兴趣的人都面临着选择困难症的折磨，在众多同时举办的活动中，人们很难做出自己的优先选择。维也纳的基建设施堪称典范：垃圾清理、垃圾分类、街道清洁、污水净化等运转良好，公共交通、邮政、医疗设施和社会机构同样出色。自 2009 年以来，维也纳在"美世排名"（Mercer-Ranking）中连续被评为"全球最宜居城市"。在"繁荣和包容的城市奖章与奖项排名"（PICSA-Ranking）中，维也纳仅次于苏黎世位居第二。这个排行榜于 2019 年 12 月首次颁布，不仅考量一个城市的经济表现和繁荣程度，还要考虑到城市所有居民从中获益的程度。人均收入、住房承担能力、受教育机会和医疗保健机会是决定性因素。排在第二位的维也纳远远领先于排在第 12 位的慕尼黑和第 18 位的柏林。对于市政府来说，这是"一个证据，证明维也纳在硕果累累的历史长河中从不落于人后"。实际上大约有 500 000 人从始建于 20 世纪 20 年代的市政住宅中获得好处，约占维也纳居民的 1/4 多。租金总数平均下来为每平方米 6.28 欧元，比私人出租公寓明显便宜很多。

英国于 2020 年 1 月 31 日脱离欧盟，如此一来，维也纳便成为欧盟的第五大城市。2020 年初，维也纳有 1 910 000 名居民，而在 1990 年时尚为 1 539 000 人。自从奥地利于 1995 年加入欧盟以来，维也纳的人口增长了 350 000 人，大约有 240 000 居民来自其他欧盟国家，移民数量在 25 年内增加了 6 倍。欧盟的自由移居权对此大有裨益。移民中最多是联邦德国的公民，近来罗马尼亚移民首次超过了非欧盟国家中的塞尔维亚和土耳其移民。与巴黎和巴塞罗那一样，维也纳是欧洲最重要的会议城市之一。每 8 个过夜住宿的人中就有一位是来参加会议的。这些人特别受欢迎，因为他们每个人平均每天花费 540 欧元，是"普通游客"的两倍。2019 年一年维也纳的来宾住宿人数达到创纪录的 1760 万，与 2018 年相比增长 6.8%，维也纳成为最受人青睐的旅游城市目的地之一。如此便意味着大众旅游已发展为一个问题。因此，维也纳市政当局决定减少对普通大众的依赖，不再宣传廉价飞机航班，而是推出豪华班机。

415 平方千米的维也纳市区，其中一半以上是绿地。维也纳是世界上最环保的城市之一。绿党自 2010 年起加入到市政府之中，作为一个绿色生态政党，它希望通过"绿色通道"来强化维也纳作为"环境模范城市"的形象，其中包括推广可再生能源，比如通过集中供暖或制冷，使用太阳能和风能，或者使用电动巴士等。到 2050 年，维也纳计划通过气候保护一揽子计划（Klimaschutzpaket），即"智慧城市"战略，减少 85% 的 CO_2 排放量，所有废气排放都要经过气候保护兼容性的检查。冷却公园（Cooling Parks）是最新的趋势，有了喷雾喷嘴和接地喷头制造的艺术水景，夏天环境温度最多可以降低 6 摄氏度。自行车道路网已从 200 公里扩张到 1400 千米。汽车共享、城市自行车和电动滑板车的出租都有助于减少污染物的排放。

废弃的巨大火车站内有大片区域，当局在此建起一片辽阔宽广的公园：先前北站区域建了鲁道夫·贝德纳尔（Rudolf Bednar）公园；维也纳主火车站周围建立起赫尔穆特·齐尔克公园；莱昂·泽尔曼公园和卡尔·齐亚克公园（Karl Ziak）建在原来的阿斯庞火车站旧址上。勒鲍隧道（Lobau）已可通行，它位于连接多瑙河谷国家公园的 S1 高速公路路段。维也纳是世界范围内唯一境内拥有国家公园的首都。簇新的相遇区域令人眼前一亮，到了这种地方，所有的道路使用者都是平等相遇，而且谁也不要求优先权，人行道便变得多余。在这个意义上，最重要的购物街内玛丽亚希尔夫大街、绅士街和红塔街进行了重新设计；定居在这些地方的商界人士也发动财政捐助，让重建工作得以实现。享有盛誉的头号建设项目当属阿斯佩恩海滨城市，地址是第 22 区的老机场旧址，一个人工湖被开挖出来。这个项目的部分建设工作已经完工，到 2028 年将实现最终的扩建，届时会增加 10 500 套住宅，可容纳 20 000 人居住其中。

东方的门户开放和加入欧盟为商业重镇维也纳创造了难得的机会。原本孤立的邻国突然从低效率的计划经济转变为活跃的市场经济。维也纳的多家公司在这些国家纷纷设立分公司，其中一些早在君主制时期就已经设立了分支机构。莱茵 - 美因 - 多瑙河运河（Rhein-Main-Donau-Kanal）的通航使维也纳成为重要的内陆港口。10 年间很多初创公司在维也纳接连立起招牌。特别是年轻的企业家，试图通过一个项目或者一个非同寻常的项目理念在市场上夺得一席之地。尽管有些失败了，但初创企业已成为城市经济中不可或缺的一部分。

不过维也纳最近的发展也滋生出阴暗的一面。居民融合方面，这座城市面临着巨大挑战。2015 年难民潮[1]涌来，官方承认的难民有 22 000 名，据猜测数量可能更多；这些来到维也纳的难民中，大部分是叙利亚人和阿富汗人。难民融入社会是一体化基金组织的任务。根据 2018 年的难民融合报告，超过 51% 的维也纳学生的日常交际口语不是德语。在那些刚建成的中学里，这一比例甚至高达 73%。正因为这一势态的出

1　2015 年，叙利亚、利比亚等地区战事不断，尤其随着"伊斯兰国"极端组织的大肆侵略和破坏，大量难民拥向欧洲，形成了欧洲自"二战"以来最大的难民危机。

维也纳主火车站

　　这是维也纳的第一个沿途火车站，到它通车之前，维也纳只有始发站或终点站，列车曾从这些站点开往哈布斯堡王朝的所有地区或到此停车。2003 年，当局做了一个根本性的决定，计划在部分空置场地上建设一个火车总站，以取代 1956年才建成的火车南站和相毗邻的货运站。瑞士建筑师西奥·霍茨（Theo Hotz）的方案中标。车站于 2014 年 10 月启用，它的标志性建筑是轨道上方明亮的锯齿状的菱形顶棚。2015 年12 月，维也纳中央车站作为长途交通和本地交通的枢纽全面通车。车站内有一个购物中心，里面包括众多商店和餐厅；还有一个拥有 630 个停车位的地下停车场可供乘客使用。靠近主火车站附近，新兴起一个城区，美景宫居民区和新至日社区（Sonnwendviertel）便坐落其中。

现，以及政治性的、蔑视西方价值观的伊斯兰教所带来的恐惧，自由党才获得空前的成功。在 2015 年举行的州议会和地方议会的竞选活动中，

自由党呼吁发动"十月革命"，从而把多数派奥地利社会民主党压了下去。自由党虽然没有成功，但凭借着超过 30% 的选票，比以往任何时候都要强大。从这时起工人阶级区锡默灵拥有了一位奥地利自由党的区领导人。在其他所谓的平面区（Flächenbezirk）[1]，奥地利社会民主党仅

1　平面区指的是居民数量巨大、并拥有特殊的社会和文化结构的行政区，比如锡默灵区、弗洛里茨多夫等地，这些地区一般是奥地利社会民主党的核心地区。

能勉强维持多数票选。后来出现了所谓的伊维萨岛丑闻（Ibiza-Affäre）[1]，导致奥地利自由党分裂，这个政党的狂飙突进就此终止。绿党在典型的资产阶级行政区获得多数选票，因此设立了各个行政区的领导人。此举无疑牺牲了奥地利社会民主党和奥地利人民党的利益。

历史上的城市景观变化招来不少负面影响。1996 年维也纳修订建筑法规，因此对内城旧屋顶景色肆无忌惮地破坏，有了法律支持的可能性。旧的双坡屋顶被认为过于静态，因此用天空盒、不明飞行物来使屋顶景观富有动态便被称赞是大的进步，"坐于其上""屋顶糕点"颇受欢迎。为了要保存旧建筑，有人拿出证据证明阁楼是来自巴洛克时期的，但这对投资者来说并不令人信服，而不过是感性的和不切实际的。

维也纳城市景观的最大问题是高层建筑数量的日益增多，高楼林立

1　2019 年 5 月，奥地利的自由党主席施特拉赫在西班牙伊维萨岛答应冒牌的俄罗斯富商的商业合同，以换取对自己的支持，此举涉嫌"通俄"，这一事件被称为伊维萨岛丑闻。

维也纳山上的高楼大厦

是基于维也纳市议会于 2002 年批准的高层建筑概念。现在到处都可以看到高楼大厦，比如在维也纳中部火车站附近，沿利奥波德城一侧的多瑙河运河一线，在联合国城（UNO-City）前面所谓的多瑙河平地，还有维也纳山上，等等。其中大多数都有着响当当的名字，例如什么阿瑞斯塔（Ares Tower）、仙女座塔（Andromeda Tower）、萨图恩塔（Saturn Tower）、千禧年塔（Millennium Tower）等。220 米高的 DC 塔是迄今为止维也纳最高的建筑。站在这些地方，人们可以看到维也纳壮丽宏伟的全景，不过它们也越来越阻挡住眺望内城的目光。但这并没有妨碍"高低错落有致"和"胆识过人的项目"的支持者，他们不断地提出更多要求。

自 2003 年 10 月以来，"维也纳历史中心"已被联合国教科文组织列为世界遗产，并把与美景宫、施瓦岑贝格宫及其历史花园相邻的区域囊括在内，第 4 区、第 7 区和第 9 区的小块区域也包括在内。世界遗产的身份自然带来保护历史悠久的内城的特殊责任。自从 2017 年以来，维也纳内城一直被列入濒危世界遗产的红色名录。原因便出在所谓的干草市场项目，该项目设想在洲际酒店和滑冰俱乐部的场地上建造一座新的高层建筑，而原先的建筑将被拆除。如果该项目得以实施，那么这座新楼将永远摧毁从上美景宫眺望内城的著名"卡纳莱托远眺"（Canaletto-Blick）。尽管知道联合国教科文组织永远不会批准建设干草市场高层建筑，维也纳市议会仍于 2017 年决定对高层建筑进行分区管理。在这一段时间内，如果投资者能得到增加整个建筑群的体积作为回报的话，那么他会宣布放弃建设计划中的塔楼。不过问题是否就此得到了解决，仍值得怀疑。关于世界遗产身份的决定仍然悬而未决。最坏的情况不外乎维也纳将被剥夺这一身份，就像德累斯顿易北河谷的情况一样。有评论者的慧眼看到了维也纳可能沦为"平凡城市"的危险。我们希望维也纳能够一直保持她的独特性，怀着这种愿望，这本书到此结束了。

大事年表

公元前 15 年：罗马人攻占凯尔特人的诺里库姆王国（奥古斯都皇帝，公元前 31 年—公元 14 年）；多瑙河成为罗马帝国的北方边境（提比略，将军、皇帝，公元 14 年—37 年）。

公元 9 年：罗马人同马科曼尼人签订友好条约。

公元 70 年左右：两支骑兵中队驻扎文多波纳。

公元 90 年左右：罗马边墙扩建为边境防御工事。

公元 100 年左右：文多波纳扩建为坚固的要塞城堡（图拉真皇帝，公元 98 年—117 年）。

公元 169 年：马科曼尼人和夸登人摧毁文多波纳和卡农顿。

公元 172 年：罗马人战胜夸登人，在无实际证据的马奇菲尔德战役中出现"雨中奇迹"（马克·奥勒留皇帝，公元 161 年—180 年）。

公元 180 年：马克·奥勒留在文多波纳死于"安东尼瘟疫"（死亡地点不确定）。

公元 180 年之后：文多波纳营地毁坏后重建，经济大繁荣。

公元 258 年—260 年：与马科曼尼人和夸登人的战事又起。

公元 280 年左右：凯尔特人的葡萄栽培技术复兴（普罗布斯皇帝，公元 276 年—282 年）。

公元 300 年左右：维也纳地区首次出现基督教踪迹，即乌特拉的约翰尼斯教堂。

公元 375 年：民族大迁徙开始。

公元 395 年左右：日耳曼部落越过多瑙河，文多波纳第二次被毁；维也纳盆地成为马科曼尼人的定居点；罗马边墙丧失意义。

公元 400 年左右：文多波纳最后一次被提及是在《罗马百官志》中。

公元 405 年开始：匈人、东哥特人、赫卢利人、西哥特人和伦巴第人等先后席卷而来。

公元 454 年开始：基督教开始在维也纳地区传教（圣塞维里努斯，约公元 410 年—482 年）。

公元 488 年：尽管罗马城墙之内的定居点仍然存在，罗马化的居民从潘诺尼亚和诺里库姆出走（奥多亚克，西罗马帝国军中的日耳曼将领，后成为意大利国王，附属东罗马帝国，于 493 年被谋杀）。

公元 570 年左右：亚洲的阿瓦尔人占领维也纳盆地。

公元 600 年左右：斯拉夫人定居，被迫向阿瓦尔人进贡。

公元 630 年—660 年: 斯拉夫人起义成功，建立摩拉维亚王国（萨莫，法兰克商人，斯拉夫人的首领）。

公元 680 年左右: 维也纳盆地再次为阿瓦尔人占据；巴伐利亚将他们的殖民活动扩展到东南部，这是他们的第一次殖民活动。

公元 800 年左右: 法兰克人摧毁阿瓦尔人的国家，加洛林"马克"边区制度建立；巴伐利亚人利用基督教传播，完成第二次殖民，和平同化斯拉夫人（查理曼大帝，公元 768 年—814 年）。

公元 880 年左右: 马扎尔人侵入维也纳盆地，劫掠中欧和西欧。

公元 881 年: 巴伐利亚与马扎尔人"于维也纳"首次爆发军事冲突；根据《萨尔茨堡编年史》的记载，战场可能是定居地或河流的名字。

公元 907 年: 巴伐利亚招募的军队在普雷斯堡附近被摧毁，加洛林马克遭到瓜分，维也纳盆地落入马扎尔人的统治之下，巴伐利亚人的定居点幸存下来。

公元 955 年: 于奥格斯堡附近的莱希费尔德战役中大胜马扎尔人（奥托一世，公元 936 年—973 年，自公元 962 年称奥托大帝）。

公元 960 年之后: 奥托马克边区成立，或称多瑙河马克边区。

公元 976 年: 路易特波德家族长达 270 年的统治开始，后来家族改成巴本贝格家族（马克伯爵"至尊者"利奥波德一世，公元 976 年—994 年）。

公元 1000 年左右: 罗马城墙之内分为 4 个核心定居点，分别是包括圣鲁珀特教堂、基恩市场、贝格霍夫在内的定居点。圣彼得教堂定居点，基希韦勒河岸玛利亚地区定居点和派勒门后面的定居点，可能出现了第一座法院或者第一座市政厅；商业城郊区开始出现。

公元 1050 年左右: 福尔姆巴赫伯爵可能成为维也纳的领主。

公元 1106 年左右: 巴本贝格家族的统治延伸到维也纳，在利奥波德山建立一座马克伯爵行宫（"圣徒"利奥波德三世，公元 1095 年—1136 年）。

公元 1147 年: 第一次斯蒂芬大教堂落成典礼。

公元 1156 年: 《小特权》，奥地利成为拥有特殊权利的公国，维也纳成为国都（"向造物主发誓的"海因里希二世，公元 1141 年—1177 年）。

公元 1192 年: 在维也纳附近俘获英格兰国王狮心王理查（"有德者"利奥波德五世，公元 1177 年—1194 年）。

公元 1194 年: 与家族团体委员会一道建立维也纳造币厂，维也纳成为贸易中心和文化中心，蓬勃发展（"光荣者"利奥波德六世，公元 1198 年—1230 年）。

公元 1220 年开始: 新城墙建造，城区面积扩大约 5 倍。

公元 1221 年: 最古老的维也纳城市法出台，市政法官在维也纳行使最高权力；拥有物资囤积权，即外国商人必须在维也纳向维也纳市民出售或提供过境货物，然后才能进行进一步运输；科隆和雷根斯堡的商人在维也纳设立办事处经销点。

公元 1235 年开始：公爵和皇帝的矛盾爆发，维也纳成为帝国直辖（皇帝弗里德里希二世，公元 1220 年—1250 年；"爱争吵的"弗里德里希二世公爵，公元 1230 年—1246 年）。

公元 1244 年：根据新的城市法，维也纳成为君主之城。

公元 1246 年：巴本贝格家族父系绝嗣，奥地利空位时期开始。

公元 1250 年：施陶芬家族绝嗣，神圣罗马帝国进入大空位时期。

公元 1251 年：普舍美斯家族在奥地利的统治开始（波希米亚国王奥托卡二世，公元 1251 年—1278 年，未受封的奥地利和施蒂利亚公爵）。

公元 1273 年：帝国空位期结束（哈布斯堡的鲁道夫伯爵，德意志国王，公元 1273 年—1291 年）。

公元 1276 年：围城数周之后，国王鲁道夫进入维也纳；奥地利空位期结束。

公元 1278 年：决战爆发于马奇菲尔德迪恩克鲁特和耶登施派根，奥托卡战败丧命，哈布斯堡家族在奥地利长达 640 年的统治开始。

公元 1282 年：维也纳有了第一任市长（康拉德·波尔）。

公元 1287 年—1288 年：维也纳人徒劳无功地反抗鲁道夫的继承人，维也纳人被迫同意"效忠文书"（国王阿尔布雷希特一世，公元 1282 年—1308 年）

公元 1296 年：维也纳通过新的城市法，该法规首次用德语颁布。

公元 1308 年—1309 年：土地贵族和一些维也纳世袭公民揭竿而起，反抗阿尔布雷希特一世的继任者，大多数维也纳人仍然忠于君主，起义的头目被判刑（"美男子"弗里德里希一世，公元 1308 年—1327 年）。

公元 1316 年：弗里德里希一世将海莫的房子作为市政厅。

公元 1338 年—1349 年：欧洲中部为灾难所困扰，蝗灾、洪水、地震、作物歉收、饥荒等祸不单行；黑死病令维也纳城区和周围村庄人口锐减；政府做出的回应措施，是迫害犹太人并惩罚性放逐（"智者"阿尔布雷希特二世，公元 1330 年—1358 年）。

公元 1358 年开始：通过金融政策和社会改革维也纳逐步复苏；斯蒂芬大教堂的塔楼和中殿开始修建（创业者鲁道夫四世公爵，公元 1358 年—1365 年）。

公元 1365 年：维也纳大学建基，被称作"慈母鲁道夫娜"。

公元 1379 年：哈布斯堡王朝分裂为阿尔布雷希特分支和利奥波德分支，维也纳落入阿尔布雷希特分支（阿尔布雷希特三世和利奥波德三世，兄弟，鲁道夫四世的继承者）。

公元 1396 年：新的城市法结束了世袭公民至高无上的地位，市长必须每年选举一次。

公元 1408 年：围绕着阿尔布雷希特五世的监护权之争分裂了维也纳，争议双方的矛盾解决之后，康拉德·沃尔劳夫市长和两名议员被处决（阿尔布雷希特五世，1437 年波希米亚国王，1438 年成为德意志国王阿尔布雷希特二世和匈牙利国王）。

公元 1412 年：阿尔布雷希特五世确认维也纳的所有权利和自由，并宣布通行复仇禁令。

公元 1420 年—1424 年：胡斯战争爆发，维也纳周围的乡村遭到破坏，维也纳前面的塔波尔被改建为堡垒，维也纳成功避免危险。

公元 1421 年：在"维也纳大屠杀"中犹太社区遭到毁坏，聚居区被破坏。

公元 1433 年：史蒂芬大教堂南部尖塔竣工（汉斯·冯·普拉查蒂茨，建筑大师）。

公元 1438 年：教皇庇护二世在著作中对维也纳做了最古老的描述（埃内亚·西尔维奥·皮科洛米尼，学者，后来的教皇庇护二世）。

15 世纪：人文主义精神盛行于维也纳大学（学者：汉斯·基尔希海默，博士；乔治·冯·皮尔巴赫，天文学家和数学家；约翰·穆勒/雷乔蒙塔努斯，天文学家）。

公元 1439 年：第一座横跨多瑙河的桥梁建造；维也纳最古老的景色（阿尔布雷希特祭坛的主坛）。

公元 1440 年：因阿尔布雷希特五世死后出生的"遗腹子"拉迪斯劳斯（公元 1440 年—1457 年）的监护权而爆发冲突。

公元 1457 年开始：拉迪斯劳斯死后，皇帝弗里德里希三世（公元 1452 年—1493 年）和他的兄弟阿尔布雷希特六世大公（公元 1446 年—1463 年）之间围绕着下奥地利的统治权爆发武装冲突。

公元 1461 年：对皇帝忠诚的支持者击退了阿尔布雷希特六世雇佣兵的进攻；维也纳因忠诚而获得了带有帝国双头鹰的新纹章。

公元 1462 年：阿尔布雷希特的追随者在维也纳城堡围攻皇帝及其家人，维也纳向阿尔布雷希特宣誓效忠（沃夫冈·霍尔泽，市长，围攻城堡的领导者）。

公元 1463 年—1464 年：霍尔泽企图对阿尔布雷希特六世发动政变，但失败了，霍尔泽和 5 名同谋被处决，阿尔布雷希特六世薨殁之后，维也纳人向皇帝投降。

公元 1469 年：维也纳成为教区，不再属于帕绍教区。

公元 1477 年开始：弗里德里希三世和马蒂亚斯·科维努斯争夺匈牙利王位，匈牙利人日益威胁维也纳。

公元 1485 年：维也纳成为匈牙利都城（马蒂亚斯·科维努斯，匈牙利和波希米亚国王，公元 1458 年—1490 年）。

公元 1490 年：匈牙利国王驾崩后，维也纳再次归属哈布斯堡家族（皇帝"最后的骑士"马克西米连一世，公元 1493 年—1519 年）。

公元 1497 年—1498 年：经济虽然衰退，但维也纳在文化和科学上蓬勃发展；皇家合唱团和"教堂男孩"合唱团（即后来的维也纳童声合唱团）成立（乔治·斯拉特科尼亚，合唱团团长，后来的维也纳主教）；知名学者应招来到维也纳，成立"多瑙河协会"（康拉德·策尔蒂斯，约翰内斯·库斯皮尼安）。

公元 1511 年：斯蒂芬大教堂北部尖塔建筑中止。

公元 1512 年：囤积权最后一次得到批准。

公元 1515 年：马克西米连颁布了对维也纳不利的贸易法规；在维也纳的诸侯大会上，马克西米连的孙子与波希米亚和匈牙利的国王弗拉迪斯拉夫二世亚杰罗的孩子订立双重婚礼，确保哈布斯堡家族与雅盖隆家族之间的继承条约。

公元 1517 年：马克西米连授予维也纳一项带有君主专制意义的新城市法。贵族和市民称其为"帝国权利委员会"，并拒绝承认它。

公元 1519 年：马克西米连驾崩后，乡村贵族和城市发动抗议，赢得了大多数人的支持（市长马丁·泽本贝格）。

公元 1520 年开始：马丁·路德的教义在维也纳广泛传播；有些修道院、大学和宿舍被废弃。

公元 1521 年：卡尔五世任命他的弟弟费迪南为中欧哈布斯堡世袭领地的摄政王，将哈布斯堡王朝分裂为西班牙和奥地利两支（卡尔五世，公元 1519 年—1558 年，西班牙及其领国国王；罗马皇帝费迪南一世，公元 1521 年—1564 年，1531 年成为罗马国王，1558 年加冕为皇帝，1526 年任波希米亚和匈牙利国王）。

公元 1522 年：处死市长马丁·泽本贝格等人（"维也纳新城流血审判"）；取消维也纳的特权和习惯法；"名流"委员会和家族团体委员会被解散。

公元 1527 年：在维也纳为奥地利、波希米亚和匈牙利建立中央集中管理。

公元 1529 年：奥斯曼土耳其对维也纳的第一次围攻被击退（苏丹"卓越者"苏莱曼一世，公元 1520 年—1566 年；尼克拉斯·萨尔姆伯爵，维也纳的戍卫总指挥；沃夫冈·特鲁，维也纳市长）。围城战被描绘在圆形图中（尼古拉斯·梅尔德曼，图书印刷商）。

公元 1531 年：开始更新城市的防御工事，于 1566 年完成（赫尔梅斯·沙洛泽，建筑负责人；雅各布·德·斯帕西奥，彼得罗·费拉博斯科，多梅尼科·德尔·阿里奥，本尼迪克特·科尔布尔，博尼法兹·沃尔穆特，约翰·切尔特，奥古斯丁·希尔施富格尔，防御工事工程师和几何学家）。

公元 1533 年：费迪南一世将他的行宫从布拉格迁至维也纳，并扩建霍夫堡宫。

公元 1540 年：任命玛吉斯特·桑尼塔蒂斯为城市公共卫生负责人。

公元 1541 年：腺鼠疫导致维也纳减少了 1/3 的人口。

公元 1546 年：维也纳的第一部历史书籍《奥地利维也纳》（沃尔夫冈·拉齐乌斯，医生和历史学家）。

公元 1547 年：维也纳地图（博尼法兹·沃尔穆特、奥古斯丁·希尔施富格尔）。

公元 1548 年：探访以消除天主教会的弊病。

公元 1551 年：召唤耶稣会教团到维也纳，建立耶稣会学院和耶稣会剧院，开始进行反宗教改革（佩特鲁斯·卡尼修斯，宫廷牧师和大学教师）。

公元 1552 年：大象首次出现在维也纳。

公元 1553 年：塞巴斯蒂安·赫斯托克成为维也纳唯一一位新教市长。

公元 1561 年：维也纳市长的任期限定为两年。

公元 1566 年：宫廷住宅办事处首次征用房屋，并做了描述性的记录。

公元 1569 年：新格鲍德避暑行宫开始兴建，这是阿尔卑斯山以北最重要的文艺复兴时期的建筑（马克西米连二世皇帝，公元 1564 年—1576 年）。

公元 1572 年：建立"西班牙马厩"，西班牙骑术学校的前身。

公元 1573 年：七叶树、丁香花、郁金香、风信子和土豆进入维也纳（卡罗卢斯·克卢修斯，法国植物学家）。

公元 1574 年：在新教阶层的怂恿下，犹太人被驱逐出维也纳。

公元 1576 年：皇帝行銮从维也纳迁至布拉格（鲁道夫二世，公元 1576 年—1612 年）。

公元 1577 年：新教礼拜仪式和学校遭禁，新教传教士遭到驱逐，书籍审查制度变本加厉。

公元 1579 年：忠于信仰的新教教徒来到霍夫堡宫前集会，发起"风暴请愿"，高呼："我们祈求福音，祈求福音！"（总督恩斯特大公，公元 1576 年—1590 年）

公元 1590 年：维也纳及其周边地区发生大地震，死伤无数，许多房屋和教堂倒塌。

公元 1603 年开始：召集大量的修士来到维也纳，"修道院攻势"（梅尔希奥·赫勒斯尔，维也纳主教，反宗教改革中坚人物）；意大利的早期巴洛克风格在维也纳流行（卡隆家族、卡内瓦尔家族和德·阿里奥家族，建筑大师、雕塑家和泥水匠）。

公元 1607 年：由于鲁道夫二世精神方面的疾病，马蒂亚斯大公成为哈布斯堡家族的一家之主（马蒂亚斯皇帝，公元 1612 年—1619 年）。

公元 1608 年：维也纳成为永久都城。

公元 1609 年：《宗教妥协书》签署，有利于新教教徒。

公元 1618 年："布拉格掷出窗外事件"之后三十年战争爆发（皇帝费迪南二世，公元 1619 年—1637 年）。

公元 1619 年：图恩伯爵领导下的新教军队攻入霍夫堡宫，要求费迪南二世在信仰问题上做出让步。在市长丹尼尔·莫泽和丹皮埃尔胸甲骑兵的干预下，皇帝摆脱困境（丹尼尔·莫泽，市长，公元 1610 年—1637 年任职，时断时续）。

公元 1623 年—1626 年：大批新教教徒被驱逐出维也纳，并被索要"离境费用"；只允许天主教教徒拥有房屋和地产。

公元 1623 年：维也纳大学的神学院和哲学院被移交给耶稣会；耶稣会教堂和大学区兴建。

公元 1625 年：犹太人被逐出城市并定居在下韦德地区（后来的利奥波德城）的一个犹太区。

公元 1629 年：费迪南二世的《偿还赦令》，明令收回被新教徒没收的前天主教会财产。

公元 1631 年：维也纳成为亲王主教辖区。

公元 1645 年：瑞典军队威胁维也纳，不过危险化解（伦纳特·托尔斯滕森和卡尔·古斯塔夫·弗兰格尔将军）；为表达谢意竖立安霍夫圣母柱（费迪南三世皇帝，公元 1637 年—1657 年）。

公元 1648 年：威斯特伐利亚和约签订，三十年战争结束。

公元 1658 年开始：利奥波德一世皇帝（公元 1658 年—1705 年）统治时期意大利歌剧在维也纳繁荣发展（安东尼奥·切斯蒂、安东尼奥·德拉吉，作曲家）；维也纳文学中的礼仪和闹剧描述（亚伯拉罕·圣·克拉拉，俗家姓名：乌尔里希·梅格尔）。

公元 1665 年：市长选举必须秘密进行。

公元 1670 年：下韦德地区的犹太人聚居区遭到强制驱逐，此举造成严重的经济损失。

公元 1679 年：维也纳瘟疫流行，有 1/3 的居民死亡（保罗·德·索拜，医生；费迪南·尤西比乌斯·施瓦岑贝格亲王，善人；幸存者"亲爱的奥古斯丁"）。

公元 1683 年：奥斯曼土耳其第二次围攻维也纳，基督教援军大破之；波兰人的决定性进攻（大维齐尔卡拉·穆斯塔法，公元 1676 年—1683 年，土耳其总指挥官；恩斯特·吕迪格·冯·斯塔赫姆贝格，从 1680 年开始任维也纳城市总指挥官；维也纳市长约翰·安德烈亚斯·冯·利本贝格，公元 1680 年—1683 年；洛林公爵卡尔，公元 1675 年—1690 年，军事指挥官；约翰／扬三世索

比尔斯基，波兰国王，公元 1674 年—1696 年）。

公元 1683 年开始：巴洛克艺术进入全盛时期，大量世俗建筑和教会建筑或新建或改建（最重要的建筑师有：约翰·伯恩哈德、约瑟夫·伊曼纽尔、菲舍尔·冯·埃拉赫、约翰·卢卡斯·冯·希尔德布兰特；最重要的壁画画家有：丹尼尔·格兰、约翰·迈克尔·罗特迈尔、保罗·特罗格、弗朗茨·安东·莫尔贝奇、马蒂诺·阿尔托蒙特、约翰·巴蒂斯特·温泽尔·伯格尔；最重要的雕塑家有：洛伦佐·马蒂耶利、巴尔塔萨·佩莫瑟、乔治·拉斐尔·唐纳、马蒂亚斯·斯坦尔）。

公元 1685 年：第一家维也纳咖啡馆出现（约翰内斯·迪奥达托）。

公元 1688 年：维也纳的第一盏公共街灯。

公元 1694 年开始：建造冬宫、下美景宫和上美景宫（萨伏伊的欧根亲王，公元 1663 年—1736 年，统帅和艺术赞助人）。

公元 1700 年：维也纳的居民人数估计为 80 000。

公元 1703 年：《维也纳纪事》首次出版，即今天的《维也纳报》；吉罗银行成立。

公元 1704 年：修建边墙防御工事，以保护郊区免受"十字军战士"的袭扰。

公元 1705 年：利奥波德一世驾崩，其子约瑟夫一世继位（公元 1705 年—1711 年）。

公元 1706 年：成立维也纳城市银行以

取代破产的吉罗银行。

公元 1707 年: 当铺和调解办公室成立。

公元 1709 年: 克恩滕门剧院开放, 以"小丑"形象出彩的旧维也纳民间喜剧开始受到人们的欢迎（约瑟夫·安东·斯特拉尼茨基, 剧院负责人和演员, 继任者: 戈特弗里德·普雷豪泽）。

公元 1711 年: 卡尔六世从法兰克福的加冕典礼返回维也纳时, 斯蒂芬大教堂普莫瑞铜钟的钟声第一次响起（卡尔六世皇帝, 公元 1711 年—1740 年, 哈布斯堡王朝的父系最后一位统治者）。

公元 1713 年:《国本诏书》规定了哈布斯堡王朝在男性继承人绝嗣的情况下的继承顺序。

公元 1715 年开始: 巴洛克歌剧达到新高度（约翰·约瑟夫·富克斯, 宫廷乐队指挥, 奥地利巴洛克音乐最伟大的代表; 安东尼奥·卡尔达拉, 宫廷乐队副指挥）。

公元 1731 年: 市长和市法官两年换届一次。

公元 1740 年: 卡尔六世驾崩后, 女性继承权获得胜利（玛丽亚·特蕾西娅, 波希米亚和匈牙利女王, 奥地利女大公, 其丈夫洛林公爵弗朗茨·斯蒂芬于 1945 年加冕为帝国皇帝, 特蕾西娅为皇后）; 奥地利王位继承战争爆发。

公元 1742 年: 第一个维也纳共济会分会 Aux trois Canons 成立。

公元 1743 年开始: 将美泉宫改建并扩大为带花园和动物园的夏宫（建筑师: 尼古拉斯·帕卡西、费迪南·赫岑多夫·冯·霍恩贝格, 画家: 约翰·温泽尔·伯格尔, 雕塑家: 威廉·拜尔, 花园建筑师: 阿德里安·范·斯特克霍芬）; 在新建成的宫殿剧院演出芭蕾舞、喜剧、音乐会和化装舞会等（宫廷作曲家: 乔治·克里斯托弗·瓦根塞尔、克里斯托夫·维利巴尔德·格鲁克, 宫廷诗人皮特罗·梅塔斯塔西奥）。

公元 1745 年开始: 第一个维也纳医学学派（杰拉德·范·史威坦, 皇室私人医生, 医学和大学的改革者）; 任命知名医生到维也纳（安东·冯·斯托克, 安东·德·哈恩, 利奥波德·奥恩布鲁格）。

公元 1749 年开始: 哈布斯堡的世袭土地转变为现代的中央集权国家; 在维也纳建立新的国家办事处; 改革遍地开花, 维也纳证券交易所成立、通用硬币、纸币、人口普查、6 岁以上儿童的上课义务、减少教会对学校和大学的影响等等。

公元 1754 年: 修建植物园（尼古拉斯·冯·雅克恩, 植物学家）。

公元 1763 年: 在克恩滕门开设新剧院, 后来成为宫廷歌剧院（一直到 1870 年）。

公元 1765 年开始: 在皇帝弗朗茨·斯蒂芬一世驾崩后, 皇太子约瑟夫和母后共同理政（约瑟夫二世皇帝, 公元 1765 年—1790 年）; 皇帝下令普拉特和奥加滕公园向公众开放, 防御工事前沿地带种植林荫道大树, 并挂上路灯。

公元 1776 年: 城堡剧院成为皇家宫廷剧院和国家剧院; 维也纳是伟大作曲家施展才华的场所（沃夫冈·阿玛迪斯·莫扎特、安东尼奥·萨列里、卡尔·迪特斯·冯·迪特斯多夫等）。

公元 1780 年：玛丽亚·特蕾西娅驾崩，约瑟夫二世成为唯一的统治者，开始大刀阔斧地改革：推行广泛的新闻自由，宽容非天主教徒和犹太人，解散修道院，成立综合医院，成立军医院"约瑟夫学院"，颁布葬礼法令，刑法改革废除死刑，首倡儿童保护措施。

公元 1782 年：罗马教皇庇护六世到访维也纳，约瑟夫二世继续毫不动摇地解散修道院。

公元 1788 年：市长每 4 年选举一次，维也纳的市行政机构从君主家臣转变为市民的行政机关。

公元 1792 年：在统治时间仅仅两年的父亲利奥波德二世去世后，弗朗茨二世执政（皇帝弗朗茨二世，公元 1792 年—1835 年，最后一位神圣罗马帝国皇帝）；第一次反法同盟战争；维也纳丝绸衣料和薄布制造工人罢工；路德维希·凡·贝多芬永久移居维也纳。

公元 1793 年：市长将终身任职。

公元 1794 年：维也纳开始"雅各宾党人审判"，对反对现行秩序的阴谋分子给予严厉判决（安德烈亚斯·冯·里德尔、弗朗茨·赫本斯特雷特、马丁·普兰斯泰特等，在法国大革命革命理想的意义上进行国家改革的支持者）。

公元 1797 年：维也纳为法国军队可能的进攻做准备；组建市民"维也纳纵队"，与法国缔结和约后遣散该部队（拿破仑·波拿巴，公元 1769 年—1821 年，在 1797 年的意大利战役中任法国军队总司令）；"帝皇颂"首演（作曲：约瑟夫·海顿，作词：利奥波德·哈施卡）。

公元 1798 年：维也纳"三色旗事件"，悬挂法国三色旗（让·巴蒂斯特·贝尔纳多特，法国元帅，日后的瑞典国王）。

公元 1799 年—1802 年：第二次反法同盟战争导致维也纳再次战败。

公元 1802 年：出于对"工厂暴徒"的恐惧，禁止工厂建在防御边墙之内。

公元 1804 年：拿破仑称帝（皇帝拿破仑一世，公元 1804 年—1814 年，1815 年）；弗朗茨二世接过奥地利皇帝弗朗茨一世的尊号。

公元 1805 年：第三次反法同盟战争，拿破仑占领维也纳；维也纳市长斯蒂芬·冯·沃勒本（公元 1804 年—1823 年）第一次向拿破仑敬献城市钥匙。

公元 1806 年：神圣罗马帝国在维也纳正式宣告解体；维也纳成为天主教浪漫主义运动的聚集地，克莱门斯·马利安·霍夫鲍尔在维也纳活动，后来成为维也纳的守护神（奥古斯特·威廉·施莱格尔和弗里德里希·施莱格尔兄弟、扎卡里亚斯·维尔纳、约瑟夫·冯·艾兴多尔夫、贝蒂娜和克莱门斯·冯·布伦坦诺兄妹、西奥多·克尔纳、尤斯蒂努斯·凯尔纳等等）。

公元 1809 年：拿破仑第二次占领维也纳，这座城市遭到炮弹袭击，紧接着拿破仑在德意志－瓦格拉姆战役中获胜，奥地利在阿斯佩恩战役中的胜利（卡尔大公，弗朗茨一世皇帝的弟弟，统帅，军队改革者）便失去意义，奥地利不得不忍受屈辱的美泉宫和平条约。

公元 1811 年：国家破产，造成严重的经济后果。

公元 1812 年：音乐爱好者协会成立（即维也纳音乐协会；约瑟夫·冯·索恩莱特纳，档案馆负责人和词作者）。

公元 1813 年：拿破仑征俄战争失败后，俄罗斯、普鲁士和奥地利结成联盟对抗拿破仑，盟军在莱比锡附近的民族大会战中取得胜利。

公元 1814 年—1815 年：维也纳会议召开，为欧洲带来了新的和平秩序（参加会议的最重要外国君主：俄罗斯沙皇亚历山大一世、普鲁士国王腓特烈·威廉三世）。

公元 1815 年：奥地利开始对可能会出现的革命运动进行严格审查（首相克莱门斯·洛塔尔·文策尔·冯·梅特涅亲王，公元 1809 年—1848 年），加强间谍力量（最高皇家警察和审查机构主席约瑟夫·塞德尼茨基伯爵）；在政治上无能为力的资产阶级形成了毕德麦耶尔文化，广泛涉及舞台表演和工艺美术、绘画、音乐以及舞蹈等领域，风靡一时（画家：彼得·芬迪、约瑟夫·丹豪泽、莫里茨·迈克尔·达芬格、约瑟夫·克里胡伯、莫里茨·冯·施温德、安东·艾因斯尔、弗朗茨·施罗茨伯格等，建筑师：约瑟夫·科恩豪瑟、阿洛伊斯·路德维希·皮彻尔、查尔斯·德·莫罗，舞蹈家：范妮·埃斯勒）；维也纳华尔兹开始流行（约瑟夫·兰纳和老约翰·施特劳斯，作曲家和指挥家）；修建人民公园和皇家公园，外城堡门（建筑师：彼得·冯·诺比莱）；古典主义与浪漫主义主宰着维也纳剧院（弗朗茨·格里尔帕策、费迪南·雷蒙德、约翰·内斯特罗伊；最受欢迎的女演员：特蕾莎·克朗斯）。

公元 1816 年：理工学院成立，即今天的技术大学，大量技术创新涌现出来：煤气灯、明轮船、铅笔、钢笔尖、节拍器、陶制餐具等；独立于政府的奥地利国家银行成立。

公元 1819 年：奥地利第一家储蓄银行成立（约翰·巴蒂斯特·韦伯牧师）。

公元 1827 年：路德维希·凡·贝多芬去世。

公元 1828 年：弗朗茨·舒伯特逝世；美泉宫动物园有了第一头长颈鹿。

公元 1829 年：弗朗茨治下土地税统计数据登记；引入普通消费税，在边防御墙一带征收。

公元 1830 年：可怕的多瑙河洪水席卷郊区，造成 74 人死亡。

公元 1830 年开始：郊区工业化程度提高，社会的苦难日益增多，地方政治失误以及过度的审查制度的压迫引起了人们的愤懑。

公元 1831 年：霍乱流行，大约 2000 人死亡，在维也纳河沿岸修建了所谓的“霍乱水渠”。

公元 1835 年：皇帝弗朗茨一世驾崩，继承人因遗传病而致残，国务会议接管政府行政事务（费迪南一世皇帝，公元 1835 年—1848 年）。

公元 1837 年：蒸汽动力火车从弗洛里茨多夫到德意志－瓦格拉姆的第一次运行，铁路时代开始了（银行家所罗门·冯·罗斯柴尔德男爵，铁路技术专家弗朗茨·克萨韦尔·里普尔）。

公元 1842 年：爱乐乐团音乐会举办，

并成为固定节目，维也纳爱乐乐团由此诞生（作曲家兼乐队指挥家奥托·尼古拉）。

公元 1848 年：三月革命爆发，梅特涅垮台，到了 5 月设置路障（伊格纳兹·查普卡，三月革命前最后一任维也纳市长，公元 1838 年—1848 年）；皇室两次逃往茵斯布鲁克和奥洛穆茨；8 月"普拉特屠杀"，随后是十月革命；帝国军队炮击维也纳，维也纳投降（陆军元帅阿尔弗雷德·温得辛－格雷茨伯爵）；处决革命领袖（恺撒·文策尔·梅森豪泽，罗伯特·布鲁姆等人）；费迪南逊位后，18 岁的侄子弗朗茨·约瑟夫继位。

公元 1849 年：皇室返回维也纳。

公元 1850 年：城市首次扩张，34 个郊区并入维也纳城，维也纳拥有 431 000 名居民。

公元 1851 年：新专制政体废除市政宪法。

公元 1852 年：维也纳成立"最高警察部"。

公元 1853 年：刺杀皇帝未遂；1848 年开始的维也纳戒严状态被解除。

公元 1854 年：皇帝与巴伐利亚的伊丽莎白女公爵（茜茜）成婚。

公元 1855 年：商业信贷银行成立；奥地利教会与教皇签署协约，赋予天主教教会极大的特权。

公元 1856 年：还愿教会奠基典礼，以感谢造物主将皇帝从凶手刀下拯救出来（建筑师：海因里希·菲斯特尔）。

公元 1857 年：弗朗茨·约瑟夫批准拆除城墙，城市扩张。

公元 1858 年：城墙拆除工作开始，暂时免除房屋税以促进新环形大道的建筑活动（私人建筑所有者：海因里希·德舍、爱德华·托德斯科、乔纳斯·柯尼希斯瓦特、尼古拉斯·邓巴、弗里德里希·莱滕伯格、伊格纳兹·冯·埃弗鲁西、古斯塔夫·冯·爱泼斯坦等）。

公元 1860 年：维也纳轻歌剧的"黄金时代"开始了（作曲家：弗朗茨·冯·苏佩、小约翰·施特劳斯、卡尔·米洛克、理查德·休伯格、卡尔·泽勒、卡尔·米夏埃尔·齐雷尔；表演者：亚历山大·吉拉德、约瑟芬·加尔迈耶、玛丽·盖斯廷格）。

公元 1865 年：环形大道第一路段通车；欧洲第一条马拉有轨电车投入使用。

公元 1866 年：奥地利在柯尼希格雷茨战役中败给普鲁士。

公元 1867 年：华尔兹舞曲美丽的《蓝色多瑙河》首演（小约翰·施特劳斯）；保障基本公民权利的《十二月宪法》生效；成立二元君主制国家奥匈帝国，布达佩斯成为第二首都。

公元 1869 年：宫廷歌剧院开幕，这是环形大道上的第一座代表性建筑（建筑师：爱德华·范·德·努尔，奥古斯特·西卡尔德·冯·西卡德斯堡）。

公元 1872 年：在利希滕施泰因宫殿开设贝森朵夫音乐厅（路德维希·贝森朵夫，钢琴制造商；登台表演的音乐家：汉斯·冯·比洛、弗朗茨·李斯特、约翰内斯·勃拉姆斯、安东·鲁宾斯坦等）；位于约瑟夫施塔特前沿防御地带的新市政厅动工，费尔德市长的业绩（市长卡杰坦·费尔德，自由派政治家，市长，公元1868年—1878年）。

公元1873年：维也纳世界博览会，股市崩盘，"黑色星期五"，霍乱大流行，维也纳一条山泉输水管道开通。

公元1874年：在锡默灵建立中央公墓。

公元1875年：多瑙河调控完成，疏通新的河床用于河运通道。

公元1879年：皇帝皇后的银婚纪念日游行，游行队伍穿过环形大道（汉斯·马卡特，环形大道时代塑造风格的画家，游行的组织者）。

公元1880年左右：第二波维也纳医学流派享誉全球（西奥多·比尔罗斯、费迪南·希伯拉和儿子汉斯、卡尔·兰德施泰纳、约瑟夫·斯柯达、亚当·波利策等人）；新的科学理论精神分析（西格蒙德·弗洛伊德）；音乐界阵营划分为勃拉姆斯派、布鲁克纳派和瓦格纳派（约翰内斯·勃拉姆斯、安东·布鲁克纳、理查德·瓦格纳）；维也纳成为工业城市；维也纳无产阶级在简易出租房里忍受住房的艰难。

公元1881年：环形歌剧院大火，造成约400人死亡（弗朗茨·约纳，歌剧院院长）；随后维也纳志愿救援协会成立（汉斯·威尔切克伯爵）。

公元1883年：第一辆蒸汽有轨电车通车；新市政厅落成典礼（建筑师：弗里德里希·冯·施密特）；议会大厦未经典礼便投入使用（建筑师：特奥费尔·翰森）。

公元1884年：新的大学大楼落成（建筑师：海因里希·冯·菲斯特尔）。

公元1886年：普拉特第一次花车游行（波琳·梅特涅公爵夫人，慈善节日的组织者）；环形歌剧院废墟之上建起一座"赎罪之屋"（建筑师：弗里德里希·冯·施密特）。

公元1887年：基督教社会协会成立（主席：路德维希·普森纳，天主教社会改革者卡尔·冯·福格尔桑男爵是其精神上的倡议者）。

公元1888年：新的城堡剧院开幕（建筑师：戈德弗里德·森佩尔、卡尔·冯·哈森瑙尔）。

公元1889年：皇位继承人鲁道夫在维也纳附近的梅耶林狩猎行宫枪杀了17岁的女男爵玛丽·薇塞拉，之后自杀，薇塞拉自愿与鲁道夫共赴黄泉。

公元1890年：新成立的社会民主党"五一节"庆祝活动（维克多·阿德勒博士，公元1852年—1918年，奥地利社会民主党统一者和总代表）；第二次城市扩张，43个郊区并入维也纳城区，维也纳现有19个行政区，约130万居民。

公元1891年：艺术史博物馆对众开放（建筑师：戈德弗里德·森佩尔，卡尔·冯·哈森瑙尔）。

公元1892年：第一个市政府行政区机关开始办公。

公元1893年：防御边墙拆除工作完成，之后腰带街铺设；维也纳霍夫堡宫的米歇尔翼楼建成，依据的是约瑟夫·埃马努埃尔·冯·埃拉赫的建设蓝图（建筑师：费迪南·基尔施纳）；基督教社会党成立（卡尔·吕格尔博士，党的创始人）。

公元1894年：第一家维也纳足球俱乐

部成立。

公元 1895 年：基督教社会党赢得维也纳地方市议会选举，弗朗茨·约瑟夫皇帝拒绝任命吕格尔出任市长职务。

公元 1896 年：维也纳第一部电影放映，皇帝在现场（奥古斯特·卢米埃尔和路易·卢米埃尔兄弟，电影摄影师）；安东·布鲁克纳去世。

公元 1897 年：卡尔·吕格尔第四次被地方议会选举为市长，这次选举结果得到了皇帝的批准（卡尔·吕格尔博士，市长，公元 1897 年—1910 年）；燃气工厂、电力工厂以及城市有轨电车等市政建设开始；普拉特公园安置摩天轮（设计师：沃尔特·巴塞特，H. 希钦斯）；首相巴德尼伯爵在波希米亚颁布语言法令，引发环形大道骚乱；分离派艺术家协会成立（古斯塔夫·克里姆特、约瑟夫·恩格哈特、卡尔·莫尔、约瑟夫·马利亚·奥尔布里奇、科洛曼·莫泽、鲁道夫·冯·阿尔特等）；因房屋拆除，维也纳第一家文学咖啡馆格林施泰德咖啡馆关门；约翰内斯·勃拉姆斯离世。

公元 1898 年：分离宫建成（建筑师：约瑟夫·马利亚·奥尔布里奇）；第一条维也纳城市铁路线开通（车站建筑设计师：奥托·瓦格纳）；皇帝周年纪念城市剧院开放（建筑师：弗朗茨·冯·克劳斯、亚历山大伯爵）；伊丽莎白皇后在日内瓦被意大利无政府主义者刺杀，葬礼举办。

公元 1899 年：小约翰·施特劳斯去世；维也纳文学良知卡尔·克劳斯创办杂志《火炬》。

公元 1900 年左右：哈根联盟成立，这是继艺术家协会美术馆和分离派之后第

三个重要的维也纳艺术家协会（海因里希·莱夫勒，画家和插画家，约瑟夫·乌尔班，室内装饰家和插画画家）；文学界青年维也纳流派，是印象主义和象征主义的代表（赫尔曼·巴尔、阿图尔·施尼茨勒、胡戈·冯·霍夫曼斯塔尔、理查德·比尔-霍夫曼、彼得·阿尔滕贝格、菲利克斯·萨尔滕、理查德·肖卡尔、拉乌尔·奥恩海默）；维也纳轻歌剧"白银时代"的开始（作曲家：弗朗茨·莱哈尔、艾默里希·卡尔曼、尼科·多斯塔尔、埃德蒙·艾斯勒、奥斯卡·施特劳斯、罗伯特·斯托尔茨、里奥·法尔）。

公元 1902 年：维也纳河流整治完工；维也纳有轨电车收归市政。

公元 1903 年：维也纳工坊成立（约瑟夫·霍夫曼、科洛曼·莫泽、弗里茨·韦恩多夫），成为新鉴赏文化的中心（参与其中的艺术家：卡尔·奥托·切施克、迈克尔·斯洛、贝特霍尔德·洛夫勒、瓦利·维塞尔蒂耶、爱德华·维默-威斯格里尔、马克斯·斯尼舍克）；维也纳有轨电车电力化完成。

公元 1904 年：第三次城市扩张，多瑙河左岸的弗洛里茨多夫等区合并为维也纳的 21 区；犹太复国主义运动的创始人西奥多·赫茨尔去世，享年 44 岁，被安葬在德布林格公墓。

公元 1905 年：为争取普遍选举权和平等选举权，维也纳爆发大规模游行示威；创建森林和草地绿化带。

公元 1906 年：邮政储蓄银行运营，这是环形大道地区第一座分离派风格的现代建筑物（建筑师：奥托·瓦格纳）。

公元 1907 年：老多瑙河上的甘瑟豪费尔海滨浴场建成；施泰因霍夫精神病院建成典礼（建筑师：奥托·瓦格纳）；阿诺尔德·勋伯格无调性音乐作品首次引发骚动（阿诺尔德·勋伯格，十二音音乐的创造者，他的学生：安东·韦伯恩，阿尔班·伯格）。

公元 1908 年：弗朗茨·约瑟夫皇帝执政 60 周年纪念，环形大道上举行游行致贺，美泉宫学童致敬；1908 年维也纳艺术展（古斯塔夫·克里姆特和 1905 年从分离派中脱离的艺术家团体）；维也纳的第 100 所学校成立。

公元 1909 年：在锡默灵的海德地区举行飞行表演，有 300 000 人观看（法国飞行先驱路易·布莱里奥）；皮斯科艺术沙龙，展出"新潮艺术展"（创始人：埃贡·席勒。其他艺术家：安东·费斯陶尔、弗朗茨·维格勒。于 1911 年加入的有奥斯卡·科科施卡、卡尔·霍费、塞巴斯蒂安·伊塞普、阿尔伯特·帕里斯·居特斯洛和安东·科利格）。

公元 1910 年：第二段高泉水管道投入使用；维也纳乌剌尼亚公共教育机构开放（建筑师：马克斯·法比亚尼）；时装公司高曼和萨拉奇因装修未成而引发争议（建筑师：阿道夫·路斯）；吕格尔市长去世，继任者是约瑟夫·诺伊迈尔（公元 1910 年—1912 年）。

公元 1911 年：维也纳第一届国际妇女节举办，这是一场引入妇女选举权的大型集会（玛丽安·海尼施，奥地利妇女协会的创始人，阿德尔海德·波普，社会民主党妇女代表）；"饥饿革命"对维也纳的奥塔克灵造成严重破坏。

公元 1912 年：维也纳国际圣体大会；约瑟夫·诺伊迈尔辞去市长职务，继任者为理查德·魏斯基希纳（公元 1912 年—1919 年）；奥地利工厂联合会成立，以支持高品质的手工艺品（约瑟夫·霍夫曼）；维也纳快速队夺得第一个奥地利足球锦标赛冠军。

公元 1913 年：莱恩茨医院开业；帝国皇家战争部完工，这是环形大道上的最后一座代表性建筑（建筑师：路德维希·鲍曼）；齐柏林飞艇飞越维也纳；维也纳音乐厅开放（建筑师：赫尔曼·赫尔默、费迪南·费尔纳）；新霍夫堡宫竣工（建筑师：戈德弗里德·森佩尔、卡尔·冯·哈森瑙尔、埃米尔·福斯特、弗里德里希·奥曼、路德维希·鲍曼）；利希滕施泰因宫殿被拆除，贝森朵夫音乐厅关门；阿尔弗雷德·雷德尔上校间谍事件；在维也纳生活 6 年后阿道夫·希特勒去往慕尼黑（阿道夫·希特勒，失败的画家）。

公元 1914 年：奥地利皇位继承人夫妇在萨拉热窝被刺杀；哈布斯堡王朝对塞尔维亚宣战，第一次世界大战爆发；基本权利废除，审查制度严格。

公元 1915 年开始：基本食品定量配给，配给证制度出台；排队买食物成为一种大众现象。

公元 1916 年：总理施图尔克伯爵卡尔在梅斯尔和沙登酒店被枪杀（刺客：弗里德里希·阿德勒博士，社会民主党领袖维克多·阿德勒的儿子）；弗朗茨·约瑟夫皇帝在美泉宫驾崩，他的侄孙卡尔一世（公元 1916 年—1918 年）继位。

公元 1917 年：租户保障权益颁布；在维也纳，为抚恤残疾人、寡妇、孤儿而组织设立"牺牲者纪念日"。

公元 1918 年：面粉配给再次缩减，引发大规模罢工；古斯塔夫·克里姆特、奥托·瓦格纳、科洛曼·莫泽、埃贡·席勒先后逝世；西班牙流感在维也纳大流行，造成大量伤亡，学校、大学和所有娱乐场所暂时关闭；皇帝发布"民族宣言"，想要将奥匈帝国的奥地利这半边转变为联邦国家，说德语的帝国议会议员组成德意志奥地利临时国民议会；卡尔皇帝逊位；11 月 12 日宣布德意志奥地利共和国成立（社会民主党政治家卡尔·雷纳为国家总理）。

公元 1919 年：共产主义者试图在维也纳发动革命，后失败；维也纳地方议会选举，社会民主党获得绝对的大多数，"红色维也纳"时期来临，维也纳定位为"社会良知的国际化大都会"（雅各布·鲁曼，维也纳第一位社会民主党市长，公元 1919 年—1923 年）；瑞士人向饥肠辘辘的维也纳人提供食物；美国开展大规模的儿童膳食行动；瑞士、尼德兰和丹麦是接收维也纳儿童的主要国家。

公元 1920 年：宪法中关于联邦政府首都维也纳的条款为地方政治的独立自主提供了条件。

公元 1921 年：战后第一届维也纳贸易展开幕，有 4700 家参展商和 500 000 名参观者。

公元 1922 年：维也纳市与下奥地利州分离，维也纳是一个拥有财政和金融自主权的联邦州；维也纳城市教育委员会成立，教育改革开始，广泛的公共教育措施出台（奥托·格洛克尔，城市教育委员会主席）；火葬场建立（建筑师：克莱门斯·霍尔茨迈斯特）。

公元 1923 年：市议会批准第一批住房建设计划（卡尔·塞茨，公元 1923 年—1934 年任市长），截至 1934 年为 220 000 人建造了 63 736 套住宅，最引人注目的住宅建筑有罗伊曼院落、桑德莱滕大院、哈本庭院、歌德府邸、乔治·华盛顿院宅、弗里德里希–恩格斯大院等（建筑师：休伯特·盖斯纳、卡尔·埃恩、卡尔·施马尔霍夫、保罗·霍普、约瑟夫·比尔、彼得·贝伦斯等，共 199 位建筑师）；支持住房税（雨果·布莱特纳，市财政议员）；医疗健康和儿童福利措施生效（朱利叶斯·坦德勒，社会事务议员）。

公元 1924 年：奥地利无线电广播传输公司成立并成功播放节目。

公元 1925 年：新的货币先令遏制住战后恶性的通货膨胀；维也纳市政府接管后城市轻轨系统电气化完成。

公元 1926 年：欧洲最大、最现代化的室内游泳池阿玛琳游泳馆开业（建筑师：卡尔·施马尔霍夫、奥托·纳德尔）。

公元 1927 年："沙滕多夫审判"，被告被无罪释放后，激进势力焚烧正义宫。警方下令开枪，造成 89 人死亡，600 人重伤（警察局长约翰内斯·肖伯）。

公元 1928 年：为纪念弗朗茨·舒伯特逝世 100 周年，维也纳举办德意志歌唱家协会音乐节，对德意志民族产生负面作用；国家歌剧院上演恩斯特·克雷内克的《强尼演奏时》，国家社会主义者挑起事端。

公元 1929 年：齐柏林飞艇飞越维也纳，造成交通混乱；青年舞台和导演研讨会成立，马克斯·莱因哈特研讨会（马克斯·莱因哈特，剧院负责人和导演，萨尔茨堡艺术节的联合创始人）。

公元 1930 年：马克思大院建成，此为"红色维也纳"最大的市政建筑，拥有近 1400 套公寓（建筑师：卡尔·埃恩）。

公元 1931 年：普拉特体育场开放（建筑师：奥托·恩斯特·施韦泽）；第二届劳工奥林匹克运动会，几乎所有的欧洲国家派出运动员参加，共 8000 名；信贷银行破产导致了严重的危机。

公元 1932 年：纳粹党派 15 名代表闯入维也纳市议会，随后发生冲突、骚乱和恐怖主义行为；席津区的工厂联合会大楼建成（建筑师：理查德·纽特拉、阿道夫·路斯、奥斯卡·斯特纳德、马克斯·费勒、安德烈·卢恰特等）。

公元 1933 年：国会失误为专制的等级制国家政权铺平道路（恩格尔伯特·陶尔斐斯，独断专权的联邦总理，公元 1932 年—1934 年）；取缔纳粹党、奥地利共产党、共和派的武装护卫团，"五一节"游行也被取消；"祖国阵线"作为一个统一政党成立了。

公元 1933 年开始：因政治和种族原因遭到希特勒德国排斥的艺术家，误以为维也纳是安全的，纷纷逃往维也纳，期望能够找到避难所并恢复工作（约瑟夫·施密特，男高音；拉尔夫·贝纳茨基，轻歌剧作曲家；布鲁诺·沃尔特，指挥家；汉斯·加尔，作曲家和指挥家；罗伯特·史托兹，轻歌剧作曲家；阿尔弗雷德·波尔加，作家）。

公元 1934 年：社会民主党在 2 月 12 日的内战中被清除，"红色维也纳"时期的主要政治家在市政厅遭到逮捕；"布赖特纳税"废止；维也纳成为联邦政府直属城市，不再是一个独立的联邦州，维也纳公民团代替市议会，其成员全是被任命的（理查德·施密茨，被任命而非被选举的市长，公元 1934 年—1938 年）；7 月 25 日纳粹的政变企图失败，纳粹党徒冲击总理府，联邦总理陶尔斐斯被枪击身亡；继任者库尔特·冯·许士尼格，专制总理（公元 1934 年—1938 年）。

公元 1935 年：维也纳霍赫街通车。

公元 1937 年：新帝国大桥建设完工（建筑师：西格弗里德·泰斯、汉斯·雅克施、克莱门斯·霍尔茨迈斯特）；1873 年世界博览会展馆的圆形穹顶被大火烧毁。

公元 1938 年：希特勒和许士尼格签署贝希特斯加登协议；希特勒支持者挑起维也纳骚乱；决定奥地利独立完整的全民公投计划受到德国最后通牒的威胁而不得不取消；许士尼格向权力屈服，阿道夫·希特勒凯旋般地进入维也纳，在英雄广场发表演讲："我的故乡并入了德意志帝国"；逮捕潜在的反对者，实施针对犹太人的恐怖行为，居民住房和企业全部"雅利安化"，自杀高潮，逃亡的人们涌入外国领事馆，西格蒙德·弗洛伊德逃离维也纳；在罗斯柴尔德宫（阿道夫·艾希曼，阿洛伊斯·布伦纳）设立维也纳犹太移民总局；4 月 10 日就德奥合并一事举行全民公决（约瑟夫·伯克尔，投票的组织者，维也纳的大区长官和帝国驻维也纳总督，赫尔曼·纽巴赫，大区长官的下属，大维也纳市长）；成立大维也纳帝国大区，合并了 97 个周边区；纳粹的恐怖行径：攻击大主教的宫殿，除赛登施特滕大街的教堂之外，11 月的屠杀摧毁了所有犹太人的礼拜堂；维也纳巡回展览"堕落的艺术"，有 147

000 名参观者；新的道路交通法规定靠右行驶；皇家宝藏被从维也纳掠至纽伦堡；"大杂烩星期日"成为强制性的义务。

公元 1939 年：《东马克法案》将维也纳从州首府转变为帝国直辖城市，受总督管制；一年之内有 100 000 名信教犹太人从维也纳移居到国外；猪油定量配给；战争开始 9 月 1 日；第一班载有奥地利犹太人的列车离开阿斯庞火车站，前往被占领的波兰。

公元 1940 年：维也纳大区长官更替，巴尔杜尔·冯·席拉赫（公元 1940 年—1945 年）接替约瑟夫·伯克尔，黑森州的菲利普·荣格成为维也纳市长（任期到 1943 年）；反对纳粹政权的第一次抵抗运动被出卖（克洛斯特新堡修道院修士罗曼·卡尔·肖尔茨，雅各布·卡斯特利奇，卡尔·莱德勒）；拿破仑儿子的石棺从维也纳转移到巴黎荣军院。

公元 1941 年：有轨电车和公共汽车管制规定；德国入侵苏联："巴巴罗萨计划"；犹太人必须佩戴黄色六芒星标志，上面刻有"犹太人"字样；开始将留在维也纳的犹太人驱逐到灭绝营；"德意志帝国莫扎特周"纪念作曲家逝世 150 周年。

公元 1942 年：食品配给量减少；维也纳艺术家协会美术馆举办"战争与艺术"展；在维也纳庆祝诗人格哈特·豪普特曼 80 岁生日。

公元 1943 年：第三帝国青年艺术展在艺术家协会美术馆举行；出生于维也纳的汉斯·布拉施克接替菲利普·荣格担任市长（公元 1943 年—1945 年），他反对德国对维也纳的同化，参与七月政变。

公元 1944 年：6 座高射炮塔建好，用来抵御盟军的空袭（建筑师：弗里德里希·塔姆斯）；9 月 10 日对维也纳内城的第一次空袭；先是德国抵抗组织的"瓦尔基里行动"在维也纳进展顺利，但得知希特勒在暗杀企图中幸免于难之后（卡尔·索科尔，总参谋部上尉），逮捕行动开始了；O5 抵抗运动的奥地利临时全国委员会在维也纳成立。

公元 1945 年：3 月 12 日维也纳内城遭到猛烈空袭，大面积区域被炸弹破坏，国家歌剧院在大火中塌陷；4 月 5 日—13 日：维也纳战役，红军绕道从西面攻入城市，多瑙运河沿岸发生激烈战斗，斯蒂芬大教堂陷入火海，维也纳落入苏联红军手中；战斗停止后文化领域的活动立即恢复；苏联城市警备司令官阿列克谢·布拉戈达托夫年任命西奥多·科尔纳出任市长（公元 1945 年—1951 年），此人是前帝国皇家将军，社会民主党政治家；苏联胜利纪念碑在施瓦岑贝格广场落成；维也纳被分为 4 个盟军占领区，内城由四国共同管理，采用 4 种语言的身份证；首次自由的市议会选举中，奥地利社会民主党获得大多数票选；1931年的城市宪法再次生效；尽管官方明令禁止，黑市交易仍泛滥成灾。

公元 1946 年：32 间温暖的房间提供给挨冻的人们；大饥荒：每人仅可获取 950 卡路里的热量，科尔纳市长向联合国善后救济总署（UNRRA）救援；1946 年维也纳冰上歌舞剧团的第一个节目。

公元 1946 年开始：大量的文化工作者结束流亡生活，返回维也纳（卡尔·法卡斯、汉斯·维格尔、贝托特·菲尔特尔、赫尔曼·莱奥波尔迪、罗伯特·史托兹、恩斯特·洛塔尔、弗里德里希·托贝格）。

公元 1947 年：严寒袭击维也纳，电影院、剧院和学校暂时关闭；维也纳出现斑疹伤寒症；第一班从苏联遣返战俘的列车抵达维也纳；维也纳电台首次播放新国歌《山的土地，河的土地》（作词：宝拉·冯·普雷拉多维奇）。

公元 1948 年：美国为维也纳儿童提供第一批关怀包裹；美国和奥地利之间订立经济援助协定（马歇尔计划）；艺术俱乐部第一次年度展览（阿尔伯特·帕里斯·居特斯洛、古斯塔夫·K. 贝克、安东·勒姆登、汉斯·弗罗尼乌斯、库尔特·斯坦文德、玛丽亚·比尔扬比尔格、库尔特·摩尔多瓦、汉斯·莱费尔纳等）；斯蒂芬大教堂的中殿和圣坛的某些已修复。

公元 1949 年：第一部奥地利电影新闻片在 40 家电影院放映；维也纳普拉特国际汽车展举行。

公元 1950 年：电影《第三人》在阿波罗电影院首映；老多瑙河上的甘瑟豪费尔海滨浴场重新开放。

公元 1951 年：联邦总统卡尔·伦纳去世后，西奥多·克尔纳继任；弗朗茨·乔纳斯成为市长（公元 1951 年—1965 年）；新的西火车站运营（建筑师：罗伯特·哈廷格、塞普·文哈特、弗朗茨·沙维尔·施拉鲍姆）；战后第一场维也纳艺术节。

公元 1952 年：新铸造的普莫瑞铜钟在夹道欢迎中送到维也纳，日后在北部尖塔升起；"社会城市建筑 8 点计划"成为未来城市发展的基础，市政住房建得以恢复，有理查德·施特劳斯大院，带有马茨莱因斯多夫高楼的西奥多·克尔纳院宅，雨果·布莱特纳宅第，后者是自 1945 年以来最大的市政建筑，内城

也有市政建筑：弗朗茨 - 卡尔 - 金茨基大院，渔夫坡道 1—8 号住宅区，艾琳 - 哈兰德院宅。

公元 1953 年：食品配给证被废除。

公元 1954 年："社会住宅布置艺术"项目启动，价格实惠、外形美观的家具大量供应；维也纳室内歌剧院成立（汉斯·加博尔，乐团指挥）；边缘区法规推出：自 1938 年以来归在大维也纳治下的97 个区中有 80 个划到下奥地利州。

公元 1955 年：5 月 15 日签署国家公约，奥地利再次成为主权国家；环路塔高层建筑建成（建筑师：埃里希·博尔滕斯特恩）；地下步行通道歌剧胡同建设完毕；城堡剧院和国家歌剧院重新开门（米歇尔·恩格哈特负责城堡剧院新观众厅的建设，埃里希·博尔滕斯特恩负责国家歌剧院新观众厅的设计）；西班牙骑术学校在利比扎纳马返回维也纳之际隆重举办了庆祝仪式。

公元 1956 年：17 年来首开维也纳歌剧院舞会；维也纳证券交易所发生大火，损失严重；西奥多·因尼策去世后，继任的维也纳大主教是弗朗茨·柯尼希博士（公元 1958 年—1985 年）；列出街道名录，从中清除那些苏联名称；自战争结束至今已建成 50 000 套新住宅；新的南火车站和东火车站启用（建设负责人：海因里希·赫德利卡）；匈牙利民众起义失败，结果大批匈牙利难民涌向维也纳。

公元 1957 年：国际原子能委员会落户维也纳；维也纳警方对"少年犯"问题做安全调查。

公元 1957 年开始：维也纳卡巴莱小品复兴（赫尔穆特·夸尔廷格、迈克尔·凯

尔曼、格哈德·布朗纳、卡尔·默茨）。

公元 1958 年：维也纳大厅建成（建筑师：罗兰·莱纳）；胖沙龙开业，维也纳最重要的爵士酒吧（胖乔治，单簧管演奏家）；文学界维纳小组成立（H. C. 阿特曼、弗里德里希·阿赫莱特纳、康拉德·拜耳、格哈德·鲁姆）。

公元 1959 年：维也纳梦幻现实主义流派画家展（沃夫冈·胡特、安东·勒姆登、赫尔穆特·莱赫布、鲁道夫·豪斯纳、恩斯特·福克斯、阿里克·布劳尔）；维也纳市历史博物馆开放（建筑师：奥斯瓦尔德·海尔德尔）。

公元 1960 年：新的维也纳 – 施韦夏特机场启用。

公元 1961 年：人口普查显示，维也纳有 162 万居民；市内高速轨道车第一路段运营；美国总统肯尼迪与苏联领导人尼基塔·赫鲁晓夫在维也纳举行峰会；赫尔穆特·夸尔廷格的《卡尔先生》在电视播出；维也纳体育场发生大规模斗殴事件，造成 57 人受伤。

公元 1962 年：20 世纪博物馆开放（"兹万兹格之家"，现坐落于美景宫 21 号，建筑师：卡尔·施瓦赫）；维也纳最后一盏煤气灯熄灭；维也纳剧院重新开放。

公元 1964 年：多瑙河塔位于新建成的多瑙河公园之中，维也纳国际园艺展在这儿举行。

公元 1965 年：大学教授塔拉斯·博罗达克维奇对纳粹表示同情，引发抗议，骚乱之中有一人丧生；拆除巴洛克式的烟囱教堂，对历史建筑拆迁潮的首次抗议；维也纳市长弗朗茨·乔纳斯成为联

邦总统，之后布鲁诺·马雷克继任市长（公元 1965 年—1970 年）。

公元 1966 年开始：在城市郊区建造采用预制构件的大型住宅区：格罗斯费尔德居民区、雷恩铁道 27 号住宅、阿姆舒普维克。

公元 1967 年：维也纳成为联合国工业发展组织驻地；维也纳还是欧洲歌唱大赛的举办地。

公元 1968 年：捷克斯洛伐克被华约军队占领，15 000 名捷克斯洛伐克人逃往奥地利，在维也纳市政厅临时避难；在大学新院系大楼的"艺术和革命"主题活动中"维也纳行动派"引发了迄今为止文化界最大的大学丑闻。

公元 1969 年：维也纳地铁开始兴建；学生示威游行，反对波斯沙阿在维也纳以私人方式居留，并反对越南战争；加拿大驻维也纳大使馆遭遇袭击后发生大火，两人死亡。

公元 1970 年：布鲁诺·马雷克市长辞职，继任者是费利克斯·斯拉维克（公元 1970 年—1973 年）；在维也纳演出周期间，一个纯粹的先锋派节目首次上演，即竞技场 70。

公元 1971 年：伯格巷 19 号房屋作为西格蒙德·弗洛伊德博物馆对外开放。

公元 1972 年：维也纳市议会通过《旧城保护法》。

公元 1973 年：北约与华约国家在维也纳举行裁军会谈；斯拉维克市长因计划建设天文台公园分部引起冲突而辞职，继任者是利奥波德·格拉茨（公元 1973 年—1984 年）；"堆叠式单户住宅"概念

提出，阿尔特拉住宅公园开工建设（建筑师：哈利·格吕克、库尔特·赫拉维尼茨卡、弗朗茨·雷夸特、托马斯·雷因塔勒）。

公元 1974 年：克恩滕大街步行区开放；在维也纳注册的外籍劳工有 90 000 名；维也纳国际园艺展在奥伯拉新建成的公园里举行，其内设有疗养中心。

公元 1975 年：在维也纳举行的 OPEC 石油部长会议遭遇袭击，3 人死亡。

公元 1976 年：帝国桥倒塌，一人死亡；竞技场运动，连续占领前屠宰场达 101 天之间，要求建立永久性的文化中心，180 000 名参与者；维也纳墙村的沃特鲁巴教堂落成典礼（弗里茨·沃特鲁巴，雕塑家）。

公元 1977 年：英国皇家空军的同情者绑架了实业家沃尔特·帕默斯并勒索赎金。

公元 1978 年：维也纳地铁 U1 线的第一段开通；"戏之家"剧院开放（汉斯·格拉泽，导演兼剧院院长）；维也纳的奥地利人民党举办第一届维也纳城市节。

公元 1979 年：美国总统吉米·卡特和苏联国家元首勃列日涅夫在霍夫堡签署第二轮战略武器限制谈判；维也纳国际中心开放（联合国城，建筑师：约翰·斯塔伯）；奥地利第一座清真寺——维也纳伊斯兰中心——落成典礼；利希滕施泰因花园宫殿里的现代艺术博物馆对外开放。

公元 1980 年：新的维也纳总医院建设的丑闻成为第二共和国最大的腐败案件，案件起诉以相关负责人判处监禁而告终；新帝国大桥建成；神秘歌剧《耶稣的婚礼》（戈特弗里德·冯·埃内姆，作曲家）

首演造成剧院事件，被指控伤害了宗教感情；犹太人返乡服务中心成立（经理：莱昂·泽尔曼）。

公元 1981 年：维也纳发生恐怖事件，维也纳市议员海因茨·尼特尔被谋杀，维也纳犹太教堂遭到袭击，造成两人死亡，20 人重伤；人工建造的多瑙河岛的第一部分完工。

公元 1982 年：维也纳外环高速公路 A23 建成开通；通用汽车公司在阿斯佩恩工厂投产；136 万人签名反对建设奥地利会议中心（维也纳中心），这次公投没有取得任何效果。

公元 1983 年：教皇约翰·保罗二世访问维也纳，这是 201 年后的首次教皇到访；"维也纳面前的土耳其人：欧洲和多瑙河命运 1683"展览在艺术家协会美术馆举行。

公元 1984 年：利奥波德·格拉茨市长辞职，继任者是赫尔穆特·齐尔克（公元 1984 年—1994 年）。

公元 1985 年：汉德瓦萨庭院开放（佛登斯列·汉德瓦萨，画家，人文建筑的拥护者）；展览"梦想与现实：维也纳 1870 年—1930 年"在艺术家协会美术馆举办。

公元 1986 年："瓦尔德海姆事件"引发了关于如何处理纳粹历史的激烈辩论；维也纳城堡剧院领导层人事变动（克劳斯·佩曼，德国导演和戏剧导演）。

公元 1988 年：戏剧《英雄广场》的首映造成了第二共和国最大的戏剧争议事件（托马斯·伯恩哈德，作家）；阿尔贝蒂娜广场上反对战争和反法西斯主义的纪念碑落成典礼（阿尔弗雷德·赫德利卡，雕塑家）。

公元 1989 年：匈牙利和捷克斯洛伐克边境的铁幕倒塌，游客们争先拥向维也纳。

公元 1991 年：原计划于 1995 年举行的维也纳－布达佩斯世界博览会在全民公决中被大多数维也纳人否决。

公元 1993 年：反对排外行为和偏狭言论的灯海大集会在英雄广场举行，以回应奥地利自由党关于外国移民问题的全民公决，有 300 000 名参与者；一系列针对以宽容著称的公众人物信件炸弹事件发生，齐尔克市长受重伤。

公元 1994 年：赫尔穆特·齐尔克辞去市长职务，继任者：迈克尔·豪佩尔（公元 1994 年—2018 年）；举行全民公投，决定奥地利是否加入欧盟，全国近 66% 的选票赞成，维也纳也顺应全国的民心所向。

公元 1995 年：奥地利加入欧盟，维也纳从东方的对外开放中受益。

公元 1996 年：美泉宫的宫殿和公园成为联合国教科文组织的文化遗产；奥地利社会民主党在地方市议会选举中失去绝对多数的地位，与本市奥地利人民党结成联盟。

公元 1998 年：根据《艺术品归还法》，挂在上美景宫的古斯塔夫·克里姆特的《金色的阿黛尔》归美国的合法女继承人所有。

公元 2000 年：犹太广场上的大屠杀纪念墙建成（雷切尔·怀特里德，英国女艺术家）。

公元 2003 年：维也纳历史中心成为联合国教科文组织文化遗产；"国防军罪恶"展引发骚乱。

公元 2009 年：在"美世排名"中，维也纳被评为"全球最宜居城市"，此后维也纳一直稳居榜首。

公元 2010 年：地方议会选举后，奥地利社会民主党和绿党组成联盟。

公元 2011 年：成立一个委员会，专门调查以纳粹时期人物的名字命名的街道和广场（调查持续至 2013 年）；维也纳咖啡馆文化成为联合国教科文组织的非物质文化遗产。

公元 2012 年：新维也纳中部火车站投入运营（建筑师：迪特·亨克、玛尔塔·施莱克）。

公元 2015 年：地方议会选举后，奥地利社会民主党和绿党重新组成联盟；维也纳是第二届欧洲歌唱大赛的举办地；新建成的主火车站全面运营（建筑师：西奥·霍茨）。

公元 2017 年：由于干草市场的高层建筑项目，维也纳市中心被联合国教科文组织列入濒危世界遗产的红色名录。

公元 2018 年：迈克尔·豪佩尔辞去市长职务，继任者是迈克尔·路德维希。

公元 2019 年："繁荣和包容的城市奖章与奖项排名"中，维也纳仅次于苏黎世，位居第二；维也纳新酿酒成为联合国教科文组织的非物质文化遗产。

公元 2020 年：维也纳有 191 万居民；新冠病毒大流行，对生活中所有领域的限制是前所未有的，城市旅游业陷入停滞状态，经济和社会遭受的损失程度尚无法预见。

参考文献

LᴇxɪᴋᴀLɪꜱᴄʜᴇ ᴜɴᴅ ɴᴀᴄʜꜱᴄʜLᴀɢᴇᴡᴇʀᴋᴇ

Bamberger,Richard und Maria/Bruckmüller,Ernst/Gutkas,Karl（Hrsg.）: Österreich-Lexikon. 2 Bde. Wien 1995.

Brandstätter,Christian（Red.）: Stadtchronik Wien. 2000 Jahre in Daten, Dokumenten und Bildern. Wien/München 1980.

Bruckmüller,Ernst（Hrsg.）: Personenlexikon Österreich. Wien 2001.

Czeike,Felix: Historisches Lexikon Wien. 5 Bde. Wien 1992–97.

Gugitz,Gustav: Bibliographie zur Geschichte der Stadtkunde von Wien,5 Bde. Wien 1947–58.

Kleindel,Walter: Die Chronik Österreichs. Dortmund 1984.

Kleindel,Walter: Österreich. Daten zur Geschichte und Kultur. 4. Aufl. Wien 1995.

Wolfram,Herwig（Hrsg.）: Österreichische Geschichte. Wien:

–Gassner,Verena/Jilek,Sonja/Ladstätter,Sabine: Am Rande des Reiches. Die Römer in Österreich（2003）.

–Wolfram,Herwig: Grenzen und Räume. Geschichte Österreichs vor seiner Entstehung（2003）

–Brunner,Karl: Herzogtümer und Marken. Von Ungarnsturm bis ins 12. Jahrhundert（2003）.

–Dopsch,Heinz: Die Länder und das Reich. Der Ostalpenraum im Hochmittelalter（2003）.

–Niederstätter,Alois: Die Herrschaft Österreich. Fürst und Land im Spätmittelalter（2003）.

–Niederstätter,Alois: Das Jahrhundert der Mitte. An der Wende vom Mittelalter zur Neuzeit（2003）.

–Winkelbauer,Thomas: Ständefreiheit und Fürstenmacht.
Länder und Untertanen des Hauses Habsburg im konfessionellen Zeitalter. Teil 1（2004）.

–Vocelka,Karl: Glanz und Untergang der höfischen Welt. Repräsentation, Reform und Reaktion im habsburgischen Vielvölkerstaat（2004）.

–Rumpler,Helmut:Eine Chance für Mitteleuropa. Bürgerliche Emanzipation und Staatsverfall in der Habsburgermonarchie（2005）.

–Hanisch,Ernst: Der lange Schatten des Staates. Österreichische

Gesellschaftsgeschichte im 20. Jahrhundert（2005）.

　–Brugger,Eveline: Geschichte der Juden in Österreich（2013）.

　Zöllner,Erich: Geschichte Österreichs. Von den Anfängen bis zur Gegenwart. 7. Aufl. Wien 1984

Kataloge

　Maria Theresia und ihre Zeit. Ausstellung zur 200. Wiederkehr ihres Todestages. Schloss Schönbrunn Mai bis Oktober 1980.

　Österreich zur Zeit Kaiser Josephs II. Niederösterreichische Landesausstellung im Stift Melk März bis November 1980.

　Traum und Wirklichkeit. Wien 1870–1930. Sonderausstellung des Historischen Museums der Stadt Wien 1985.

　Wien 1938. 110. Sonderausstellung des Historischen Museums der Stadt Wien 1988.

　Der Wiener Kongress 1. September 1814 bis 9. Juni 1815. Ausstellung zum 150-Jahr-Jubiläum in den Schauräumen der Hofburg 1965.

　Die Zeit der frühen Habsburger. Dome und Klöster 1279–1397. Niederösterreichische Landesausstellung in Wiener Neustadt 1979.

　Das Zeitalter Kaiser Franz Josephs. Von der Revolution zur Gründerzeit. Niederösterreichische Landesausstellung Mai bis Oktober 1984 in Schloss Grafenegg. 2 Bde.

Sekundärliteratur

　Ackerl,Isabella: König Mathias Corvinus. Ein Ungar, der in Wien regierte. Wien 1985.

　Andics,Hellmut: 50 Jahre unseres Lebens. Österreichs Schicksal seit 1918. Wien/München/Zürich 1968.

　Andics,Hellmut: Gründerzeit. Das Schwarzgelbe Wien bis 1867. Wien/München 1981.

　Andics,Hellmut: Ringstraßenwelt. Wien 1867 bis 1887. Luegers Aufstieg. Wien/München 1983.

　Andics,Hellmut: Luegerzeit. Das Schwarze Wien bis 1918. Wien/München 1984.

　Bandion,Wolfgang: Steinerne Zeugen des Glaubens. Die heiligen Stätten der Stadt Wien. Wien 1989.

　Beethoven. Die Revolution der Musik. DIE ZEIT Geschichte Nr. 2/2020.

　Bergauer,Josef: Das klingende Wien. Erinnerungsstätten berühmter Tondichter. 2. Aufl. Wien 1946.

　Bergauer,Josef: Auf den Spuren berühmter Menschen in Wien. Wien 1949.

　Bihl,Wolfdieter: Der Erste Weltkrieg 1914–1918. Chronik–Daten Fakten.Wien

2010.

Blümml,Emil Karl/Gugitz, Gustav: Von Leuten und Zeiten im alten Wien. Wien/ Leipzig 1922.

Bosshardt,Oscar: Die Schweizer Hilfsaktion für die hungernde Stadt Wien. Ihre Geschichte und Entwicklung auf schweizerischem und internationalem Boden sowie ihre wirtschaftliche,politische und ethische Bedeutung. Bern 1921.

Bouchal,Robert/Sachslehner,Johannes: Das nationalsozialistische Wien. Orte,Täter,Opfer. Wien/Graz/Klagenfurt 2017.

Brandstätter,Christian/Schweiger,Werner J./Weigel,Hans（Hrsg.）: Das Wiener Kaffeehaus. Wien 1986.

Brauneis,Walther: Mozarts Nachruhm. In: Wiener Geschichtsblätter 47/1992, S.1–21

Bundespressedienst（Hrsg.）: Vier Jahre Wiederaufbau. Wien 1949.

Czeike,Felix: Geschichte der Stadt Wien. Wien/München/Zürich/New York 1981.

Czeike,Felix: Wiener Bürgermeister. Eine Geschichte der Stadt Wien. Wien/ München 1975.

Csendes,Peter: Die Babenberger in Wien. In: Wiener Geschichtsblätter 3,Sonderheft 1/1976,S. 101–116.

Csendes,Peter: Regensburg und Wien. Babenbergerresidenzen des 12. Jahrhunderts. In: Jahrbuch des Vereins für Geschichte der Stadt Wien 47/48/1991/1992,S. 163–171.

Deutsch,Otto Erich: Alt-Wiener Veduten. 25 Feuilletons über Stadt und Leute. Hrsg. von Deutsch,Gitta/Klein,Rudolf. Wien 1986.

Deutsch,Otto Erich: Wiener Musikgeschichten. Ausgewählt von Deutsch,Gitta/Klein,Rudolf. Wien 1993.

Deutsch,Otto Erich（Hrsg.）: Mozart. Briefe und Aufzeichnungen,7 Bde. Kassel 1962/75.

Dichand,Hans: Die Künstler der klassischen Moderne in Österreich. Wien/Graz 1986.

Düriegl,Günter: Wien 1683. Die zweite Türkenbelagerung. 2. Aufl. Wien/Köln/Graz 1983.

Endler,Franz: Das k.u.k. Wien. Wien/Heidelberg 1977.

Endler,Franz: Wien im Biedermeier. Wien/Heidelberg 1978.

Endler,Franz: Wien im Barock. Wien/Heidelberg 1979.

Fischer,Karl: Die Vier im Jeep. Die Besatzungszeit in Wien 1945– 1955. Veröffentlichungen des Wiener Stadt- und Landesarchivs Heft 8. Wien 1985.

Flügge,Manfred: Stadt ohne Seele. Wien 1938. Wien 2018.

Franz,Rainald/Nierhaus,Andreas（Hrsg.）: Gottfried Semper und
Wien. Die Wirkung des Architekten auf „Wissenschaft,Industrie und Kunst". Wien/
Köln/Weimar 2007.

Franzl,Johann: Rudolf I. Der erste Habsburger auf dem deutschen Thron. Graz/
Wien/Köln 1986.

Friedlaender,Otto: Letzter Glanz der Märchenstadt. Wien 1985.

Gall,Lothar（Hrsg.）: Das Jahrtausend im Spiegel der Jahrhundertwenden. Berlin
1999.

Grieser,Dietmar: Verborgener Ruhm. Österreichs heimliche
Genies. Wien 2004.

Grieser,Dietmar: Wien. Wahlheimat der Genies. Wien 2019.

Haider,Edgard: Verlorenes Wien. Adelspaläste vergangener Tage.
Wien/Köln/Graz 1984.

Haider,Edgard: Wien im Wandel. Von den Babenbergern bis
heute. Wien/Köln/Weimar 1996.

Haider,Edgard: Wien 1914. Alltag am Rande des Abgrunds.
Wien/Köln/Weimar 2013.

Haider,Edgard: Wien 1918. Agonie der Kaiserstadt. Wien/Köln/
Weimar 2017.

Haider,Edgard: Das Arenbergviertel. Von den Gründen des Grafen Esterházy zum
großbürgerlichen Wiener Wohnviertel. In:
Denkma[i]l. Sonderheft Nr. 1/2017. Hrsg. von der Initiative
Denkmalschutz.

Hamann,Brigitte: Elisabeth. Kaiserin wider Willen. 5. Aufl.
Wien/München 1982.

Hamann,Brigitte: Hitlers Wien. Lehrjahre eines Diktators.
3. Aufl. München 1996.

Hamann,Günther/Mühlberger，Kurt/Skacel，Franz（Hrsg.）: Das
alte Universitätsviertel in Wien 1385–1985. Schriftenreihe des
Universitätsarchivs Bd. 2. Wien 1985.

Hennings,Fred: Ringstraßensymphonie. 3 Bde. Wien/München
1963–1964.

Hennings,Fred: Das barocke Wien. 2 Bde. Wien/München 1965.

Hennings,Fred: Das Josephinische Wien. Wien/München 1966.

Hennings,Fred: Fast hundert Jahre Wien. Rudolf von Alt 1812–
1905. Wien/München 1967.

Hennings,Fred: Solange er lebt. 5 Bde. Wien/München 1968–
1971.

Horowitz,Michael: Das Goldene Wien. Eine ambivalente Liebeserklärung. Wien

2005.

Kisch,Wilhelm: Die alten Straßen und Plätze Wiens und ihre historisch interessanten Häuser. 3 Bde. Wien 1883.

Klein,Dieter/Kupf,Martin/Schediwy,Robert: Stadtbildverluste Wien. Ein Rückblick auf fünf Jahrzehnte. Wien 2004.

Klein,Erich（Hrsg.）: Die Russen in Wien. Die Befreiung Österreichs. Wien 1945: Augenzeugenberichte und über 400 unpublizierte Fotos aus Russland. Wien 1995.

Knofler,Monika J.: Das Theresianische Wien. Der Alltag in den Bildern Canalettos. Wien/Köln/Graz 1979.

Kobald,Karl: Alt-Wiener Musikstätten. Wien 1919.

Kobald,Karl: Beethoven. Seine Beziehungen zu Wiens Kunst und Kultur,Gesellschaft und Landschaft. Wien 1953.

Kortz,Paul: Wien am Anfang des XX. Jahrhunderts. Ein Führer in technischer und künstlerischer Richtung Bd. 1: Charakteristik und Entwicklung der Stadt. Ingenieurbauten. Hrsg. vom Österreichischen Ingenieur- und Architekten-Verein. Wien 1905.

Kristan,Markus: Kunst-Schauen. Wien 1908. Wien 2008.

Kronberger,Michaela（Hrsg.）: Vindobona. Das römische Wien. Katalog des Römermuseums Wien. Wien 2018.

Kubizek,August: Adolf Hitler. Mein Jugendfreund. Graz 2002.

Landerer,Markus/Süss,Claus/Schediwy,Robert: Wiener Wahrzeichen. Verschwunden,entstellt,bedroht. Wien 2010.

Lechner,Karl: Die Babenberger. Markgrafen und Herzoge von Österreich 976–1246. 4. Aufl. Wien/Köln/Weimar 1992.

Leitich,Ann Tizia: Vienna Gloriosa. Weltstadt des Barock. Wien 1963.

Lindner,Dolf: Der Mann ohne Vorurteil. Joseph von Sonnenfels（1733–1817）. Wien 1983.

Markus,Georg: Karl Farkas. „Schau'n Sie sich das an". Ein Leben für die Heiterkeit. 3. Aufl. Wien/München 1983.

Matzka,Manfred: Die Staatskanzlei. 300 Jahre Macht und Intrige am Ballhausplatz. Wien 2017.

Neck,Rudolf（Hrsg.）: Österreich im Jahre 1918. Berichte und Dokumente. Wien 1968.

Oppl,Ferdinand: Nachrichten aus dem mittelalterlichen Wien. Zeitgenossen berichten. Wien/Köln/Weimar 1995.

Perger,Richard: Die Wiener Ratsbürger 1396–1526. Ein Handbuch. Forschungen und Beiträge zur Wiener Stadtgeschichte Bd. 18. Wien 1988.

Pezzl,Johann: Skizze von Wien. Ein Kultur- und Sittenbild aus
der josefinischen Zeit. Hrsg. von Gugitz,Gustav/Schlossar,
Anton. Graz 1923.

Pfoser,Alfred/Weigl,Andreas（Hrsg.）: Im Epizentrum des Zusammenbruchs.
Wien im Ersten Weltkrieg. Wien 2013.

Pils,Susanne Claudine（Red.）: Studien zur Wiener Geschichte.
Jahrbuch des Vereins für Geschichte der Stadt Wien 75/2019.

Pohanka,Reinhard/Apfel,Kurt: „Diese Stadt ist eine Perle …"
Leben in Wien 1930–1938. Wien 1991.

Portisch,Hugo: Österreich II. Bd. 1: Die Wiedergeburt unseres
Staates. Wien 1985.

Pötschner,Peter（Hrsg.）: Wiener Geschichtsbücher. Wien/Hamburg 1970ff.:

– Bd.1: Gall,Franz: Die Alte Universität（1970）.

– Bd.3: Perger,Richard: Der Hohe Markt（1970）.

– Bd.4: Czeike,Felix: Der Neue Markt（1970）.

– Bd.5: Kühnel,Harry: Die Hofburg（1971）.

– Bd.12: Czeike,Felix: Das Rathaus（1972）.

– Bd.16: Czeike,Felix: Die Kärntner Straße（1975）.

– Bd.18: Hajós,Géza: Schönbrunn（1976）.

– Bd.19/20: Perger,Richard/Brauneis,Walther: Die mittelalterlichen Kirchen und
Klöster Wiens（1977）.

– Bd.21/22: Harl,Ortolf: Vindobona. Das römische Wien（1979）.

– Bd.26/27: Zykan,Marlene: Der Stephansdom（1981）.

– Bd.28: Feuchtmüller,Rupert: Die Herrengasse（1982）.

– Bd.33:Wandruszka,Adam/Reininghaus,Mariella: Der
Ballhausplatz（1984）.

Rauchensteiner,Manfried: Der Erste Weltkrieg und das Ende der
Habsburgermonarchie 1914–1918. Wien/Köln/Weimar 2013.

Reischl,Friedrich: Wiens Kinder und Amerika. Die amerikanische Kinderhilfsaktion
1919. Wien 1919.

Reischl,Friedrich: Wien zur Biedermeierzeit. Volksleben in
Wiens
Vorstädten nach zeitgenössischen Schilderungen. Wien 1921.

Riemer,Hans: Perle Wien. Ein Bilderbuch aus Wiens schlimmsten Tagen. Wien
1946.

Sachslehner,Johannes: Napoleon in Wien. Fakten und Legenden.
Wien/Graz/Klagenfurt 2008.

Sandgruber,Roman: Rothschild. Glanz und Untergang des Wiener Welthauses.
Wien/Graz/Klagenfurt 2018.

Schediwy,Robert: Ringstraßenelegie. Der etwas andere Stadtführer durch Wiens Prachtstraße. Wien 2015.

Schwarz,Otto: Hinter den Fassaden der Ringstraße. Geschichte,Menschen,Geheimnisse. Wien 2014.

Sheaffer,Mary P. A.: Jugendstil. Auf den Spuren Otto Wagners in Wien. Wien 2010.

Simányi,Tibor: Er schuf das Reich. Ferdinand von Habsburg. Wien/München 1987.

Spiel,Hilde（Hrsg.）: Der Wiener Kongreß in Augenzeugenberichten. Düsseldorf 1965.

Trost,Ernst: Das blieb vom Doppeladler. Auf den Spuren der versunkenen Donaumonarchie. Wien/München 1966.

Trost,Ernst: Das blieb vom „Heiligen Römischen Reich Deutscher Nation". Eine Spurensuche. Wien/München 1987.

Tschulik,Werner: Die österreichische Dichtung im Rahmen der Weltliteratur. 7. Aufl. Wien 1963.

Waechter-Böhm,Liesbeth（Hrsg.）: Wien 1945 davor/danach. Wien 1985.

Wagner,Renate: Würde,Glanz und Freude. Vom festlichen Leben und Treiben in den Zeiten. Graz/Wien/Köln 1981.

Der Weg zur Republik. Die Presse Geschichte. Wien 2018.

Weihsmann,Helmut: Das Rote Wien. Sozialdemokratische Architektur und Kommunalpolitik 1919–1934. Wien 1985.

Wessely,Christine（Hrsg.）: Die Babenberger–und was von ihnen blieb. Aus Österreichs Wissenschaft. Wien 1975.

Weyr,Siegfried: Wien. Magie der inneren Stadt. Wien/Hamburg 1968.

Weyr,Siegfried: Wien. Zauber der Vorstadt. Wien/Hamburg 1969.

Weyr,Siegfried: Wiener Leut',Wiener Leid. Bei Hof und auf der Gassen. Wien/Hamburg 1973.

Wien. Steine sprechen. Zeitschrift der österreichischen Gesellschaft für Denkmal- und Ortsbildpflege Nr. 147/48/2014.

Wien und Umgebung. Steine sprechen. Zeitschrift der österreichischen Gesellschaft für Denkmal- und Ortsbildpflege Nr. 149/50/2016.

Winkelhofer,Martina: 100 Jahre Erste Republik. Das Krone Magazin. Menschen,Hintergründe. Wien 2018.

Winter,Max: Das schwarze Wiener Herz. Sozialreportagen aus dem frühen 20. Jahrhundert. Hrsg. von Strutzmann,Helmut. Wien 1982.

Zedinger,Renate: Franz Stephan von Lothringen（1708–1765）. Monarch,Manager,Mäzen. Wien/Köln/Weimar 2008.

Zweig,Stefan: Die Welt von Gestern. Erinnerungen eines Europäers. Köln 2013（Erstausgabe Stockholm 1942）.

图书在版编目（CIP）数据

维也纳两千年 /（奥）埃德加·海德尔著；匡桐译
. -- 成都：四川文艺出版社，2024.7
ISBN 978-7-5411-6946-5

Ⅰ.①维… Ⅱ.①埃…②匡… Ⅲ.①维也纳—概况
Ⅳ.① K952.1

中国国家版本馆 CIP 数据核字 (2024) 第 073527 号

著作权合同登记号 图进字：21—24—008
WIEN:2000 Jahre Geschichte by Edgard Haider
Copyright © 2020 Elsengold Verlag GmbH, Berlin.
Simplified Chinese edition copyright:
2024 Jiangsu Kuwei Culture Development Co.Ltd.
The simplified Chinese translation rights arranged through Rightol Media
（本书中文简体版权经由锐拓传媒取得 Email:copyright@rightol.com）

WEIYENA LIANGQIANNIAN

维也纳两千年

[奥]埃德加·海德尔 著

匡桐 译

出 品 人	冯 静
出版统筹	刘运东
特约监制	王兰颖
责任编辑	王思鈜
选题策划	王兰颖
特约编辑	郭海东　房晓晨
营销统筹	倪彤彬
封面设计	卷帙设计 QQ:264986699
责任校对	段 敏

出版发行　四川文艺出版社（成都市锦江区三色路238号）
网　　址　www.scwys.com
电　　话　010-85526620

印　　刷　天津旭丰源印刷有限公司
成品尺寸　160mm×238mm　　开　本　16开
印　　张　24　　　　　　　　字　数　345千字
版　　次　2024年7月第一版　　印　次　2024年7月第一次印刷
书　　号　ISBN 978-7-5411-6946-5
定　　价　98.00元